Juridicum – Schriften zum Wirtschaftsstrafrecht

Band 13

Reihe herausgegeben von

Frank Saliger, München, Deutschland

Michael Tsambikakis, Köln, Deutschland

Diese Reihe enthält Arbeiten zum Wirtschaftsstrafrecht in seiner gesamten nationalen, europäischen und internationalen Breite. Besonderes Augenmerk wird auf die Aktualität und Praxisrelevanz der Themen gelegt. Die Reihe versteht sich als Beitrag zur immer enger zusammenwachsenden globalen Rechtswelt.

Prof. Dr. Frank Saliger ist Universitätsprofessor an der Ludwig-Maximilians-Universität in München.

Prof. Dr. Michael Tsambikakis ist Rechtsanwalt in Köln und Honorarprofessor an der Universität Passau.

Nikolaos Pavlakos

Strafbarkeitsrisiken für Berater und ihre Grenzen

Eine Theorie der neutralen Beihilfe angewandt auf die Geldwäsche

Springer

Nikolaos Pavlakos
Juristische Fakultät
Ludwig-Maximilians-Universität
München
München, Deutschland

Zugl.: Diss., Ludwig-Maximilians-Universität München, 2025

ISSN 2568-8626 ISSN 2662-9046 (electronic)
Juridicum – Schriften zum Wirtschaftsstrafrecht
ISBN 978-3-658-51534-8 ISBN 978-3-658-51535-5 (eBook)
https://doi.org/10.1007/978-3-658-51535-5

Die Deutsche Nationalbibliothek verzeichnet diese Publikation in der Deutschen Nationalbibliografie; detaillierte bibliografische Daten sind im Internet über https://portal.dnb.de abrufbar.

Planung/Lektorat: Karina Kowatsch
Springer ist ein Imprint der eingetragenen Gesellschaft Springer Fachmedien Wiesbaden GmbH und ist ein Teil von Springer Nature.
Die Anschrift der Gesellschaft ist: Abraham-Lincoln-Str. 46, 65189 Wiesbaden, Germany

Vorwort

Die vorliegende Arbeit wurde am 15. März 2023 der Juristischen Fakultät der Ludwig-Maximilians-Universität München eingereicht und am 19. November 2025 von dieser als Dissertation angenommen. Literatur und Rechtsprechung konnten grundsätzlich bis zum 1. Dezember 2022 berücksichtigt werden; etwaige Gesetzesänderungen zum Stand vom 19. November 2025 sind jedoch vereinzelt miteinbezogen.

Die Verantwortung für die Erstellung dieses Buches und insbesondere für dessen Mängel trägt allein der Unterzeichner. Zu seiner Entstehung und Optimierung haben jedoch mehrere Personen beigetragen, denen ich an dieser Stelle meinen herzlichen Dank aussprechen möchte. An erster Stelle möchte ich mich bei meinem verehrten Doktorvater und akademischen Lehrer, Herrn Prof. Dr. Frank Saliger, für die Unterstützung bedanken, die ich von Anfang an als Doktorand von ihm erhalten habe und die weit über eine typische Promotionsbetreuung hinausging. Er hat mir stets den Freiraum gewährt, meine eigenen Ansichten in der Dissertation zu vertreten und mich promotionsbegleitend weitere berufliche und wissenschaftliche Tätigkeiten aufnehmen zu lassen. Ebenso gebührt ihm mein aufrichtiger Dank für sein genuines Interesse an meiner beruflichen und wissenschaftlichen Weiterentwicklung sowie für seine stets offene Haltung gegenüber mir. Des Weiteren möchte ich mich bei Herrn Prof. Dr. Mark A. Zöller für die zügige und fürsorgliche Erstellung des Zweitgutachtens sowie für seine wertvollen Hinweise zum Text bedanken. Mein herzlicher Dank gebührt außerdem Herrn Prof. Dr. Armin Engländer für seinen wertvollen Beitrag zur mündlichen Doktorprüfung.

Darüber hinaus möchte ich mich bei meiner Familie bedanken. Zunächst möchte ich mich bei meinen Eltern für die großzügige Unterstützung in den ersten Promotionsjahren bedanken. Auch meiner zweiten Familie in Thessaloniki, insbesondere meinen Schwiegereltern, Simela und Kostantinos, möchte ich meinen tief empfundenen Dank aussprechen. Simela und Kostantinos haben mich wie einen Sohn in ihre Familie aufgenommen und mir ihre volle Unterstützung für die Vervollständigung meines Promotionsstudiums geboten. Kostantinos möchte ich zudem besonders dafür danken, dass er mir den Anstoß zur Philosophie gegeben und dadurch mein akademisches Wissen wesentlich bereichert hat; außerdem ist er mir stets ein bereitwilliger Diskussionspartner in wissenschaftlichen und persönlichen Fragen. Auch meinem Onkel, Herrn Prof. Dr. George Pavlakos, danke ich herzlich für seine stetige Diskussionsbereitschaft.

Ferner möchte ich mich bei all meinen Freunden bedanken, die mir während der Promotionszeit zur Seite standen und einen Beitrag zum erfolgreichen Abschluss der Promotion geleistet haben. Ein besonderer Dank gilt (in alphabetischer Reihenfolge) Herrn Dr. Tobias Algasinger, Herrn Alkiviadis Doxastakis, Herrn Dr. Savvas Kostikidis, Herrn Dr. Dr. Vasileios Naintos, Herrn Dr. Apostolos Samaras, Herrn Dr. Michail Tsertsidis, Frau Nikoleta Tsipopoulou und Frau Sabina Valcu.

Alles in allem gibt es jedoch eine Person, deren Beitrag zur Entstehung dieser Arbeit am wichtigsten war: meine Frau, Eirini Serra. Ohne ihre Liebe, Unterstützung und Geduld wären nicht nur diese Arbeit, sondern auch keine meiner weiteren persönlichen und beruflichen Errungenschaften möglich gewesen. Ihre Hilfe war für meine Promotion und für meine persönliche und berufliche Entwicklung so entscheidend, dass es mir schwerfällt, ihr allein mit Worten meinen Dank auszudrücken. Vielleicht kann ich es aber mit einer Widmung tun.

Dieses Buch ist deshalb ihr gewidmet.

München/Wiesbaden, den 21. November 2025 Nikolaos Pavlakos

Abkürzungsverzeichnis

Abs.	Absatz
AEUV	Vertrag über die Arbeitsweise der Europäischen Union
a.A.	andere Ansicht
a.F.	alte Fassung
AG	Amtsgericht/Aktiengesellschaft
AktG	Aktiengesetz
AO	Abgabenordnung
Art.	Artikel
BeckRS	Beck online Rechtsprechung
BGBl.	Bundesgesetzblatt
BGH	Bundesgerichtshof
BGHSt	Entscheidungen des Bundesgerichtshofs in Strafsachen, amtliche Sammlung
BNotO	Bundesnotarordnung
BOStB	Berufsordnung der Steuerberater
BRAO	Bundesrechtsanwaltsordnung
BT-Drucks.	Bundestagsdrucksache
BVerfG	Bundesverfassungsgericht
BVerfGE	Entscheidungen des Bundesverfassungsgerichts, amtliche Sammlung
bzw.	beziehungsweise
CCZ	Corporate Compliance Zeitschrift
d.h.	das heißt
ders.	Derselbe
dies.	dieselbe(n)

DNotZ	Deutsche Notar-Zeitschrift
Drs.	Drucksache
DStR	Deutsches Steuerrecht
EMRK	Europäische Menschenrechtskonvention
EU	Europäische Union
FATF	Financial Action Task Force on Money Laundering
Fn.	Fußnote
FS	Festschrift
GG	Grundgesetz
GwG	Geldwäschegesetz
GwGMeldVO-Immobilien	Geldwäschegesetzmeldeverordnung-Immobilien
h. M.	herrschende Meinung
HRRS	Online Zeitschrift für Höchstrichterliche Rechtsprechung zum Strafrecht
Insb.	insbesondere
JA	Juristische Arbeitsblätter
JR	Juristische Rundschau
Jura	Juristische Ausbildung
JuS	Juristische Schulung
JZ	Juristenzeitung
KJ	Kritische Justiz
KYC	Know your customer
KWG	Kreditwesengesetz
LG	Landgericht
LkSG	Lieferkettensorgfaltspflichtengesetz
m.w.N.	mit weiteren Nachweisen
n.F.	neue Fassung
NJW	Neue Juristische Wochenschrift
Nr.	Nummer

NStZ	Neue Zeitschrift für Strafrecht
NWB	Zeitschrift für Steuer- und Wirtschaftsrecht
NZG	Neue Zeitschrift für Gesellschaftsrecht
NZWiSt	Neue Zeitschrift für Wirtschafts-, Steuer- und Unternehmensstrafrecht
OWiG	Ordnungswidrigkeitengesetz
RG	Reichsgericht
RGSt	Entscheidungen des Reichsgerichts in Strafsachen, amtliche Sammlung
RL	Richtlinie
Rn.	Randnummer
Rz.	Randziffer
RL	Richtlinie
S.	Seite
s.	siehe
sog.	sogenannt
StGB	Strafgesetzbuch
StPO	Strafprozessordnung
StraFo	Strafverteider Forum
StV	Strafverteidiger
StVZO	Straßenverkehrszulassungsordnung
TMG	Telemediengesetz
Urt.	Urteil
vgl.	vergleiche
VO	Verordnung
wistra	Zeitschrift für Wirtschafts- und Steuerstrafrecht
WpHG	Gesetz über den Wertpapierhandel (Wertpapierhandelsgesetz)
Ziff.	Ziffer

ZRP	Zeitschrift für Rechtspolitik
ZStW	Zeitschrift für die gesamte Strafrechtswissenschaft

Einleitung

N. Pavlakos, *Strafbarkeitsrisiken für Berater und ihre Grenzen*,
Juridicum – Schriften zum Wirtschaftsstrafrecht 13,
https://doi.org/10.1007/978-3-658-51535-5_1

A. Gegenstand und Ziel der Untersuchung

In der Strafrechtsdogmatik herrscht die Auffassung vor, dass sozial übliche, unauffällige, alltägliche und berufstypische Handlungen nicht uneingeschränkt strafbar sein sollen, selbst wenn durch derartige Handlungen die Straftat eines anderen gefördert wird. Solche Handlungen, die aufgrund ihrer Sozial- oder Berufsüblichkeit einer strafrechtlichen Privilegierung bedürfen, werden üblicherweise als *neutral* bezeichnet. Typische Schulbeispiele für neutrale Handlungen sind: die Überführung eines Auftragsmörders durch den Taxifahrer zu seinem nächsten Ziel; der Verkauf eines Schraubenziehers an einen Schlägereibeteiligten, mit dem er einen Dritten ersticht; die Lieferung von Lebensmitteln an einen Bordellbetrieb oder der Verkauf von alkoholischen Getränken in einer Tankstelle an eine bereits betrunkene Person, die anschließend ihr Fahrzeug fährt.[1]

Die oben genannten Beispiele hören sich möglicherweise nicht sehr realistisch oder zumindest nicht praxisrelevant an. Im Wirtschaftsstrafrecht erweist sich die Problematik der Förderung fremder Straftaten durch neutrales Verhalten jedoch als äußerst relevant. Dies betrifft hauptsächlich zwei Berufsbereiche: Bankangestellte und Rechtsberater. Bereits seit Ende der 1990er Jahre beschäftigen sich Wissenschaft und Rechtsprechung mit der Frage, ob sich ein Bankangestellter wegen Beihilfe zur Steuerhinterziehung strafbar macht, wenn er für seinen Kunden eine Geldüberweisung in eine Steueroase durchführt und dem Kontoinhaber somit ermöglicht, Vermögenswerte vor den inländischen Steuerbehörden zu verschleiern. Auch Rechtsanwälte und Steuerberater können durch ihre Dienstleistungen als Berater und Vertreter ihrer Mandanten diese bei der Begehung von Straftaten unterstützen.[2]

Das zentrale dogmatische Problem bei neutralen Handlungen besteht darin, ob diese als Beihilfe gemäß § 27 Abs. 1 StGB strafbar sind. Die Strafrechtsdogmatik betrachtet heutzutage die sog. „neutrale Beihilfe" als eigenständiges Problem der TeilnahmelehreDies ist berechtigt, weil sich die Beihilfe schlicht als Förderung fremder Straftaten darstellt. Freilich erschöpft sich das Strafrisiko bei der Unterstützung fremder Straftaten durch neutrales Verhalten nicht nur in der Beihilfe. Berufstypische Handlungen kommen auch bei sehr weit gefassten Tatbeständen als Täterschaft in Betracht, wenn diese Tatbestände strukturell der Beihilfe ähneln. Ein solcher Tatbestand – und zugleich

[1] Zu diesem und weiteren Beispielen siehe *Wohlleben*, Beihilfe, S. 7 ff.
[2] Siehe dazu BGH NStZ 2000, 34; BGHSt 46, 107.

einer der weitesten des Besonderen Teils überhaupt – ist die Geldwäsche gemäß § 261 StGB.[3]

Mittlerweile gilt jeder Umgang mit illegal erworbenen Vermögenswerten als strafbare Geldwäsche. Dazu zählen die Beschaffung (Sich-Verschaffen) und die Weitergabe (Drittverschaffen) inkriminierter Vermögensgegenstände sowie die bloße Aufbewahrung (Verwahren oder Verwenden) von Tatobjekten. Diese Tathandlungen werden als „Isolierungstatbestand" bezeichnet und stellen vertatbestandlichte Beihilfehandlungen dar. Als solche weisen sie ein nahezu unbegrenztes objektives Unrecht auf, das schlicht durch sozialübliche Handlungen begangen werden kann. Die strafrechtlichen Risiken für Geldwäsche werden außerdem dadurch erhöht, dass neben dem objektiven auch der subjektive Geldwäschetatbestand außerordentlich weit gefasst ist: Gemäß § 261 StGB genügt bereits Leichtfertigkeit hinsichtlich der kriminellen Herkunft: Es reicht aus, wenn der Täter die kriminelle Herkunft eines Vermögenswertes, mit dem er in Berührung kommt, nur vermutet oder grob fahrlässig ignoriert, und er läuft dann Gefahr, wegen Geldwäsche angeklagt oder verurteilt zu werden. Aufgrund dieser weiten Auslegung des Tatbestands können sozial- bzw. berufsübliche Handlungen von Mitarbeitern von Kreditinstituten sowie Angehörigen rechts- und wirtschaftsberatender Berufe ohne Weiteres eine strafbare Handlung im Rahmen des § 261 StGB darstellen. Die Problematik der neutralen Beihilfe findet somit auch bei der Geldwäsche Anwendung.

Das erhöhte Strafrisiko von Bankmitarbeitern und Beratern wegen Geldwäsche lässt sich auch *kriminologisch* erklären: Die konstitutive Rolle von Kreditinstituten für die Geldwäsche kann in diesem Zusammenhang nur erwähnt werden.[4] Des Weiteren ist es aber auch nicht ungewöhnlich, dass Straftäter die Dienste von Rechtsanwälten oder Steuerberatern in Anspruch nehmen, um die Herkunft von Vermögenswerten zu verschleiern. So kann es vorkommen, dass der Vortäter seinem Anwalt Vermögenswerte, die aus einer Straftat herrühren, zur Aufbewahrung für einen bestimmten Zeitraum oder zur Weitergabe an einen Dritten übergibt. Ohnehin führen Anwälte und Steuerberater häufig Treuhand- bzw. Anderkonten, um Vermögenswerten ihrer Mandanten auf fremde Rechnung zu verwalten. Darüber hinaus überprüfen Rechts- und Steuerberater immer

[3] *Saliger*, in: Jenseits des rechtsstaatlichen Strafrechts, S. 448.

[4] Ferner ist die Rolle menschlicher Angestellter selbst unter der heutigen Dominanz des Online-Bankings nach wie vor wichtig. Denn bei hohen Transaktionen ist die aktive Beteiligung eines Bankangestellten erforderlich. Darüber hinaus muss jede verdächtige Transaktion von Mitarbeitern des Instituts auf einen Geldwäscheverdacht geprüft werden.

wieder komplexe Vorgänge zur Einbringung „schwarzen" Geldes in den legalen Wirtschaftskreislauf auf ihre Legitimität – dies bezieht sich auf die Problematik der Beihilfe durch Erteilung von Rechtsrat.

Nach alledem gilt: Wendet man den Tatbestand des § 261 StGB unbeschränkt auf berufsübliche Handlungen an, so würde dies zu einer übermäßigen Ausdehnung der Strafbarkeit führen. Bankmitarbeiter und Berater könnten allein aufgrund ihrer alltäglichen Berufsausübung ins Visier der Strafverfolgungsorgane geraten, Adressaten gravierender Ermittlungsmaßnahmen werden und letztlich mit strafrechtlichen Sanktionen rechnen müssen. Die Einschränkung ihrer strafrechtlichen Verantwortlichkeit ist daher notwendig. Die vorliegende Untersuchung beschränkt sich jedenfalls auf Rechts- und Wirtschaftsberater.[5] Von allen denkbaren Angehörigen der beratenden Berufe werden im Rahmen dieser Studie zudem nur Rechtsanwälte, Steuerberater, Notare und Wirtschaftsprüfer behandelt. Dies ist darauf zurückzuführen, dass diese vier Berufe den zentralen Typus des Rechts- und Wirtschaftsberaters verkörpern. Was für sie gilt, lässt sich auch auf andere Beraterberufe mutatis mutandis übertragen.

Nach alledem liegt der Gegenstand der vorliegenden Untersuchung darin, die Strafbarkeit von Rechts- und Wirtschaftsberatern wegen Förderung der Straftaten ihrer Mandanten im Rahmen des § 261 StGB einzuschränken. An dieser Stelle ist jedoch zu betonen, dass die Einschränkung der Geldwäschestrafbarkeit beim neutralen Verhalten alles andere als einfach ist. Dies hat drei Gründe: Erstens gibt es in der Strafrechtsdogmatik nicht *die* Theorie der neutralen Handlungen, sondern verschiedene, heterogene und im Vergleich zueinander exklusive dogmatische Ansätze zur strafrechtlichen Beurteilung neutralen Verhaltens. Beispielhaft angeführt: Einige Autoren befürworten eine Einschränkung auf der Ebene des objektiven Tatbestands der Beihilfe und berufen sich dabei auf die Lehre von der Sozialadäquanz oder der objektiven Zurechnung; andere differenzieren danach, ob der Gehilfe Kenntnis von den Zielen des Haupttäters hat; wieder andere versuchen, das Problem auf die Ebene der Rechtfertigung zu verschieben; schließlich lehnt eine Minderheit in der Wissenschaft ab, dass die Handlungsneutralität irgendeine normative Konsequenz entfaltet, und lässt stattdessen auf neutrale Handlungen die allgemeinen

[5] Freilich gelten auch Bankmitarbeiter u.U. als „Berater". Nachfolgend wird der Terminus „Berater" nur in Bezug auf rechts- und wirtschaftsberatende Freiberufler verwendet.

Beihilferegeln gelten.[6] Keine dieser Ansichten nimmt jedoch explizit Bezug auf besondere Tatbestände wie § 261 StGB auf.

Zweitens schlagen mehrere Gerichtsurteile und wissenschaftliche Stellungnahmen lediglich *tatbestandsspezifische* Kriterien für die strafrechtliche Beurteilung neutraler Handlungen vor, die sich nicht auf den Allgemeinen Teil, sondern auf einen bestimmten Tatbestand des Besonderen Teils beziehen. So hat – um bei der Geldwäsche zu bleiben – das BVerfG in seiner Grundsatzentscheidung aus dem Jahr 2004 bekanntlich geldwäschespezifische Kriterien für die Einschränkung der Geldwäschestrafbarkeit des Strafverteidigers entwickelt.[7] Dergleichen wird in der Wissenschaft nach Kriterien gesucht, die im Rahmen von § 258 StGB die Strafbarkeit des Verteidigers wegen berufstypischen Verhaltens einschränken können.[8] In keinem der beiden Fälle[9] wird jedoch die allgemeine Lehre von der neutralen Beihilfe herangezogen oder eine Verallgemeinerung der Kriterien gefördert.[10] Drittens bieten viele dogmatische Ansätze zur Handlungsneutralität – unabhängig davon, ob sie dem Allgemeinen oder dem Besonderen Teil angehören – keine konkreten Kriterien für die strafrechtliche Behandlung berufstypischen Verhaltens an, sondern lediglich eine Beschreibung oder immerhin eine systematische Verortung des Problems in bekannten Topoi der Strafrechtsdogmatik.

Der Gegenstand der vorliegenden Untersuchung besteht anhand dieser drei Probleme darin, die Problematik von neutralen Handlungen im § 261 StGB durch eine *allgemeine* Lösung zu erfassen. Das bedeutet, dass hier derartige Kriterien für die strafrechtliche Behandlung neutraler Handlungen vorgeschlagen werden, welche aus abstrakten Prinzipien der Strafrechtsdogmatik herrühren und nicht nur auf den Geldwäschetatbestand, sondern auch auf andere Straftatbestände angewendet werden können. Dies wird dadurch ermöglicht, dass diese Kriterien im Allgemeinen Teil des Strafrechts gesucht werden. Zugleich werden sie nicht nur bei der Beihilfe oder bei der der Beihilfe ähnlich strukturierten Geldwäsche, sondern schlicht bei der *Förderung fremder Straftaten* angewandt – einerlei, ob sie in concreto als Geldwäsche, Beihilfe oder

---

[6] Eine detaillierte Darstellung der wichtigsten dogmatischen Stellungnahmen zur neutralen Beihilfe bieten *Wohlleben*, Beihilfe, S. 11 ff.; *Niedermair*, ZStW 1995, 507 ff.; *Tag*, JR 1997, 49 ff.; ferner auch *Hillenkamp*/Cornelius, 32 Probleme aus dem Strafrecht, S. 202 ff.

[7] Dazu unten Teil 1 A.II.1.c).

[8] Wie z.B. die Differenzierung zwischen prozessrechtmäßigem und -unrechtmäßigem Verhalten. Dazu *Lüderssen*, FS Grünwald, S. 332 ff., m.w.N.

[9] Weitere Beispiele nennt *Schneider*, NStZ 2004, 312, 315.

[10] Vgl. *Schünemann*, FS Bockelmann, S. 119.

ein anderer Tatbestand erscheint. Gerade deshalb spricht die vorliegende Untersuchung nicht nur von der „neutralen Beihilfe“, sondern von „Handlungsneutralität“. Dies soll zum Ausdruck bringen, dass die Beihilfe nur einen Anwendungsbereich der Handlungsneutralität darstellt, wenn auch einen sehr wichtigen.

B. Methodologie der Untersuchung

Die vorliegende Arbeit fußt, um das Ziel der Einschränkung der Geldwäsche durch eine allgemeine Lösung zu erreichen, auf vier methodologischen Ansätzen: der grundsätzlichen Orientierung an der systematischen Methode, der Notwendigkeit der Heranziehung praktischer Gesichtspunkte, der Berücksichtigung der juristischen Argumentationslehre und dem Rekurs auf grundrechtliche Prinzipien.

I. Die systematische Methode als Richtschnur der Arbeit

In erster Linie wird hier die systematische Methode angewendet, d. h.: Es werden konkrete Ergebnisse aus allgemeinen Sätzen des wissenschaftlich-dogmatischen Strafrechtssystems abgeleitet. Dies bedarf einer kurzen Erläuterung. Rechtsnormen, -sätze, -erkenntnisse und -prinzipien existieren nicht um ihrer selbst willen und unabhängig voneinander, sondern bilden miteinander eine logische und teleologische Einheit, also ein System.[11] Aus dem systematischen Charakter des Rechts und der Rechtswissenschaft resultiert, dass neue dogmatische Rechtssätze oder Rechtserkenntnisse nicht zu Brüchen im System führen dürfen, d. h., sie dürfen den anderen Rechtssätzen nicht widersprechen.[12] Somit muss jede Rechtserkenntnis – unabhängig davon, ob sie von einem Richter oder einem Rechtswissenschaftler stammt – auf ihre Kompatibilität mit dem Rechtssystem hin überprüft werden.

Das Verbot systemwidriger Rechtsgewinnung lässt sich zum einen wissenschaftstheoretisch belegen: Eine rechtsdogmatische Theorie als Summe von Allsätzen kann nur dann als wissenschaftlich bezeichnet werden, wenn diese Sätze Systemkompatibilität beanspruchen. Stehen wissenschaftliche Allsätze in Widersprüchen zueinander, ist das Prinzip der Universalisierbarkeit verletzt.[13] Dieses postuliert, dass eine für einen bestimmten Fall geltende Regel, auch auf jeden weiteren ähnlichen Fall

---

[11] Zum Begriff des Rechtssystems aus wissenschaftstheoretischer Sicht siehe *Canaris*, Systemdenken und Systembegriff, S. 3 ff.; auch *Larenz*, Methodenlehre, S. 437 f.

[12] *Canaris*, Systemdenken und Systembegriff, S. 98 ff., 113 ff.

[13] *Alexy*, Theorie der juristischen Argumentation, S. 91 ff. (siehe auch S. 322 zu Gebot der Widerspruchsfreiheit dogmatischer Sätze); *Canaris*, JZ 1993, 377, 377 f.

anzuwenden ist.[14] Das Erfordernis der Systemkompatibilität der Sätze der Rechtswissenschaft ergibt sich zum anderen auch normativ: Die Verletzung des Universalisierbarkeitsprinzips führt zur Ungleichbehandlung, welche nach Art. 3 GG verboten ist.[15] Ohne Systematisierung und Abstraktion der Rechtserkenntnisse kann der Gleichheitsgrundsatz nicht gewährleistet werden.[16]

Aus den obigen Überlegungen ergibt sich die Zielsetzung der in der vorliegenden Untersuchung angewandten Methode: Für die Problematik der neutralen Handlungen soll eine *Theorie* der Handlungsneutralität entwickelt werden.[17] Sowohl die Prämissen als auch die Ergebnisse jener Theorie sollen aus allgemeinen Sätzen des Rechtssystems, beispielsweise der Rechtsordnung oder der Dogmatik, abgeleitet werden und müssen auf ihre Systemrichtigkeit hin überprüft werden. Das heißt, es muss geprüft werden, ob sie zu widersprüchlichen Thesen oder Ergebnissen in Bezug auf das gesetzliche bzw. dogmatische Strafrechtssystem führen. Erst nach der Theoriebildung soll versucht werden, konkrete Kriterien für die Behandlung neutraler Handlungen im Rahmen des § 261 StGB abzuleiten. Das Problem der Handlungsneutralität in § 261 StGB wird demnach deduktiv behandelt: vom Allgemeinen zum Besonderen.[18]

Demgegenüber ist hier von der sog. *topischen* Methode nicht der gleiche Erkenntnisgewinn erwartet, wie von der systematischen. Topische Arbeit wird bekanntlich von denjenigen geleistet, die beliebige Kriterien, Fallgruppen oder Beispiele für die Lösung von Rechtsproblemen verwenden, welche aber nur für jene Norm oder jenes Verhalten gelten.[19] Topik ist „alles, was nicht exakt logische Ableitung ist",[20] also

---

[14] *Alexy*, Theorie der juristischen Argumentation, S. 335 f.; *Larenz*, Methodenlehre, S. 429 ff.
[15] BVerfGE 6, 84, 91; BVerfGE 13, 31, 38; BVerfGE 18, 315, 334; *Canaris*, Systemdenken und Systembegriff, S. 100; ferner auch *Schladitz*, Normtheoretische Grundlagen, S. 19 ff., insb. 20.
[16] Siehe *Alexy*, Theorie der juristischen Argumentation, S. 275, der aus dem Universalisierbarkeitsprinzip die These folgert, dass zur Begründung eines juristischen Urteils „mindestens eine universelle Norm angeführt werden" muss. Ohnehin hat das BVerfG judiziert, dass der Gleichheitssatz nicht nur in Art. 3 Abs. 1 GG verankert ist, sondern darüber hinaus als allgemeines Verfassungsprinzip anzusehen ist, dessen Geltung sich in der ganzen Rechtsordnung erstreckt, so stellvertretend BVerfGE 6, 84, 91; ähnlich *Canaris*, Systemdenken und Systembegriff, S. 125 f.
[17] Zum wissenschaftstheoretischen Begriff von rechtsdogmatischen Theorien siehe *Canaris*, JZ 1993, 377 ff.; ferner *Larenz*, Methodenlehre, S. 450.
[18] Siehe aber Kritik von *Rönnau/Wagner*, JuS 2019, 527, 530 f.: Nicht eine abstrakte Lösung könne das Problem der neutralen Handlungen im Strafrecht lösen, sondern eine Einzelfallprüfung; ähnlich *Rotsch*, Einheitstäterschaft" statt Tatherrschaft, S. 413.
[19] Zur Topik als Methode in der Rechtswissenschaft statt vieler *Viehweg*, Topik und Jurisprudenz, passim; skeptisch gegenüber der Topik *Puppe*, ZIS 2020, 143, 147 ff.; *Schünemann*, in: Grundfragen des modernen Strafrechts, S. 14; *ders.*, Grund und Grenzen der unechten Unterlassungsdelikte, S. 81 ff.; *ders.*, FS Bockelmann, S. 121.
[20] *Puppe*, ZIS 2020, 143, 147.

alles, was sich nicht deduktiv (und somit nicht zwingend) aus abstrakten Prinzipien, sondern induktiv oder abduktiv aus rechtspolitischen, empirischen sowie praxisbezogenen Erwägungen hergeleitet ist.[21] Die Topik an sich ist deshalb untauglich im Rahmen einer wissenschaftlich-dogmatischen Untersuchung, weil sie zu systemwidriger Argumentation führen kann.[22]

Freilich sollen diese Erwägungen nicht darüber hinwegtäuschen, dass eine neue Theorie oder ein neuer Rechtssatz durchaus zu Modifikationen des Systems führen kann, sofern diese gerechtfertigt und gleichzeitig nicht sachwidrig sind.[23] Denn die Fortbildung des Systems ist auf jeden Fall erwünscht: Das Rechtssystem ist nicht axiomatisch geschlossen, sondern dem Wandel offen.[24] Aus diesem Grund unternimmt die vorliegende Studie auch Modifikationen im dogmatischen Strafrechtssystem. Um zwei beispielhaft anzuführen: Unten wird die objektive Zurechnungslehre nicht nur als Zurechnungs-, sondern als Tatbestandslehre betrachtet.[25] Darüber hinaus wird hier eine neue Dimension des Strafgrunds der Teilnahme vorgeschlagen: nicht der akzessorische Rechtsgutsangriff vom Teilnehmer, sondern die rechtliche Zuständigkeit über fremdes Verhalten.[26]

II. Notwendigkeit der Berücksichtigung praktischer Gesichtspunkte

Die systematische Methode soll jedoch nicht blindlings befolgt werden. Das Systemkompatibilitätserfordernis der dogmatischen Sätze hat seine Grenze in der Notwendigkeit, einem Rechtsproblem praxistaugliche Lösungen zu verleihen,[27] auf teleologische bzw. rechtspolitische Erwägungen – scil. auf die empirisch feststellbaren Folgen einer Rechtsnorm – Bezug nehmen zu dürfen,[28] und ggf. auf vorpositive Gesichtspunkte zurückgreifen zu können.[29] Obwohl alle drei genannten Topoi (praktische

---

[21] *Puppe*, ZIS 2020, 143, 148.

[22] Vgl. Kritik gegen die Topik aus methodologischer Sichtweise in *Alexy*, Theorie der juristischen Argumentation, S. 41 ff.: Die Topik missachte Präjudizien und dogmatische Sätze, verwende oberflächliche Argumente und verfüge über keine begriffliche Klarheit.

[23] Sachwidrig wären beispielsweise solche Sätze, die gegen den Sinn des Gesetzes verstoßen; dazu siehe *Schünemann*, in: Grundfragen des modernen Strafrechts, S. 11.

[24] *Canaris*, Systemdenken und Systembegriff, S. 106. Dies gilt gleichwohl zunächst nur für das System der dogmatisch-wissenschaftlichen Sätze und nicht der Rechtsnormen. Letztere sind zwar für Veränderungen offen, aber nur im Rahmen einer rechtspolitischen Untersuchung de lege ferenda; für rechtdogmatische Theorien gelten sie hingegen als Axiome. Dazu *Canaris*, FS Kitagawa, S. 65 f.; *Neumann*, in: Hassemer/Neumann/Saliger, Rechtsphilosophie, S. 305.

[25] Siehe unten Teil 2 D.II.2.a).

[26] Siehe unten Teil 2 D.III.3.

[27] *Canaris*, Systemdenken und Systembegriff, S. 111 f.

[28] Vgl. *Neumann*, ZStW 1987, 567, 570 f.; *Roxin*, Kriminalpolitik und Strafrechtssystem, S. 9 ff.

[29] Vgl. *Larenz*, Methodenlehre, S. 438.

Anwendbarkeit, Kriminalpolitik, Nicht-Positivismus) eine nicht rein systematische Rechtsgewinnung kennzeichnen, sind es vor allem die fehlende praktische Anwendbarkeit und die fehlende Berücksichtigung kriminalpolitischer Aspekte, die in den letzten Jahren in Bezug auf die Handlungsneutralität zu einem Übermaß an exklusiven dogmatischen Theorien geführt hat, welche in der Praxis nicht anwendbar sind, sich gegenseitig widersprechen und das Verständnis des Problems, das sie lösen sollen, in manchen Fällen sogar verschlechtern. Obwohl die Vernachlässigung systematischer Gesichtspunkte zu einer Abwertung des Systemdenkens und damit zu einem Verlust an Rechtssicherheit führt,[30] ist neben der Rechtssicherheit auch die materielle Gerechtigkeit zu gewährleisten. Dies kann nur durch ein problemorientiertes Denken erreicht werden.[31] Für die allgemeinen Sätze der Rechtswissenschaft, d.h. für die rechtsdogmatischen Theorien, reicht also nicht nur ihre widerspruchsfreie Einordnung im Strafrechtssystem aus. Dazu müssen vielmehr kriminalpolitische und praktische Erwägungen herangezogen werden.[32]

Nach alledem ergibt sich die vollständige Methode der vorliegenden Untersuchung: Zunächst wird eine systemgerechte Lösung des Problems der Handlungsneutralität angestrebt, d.h. die konkreten Kriterien für die strafrechtliche Beurteilung neutraler Handlungen sollen aus abstrakten Prinzipien mittels Deduktion gefolgert werden. Diese Kriterien müssen jedoch außerdem durch praxisorientierte Gesichtspunkte ergänzt werden, wie hauptsächlich durch die Auswirkungen für die Rechtsgenossen oder den Rechtsgüterschutz. Ziel ist es daher, sowohl systematisch präzise als auch praktisch taugliche Kriterien für die strafrechtliche Beurteilung neutraler Handlungen zu entwickeln.

III. Notwendigkeit der Heranziehung der juristischen Argumentationstheorie

Darüber hinaus wird die hiesige Arbeit maßgeblich von der juristischen Argumentationstheorie beeinflusst. Die Notwendigkeit, auf die Regeln juristischer Argumentation Bezug zu nehmen, ergibt sich daraus, dass die Begründung von Rechtserkenntnissen methodenrechtlich gesehen nicht nur die sog. interne Rechtfertigung

---

[30] *Roxin*, Kriminalpolitik und Strafrechtssystem, S. 9.
[31] *Canaris*, FS Kitagawa, S. 63.
[32] *Roxin*, Kriminalpolitik und Strafrechtssystem, S. 6 ff.

(also die logische Ableitung von Schlüssen aus dem Gesetz)[33], oder die externe Rechtfertigung (nämlich die Wahrheit der im juristischen Syllogismus verwendeten Prämissen)[34] erfordert, sondern auch die Einhaltung praktischer Regeln. Diese Regeln sollen die in der Rechtsgewinnung notwendigen Wertentscheidungen rational begründen.[35]

Ein Beispiel soll hier den unvermeidbaren Einbezug von Wertentscheidungen bei der Rechtsgewinnung veranschaulichen: Wenn ein Richter über eine Rechtsfrage entscheiden muss, die in der Rechtsprechung oder Dogmatik auf unterschiedliche Weise behandelt wird, muss er eine Wertung vornehmen und eine Auswahl zwischen den verschiedenen Lösungen treffen.[36] Um die Rationalität der Rechtsgewinnung aufrechtzuerhalten, müssen hinsichtlich dieses Werturteils Richtigkeitskriterien aufgestellt werden.[37] Dies ist die Grundannahme der juristischen Argumentationstheorie.

Im Rahmen der vorliegenden Arbeit sind hauptsächlich die folgenden Argumentationsregeln einschlägig:[38] Erstens muss das Universalisierbarkeitsprinzip respektiert werden[39] (jede Rechtserkenntnis muss also auf weitere ähnliche Fälle angewandt werden). Zweitens muss, wer von der grammatischen sowie historischen Auslegung einer Rechtsnorm, von einer „herrschenden" Ansicht in der Rechtsdogmatik oder von Präjudizien abweichen will, die Argumentationslast hierfür tragen.[40] Er muss also Gründe anführen, die diese Abweichung rechtfertigen. Aus diesem Grund werden in der vorliegenden Untersuchung mehrmals das Universalisierbarkeitsprinzip (beispielsweise zur Begründung der Ausdehnung des Verteidigerprivilegs des BVerfG auf andere Beraterberufe[41]) sowie die Argumentationslastregel hinsichtlich Präjudizien

---

[33] Diese logische Ableitung setzt die Anwendung des *juristischen Syllogismus*. Dazu statt vieler *Engisch*, Logische Studien zur Gesetzesanwendung, S. 7 ff.; *Neumann*, Argumentationstheorie, S. 17 f.; *Herberger/Simon*, Wissenschaftstheorie, S. 18 ff., 26 ff.

[34] *Alexy*, Recht, Vernunft, Diskurs, S. 17 f.

[35] *Alexy*, Theorie der juristischen Argumentation, S. 23 ff.; *Canaris*, Grazer Universitätsreden Nr. 50, 1993, S. 28.

[36] *Alexy*, Theorie der juristischen Argumentation, S. 23 ff.; *Neumann*, Argumentationstheorie, S. 2 f.; *Canaris*, Grazer Universitätsreden Nr. 50, 1993, S. 23 f.; *ders.*, FS Medicus, S. 25 ff.; bereits *Kelsen*, Reine Rechtslehre, S. 351.

[37] *Neumann*, Argumentationstheorie, S. 6 f.

[38] Beide stammen aus der prozeduralen Argumentationstheorie von *Alexy* (entwickelt in seiner Dissertation zur Theorie der juristischen Argumentation).

[39] *Alexy*, Theorie der juristischen Argumentation, S. 275.

[40] *Alexy*, Theorie der juristischen Argumentation, S. 305.

[41] Unten Teil 2 C.IV.4.c)

(deshalb erläutert der *Verfasser* zunächst ausführlich die BGH-Formel zur neutralen Beihilfe, bevor er seine eigene Ansicht darstellt)[42] herangezogen.

IV. Einbezug verfassungsrechtlicher Gesichtspunkte

Schließlich zielt die vorliegende Untersuchung auf eine *verfassungsrechtlich* fundierte Theorie der Handlungsneutralität ab. Der hier verwendete Begriff von neutralen Handlungen wird nämlich ergeben, dass es bei der Handlungsneutralität darauf ankommt, ob im Rahmen bestimmter sozialer Systeme adäquate Handlungen vorliegen.[43] Ein solches System ist der Beruf. Aus diesem Grund muss eine strafrechtsdogmatische Theorie der neutralen Beihilfe verfassungsrechtliche Gesichtspunkte berücksichtigen, zumal der Beruf durch ein Spezialgrundrecht verfassungsrechtlich geschützt ist, namentlich Art. 12 Abs. 1 GG. Daher soll nicht verwundern, dass die hiesige Arbeit nicht nur strafrechtsdogmatische, sondern auch in großem Maße verfassungsrechtliche Argumentation verwendet, wenngleich sie in der Gesamtschau als eine strafrechtsdogmatische Untersuchung gilt: Das Verfassungsrecht wird lediglich zur Begründung des „Ob" der Strafbarkeitseinschränkung herangezogen, also zur Begründung des Bedarfs an der Entkriminalisierung neutraler Handlungen. Es wird also dort geprüft, ob die Einschränkung des § 261 StGB hinsichtlich neutraler Handlungen als verfassungskonforme Auslegung postuliert werden kann. Dies setzt eine Analyse der Berufsfreiheit gemäß Art. 12 Abs. 1 GG sowie der Bedingungen und Grenzen der verfassungskonformen Auslegung voraus. Die strafrechtliche Beurteilung neutraler Handlungen – das „Wie" der Strafbarkeitseinschränkung – kann gleichwohl nur durch rein strafautonome Kriterien erfolgen.

C. Verlauf

Auf dieser Grundlage gliedert sich die hiesige Untersuchung – Einleitung und Schlussteil herausgenommen – in drei Teile: Im ersten Teil werden einerseits der Geldwäschetatbestand und seine Besonderheiten im Hinblick auf Angehörige rechts- und wirtschaftsberatender Berufe erläutert (Teil 1 A.) und andererseits die außerstrafrechtlichen Pflichten für Berater aufgezeigt, die sich aus dem Geldwäschegesetz (GwG) ergeben (Teil 1 B.). Beide Kapitel sollen aufzeigen, welchen strafrechtlichen Risiken Berater bei der Ausübung ihrer „normalen" beruflichen Tätigkeit

[42] Unten Teil 2 D.I.4.
[43] Unten Teil 2 B.II.5.

im Rahmen der Geldwäsche ausgesetzt sind. Diese Klarstellung ist notwendig, um die praktische Notwendigkeit einer Begrenzung der Strafrisiken von Beratern nachzuweisen.

Im zweiten Teil wird der Versuch unternommen, die Strafbarkeit der Geldwäsche auf der Ebene des Allgemeinen Teils einzuschränken. Dieser Teil gliedert sich seinerseits in drei Unterabschnitte: Erstens wird der Begriff der neutralen Handlungen definiert (Teil 2 B.). Zweitens wird die Frage gestellt, ob es normative Gründe gibt, aus denen neutrale Handlungen überhaupt einer strafrechtlichen Privilegierung bedürfen – und nicht wie jedes andere menschliche Verhalten zu behandeln sind. In Anbetracht der Definition von neutralen Handlungen als *berufstypische* Verhaltensweise wird als solcher Grund die Berufsfreiheit nach Art. 12 Abs. 1 GG herangezogen (Teil 2 C.). Im dritten Unterabschnitt werden konkrete strafrechtliche Kriterien für die Würdigung neutralen Verhaltens von Beratern im Zusammenhang mit der Geldwäsche entwickelt (Teil 2 D.). In diesem Rahmen wird, wie bereits angedeutet, eine allgemeine Theorie der Neutralität entwickelt, die sich von der in der höchstrichterlichen Rechtsprechung vorherrschenden Auffassung zur neutralen Beihilfe (sog. BGH-Formel) abwendet und einen neuen Ansatz herausbildet. Im dritten Teil werden schließlich in zwei Kapiteln die Besonderheiten der Handlungsneutralität bei zwei Sonderkonstellationen behandelt: die leichtfertige Geldwäsche (Teil 3 A.) und die Geldwäsche durch Unterlassen (Teil 3 B.).

Teil 1: Die Geldwäscherisiken von Rechts- und Wirtschaftsberatern

N. Pavlakos, *Strafbarkeitsrisiken für Berater und ihre Grenzen*,
Juridicum – Schriften zum Wirtschaftsstrafrecht 13,
https://doi.org/10.1007/978-3-658-51535-5_2

A. Die Anwendung des 261 StGB auf Beraterberufe

I. Prolegomena

Die Geldwäsche kann auf zwei Arten definiert werden: Kriminologisch-phänomenologisch und strafrechtlich-normativ. [44] Aus phänomenologischer Sicht bedeutet der Begriff „Geldwäsche" die Einschleusung von Vermögenswerten aus kriminellen Aktivitäten in wirtschaftliche Transaktionen, um deren illegale Herkunft zu verschleiern. [45] Normativ-strafrechtlich betrachtet hat sich der Gesetzgeber 1992 entschlossen, die Geldwäsche mit einem eigenständigen Tatbestand zu ahnden, statt die strafrechtliche Bewertung der Verschleierung der Herkunft unrechtmäßig erlangter Vermögenswerte, wie bis dahin, den §§ 257 ff. StGB zu überlassen;[46] so entstand § 261 StGB. [47] Die Schaffung eines einheitlichen Rechtsrahmens zur Bekämpfung der Geldwäsche war freilich keine freiwillige Entscheidung des deutschen Gesetzgebers, sondern gehörte seinerzeit zu den europa- und völkerrechtlichen Verpflichtungen der Bundesrepublik: Auf der einen Seite bildete das Übereinkommen der Vereinten Nationen gegen den unerlaubten Verkehr mit Suchtstoffen und psychotropen Stoffen vom 20. Dezember 1988 die Grundlage für § 261 StGB; auf der anderen Seite enthielt die (erste) EU-Geldwäscherichtlinie 91/308/EWG [48] erstmals rechtlich verbindliche präventive Maßnahmen gegen Geldwäsche, die den Inhalt des Geldwäschegesetzes (GwG) geprägt haben.[49]

Bereits der Wortlaut von § 261 StGB lässt erahnen, dass zwischen dem phänomenologischen und dem strafrechtlichen Begriff der Geldwäsche eine deutliche Inkongruenz besteht, indem letzterer weit über ersteren hinausgeht:[50] Zwar entsprichen § 261 Abs. 1 S. 1 Nr. 1-2 sowie Abs. 2 StGB weitgehend dem phänomenologischen Begriff der „alltäglichen" Geldwäsche, da sie grundsätzlich nur solche Handlungen unter Strafe

---

[44] Siehe statt vieler *Flatten,* Strafbarkeit von Bankangestellten bei der Geldwäsche, S. 2.
[45] BT-Drucks. 12/989, S. 26; *Arzt*, NStZ 1990, 1, 1; *Dionyssopoulou*, Geldwäsche, S. 3; *Altenhain*, in: NK-StGB, § 261 Rn. 98; *Reichling*, in: Leitner/Rosenau, Wirtschafts- und Steuerstrafrecht, § 261 StGB Rn. 1.
[46] Siehe *Arzt*, NStZ 1990, 1, 1 f.; *Dionyssopoulou*, Geldwäsche, S. 10 f.
[47] § 261 StGB wurde durch das Gesetz zur Bekämpfung des illegalen Rauschgiftshandelns und anderer Erscheinungsformen der organisierten Kriminalität (BGBI. I 1992, S. 1302) eingeführt und ist seit 15.7.1992 in Kraft
[48] Richtlinie des Rates zur Verhinderung der Nutzung des Finanzsystems zum Zwecke der Geldwäsche.
[49] Siehe Nachweise von *Wende*, in: Zentes/Glaab, GwG, Geschichte der Geldwäschebekämpung, Rn. 13. Die Vorgaben der Richtlinie 91/308/EWG entsprachen wiederum den – rechtlich nicht bindenden – Empfehlungen der Financial Action Task Force (FATF) von 1990, dazu *Sieber/Vogel*, Terrorismusfinanzierung, S. 55
[50] *Bülte*, NZWiSt 2017, 276, 277; *Kraatz*, Jura 2015, 699, 700.

stellen, die inkriminierte Vermögenswerte unmittelbar oder mittelbar heimlich in den legalen Wirtschaftsverkehr einbringen und dadurch die Herkunft dieser Werte verschleiern oder den Zugriff des Staates auf diese Vermögenswerte verhindern. Demgegenüber stellt jedoch § 261 StGB Abs. 1 S. 1 Nr. 3 und 4 StGB (also der sog. *Isolierungstatbestand*) ein wesentlich breiteres Spektrum von Handlungen unter Strafe, sodass er sich vom phänomenologisch-alltäglichen Geldwäschebegriff deutlich abgrenzt. Der Isolierungstatbestand pönalisiert nämlich nahezu jeden Umgang mit „kontaminierten" Vermögenswerten, [51] wie insbesondere die bloße Beschaffung, Aufbewahrung oder Verwendung solcher Gegenstände. Diese weite Fassung des Isolierungstatbestands in Verbindung mit Abs. 6 S. 1 (der auch leichtfertige Handlungen unter Strafe stellt)[52] und mit Abs. 3 (wonach auch der Versuch strafbar ist) macht die Strafbarkeitsrisiken wegen Geldwäsche nahezu unüberschaubar.[53]

Die Inkongruenz zwischen dem phänomenologischen und dem normativen Begriff der Geldwäsche und die damit einhergehende außerordentliche Weite des § 261 StGB werden durch die stetigen Änderungen des Geldwäschetatbestandes noch verstärkt. § 261 StGB hat seit seiner Einführung im Jahre 1992 wohl mehr Änderungen erfahren als jeder andere Straftatbestand.[54] Die jüngste dieser Änderungen hat den Geldwäschetatbestand geradezu exponentiell ausgeweitet: Durch das Gesetz zur Verbesserung der strafrechtlichen Bekämpfung der Geldwäsche vom 11. Februar 2021 [55] ist § 261 StGB zu einem „Superauffangtatbestand" geworden. Denn nunmehr gilt der sog. All-Crimes-Ansatz": Während nach alter Rechtslage die Geldwäsche nur im Anschluss an bestimmten Katalogtaten (sog. Vortaten) strafbar war, gilt nun jede denkbare Straftat des Kern- oder Nebenstrafrechts als taugliche Vortat. [56] Mit dem Gesetz zur Verbesserung der strafrechtlichen Bekämpfung der Geldwäsche sollten die Vorgaben der Richtlinie (EU) 2018/1673 umgesetzt werden, welche ebenfalls eine Ausweitung des Vortatenkatalogs der Geldwäsche auf europäischer Ebene vorantrieb. Der deutsche Gesetzgeber ging aber mit dem All-Crimes-Ansatz über diese Vorgaben hinaus.[57]

---

[51] BGHSt 55, 36 Rn. 67.
[52] Spezifisch zu leichtfertiger Geldwäsche siehe unten Teil 3 A.
[53] *Mückenberger*, in: Esser/Rübenstahl/Saliger/Tsambikakis, § 261 Rn. 20.
[54] Vgl. *Saliger*, in: Jenseits des rechtsstaatlichen Strafrechts, S. 447 ff., der die Geldwäsche bereits 2008 als „crime in progress" bezeichnet hat.
[55] BGBl. I 2021, S. 327 ff.
[56] *El-Ghazi/Laustetter*, NZWiSt 2021, 209, 211 f.; *Travers/Michaelis*, NZWiSt 2021, 125, 126; *Tsakalis*, Die Verflechtung zwischen Geldwäsche und Steuerhinterziehung, S. 383.
[57] *Jahn*, Stellungnahme, S. 8 f.; *El-Ghazi/Laustetter*, NZWiSt 2021, 209, 209.

Es stellt sich somit die Frage, ob diese außerordentlich weite Fassung des Geldwäschetatbestands normative Konsequenzen nach sich zieht. Zunächst liegt nahe, dass aufgrund des sehr weiten Wortlauts des § 261 StGB jeder Täter, somit auch Rechts- und Wirtschaftsberater erheblichen Strafrisiken ausgesetzt sind. Dies geht mit einer erheblichen Freiheitseinschränkung einher,[58] welche auf ihre *Verhältnismäßigkeit* überprüft werden soll; dies erfolgt nachfolgend eingehend.[59]

Darüber hinaus könnte jedoch auch die Frage gestellt werden, ob der § 261 StGB im Hinblick auf Art. 103 Abs. 2 GG noch verfassungskonform ist,[60] also ob jenseits des später zu behandelnden Verhältnismäßigkeitsgrundsatzes das spezifische strafrechtliche *Bestimmtheitsgebot* in Betracht kommt. Obwohl § 261 StGB außerordentlich weit gefasst ist, ist die Norm aber letztendlich nicht als unbestimmt einzustufen. Denn das Bestimmtheitsgebot bedeutet nicht, dass allein die außerordentliche Weite eines Straftatbestands zu dessen Verfassungswidrigkeit führt. Grundsätzlich hat der Gesetzgeber vielmehr einen weiten Ermessens- und Entscheidungsspielraum bei der Erstellung von Strafnormen.[61] Eine möglichst weitgehende Geldwäschebekämpfung entspricht zudem gerade dem Gesetzeszweck – insbesondere nach der Geldwäschereform 2021.[62] § 261 StGB zielt genau darauf ab, jegliche kriminelle Aktivität durch die finanzielle Isolierung des Täters drastisch zu bekämpfen. Diese kriminalpolitische Entscheidung des Gesetzgebers muss respektiert werden. Das BVerfG stellt allerdings – seit dem bekannten Untreuebeschluss aus dem Jahr 2010[63] – besondere Anforderungen an die Handhabung weit gefasster Straftatbestände durch den Richter. Demnach erzwingt das Bestimmtheitsgebot nach Art. 103 Abs. 2 GG die restriktive Auslegung weit gefasster Tatbestände (sog. *Präzisierungsgebot*).[64] In einer Entscheidung aus dem Jahr 2015 hat das BVerfG das Präzisierungsgebot explizit auf den § 261 StGB angewendet.[65] Die richterliche Einschränkung weit gefasster Tatbestände hat somit Vorrang vor dem Willen

[58] *Jahn*, Stellungnahme, S. 16 ff.; *Bülte*, Stellungnahme, Rn. 76 ff.; *Travers/Michaelis*, NZWiSt 2021, 125, 126; *Eschelbach*, in: Graf/Jäger/Wittig, § 261 StGB Rn. 5; *Spitzer*, ZRP 2020, 216, 217.
[59] Siehe unten Teil 2 C.
[60] *Gazeas*, NJW 2021, 1041, 1043.
[61] Vgl. nur BVerfGE 126, 170, 196.
[62] So BT-Drucks. 19/24180, S. 12; ausführlich *Tsakalis*, Die Verflechtung zwischen Geldwäsche und Steuerhinterziehung, S. 384 f.
[63] BVerfGE 126, 170.
[64] BVerfGE 126, 170, Rn. 80: In den Worten des BVerfG: „[…] die Rechtsprechung (*N.P.*: ist) gehalten, verbleibende Unklarheiten über den Anwendungsbereich einer Norm durch Präzisierung und Konkretisierung im Wege der Auslegung nach Möglichkeit auszuräumen“; ähnlich jüngst BVerfG NJW 2022, 1160 Rn. 98; eingehend *Saliger*, FS Fischer, S. 529; *ders.*, NJW 2010, 3195, 3196; *Kunig/ders.*, in: v. Münch/Kunig, GG, Art. 103 Rn. 47; *Schulz*, FS Roxin, 2011, S. 311.
[65] BVerfG NJW 2015, 2949 Rn. 46, 48, 51.

des Gesetzgebers, den Rechtsgüterschutz möglichst zu erweitern.[66] Dies gilt auch dann, wenn Aussagen aus den Gesetzesmaterialien auf die gegenteilige These gerichtet sind, nämlich die Strafnorm möglichst weit auszulegen. Denn das Präzisierungsgebot hat Verfassungsrang. Daher muss sich die Judikative – und mithin auch die Rechtsdogmatik – bei der Auslegung des § 261 StGB für dessen Einschränkung des Geldwäschetatbestandes durch Auslegung einsetzen, wo möglich. Diese Erwägung wird die folgende Analyse des Geldwäschetatbestandes sowie die gesamte Untersuchung begleiten.

II. Subsumtion berufsüblichen Beraterverhaltens unter den Geldwäschetatbestand

1. Die Tathandlungen des § 261 StGB

Grundsätzlich kann die berufliche Tätigkeit von Angehörigen der Rechts- und Wirtschaftsberatung *in dreifacher Hinsicht* mit Geldwäsche in Verbindung gebracht werden: Erstens, wenn sie für ihre beruflichen Dienstleistungen als Honorar Vermögenswerte erhalten, die aus einer Straftat herrühren. Zweitens, wenn sie sich als Vertreter ihrer Mandanten mit deren Vermögenswerten in Berührung kommen. Drittens, wenn sie ihren Mandanten Rechts- oder Wirtschaftsauskunft erteilen.[67]

Nachfolgend werden die Vertretung bzw. Vermögensverwaltung und die Rechtsberatung unter den Geldwäschetatbestand eingeordnet werden,[68] während die Entgegennahme von Honorar der besonderen Prüfung bedarf.[69]

a) Vertretung- und Vermögensverwaltungsdienstleistungen

Die Vertretungs- und Vermögensverwaltungstätigkeiten von Rechts- und Wirtschaftsberatern sind weit zu verstehen. Zur Vermögensverwaltung gehört jede Beschäftigung mit den Vermögenswerten des Mandanten, beispielsweise das Führen von Anderkonten, der Verkauf von Immobilien, die Auszahlung von Kautionen an Dritte, der Zugriff auf fremdes Vermögen oder allgemein die Wahrnehmung wirtschaftlicher

---

[66] So auch *Eschelbach*, in: Graf/Jäger/Wittig, § 261 StGB Rn. 6.

[67] Ähnlich *Weigell/Görlich,* DStR 2016, 2178, 2180, die zwischen Honorarannahme und originärer Berufsausübung unterscheiden; zur detaillierten Darstellung der Geldwäscherisiken *Kraatz*, NJ 2015, 149 ff.; *Bülte*, in: Criminal Compliance, § 29 Rn. 1 ff.

[68] Gleichwohl gibt es in der Praxis Überschneidungen zwischen den beiden Tätigkeitsbereichen, wie z.B. die Geltendmachung von zivilrechtlichen Ansprüchen und die Verwahrung von Vermögenswerten aus diesen Ansprüchen auf einem Treuhand- bzw. Anderkonto.

[69] Dazu unten A.II.1.c).

Interessen.[70] Als Vertretungstätigkeit ist des Weiteren jede Dienstleistung in allen möglichen Rechts- oder Wirtschaftsangelegenheiten des Mandanten zu verstehen, die über die reine Rechtsberatung hinausgeht. Dazu gehören beispielsweise die Verteidigung und Vertretung vor Gericht oder Behörden, die Geltendmachung von Forderungen, die Leistung von Kautionen, der Abschluss von Verträgen und die Durchführung von Verhandlungen mit Dritten.

aa) <u>Subsumtion unter den Isolierungstatbestand</u>

<u>i) Sich oder einem Dritten Verschaffen</u>

Von großer Bedeutung für die Strafbarkeit von Rechtsanwälten, Notaren, Steuerberatern und Wirtschaftsprüfern sind zunächst die Tathandlungen der § 261 Abs. 1 S. 1 Nr. 3 sowie 4 StGB n.F., nämlich des alten Isolierungstatbestands.[71] Im Mittelpunkt des Isolierungstatbestands steht die Tathandlung des „Sich oder einem Dritten Verschaffens" (Abs. 1 S. 1 Nr. 3).[72] Unter *Sich-Verschaffen* ist die Herstellung der tatsächlichen Verfügungsgewalt über den Tatgegenstand im Einvernehmen mit dem Vortäter gemeint, also aus zivilrechtlicher Sicht der Besitzerwerb.[73] Beim *Drittverschaffen* hingegen vermittelt der Täter die Verschaffung der Verfügungsgewalt durch einen Dritten, d.h. er lässt das Tatobjekt von einem Dritten überlassen, der seinerseits die tatsächliche Verfügungsgewalt erlangt.[74] Es liegt nahe, dass jede denkbare Dienstleistung von Beratern, die sich auf das Vermögen des Klienten bezieht, als Sich- oder Drittverschaffen strafbar werden kann, soweit diese Vermögenswerte aus einer Straftat herrühren.

<u>ii) Verwahren und Verwenden</u>

Auch die zweite Alternative des Isolierungstatbestandes (§ 261 Abs. 1 S. 1 Nr. 4 StGB), die das bloße Verwenden und Verwahren des Tatobjektes unter Strafe stellt, birgt erhebliche Risiken für Berater. Unter *Verwenden* ist jede wirtschaftliche Nutzung einer Sache zu verstehen, während *Verwahren* die Ausübung der tatsächlichen

[70] Siehe weitere Nachweise von *Rübenstahl/Stapelberg*, NJW 2010, 3692 ff.; *Altenhain*, in: NK-StGB, § 261 Rn. 124; *Bülte*, Notar 2019, 75, 78; zu weiteren Beispielen von strafbaren Handlungen, insb. von Anwälten, siehe *Kraatz*, NJ 2015, 149 ff.; vgl. *Fahl*, DNotZ 2019, 580 ff. zu Notaren.
[71] § 261 Abs. 2 StGB a.F.
[72] Diese ist ursprünglich aus der Hehlerei hervorgegangen, dazu siehe BT-Drucks. 12/989, S. 27; *Bülte*, FS Rengier, S. 183; *Mückenberger*, in: Esser/Rubenstahl/Saliger/Tsambikakis, § 261 StGB Rn. 62 m.w.N.
[73] BT-Drucks. 12/989, S. 27; BT-Drucks. VI/3250, S. 241; zu § 259 StGB a.F. siehe RGSt 64, 326, 327; zu § 259 StGB n.F. siehe BGH NJW 2019, 1311, Rn. 13; *Cramer/Meier*, in: MüKoStGB, § 259 Rn. 81; zu § 261 StGB statt vieler *Altenhain*, in: NK-StGB, § 261 Rn. 112.
[74] *Bülte*, FS Rengier, S. 187 f.

Verfügungsgewalt umfasst (und sich von „Verschaffen" dahingehend unterscheidet, dass letzteres lediglich die Begründung der Verfügungsgewalt einschließt).[75]

Die Tathandlungen des Verwahrens und Verwendens können durchaus auch im Interesse Dritter begangen werden. Während dies für das Verwenden ausdrücklich im Gesetzeswortlaut erwähnt wird, schließt der allgemeine Sprachgebrauch beim Verwahren bereits die Aufbewahrung von Sachen für Dritte ein.[76] Die Tathandlungen des § 261 Abs. 1 S. 1 Nr. 4 StGB sind für Berater dann einschlägig, wenn sie Vermögenswerte ihrer Mandanten in fremdem Namen erwerben.[77]

bb) Subsumtion unter § 261 Abs. 1 S. 1 Nr. 1-2 und Abs. 2 StGB

Die berufliche Tätigkeit von Beratern ist natürlich nicht nur für den Isolierungstatbestand, sondern auch für § 261 Abs. 1 S. 1 Nr. 1–2 und Abs. 2 StGB relevant. Dort sind diejenigen Tathandlungen normiert, die der phänomenologischen Definition der Geldwäsche am nächsten angeglichen sind. Gemäß § 261 Abs. 1 S. 1 Nr. 1–2 StGB ist es verboten, das Tatobjekt zu *verbergen*, *umzutauschen*, zu *übertragen* oder zu *verbringen*, jeweils in der Absicht, dessen Auffinden, Einziehung oder Ermittlung der Herkunft zu vereiteln. § 261 Abs. 2 StGB stellt darüber hinaus unter Strafe, für die Ermittlung der Herkunft relevante Tatsachen *zu verheimlichen oder zu verschleiern*. All diese Tathandlungen erscheinen auf den ersten Blick neu, entsprechen jedoch weitgehend den Tathandlungen des § 261 Abs. 1 StGB a.F.

Nach einer weit verbreiteten Auffassung überschnitten sich die alten Tathandlungen des § 261 Abs. 1 StGB a.F. (also das Verbergen des Gegenstands, die Verschleierung seiner Herkunft und die Vereitelung oder Gefährdung der Ermittlung seiner Herkunft oder seines Auffindens) miteinander: Die *Gefährdung des Auffindens bzw. der Ermittlung der Herkunft* stellte dabei den Oberbegriff dar, zu dem die *Verschleierung* und das *Verbergen* lediglich Anwendungsbeispiele waren. [78] Abgesehen von der Richtigkeit dieser Auffassung zur alten Rechtslage, muss die Frage gestellt werden, gehen auch auch die neuen Tathandlungen von § 261 Abs. 1 S. 1 Nr. 1-2 und Abs. 2 StGB n.F. ineinander auf.[79] Zwar wollte der Gesetzgeber dies durch die Neustrukturierung des § 261 StGB

[75] BGH NStZ 2017, 167 Rn. 23.
[76] BGH NStZ 2017, 167 Rn. 23.
[77] *Salditt*, StraFo 1992, 121, 134.
[78] *Altenhain* in: NK-StGB, § 261 Rn. 99 ff.; *Arzt*, JZ 1993, 913, 913; *Salditt*, StraFo 1992, 121, 126; *Hoyer*, in: SK-StGB, § 261 Rn. 20.
[79] *Fischer*-StGB, § 261 Rn. 24.

gerade vermeiden.[80] Das *Verbergen* von inkriminierten Gegenständen kann aber teilweise als Oberbegriff angesehen werden, da es logischerweise eine Vorstufe des *Umtauschens*, *Übertragens* und *Verbringens* bildet. Gleichzeitig überschneidet sich das *Verheimlichen* und *Verschleiern* von Tatsachen, die für das Auffinden, die Einziehung oder die Ermittlung der Herkunft des Tatobjektes relevant sind, mit der Tathandlung des Verbergens – auch wenn beide nicht vollständig deckungsgleich sind (es ist beispielsweise denkbar, dass der Täter zwar für die Herkunft des Gegenstandes wesentliche Tatsachen verheimlicht, ihn aber nicht verbirgt). Schließlich gibt es auch einen Überschneidungsbereich zwischen § 261 Abs. 1 S. 1 Nr. 2 StGB und dem Isolierungstatbestand: Das *Drittverschaffen* von inkriminierten Vermögensgegenständen steht logischerweise im Vorfeld des *Umtausches*, der *Übertragung* und des *Verbringens*, die ohnehin nur mit einer überschießenden Innentendenz strafbar sind.

Aus dieser Analyse resultiert, dass sich auch der neue Geldwäschetatbestand insgesamt (um eine Formulierung des BGH zu § 261 StGB a.F. zu verwenden)[81] „*an der Grenze der Verständlichkeit*" bewegt.[82] Eine genaue Abgrenzung zwischen den Tathandlungen des § 261 StGB ist somit weder möglich noch erforderlich.

b) Geldwäsche durch die Erteilung von Rechtsauskunft

Ein bedeutsamer Teil der Berufstätigkeit von Beratern besteht, wie bereits angemerkt, in der Erteilung von Rechts- und Wirtschaftsauskünften. Dass diese von den Mandanten für die Begehung von Straftaten eingesetzt wird, ist nicht selten.[83] Aus diesem Grund muss untersucht werden, ob die Erteilung von Rechtsrat bzw. Steuerrechtsrat zur Strafbarkeit wegen Geldwäsche führt. Hierbei ist jedoch eine Differenzierung vorzunehmen: Die *reine Rechtsberatung*, die lediglich eine rechtliche Würdigung des Einzelfalls ohne Verhaltensempfehlung beinhaltet, ist ohne Weiteres als berufstypische, neutrale Handlung zu qualifizieren, selbst wenn sie zur Unterstützung fremder Straftaten führt.[84] Haben Berater hingegen durch Verhaltensempfehlungen rechtswidrige Taten ihrer Mandanten gefördert, so handelt es sich nicht mehr um eine berufstypische Handlung, sondern um einen Missbrauch der beruflichen Stellung.

[80] BT-Drucks. 19/24180, S. 21.
[81] BGH NJW 2008, 2516, 2517.
[82] So auch *Jahn*, Stellungnahme, S. 25 f.
[83] Vgl. zur Rechtsberatung als strafbare Beihilfe am Beispiel der Cum/Ex-Geschäfte *Knigge/Wittig*, ZWH 2019, 69, 79; *Sommerer*, NZWiSt 2022, 261 ff.
[84] *Kudlich*, NStZ 2017, 339, 339.

Da die bloße Beratung außerdem keine Übertragung der Verfügungsgewalt über Vermögensgegenstände mit sich bringt (zumindest im Regelfall nicht), ist sie keine taugliche Tathandlung im Hinblick auf den Isolierungstatbestand. Sie kann allenfalls im Sinne der Tathandlungen des § 261 Abs. 1 S. 1 Nr. 1-2 und Abs. 2 StGB strafbar werden. Allerdings setzen Letztere zusätzliche subjektive Tatbestandsmerkmale, wie insbesondere eine manipulative Tendenz voraus.[85] Aus diesem Grund wird es in der Praxis fernliegen, dass die reine Rechtsberatung als *täterschaftliche* Geldwäsche eingeordnet wird.[86] Plausibler erscheint vielmehr die Strafbarkeit wegen (psychischer) Beihilfe zur Geldwäsche.[87]

c) Die Strafbarkeit wegen Honorarannahme

Soeben wurde die Strafbarkeit wegen der eigentlichen *Dienstleistungen* von Rechts- und Wirtschaftsberatern gegenüber ihren Mandanten erörtert. Berater können sich jedoch auch dann wegen Geldwäsche strafbar machen, wenn sie für ihre berufliche Tätigkeit ein Honorar annehmen, das Vermögenswerte aus einer Straftat enthält. Das Risiko, wegen Annahme eines solchen „bemakelten" Honorars in strafrechtliche Verantwortung gezogen zu werden, ist sehr hoch, zumal die höchstrichterliche Rechtsprechung bei der Vermischung von legalem und illegalem Geld grundsätzlich den gesamten Geldbetrag als kontaminiert ansieht (sog. Totalkontaminationstheorie).[88] Hat also ein Mandant auf seinem Konto bemakeltes und unbemakeltes Geld vermischt und von diesem Konto eine Zahlung zugunsten des Beraters vorgenommen, ist das Honorar in vollem Umfang kontaminiert.

Wenn die Honorarannahme aber stets zur strafrechtlichen Verantwortlichkeit führt, dann wird die Berufsfreiheit von Rechts- und Wirtschaftsberatern erheblich eingeschränkt.[89] Diese Problematik hat das BVerfG erkannt und sich in seiner Grundsatzentscheidung vom 30. März 2004 dazu geäußert[90] – freilich nur im Hinblick auf die Strafverteidiger.

---

[85] Siehe gleich unten A.II.1.a) bb).
[86] *Bülte*, FS Rengier, S. 185.
[87] Vgl. *Schmorl*, Die Grenzen der Beihilfestrafbarkeit, S. 36 f. Zur Abgrenzung zwischen Täterschaft und Teilnahme beim § 261 StGB siehe unten A.III.1.
[88] Stellvertretend BGH NJW 2015, 3254, 3255; der Rechtsprechung folgt ein ein Teil der Wissenschaft: *Altenhain*, in: NK-StGB, § 261 Rn. 76; *Neuheuser*, in: MüKOStGB, § 261 Rn. 65; *Barton*, NStZ 1993, 159, 163; teilweise wird die Lehre vom der Totalkontamination abgelehnt und durch die Lehre von der *Teilkontamination* ersetzt: *Burr*, Geldwäsche, S. 76; *Hecker*, in: S/S-StGB, § 261 Rn. 11; weitere Nachweise in *Maiwald*, FS Hirsch, S. 640 ff.
[89] Vgl. *Kraatz*, NJ 2015, 149, 150.
[90] BVerfGE 110, 226 ff.; eine verfassungskonforme Reduktion hat bereits im Jahr 2000 das OLG Hamburg, NJW 2000, 673, vorgenommen; dazu siehe statt vieler *Katholnigg*, NJW 2001, 2041 ff.

Ausgangspunkt des Gerichts war die Einschränkung der Geldwäschestrafbarkeit wegen Geldwäsche auf der Grundlage von Art. 12 Abs. 1 GG. Das Gericht führte im Einzelnen eine teleologische Reduktion von § 261 Abs. 2 StGB a.F. durch, indem es die Anforderungen an den subjektiven Tatbestand der Geldwäsche erhöhte: Nur wenn der Verteidiger im Zeitpunkt der Annahme des Honorars von der rechtswidrigen Herkunft der Vermögenswerte sicher weiß, macht er sich strafbar.[91] Dolus eventualis im Hinblick auf die Herkunft reicht also nicht aus, geschweige denn Leichtfertigkeit. Jenseits der Entscheidung des Gerichts – und vor allem *vor* ihr – wurde in der Literatur eine Vielzahl von Lösungsvorschlägen erarbeitet, deren detaillierte Darstellung hier dem monographischen Charakter der vorliegenden Untersuchung zuwiderlaufen würde.[92] Ohnehin muss die Problematik der Strafbarkeit wegen Honorarannahme aus dem Thema der vorliegenden Arbeit ausgeklammert werden. Denn diese Problematik wurde bereits eindeutig gelöst: Zum einen entfaltet die Entscheidung des BVerfG nach § 31 Abs. 2 BVerfGG Gesetzeskraft,[93] zum anderen hat der Gesetzgeber mit der Gesetzesreform im Jahr 2021 das Verteidigerprivileg des BVerfG in § 261 Abs. 1 S. 3 StGB n.F. positiviert. Die Problematik der Honorarannahme durch Strafverteidiger ist gleichwohl mittelbar von erheblicher Bedeutung für den in der vorliegenden Untersuchung angestrebten Entwurf einer Theorie der Handlungsneutralität. Denn bis dato bleibt offen, ob das Verteidigerprivileg des BVerfG sowohl auf andere *Berufsgruppen* jenseits des Strafverteidigers als auch auf andere *Tätigkeitsfelder* jenseits der Honorarannahme ausgedehnt werden kann.[94] In der vorliegenden Arbeit wird tatsächlich für eine solche doppelte Ausweitung plädiert.[95]

2. Neutrale Handlungen im Rahmen des Geldwäschetatbestands

Nachdem das Verhalten von Rechts- und Wirtschaftsberatern unter den Geldwäschetatbestand eingeordnet wurde, ist nun zu untersuchen, inwieweit sich Rechtsanwälte, Steuerberater, Notare und Wirtschaftsprüfer spezifisch *durch ihr berufstypisches Verhalten* wegen Geldwäsche strafbar machen, d.h., inwieweit

---

[91] BVerfGE 110, 226, 262.

[92] Stellvertretend *Hefendehl*, FS Roxin, 2001, S. 145 ff.; *Fischer*, NStZ 2004, 473 ff.; *Kraatz*, NJ 2015, 149, 150; *Ambos*, JZ 2002, 70 ff.; auch der BGH hat sich vor dem Beschluss des BVerfG – im Jahr 2001 – zu dieser Problematik geäußert, eine restriktive Auslegung von § 261 StGB jedoch abgelehnt (BGHSt 47, 68).

[93] *Gazeas*, NJW 2021, 1041, 1045; vgl. auch *Jahn*, Stellungnahme, S. 19.

[94] Dazu siehe *Hartmann*, in: Gesamtes Strafrecht, § 261 StGB Rn. 6; *Kraatz*, NJ 2015, 149, 151; *Weigell/Görlich,* DStR 2016, 2178, 2180; *Wessing*, NJW 2003, 2265, 2270; *Schneider*, Die gewerbs- oder bandenmäßige Steuerhinterziehung, S. 225.

[95] Siehe unten Teil 2 C.

berufsneutrale Handlungen als tatbestandsmäßige Handlung bei der Geldwäsche in Betracht kommen. Von der Antwort auf diese Frage hängt der Umfang der Strafbarkeitsrisiken ab.

Freilich wurde der Begriff der neutralen Handlungen noch nicht definiert. Dies erweckt den Eindruck, dass die hiesige Analyse des § 261 StGB einen Zirkelschluss darstellt. Dies wäre jedoch ein voreiliger Einwand, denn man kann neutrale Handlung vorläufig als sozial- oder berufsübliche Handlungen definieren. Nachfolgend wird also lediglich überprüft, inwieweit sich Berater durch übliche Berufsausübungshandlungen strafbar machen. Die Definition des spezifisch-juristischen Begriffs von neutralen Handlungen wird dagegen auf ein späteres Kapitel verschoben.[96]

a) Umfang von § 261 Abs. 1 Nr. 3-4 StGB

Es lässt sich ohne Schwierigkeiten erahnen, dass die Tathandlungen des *Isolierungstatbestandes* aufgrund ihrer außerordentlichen Weite schlicht durch berufstypisches Verhalten erfüllt werden können. [97] Zudem bildet der Isolierungstatbestand – sowohl vor als auch nach der Gesetzesänderung von 2021 – ein abstraktes Gefährdungsdelikt; abstrakte Gefährdungsdelikte zeichnen sich durch einen geringeren Erfolgsunwert aus, weil dabei nur die Möglichkeit der Gefährdung des Rechtsgutes kriminalisiert wird. Demgegenüber wird bei konkreten Gefährdungsdelikten die tatsächliche Gefährdung des Rechtsguts pönalisiert, also seine Versetzung in einen solchen Zustand, in dem die Verletzung nur noch vom Zufall abhängt.[98] Bei konkreten Gefährdungsdelikten wird die Strafbarkeit also nicht so weit ins Vorfeld der Rechtsgutsverletzung vorverlagert, wie bei den abstrakten, mithin ist das Unrecht ist dort begrenzt. Deshalb gilt folgender Grundsatz: Je mehr das Erfordernis eines konkreten Verletzungserfolges aufgegeben wird, desto mehr kommt neutrales Verhalten als Tathandlung in Betracht. Dies gilt nicht nur für die Tathandlung des *Sich-* oder *Drittverschaffens*, sondern auch für die Tatalternativen des *Verwahrens* und *Verwendens*, die objektiv betrachtet noch umfassender als diejenigen des § 261 Abs. 1 S. 1 Nr. 3 StGB sind: Zwar enthält hier der Wortlaut des Gesetzes eine Einschränkung, weil im Hinblick auf das Verwahren und das Verwenden Kenntnis von der Herkunft des Tatobjektes aus

---

[96] Siehe unten Teil 2 B.

[97] *Saliger*, in: Jenseits des rechtsstaatlichen Strafrechts, S. 463; *Salditt*, StraFo 1992, 121, 125; *Bülte*, notar 2019, 75, 79.

[98] *Roxin/Greco*, AT I, § 11 Rn. 151.

der Vortat erforderlich ist. Dies schließt jedoch nur die Leichtfertigkeit aus,[99] nicht den dolus eventualis.[100]

Nach alledem kann der Isolierungstatbestand ohne Weiteres durch neutrales, berufsübliches Verhalten begangen werden.

b) Umfang von § 261 Abs. 1 S. 1 Nr. 1-2 und Abs. 2 StGB

aa) Objektiver Tatbestand

Auch der Umfang des § 261 Abs. 1 S. 1 Nr. 1-2 und Abs. 2 StGB hängt maßgeblich davon ab, ob dabei die konkrete oder lediglich die abstrakte Gefährdung des Rechtsguts unter Strafe gestellt wird. Zunächst ist davon auszugehen, dass diese Tathandlungen ebenso wie der Isolierungstatbestand abstrakte Gefährdungsdelikte bilden.[101] Dies entspricht, was § 261 Abs. 1 S. 1 Nr. 2 StGB angeht, zunächst dem Willen des Gesetzgebers:[102] Der *Umtausch*, die *Übertragung* und das *Verbringen* von Vermögengegenständen werden unabhängig von der konkreten Gefährdung der staatlichen Ermittlungstätigkeit oder des staatlichen Einziehungsrechts bestraft.[103] In Bezug auf die Tathandlung des *Verbergens* ging zudem die überwiegende Ansicht bereits vor 2021 ebenfalls von einer abstrakten Gefährdung aus,[104] wenngleich es auch abweichende Ansichten gab, die sich für eine konkrete Gefährdung aussprachen.[105] Nach der Gesetzesbegründung wurde diese Tathandlung durch die Gesetzesreform 2021 nicht geändert,[106] mithin ist sie weiterhin als abstraktes Gefährdungsdelikt anzusehen. Hinsichtlich des neuen § 261 Abs. 2 StGB ergibt sich schließlich aus der Gesetzesbegründung, dass er die konkrete Gefährdung des Zugriffs der Strafverfolgung auf das Tatobjekt verlangt.[107] Gleichwohl findet auch hier eine Vorverlagerung der Strafbarkeit statt, indem nunmehr das Verschleiern *von*

[99] *Bülte*, FS Rengier, S. 182.
[100] BT-Drucks. 19/24180, S. 31; BT-Drucks. 12/3533, S. 13; *Hartmann*, in: Gesamtes Strafrecht, § 261 StGB Rn. 6; *Herzog*, in: Achenbach/Ransiek/Rönnau, Wirtschaftsstrafrecht, § 13 Rn. 92.
[101] *El-Ghazi/Laustetter*, NZWiSt 2021, 209, 213; *Böhme/Busch*, wistra 2021, 169, 172.
[102] BT-Drucks. 19/24180, S. 32; *Fischer*-StGB, § 261 Rn. 27; *Kindhäuser/Hilgendorf*, in: LPK-StGB, § 261 Rn. 10; *El-Ghazi/Laustetter*, NZWiSt 2021, 209, 213.
[103] Anders aber die Rechtslage vor 2021: Vereiteln bzw. Gefährden waren als Verletzungs- bzw. konkretes Gefährdungsdelikt eingestuft, so BT-Drucks., 12/989, S. 27; BT-Drucks., 12/3533, S. 11; *Kraatz*, Jura 2015, 699, 704; *Saliger*, in: Jenseits des rechtsstaatlichen Strafrechts, S. 447 ff.; *Altenhain*, in: NK-StGB, § 261 Rn. 94.
[104] *Bülte*, in: Criminal Compliance, § 20 Rn. 17; *Fischer*-StGB, § 261 Rn. 21a.
[105] Statt vieler siehe *Altenhain*, in: NK-StGB, § 261 Rn. 94.
[106] BT-Drucks. 19/24180, S. 31.
[107] So ausdrücklich BT-Drucks. 19/24180, S. 35.

Tatsachen, die für das Auffinden relevant sind, pönalisiert, und nicht wie im alten Recht das Verschleiern der *Herkunft*.[108]

Aus alledem resultiert, dass der objektive Tatbestand von § 261 Abs. 1 S. 1 Nr. 1-2 und Abs. 2 StGB – nicht weniger als der Isolierungstatbestand – weit gefasst ist. Vordergründig sind daher auch berufsübliche Handlungen davon erfasst.

bb) Subjektiver Tatbestand

Auf der subjektiven Ebene hat der Gesetzgeber im § 261 Abs. 1 S. 1 Nr. 1-2 und Abs. 2 StGB jedoch gewisse – zu begrüßende – Strafbarkeitseinschränkungen[109] vorgesehen, die die Einbeziehung von berufsüblichen Handlungen als tatbestandsmäßige Handlungen begrenzen: Die Tathandlungen des Abs. 1 S. 1 Nr. 1-2 und Abs. 2 erfordern zum einen eine *manipulative Tendenz*.[110] D.h., als Verbergen des Gegenstandes und Verheimlichen bzw. Verschleiern von Tatsachen kommen nur zielgerichtete Handlungen in Betracht.[111]

Zum anderen ist Abs. 1 S. 1 Nr. 2 mit einer überschießenden Innentendenz ausgestattet, da die dort genannten Tathandlungen nur mit der Absicht strafbar sind, das Auffinden, die Einziehung oder die Ermittlung von der Herkunft das Tatobjektes zu vereiteln.[112] Sowohl die manipulative Tendenz als auch die überschießende Innentendenz dürfen bei berufsüblichen Handlungen von Beratern, die „nur ihren Job tun", in der Regel nicht vorliegen.[113]

III. Spezifische Auslegungsprobleme des Geldwäschetatbestands

Nachdem der Geldwäschetatbestand im Hinblick auf das berufstypische Verhalten von Rechts- und Wirtschaftsberatern dargestellt wurde, sollen nun einige Auslegungsprobleme von § 261 StGB erläutert werden, die für die strafrechtliche Würdigung des berufsüblichen Verhaltens von Beratern relevant sind.

---

[108] *Bülte*, Stellungnahme, S. 24; *El-Ghazi/Laustetter*, NZWiSt 2021, 209, 213.
[109] BT-Drucks. 19/24180, S. 31; *Salditt*, StraFo 1992, 121, 125.
[110] BT-Drucks. 19/24180, S. 30 ff.; so auch die h.M. zu § 261 Abs. 1 StGB a. F.: BVerfG NJW 2015, 2949 Rn. 49; BGH NJW 2019, 533 Rn. 23; *Salditt*, StraFo 1992, 121, 125; *Kindhäuser/Hilgendorf*, in: LPK-StGB, § 261 Rn. 10 und 13; *Saliger*, in: Jenseits des rechtsstaatlichen Strafrechts, S. 463; *Maiwald*, FS Hirsch, S. 644; *Fischer*, Die Strafbarkeit von Mitarbeitern der Kreditinstitute wegen Geldwäsche, S. 85; *Flatten*, Strafbarkeit von Bankangestellten bei der Geldwäsche, S. 84.
[111] BT-Drucks. 19/24180, S. 31.
[112] *El-Ghazi/Laustetter*, NZWiSt 2021, 209, 213.
[113] Vgl. *Hartmann*, in: Gesamtes Strafrecht, § 261 StGB Rn. 6.

1. Abgrenzung zwischen Drittverschaffen und Beihilfe

a) § 261 StGB als Teilnahmedelikt

In der Praxis kann die Fallkonstellation auftreten, dass Berater ihre Mandanten lediglich dabei unterstützen, die rechtswidrige Herkunft von Vermögenswerten zu verschleiern, ohne selbst Geldwäschehandlungen vorzunehmen. Intuitiv würde man in einem solchen Fall ebenfalls davon ausgehen, dass nur eine Teilnahmestrafbarkeit in Betracht kommt. Dergleichen ist die reine Rechtsberatung prinzipiell ebenfalls nur als Beihilfe zu qualifizieren. Wer jedoch die Beihilfe zur Geldwäsche prüfen will, steht vor folgendem Problem: Viele der Tathandlungen des § 261 StGB sind nicht ohne Weiteres einer Abgrenzung zwischen Täterschaft und Teilnahme zugänglich, weil sie strukturell Beihilfehandlungen gleichstehen, die zur Täterschaft erhoben wurden.[114]

Dies lässt sich rechtsgeschichtlich erklären: Die Geldwäsche ist ein Anschlussdelikt. Ursprünglich wurden die klassischen Anschlussdelikte – Begünstigung, Strafvereitelung und Hehlerei – als *Beihilfe nach der Tat* erfasst, bevor sich die klassische Tatbestandslehre für die Unmöglichkeit einer Teilnahme nach der Tat ausgesprochen und zur Verselbständigung der Anschlussdelikte geführt hat. [115] Die strukturellen Gemeinsamkeiten mit der Beihilfe blieben allerdings bestehen. Dies ist vor allem beim – für die Tätigkeit von Rechts- und Wirtschaftsberatern erheblichen – Drittverschaffen nach § 261 Abs. 1 S. 1 Nr. 3 StGB der Fall: Das Drittverschaffen umfasst nichts anderes als die Unterstützung zur Geldwäschetat eines anderen (entweder eines bösgläubigen Dritten oder des Vortäters selbst). Solche Straftatbestände, welche Beihilfe- oder Anstiftungshandlungen zur Täterschaft erhoben haben, lassen sich in diesem Rahmen als *Teilnahmedelikte* bezeichnen.[116] Neben der Geldwäsche in Form des Drittverschaffens bilden §§ 258[117], 259 (in Form des Drittverschaffens und der Absatzhilfe),[118] 120 Abs. 1, 89c Abs. 1 und 129a Abs. 5 StGB solche Teilnahmedelikte.[119]

---

[114] BGH wistra 2016, 191, Rn. 10; *Küper*, JZ 2015, 1032, 1032, *Hefendehl*, FS Roxin, 2001, S. 147; *Altenhain*, in: NK-StGB, § 259 Rn. 53; vgl. auch *Miehe*, FS Honig, S. 111.

[115] Stellvertretend *C. Neumann*, Reform der Anschlußdelikte, S. 6 ff.

[116] Vgl. *Ernst*, ZStW 2014, 299, 310; *Kudlich*, Die Unterstützung fremder Straftaten durch berufsbedingtes Verhalten, S. 45. Der *Verf.* hat zwar diese Tatbestände früher als „Beihilfedelikte" bezeichnet (in GA 2021, 682, 686), die Bezeichnung „Teilnahmedelikte" ist aber passender. Denn es gibt auch Anstiftungshandlungen, die zur Täterschaft erhoben werden, wie z.B. § 130 StGB.

[117] *Ernst*, ZStW 2014, 299, 310; *Niedermair*, ZStW 1995, 507, 507; siehe auch *Lüderssen*, FS Grünwald, S. 332.

[118] BGH NJW 1990, 2897, 2898; BGH NJW 2019, 1311 Rn. 22; *Küper*, JZ 2015, 1032, 1032.

[119] Siehe weitere Nachweise von *Roxin*, AT II § 25 Rn. 7; auch BGH NJW 2019, 1311 Rn. 27.

Außerdem muss eine Tathandlung nicht unbedingt eine *Beihilfe*handlung darstellen, um als Teilnahmedelikt qualifiziert zu werden; auch die bloße Förderung fremder Straftaten, die zur Täterschaft erhoben wurde, ist hierfür ausreichend. So sind die Tathandlungen von § 261 Abs. 1 S. 1 Nr. 4 StGB („Verwahren" und „Verwenden") ebenfalls als Teilnahmedelikte einzustufen.[120]

Die Einstufung eines Tatbestandes als Teilnahmedelikt hat direkte normative Auswirkungen: So gibt es einen notwendigen Überschneidungsbereich zwischen den Teilnahmendelikten und der „echten" Teilnahme (also hier: zwischen dem Drittverschaffen und der Beihilfe zum Sich-Verschaffen).[121] Dies belegt das folgende Beispiel: T hat 30.000 Euro durch Betrug erlangt und möchte das Geld legitim erscheinen lassen. Dazu plant er, den Betrag an seinen Freund F zu überweisen, der ein kleines Unternehmen besitzt, damit F den Betrag als Unternehmensgewinn ausweist. Um die Auffindbarkeit des Geldes zu erschweren, beschließt T außerdem, den Betrag zunächst an seinen Rechtsanwalt R zu überweisen, damit dieser die Überweisung an F vornimmt. Hier stellt sich die Frage, ob sich R wegen Drittverschaffens oder lediglich wegen Beihilfe zum Sich-Verschaffen strafbar macht. Diese Abgrenzung ist jedenfalls wichtig, da sie dabei helfen kann, festzustellen, ob Berater durch ihre vermögensbetreuende Tätigkeit lediglich Beihilfe zur Geldwäsche ihrer Mandanten leisten oder selbst Täter der Geldwäsche sind. Im ersteren Fall könnten sie sich nämlich auf die Strafmilderung des § 27 Abs. 2 S. 2 StGB berufen.

Die Rechtsprechung und die Dogmatik stellen hinsichtlich der Abgrenzung zwischen Täterschaft und Teilnahme bei § 261 (und auch § 259) StGB auf die allgemeinen Abgrenzungskriterien ab und postulieren, dass es keiner besonderen Prüfung bei den als Teilnahmedelikten bezeichneten Straftatbeständen bedarf.[122] Dies ist zunächst einmal nicht falsch, bedarf aber der Konkretisierung. Die allgemeine Abgrenzung zwischen Täterschaft und Teilnahme wird nach der gängigen Auffassung in der Strafrechtsdogmatik heute durch die *Tatherrschaft* über das Geschehen als entscheidendes Abgrenzungskriterium vollzogen.[123] Die Rechtsprechung folgt dieser

---

[120] Vgl. BGH NJW 1999, 436, 437; *Altenhain*, in: NK-StGB, § 261 Rn. 101.
[121] *Weigell/Görlich*, DStR 2016, 2178, 2180 f. mit konkreten Beispielen in Bezug auf die Tätigkeit von Steuerberatern; ferner *Fahl*, DNotZ 2019, 580, 584, zu Notaren.
[122] BGHSt 35, 172; BGHSt 43, 110, 112; *Arzt*, JA 1979, 574, 577 f.; *Mückenberger*, in: Esser/Rüberstahl/Saliger/Tsambikakis, § 261 Rn. 85; *Maier*, in: MüKoStGB, § 259 Rn. 99; *Jahn*, in: SSW-StGB § 261, Rn. 98; *Hecker*, in: S/S-StGB, § 259 Rn. 24; *Hoyer*, in: SK-StGB, § 259 Rn. 40.
[123] Stellvertretend *Roxin*, AT II, § 25 Rn. 13 m.w.N.; siehe auch *Jescheck/Weigend*, AT, S. 651 ff.

Auffassung zwar nicht ausdrücklich, hat sich aber gleichzeitig von dem in der früheren Rechtsprechung vorherrschenden subjektiven Ansatz entfernt, der zwischen Täterschaft und Teilnahme anhand des Täter- und Teilnehmerwillens unterschieden hatte. [124] Zahlreiche höchstrichterliche Entscheidungen differenzieren so heutzutage zwischen Täterschaft und Teilnahme auf der Grundlage einer Gesamtwürdigung des Sachverhalts, die sowohl objektive als auch subjektive Kriterien umfasst; als objektives Kriterium hat sich auch die Tatherrschaft durchgesetzt.[125]

b) Würdigung der Tatherrschaft als Abgrenzungskriterium bei den Teilnahmedelikten

Wenn die h.M. für die Abgrenzung zwischen Täterschaft und Teilnahme bei den Teilnahmedelikten die allgemeinen Regeln anwendet, dann bedeutet dies, dass zunächst die Tatherrschaft zu prüfen ist (etwaige von der Rechtsprechung immer noch verwendete subjektive Kriterien, wie der Tatherrschaftswille, können ja nur im Einzelfall geprüft werden).

Bei näherer Betrachtung umfasst die Tatherrschaft zwei Unterkategorien: Die Handlungs- und die Gestaltungsherrschaft. Es geht nämlich aus dem Wortlaut von § 25 StGB hervor, dass jeder, der eigenhändig eine tatbestandsmäßige Handlung vornimmt, Täter ist.[126] Dies ist darauf zurückzuführen, dass jeder Mensch die *Handlungsherrschaft* innehat, also die Herrschaft über den eigenen Körper[127] (es sei denn, er ist handlungsunfähig). Dagegen kann als *Gestaltungsherrschaft* die Herrschaft über die Ausführung der Tathandlung bezeichnet werden. Die Gestaltungsherrschaft gewinnt erst dann eine eigenständige Bedeutung, wenn jemand zwar nicht eigenhändig handelt, kriminalpolitisch aber als Täter zu bestrafen ist,[128] wie in den Fällen der mittelbaren Täterschaft oder unter Umständen der Mittäterschaft. Ob der unmittelbar Handelnde die Gestaltungsherrschaft über das Geschehen hat oder nicht, ändert somit grundsätzlich nichts an seiner Einstufung als Täter, sofern er – wie im Normalfall – die Handlungsherrschaft hat. Der Umstand, dass

---

[124] So statt vieler RGSt 74, 85.

[125] BGHSt 8, 393, 396; BGH StV 1981, 275, 276; BGHSt 37, 289, 291; BGH NStZ 2020, 730 Rn. 12; *Roxin*, Täterschaft und Tatherrschaft, S. 754 ff. m.w.N.

[126] BGHSt 8, 393, 398; BGH wistra 2016, 191 Rn. 10: „wer […] im vollen Umfang tatbestandsmäßig handelt, ist Täter“; *Roxin*, FS BGH, S. 189; *ders.*, Täterschaft und Tatherrschaft, S. 127.

[127] *Roxin*, Täterschaft und Tatherrschaft, S. 800 ff; *ders.*, AT II, § 25 Rn. 38, 41.

[128] Vgl. *Roxin*, AT II, § 25 Rn. 28. Die Gestaltungsherrschaft lässt sich in der funktionalen Herrschaft, die Mittäterschaft begründet, und der Willens- oder Organisationsherrschaft, die mittelbare Täterschaft begründet, unterteilen.

dem unmittelbaren Täter die Gestaltungsherrschaft fehlt (z.B., weil er weisungsgebunden ist), schließt die Täterschaft also nicht aus.[129]

Demzufolge gilt bei den Teilnahmedelikten grundsätzlich der *Einheitstäterbegriff*.[130] Um dies an der Geldwäsche zu verdeutlichen: Das Abstellen auf die Handlungsherrschaft im Hinblick auf das Drittverschaffen (also die Übertragung des Tatobjekts auf einen Dritten) führt dazu, dass der Handelnde prima facie stets als Täter zu bestrafen ist.[131] Wenn beispielsweise der Rechtsanwalt R in kollusivem Zusammenwirken mit B den Erlös aus dem Betrug an F weiterleitet, dann macht er sich wegen Geldwäsche in unmittelbarer Täterschaft in Gestalt des Drittverschaffens strafbar (sofern er die Handlungsherrschaft über den eigenen Körper hat). Zugespitzt formuliert: Sind in einem Straftatbestand Beihilfehandlungen als Tathandlungen normiert, führt deren Ausführung stets zur Täterschaft. Eine Beihilfe ist nicht denkbar.

Etwas anderes gilt nur dann, wenn der Tatbestand zwar Beihilfehandlungen als täterschaftliches Verhalten aufgenommen hat, aber zugleich zusätzliche Handlungsmodalitäten erfordert. In diesem Fall kann derjenige, der diese Handlungsmodalitäten nicht erfüllt, dennoch als Gehilfe bestraft werden. Dies ist z. B. bei § 129 Abs. 1 4. Alt. bzw. § 129a Abs. 5 S. 2 StGB der Fall: Strafbar ist dort nur die Anwerbung von Mitgliedern oder Unterstützern einer kriminellen oder terroristischen Vereinigung. E contrario lässt sich ableiten, dass die Anwerbung um andere Zwecke willen nur als Beihilfe bestraft werden kann.[132]

Eine solche extensive Auslegung des § 261 StGB ist jedoch mit dem vom BVerfG postulierten Präzisierungsgebot unvereinbar.[133] Denn sie weitet die Strafbarkeit wegen Geldwäsche zu stark aus, indem sie dem Täter die Möglichkeit nimmt, von der für Gehilfen obligatorischen Strafmilderung gemäß § 27 Absatz 2 Satz 2 StGB Gebrauch zu machen. Daher muss man sich dennoch für die Annahme von Beihilfe zur Geldwäsche bestreben. Dies kann dadurch erfolgen, dass bei den Teilnahmedelikten ausnahmsweise nicht die Handlungs-, sondern die Gestaltungsherrschaft zum maßgeblichen Kriterium für die Abgrenzung zwischen Täterschaft und Teilnahme wird. Fehlt es an der

---

[129] BGHSt 8, 393, 398; *Roxin*, AT II, § 25 Rn. 28; *ders.*, Täterschaft und Tatherrschaft, S. 128.
[130] So *Roxin*, AT II, § 25 Rn. 7, zu § 129 StGB.
[131] So ausdrücklich BGH NJW 1999, 436, 436, freilich nur zu den Tathandlungen des Gefährdungstatbestandes; BGH wistra 2016, 191, 191; *Ernst*, ZStW 2014, 299, 310; *Jahn*, in: SSW-StGB, § 261 Rn. 98.
[132] So BGHSt 51, 345, 347.
[133] Vgl. BVerfGE 71, 108, 121.

Gestaltungsherrschaft (z.B. ist der Täter bei einer Überweisung oder Weiterleitung von Vermögenswerten an Dritte völlig weisungsgebunden), so kommt nur Beihilfe in Betracht, obwohl der Täter die Körperherrschaft trägt.

Dies ist freilich kein Neuland. Bereits bei der Auslegung des Drittverschaffens im Rahmen der Hehlerei ist anerkannt, dass nur eine nicht weisungsgebundene Tätigkeit ein tatbestandsmäßiges Drittverschaffen darstellt.[134] Die Auslegung des § 259 StGB im Hinblick auf den Isolierungstatbestand ist ohnehin auf § 261 StGB zu übertragen.[135] Daraus folgt, dass sich Rechts- und Wirtschaftsberater, die bei der Weitergabe von Erträgen aus einer Straftat an einen Dritten nicht selbstständig handeln, sondern den Weisungen ihrer Mandanten vollständig unterliegen, nur wegen Beihilfe zum Verschaffen gemäß §§ 261 Abs. 1 S. 1 Nr. 3, 27 Abs. 1 StGB strafbar machen, und nicht wegen Drittverschaffens.

2. Die Beihilfe zur leichtfertigen Geldwäsche

Diese Schlussfolgerung führen dazu, dass die Tätigkeit von Beratern in einer Vielzahl von Fällen lediglich als Beihilfe zur Geldwäsche strafbar sein sollte. Dies wirft die Frage auf, ob eine Teilnahme an der „leichtfertigen“[136] Geldwäsche möglich ist. Diese Frage ist von großer praktischer Bedeutung, da die Leichtfertigkeit bezüglich der kriminellen Herkunft des Straftaterlöses in der Praxis häufiger vorkommt als Vorsatz. Entscheidend für die Problematik der Teilnahme an der leichtfertigen Geldwäsche ist die Vorschrift des § 11 Abs. 2 StGB. Eine Handlung gilt demnach dann als vorsätzlich, wenn sie einen Straftatbestand verwirklicht, der hinsichtlich einer durch die Tathandlung verursachten Folge neben Vorsatz auch Fahrlässigkeit zulässt.[137] § 11 Abs. 2 StGB erfasst sowohl sog. echte Vorsatz-Fahrlässigkeits-Kombinationen, bei denen der Vorsatzteil an sich straflos ist, als auch unechte (d.h. erfolgsqualifizierte Delikte im Sinne des § 18 StGB, bei denen der Vorsatzteil einen eigenständigen Tatbestand darstellt).[138]

Die Frage, ob Teilnahme an Vorsatz-Fahrlässigkeits-Kombinationen möglich ist, ist in der Dogmatik seit jeher umstritten, ebenso wie die Einordnung von Vorsatz-

---

[134] So bereits BT-Drucks. 7/550, S. 252; BGHSt 2, 262, 355; BGHSt 33, 44, 46; BGHSt 35, 172, 175; BGH NStZ 2008, 215, 216; *Arzt*, JA 1979, 574, 577; *Maier*, in: MüKo-StGB, § 259 Rn. 99.
[135] BT-Drucks. 12/989, 27; *Rübenstahl/Stapelberg*, NJW 2010, 3692, 3693.
[136] *Bülte*, FS Rengier, S. 182, kritisiert zwar diesen Begriff, er wird hier aber halber methodologischer Präzision weiterhin verwendet.
[137] *Saliger*, in: NK-StGB, § 11 Rn. 70; ferner *Jakobs* AT, 22. Abs. Rn. 29; *Stein/Deiters*, in: SK-StGB, § 11 Rn. 98; siehe weitere Nachweise in *Noak*, JuS 2005, 312, 314 f.
[138] *Saliger*, in: NK-StGB, § 11 Rn. 70; *Satzger*, in: SSW-StGB, § 11 Rn. 56.

Fahrlässigkeits-Kombinationen in die Vorsatz- oder die Fahrlässigkeitsdelikte. Der Gesetzgeber hat sich jedoch in § 11 Abs. 2 StGB explizit für die Vorsatzlösung entschieden.[139] Ob diese Entscheidung im Hinblick auf die Unmöglichkeit der Teilnahme an fahrlässigen Taten sachgerecht ist, mag diskutabel sein,[140] liegt jedoch außerhalb des Gegenstands der vorliegenden Untersuchung. De lege lata sind Vorsatz-Fahrlässigkeits-Kombinationen als Vorsatzdelikte zu behandeln. Teilnahme daran ist mithin stets möglich, wenn der Gehilfe im Hinblick auf die besondere Folge der Tat zumindest fahrlässig handelt.[141] Es muss so geprüft werden, ob § 261 Abs. 6 S. 1 StGB der Regelung des § 11 Abs. 2 StGB unterliegt. Bejahendenfalls wäre Teilnahme an der leichtfertigen Geldwäsche ohne Weiteres möglich.

§ 261 Abs. 6 S. 1 StGB ist zunächst als unechte Vorsatz-Fahrlässigkeit-Kombination zu bezeichnen, da dessen Grundtatbestand, die vorsätzliche Geldwäsche, an sich strafbar ist. Er unterscheidet sich jedoch von den erfolgsqualifizierten Delikten dadurch, dass Fahrlässigkeit (in Form der Leichtfertigkeit) hier nur in Bezug auf ein Tatbestandsmerkmal des Grundtatbestands ausreicht, nicht jedoch in Bezug auf eine weitere Tatfolge. § 261 Abs. 1–2 bzw. Abs. 6 S. 1 StGB stellt somit einen Tatbestand dar, der sowohl vorsätzlich als auch leichtfertig begangen werden kann. § 261 Abs. 6 S. 1 StGB ähnelt in dieser Hinsicht dem Bankrott gemäß § 283 Abs. 4 StGB.[142] Im Zusammenhang mit § 283 Abs. 4 Nr. 1 StGB, der die fahrlässige Unkenntnis der Krise auf Seiten des Schuldners unter Strafe stellt,[143] postuliert die herrschende Ansicht in der Dogmatik, dass der fahrlässige Bankrott in der Gesamtschau ein fahrlässiges Delikt darstelle und § 11 Abs. 2 StGB sei somit nicht anwendbar. Folglich ist eine Teilnahme an der fahrlässigen Zahlungsunfähigkeit nicht möglich.[144] Im Gegensatz dazu stellt § 283 Abs. 4 Nr. 2 StGB (d.h., der bezüglich der Verursachung der Krise leichtfertige Bankrott) nach herrschenden Auffassung eine vorsätzliche Tat dar.[145] § 261 Abs. 6 StGB ähnelt der ersten Variante. Es ist daher sachgerecht, die leichtfertige Geldwäsche als Fahrlässigkeitsdelikt zu bezeichnen.

---

[139] BT-Drucks., V/4095, S. 7; *Radtke*, in: MüKo-StGB, § 11 Rn. 159; *Saliger*, in: NK-StGB, § 11 Rn. 70 f.
[140] Skeptisch *Gössel*, FS Lange, S. 227.
[141] *Saliger*, in: NK-StGB, § 11 Rn. 71.
[142] So auch *Bülte*, FS Rengier, S. 186.
[143] *Heine/Schuster*, in: S/S-StGB, § 283 Rn. 59 m.w.N.
[144] *Bosch*, in: MüKo-StGB, 283, Rn. 38 f.; *Kindhäuser*, in: NK-StGB, § 283 Rn. 102; *Heine/Schuster*, in: S/S-StGB, § 283 Rn. 57.
[145] *Kindhäuser*, in: NK-StGB, § 283 Rn. 104.

Über diese Analogie hinaus sprechen systematische Gründe für den Fahrlässigkeitscharakter von § 261 Abs. 6 StGB: Die Anwendung von § 11 Abs. 2 StGB scheitert bereits an der grammatikalischen Auslegung, weil er sich nur auf solche Tatbestände erstreckt, die Fahrlässigkeit im Hinblick auf weitere Handlungsfolgen voraussetzen. Zu diesen Folgen gehören aber nicht Tatbestandsmerkmale des Grundtatbestands, wie etwa die Herkunft des Gegenstands. Jede andere Auslegung wäre eine unzulässige Analogie. Folglich handelt es sich bei der leichtfertigen Geldwäsche um ein Fahrlässigkeitsdelikt; eine Beteiligung daran ist ausgeschlossen.[146]

Es steht somit fest, dass die reine Beratungsleistung von Rechts- und Wirtschaftsberatern sowie andere berufliche Leistungen, die ausschließlich auf Weisung des Mandanten erbracht werden, nur im Zusammenhang mit der vorsätzlichen Geldwäsche als Beihilfe bestraft werden können. Gleichwohl ändert dieses Ergebnis nicht daran, dass bei der Fahrlässigkeit der Einheitstäterbegriff gilt. D.h., jede fahrlässige Herbeiführung eines Risikos für das Rechtsgut kann strafbar werden.[147] Rechts- und Wirtschaftsberater können sich also durchaus als Täter der leichtfertigen Geldwäsche strafbar machen, soweit ihnen Leichtfertigkeit nachgewiesen werden kann.

IV. Fazit zu A.

Hinsichtlich der geldwäscherelevanten Tätigkeit von Angehörigen beratender Berufe ist zwischen drei Tätigkeitsfeldern zu unterscheiden: der Vertretungs- oder Verwaltungstätigkeit, der reinen Beratung und der Annahme von Honorar. Die Vertretungs- oder Verwaltungstätigkeit von Beratern, die neben der Rechtsberatung den Kern ihrer beruflichen Tätigkeit ausmacht, kann grundsätzlich unter den Isolierungstatbestand der Geldwäsche subsumiert werden, d.h. das Sich- oder einem Dritten Verschaffen, Verwahren und Verwenden des Tatgegenstandes. Allerdings kommen auch die Tathandlungen von § 261 Abs. 1 S. 1 Nr. 1-2 und Abs. 2 StGB in Betracht. Diese können auf objektiver Seite durch schlicht alltägliches Verhalten begangen werden, in subjektiver Hinsicht hat der Gesetzgeber jedoch höhere Anforderungen gestellt. Des Weiteren ist die rein beratende Tätigkeit in der Regel nur als Teilnahme an der Geldwäsche zu qualifizieren, zumindest soweit es sich nur um die bloße Erteilung von Rechts- oder Wirtschaftsrat handelt. Hinzukommend birgt die

---

[146] So *Bülte*, FS Rengier, S. 186; *Fischer*-StGB, § 261 Rn. 55; *Altenhain*, in: NK-StGB, § 261, Rn. 137.
[147] *Roxin/Greco*, AT I, § 24 Rn. 27.

Entgegennahme von Honorar große Strafrisiken für Beraterberufe, wenn das Honorar aus inkriminierten Vermögensgegenständen besteht. Diese Problematik war in Bezug auf den Strafverteidiger höchst kontrovers, wurde aber 2004 durch eine Grundsatzentscheidung des BVerfG zugunsten einer subjektiven Strafbarkeitseinschränkung gelöst, die inzwischen in § 261 Abs. 1 S. 3 StGB positiviert wurde. Das Problem betrifft allerdings sämtliche Beraterberufe, d.h. auch zivilrechtlich tätige Rechts- und Patentanwälte, Steuerberater, Notare und Wirtschaftsprüfer. § 261 StGB ist nach alledem durch die Einbeziehung alltäglicher Handlungen in den objektiven Tatbestand als außerordentlich weit gefasst einzustufen. Die strafrechtlichen Risiken für Rechts- und Wirtschaftsberater sind recht hoch. Dies zwingt – auch nach der Rechtsprechung des BVerfG – zu einer restriktiven Auslegung der Geldwäsche, freilich unter der Voraussetzung, dass die gesetzgeberischen Ziele gewahrt bleiben.

B. Das Pflichtensystem des GwG

I. Vorab

Rechts- und Wirtschaftsberater tragen nicht nur *Straf*risiken wegen Geldwäsche. Hinzu kommt das (verwaltungsrechtliche) Gesetz über das Aufspüren von Gewinnen aus schweren Straftaten, oder, wie es in seiner heutigen kursiven Bezeichnung bekannt ist, Geldwäschegesetz (GwG), welches zahlreiche Pflichten für Berater enthält. Die Vorschriften des GwG sollen hier aus zwei Gründen dargestellt werden: Erstens wird dadurch eine ausführliche Darstellung der Rechtslage von Rechts- und Wirtschaftsberatern hinsichtlich der Geldwäsche geschaffen; zweitens werden die außerstrafrechtlichen Pflichten aus dem GwG später – im Rahmen der strafrechtlichen Behandlung neutraler Handlungen – als höchst relevant für das Unrecht der Geldwäsche bezeichnet.[148]

1. Historische Entwicklung des GwG

Das GwG wurde im Jahr 1993 eingeführt.[149] Genauso wie der ein Jahr zuvor erlassene § 261 StGB befasst es sich mit der Geldwäsche, diesmal jedoch nur mit deren präventiven Bekämpfung. Es beruht, wie bereits erklärt, auf den europa- und völkerrechtlichen Verpflichtungen der Bundesrepublik, vor allem der EU-Geldwäscherichtlinie 91/308/EWG sowie den Empfehlungen der FATF von 1990.[150] In der Zeit nach 1993 haben sich die internationalen und insbesondere europarechtlichen Vorgaben zur Geldwäsche immer wieder geändert, folglich ist auch der deutsche Gesetzgeber diesen Änderungen gefolgt. Bis heute hat das GwG, genauso wie § 261 StGB, zahlreiche Änderungen erfahren. Das aktuelle Gesetz geht – abseits von kleinen Änderungen[151] – auf die Fassung vom 23.6.2017 zurück, die die 5. EU-Geldwäscherichtlinie (EU) 2018/843 umgesetzt hat.[152] Zudem wird das GwG größtenteils außer Kraft gesetzt, weil die EU eine Geldwäsche-Verordnung erlassen hat, die ab dem 9. Juli 2027 in Kraft tritt und eine absolute Harmonisierung der nationalen Rechtsvorschriften gegen Geldwäsche bewirkt.[153] Ab diesem Zeitpunkt ist das deutsche GwG also nicht mehr für die

---

148 Siehe Teil 2 D.III.3.b).
149 BGB1. I 1993, S. 1770.
150 Umfassend *Wende*, in: Zentes/Glaab, GwG, Geschichte der Geldwäschebekämpfung, Rn. 5 ff.
151 Zuletzt wurde das GwG durch das Gesetz zur Umsetzung der Umwandlungsrichtlinie und zur Änderung weiterer Gesetze vom 22.02.2023 (BGBl. I S. 51) geändert.
152 BGBl. I 2017, S. 1822.
153 VO (EU) 2024/1624. Siehe dazu *Link*, NZG 2022, 893 ff.; *Wende*, in: Zentes/Glaab, GwG, Geschichte der Geldwäschebekämpfung, Rn. 28.

Geldwäscheprävention zuständig – es sei denn, es handelt sich um nationale Vorschriften, die über die Verordnung hinausgehen.

2. Das GwG als Erscheinungsform der Privatisierung im Strafrecht

In den letzten Jahren lässt sich eine zunehmende Tendenz beobachten, hoheitliche rechtliche Aufgaben an Private auszulagern. Dies geschieht, wenn die Wahrnehmung und Erfüllung dieser Aufgaben durch die Staatsorgane ohne Mitwirkung Privater die gesellschaftlichen Entwicklungen nicht ausreichend abdecken kann. [154] Diese „Privatisierung“ ist in anderen Rechtsgebieten, wie z.B. im Verwaltungsrecht, schon seit Jahrzehnten bekannt, [155] betrifft aber mittlerweile auch den Bereich der Wirtschaftskriminalität: Da den Strafverfolgungsorganen regelmäßig das erforderliche Fachwissen und die praktische Erfahrung fehlen, um komplexe betriebswirtschaftliche Vorgänge zu verstehen, werden Aufgaben, die traditionell den Strafverfolgungsbehörden oblagen, nun an Teilnehmer des Wirtschaftsmarkts delegiert.[156] Infolgedessen werden zunehmend Private, darunter auch Unternehmen, mit der Verhinderung, Aufdeckung, Ermittlung und gegebenenfalls Sanktionierung von Straftaten betraut. Diese Einbindung Privater wird als *Privatisierung im Strafrecht* bezeichnet[157] und zählt zu der sog. regulierten Selbstregulierung.[158] Das Pflichtensystem des GwG, welches die Strafnorm von § 261 StGB als Begleitnorm ergänzt, ist auch eine Erscheinungsform dieser Privatisierung im Strafrecht, indem es private Personen dazu verpflichtet, entweder strafverfolgungsbezogene Aufgaben selbst zu erfüllen oder die Strafverfolgung dabei zu unterstützen.[159]

Eine weitere Erscheinungsform der Privatisierung im Strafrecht, die viele Gemeinsamkeiten mit dem System des GwG aufweist, ist die sog. *Compliance*,[160] nämlich unternehmensinterne Maßnahmen, die auf die Einhaltung von Rechtsvorschriften oder die Vermeidung negativer Rechtsfolgen abzielen und meist als Compliance-Management-Systeme bezeichnet werden.[161] Zwar gehören die Pflichten

[154] *Bock*, Criminal Compliance, S. 259; *Kuhlen*, FS Hassemer, S. 875; *Collin*, JZ 2011, 274, 275; *Bernales*, Die Auswirkungen der Compliance-Richtlinien, S. 22.
[155] *Saliger*, in: Begegnungen im Recht, S. 215; *Collin*, JZ 2011, 274 ff.; ff.
[156] *Saliger*, RW 3/2013, 263, 277.
[157] So *Saliger*, in: Begegnungen im Recht, S. 215; *Vogel*, FS Jakobs, S. 742.
[158] *Collin*, JZ 2011, 274, 278; *Kölbel*, ZStW 2013, 499, 510; *Pieth*, FS Jung, S. 718; *Sieber*, FS Tiedemann, S. 460.
[159] *Saliger*, in: Begegnungen im Recht, S. 220.
[160] *Saliger*, RW 2013, 263, 264; *Kölbel*, MschrKrimm Heft 6/2017, 430, 431; *Theile*, JuS 2017, 913, 914.
[161] Dazu statt vieler *Bock*, Criminal Compliance, S. 19; *Kölbel*, MschrKrim 100. Jahrgang – Heft 6/2017, 430, 431; *Rotsch*, in: Criminal Compliance, § 1 Rn. 5 f.

des GwG selbst zu Compliance. Es besteht jedoch ein spezifischer Unterschied hinsichtlich der Quelle zwischen Geldwäsche-Compliance und sonstigen Compliance-Maßnahmen: Die Einführung unternehmensinterner Compliance-Maßnahmen beruht in der Regel auf einer freiwilligen Entscheidung der Unternehmensleitung. Zwar wird nach herrschender Ansicht aus der Legalitätspflicht der §§ 91 Abs. 2 und 93 Abs. 1 AktG sowie § 43 Abs. 1 GmbHG eine Verpflichtung zur Einführung von Compliance-Maßnahmen abgeleitet.[162] Der Unternehmensleitung steht aber hinsichtlich der konkreten Erfüllung dieser Pflicht ein weiter Spielraum zu.[163] Dies ist darauf zurückzuführen, dass es sich bei der Einrichtung von Compliance-Management-Systemen um eine sog. unternehmerische Entscheidung handelt,[164] die als solche der Business Judgement Rule nach § 93 Abs. 1 S. 2 AktG unterliegt.[165] Die Erfüllung des GwG stellt hingegen eine gesetzliche Verpflichtung dar. Die Compliance-Maßnahmen gegen Geldwäsche sind vom Gesetzgeber detailliert festgelegt, sodass den Verpflichteten nur ein begrenzter Ermessensspielraum hinsichtlich der Erfüllung der Pflichten zukommt.[166]

II. Persönlicher Anwendungsbereich des GwG

Zweck des GwG ist, wie bereits erwähnt, Privatpersonen zur Zusammenarbeit mit den Strafverfolgungsbehörden zu verpflichten, um Letzteren den Zugriff auf geldwäscherelevante Fälle zu erleichtern und die Begehung von Geldwäschehandlungen zu verhindern. Ursprünglich waren in erster Linie nur Kreditinstitute und Versicherungsunternehmen als Adressaten der Pflichten aus dem GwG vorgesehen. Im Laufe der Jahre hat sich jedoch herausgestellt, dass auch bei Freiberuflern die Gefahr besteht, dass ihre Tätigkeit zur Geldwäsche missbraucht wird.[167] Dies gilt vor allem für rechts- und wirtschaftsberatende Berufe – ohnehin werden solche Freiberufler als *Gatekeeper* gegen Geldwäsche bezeichnet.[168] Die Erweiterung des persönlichen Anwendungsbereichs um solche Freiberufler war somit notwendig und wurde erstmals

[162] OLG Nürnberg DB 2022, 2153 Rn. 115; LG München I NZG 2014, 345; *Fleischer*, NZG 2014, 321, 323; *Hoffmann/Schiefer,* NZG 2017, 401, 402.
[163] *Saliger*, RW 2013, 263, 274; *Wagner*, CCZ 2009, 8, 15.
[164] Zum Begriff *Saliger*, in: Compliance und soziale Verantwortung im Unternehmen, S. 85 ff.
[165] *Ott/Lüneborg,* CCZ 2019, 71, 72;
[166] *Bülte*, in: Criminal Compliance, § 29 Rn. 1.
[167] *Bülte*, notar 2019, 75, 80; *Diergarten*, in: ders./Barreto da Rosa, Praxiswissen Geldwäscheprävention, S. 91.
[168] Vgl. *Kazakov*, NVwZ 2022, 617, 618.

2001 mit Art. 2a Nr. 5 2. EU-Geldwäscherichtlinie[169] vom 4.12.2001 durchgeführt. Das deutsche GwG musste daher auch diese Personen als Verpflichtete einbeziehen.[170]

In § 2 GwG sind die Adressaten der GwG-Pflichten abschließend aufgezählt. In § 2 Abs. 1 Nr. 10-12 GwG wird beschrieben, unter welchen Umständen Berater als Verpflichtete in Betracht kommen. Es ist dabei zwischen zwei Gruppen zu unterscheiden: Zum einen den *rechtlichen* Beratungssektor – also Rechtsanwälte, Notare, Patentanwälte, Kammerrechtsbeistände, nicht verkammerte Rechtsbeistände und registrierte Personen im Sinne des § 10 des Rechtsdienstleistungsgesetzes – und zum anderen den *Wirtschafts*beratungssektor, zu dem Steuerberater, Wirtschaftsprüfer, vereidigte Buchprüfer und Steuerbevollmächtigte gehören.

Angehörige der *rechts*beratenden Berufe (die erste Kategorie) unterliegen gemäß § 2 Abs. 1 Nr. 10 GwG nur unter bestimmten Voraussetzungen den Pflichten des GwG;[171] zu diesen Voraussetzungen zählt die Beteiligung an enumerativ aufgezählten Geschäftstätigkeiten wie dem Kauf und Verkauf von Immobilien, der Verwaltung von Geld oder sonstigen Vermögenswerten, der Eröffnung oder Verwaltung von Bank-, Spar- oder Wertpapierkonten und der Beschaffung der zur Gründung, zum Betrieb oder zur Verwaltung von Gesellschaften erforderlichen Mittel.[172] Im Gegensatz dazu kommen *steuer- und wirtschaftsberatende* Berufe pauschal als Verpflichtete gemäß § 2 Abs. 1 Nr. 12 GwG in Betracht. Für sie gelten mithin die GwG-Pflichten bei der Ausübung jeder berufsbezogenen Handlung.[173]

III. Die Pflichten des GwG im Einzelnen

1. Allgemeines

Das GwG unterscheidet im Wesentlichen drei Arten von Pflichten betreffend die Geldwäschebekämpfung: Sorgfalts-, Organisations- und Meldepflichten. Bei der Erfüllung aller Pflichten gilt zudem nach § 3a Abs. 1 S. 1 GwG ein risikobasierter Ansatz. Dies bedeutet, dass sich die Intensität der zu treffenden Maßnahmen am Risikopotenzial

[169] RL 2001/97/EG des Europäischen Parlaments und des Rates vom 4.12.2001 zur Änderung der RL 91/308/EWG des Rates zur Verhinderung der Nutzung des Finanzsystems zum Zwecke der Geldwäsche.
[170] Aus Sicht der zeitgenössischen Literatur siehe *Wegner*, NJW 2002, 2276 ff.; *Klugmann*, NJW 2012, 641, 642.
[171] *Schubert*, NJOZ 2018, 41, 42.
[172] Ausführlich dazu *Dahns*, NJW-Spezial 2018, 126 ff.; *Kazakov*, NVwZ 2022, 617, 618; *Donath/Mehle*, NJW 2009, 650 ff.; *Schubert*, NJOZ 2018, 41, 42; *Kaetzler*, in: Zentes/Glaab, GwG, § 2 GwG Rn. 164 ff.; *Krais*, CCZ 2020, 311, 312.
[173] *Bülte*, notar 2019, 75, 80.

der jeweiligen Geschäftsbeziehung orientieren muss:[174] Weist die geplante Transaktion erhöhte Risiken für Geldwäsche auf, müssen die Verpflichteten bei der Erfüllung ihrer Pflichten besonders sorgfältig vorgehen; umgekehrt sind bei Transaktionen mit einem geringeren Risikopotenzial für Geldwäsche in der Regel Maßnahmen von entsprechend geringerer Intensität zu ergreifen.[175] § 56 GwG sieht außerdem vor, dass der Verstoß gegen die Pflichten des GwG eine Ordnungswidrigkeit darstellt.[176]

2. Die Sorgfaltspflichten

An erster Stelle der Sorgfaltspflichten steht die sog. *Know-Your-Customer*-Pflicht (KYC) die in § 10 Abs. 1 GwG geregelt ist und drei Säulen enthält:[177] Zunächst müssen die Verpflichteten die Identität ihrer Kunden feststellen und sie mit allen erforderlichen Mitteln verifizieren (Identifizierungspflicht nach § 10 Abs. 1 Nr. 1 GwG); dazu gehört auch die – für Kreditinstitute sehr wichtige – Identifizierung des wirtschaftlich Berechtigten, falls dieser vom Geschäftspartner abweicht.[178] Zweitens müssen sie über den Zweck und die Art der Geschäftsbeziehung informiert werden (§ 10 Abs. 1 Nr. 3 GwG) und drittens die Geschäftsbeziehung laufend überwachen (§ 10 Abs. 1 Nr. 5 GwG).[179]

Die konkrete Ausgestaltung dieser Identifizierungs- bzw. Überwachungspflichten ist in den §§ 11 ff. GwG geregelt. Im Hinblick auf Berater muss nicht nur der Mandant, sondern auch die für ihn auftretende Person identifiziert werden, z. B. ein Bevollmächtigter.[180] Zu beachten ist auch, dass neben diesen allgemeinen Sorgfaltspflichten – aufgrund des erwähnten risikobasierten Ansatzes – für Geschäftsbeziehungen mit erhöhtem Geldwäscherisiko nach § 15 GwG verstärkte Sorgfaltspflichten gelten; spiegelbildlich dazu sieht § 14 GwG vereinfachte Sorgfaltspflichten für Geschäftsbeziehungen mit geringerem Geldwäscherisiko vor. Abseits der positiven Sorgfaltspflichten kommt eine

[174] *Bülte*, in: Criminal Compliance, § 29 Rn. 44,

[175] Damit die Betroffenen das konkrete Risikopotenzial verschiedener Geschäftsbeziehungen erkennen können, hat die FATF zudem Leitlinien veröffentlicht, die zur Anwendung des risikobasierten Ansatzes herangezogen werden können, wie z.B. die Richtlinien für Rechtsberater (under: https://www.fatf-gafi.org/media/fatf/documents/reports/Risk-Based-Approach-Legal-Professionals.pdf, letztens aufgerufen am 23.7.2022).

[176] Ausführlich zu den Ordnungswidrigkeiten des GwG *Breit*, in: Zentes/Glaab, GwG, § 56 Rn. 41 ff; *Gerlach*, CCZ 2017, 176 ff.

[177] Vgl. *Bülte*, in: Criminal Compliance, § 29 Rn. 51.

[178] *Bülte*, in: Criminal Compliance, § 29 Rn. 58.

[179] Zum Inhalt dieser Pflichten siehe stellvertretend *Bülte*, notar 2019, 75, 81 f.; *ders.*, in: Criminal Compliance, § 29 Rn. 58 ff.

[180] *Klugmann*, NJW 2017, 2888, 2888.

negative Pflicht in Betracht: Wenn es nicht möglich ist, die KYC-Pflicht zu erfüllen, dürfen die Verpflichteten die Geschäftsbeziehung oder Transaktion nicht durchführen oder sie müssen eine bereits bestehende Geschäftsbeziehung beenden (§ 10 Abs. 9 GwG).

Nach § 10 Abs. 3 und 3a GwG gelten die Sorgfaltspflichten freilich nicht uneingeschränkt, sondern nur: a) bei der Begründung einer Geschäftsbeziehung oder bei Transaktionen außerhalb einer Geschäftsbeziehung, wenn es sich um einen Geldtransfer von mindestens 1.000 Euro, um eine sonstige Transaktion im Wert von mindestens 15.000 Euro, oder um die Übertragung von Kryptowerten mit Gegenwert von mindestens 1.000 Euro handelt, b) bei Vorliegen von Tatsachen, die darauf hindeuten, dass es sich bei Vermögensgegenständen handelt, die im Zusammenhang mit Geldwäsche oder Terrorismusfinanzierung stehen, c) wenn Zweifel an der Richtigkeit der im Zusammenhang mit der KYC-Pflicht gesammelten Informationen bestehen, und d) für alle neuen Kunden.

3. Organisationspflichten

Zu den Organisationspflichten gehören diejenigen Pflichten, die die Einrichtung eines wirksamen Compliance-Management-Systems im Dienst der Geldwäschebekämpfung zum Gegenstand haben, nämlich vor allem die Pflicht zum Risikomanagement nach §§ 4 ff. GwG.

§ 4 GwG sieht nämlich vor, dass die Verpflichteten die Pflicht tragen, ein wirksames und effizientes Risikomanagementsystem einzurichten, welches die potenziellen Risiken für Geldwäsche oder Terrorismusfinanzierung erkennen kann und den oben erwähnten risikobasierten Ansatz ermöglicht.[181] Diese Pflicht besteht nach § 4 Abs. 2 GwG in zweifacher Hinsicht: Zum einen müssen die Verpflichteten eine Risikoanalyse gemäß § 5 GwG vornehmen, d. h. die Risiken aus ihren Geschäften heraus ermitteln und bewerten; [182] zum anderen müssen Sicherungsmaßnahmen zur Reduzierung der festgestellten betriebsinternen Risiken getroffen werden (§ 6 GwG). Dazu gehören exemplarisch die Pflicht zur Überwachung der Betriebsmitarbeiter und zu deren Aufklärung über typische Geldwäschemethoden, zur Einführung von Hinweisgebersystemen und zur Bestellung eines Geldwäschebeauftragten nach § 7 GwG – also „klassische“ Compliance-Maßnahmen.

---

[181] *Kaetzler*, in: Zentes/Glaab, GwG, § 4 Rn. 1.
[182] Dazu ausführlich *Ranker*, DStR 2018, 699, 700.

4. Die Meldepflicht

Als stärkste Pflicht im Kampf gegen Geldwäsche gilt die Meldepflicht: § 43 GwG sieht vor, dass alle geldwäscherelevanten Fälle unverzüglich den zuständigen Behörden zu melden sind. Ausgelöst wird die Meldepflicht entweder durch den Verdacht auf einen Geldwäschefall – also durch das Vorliegen von Tatsachen, die darauf hindeuten, dass in einer Transaktion ein Zusammenhang zur Geldwäsche besteht – oder durch die Nichteinhaltung der Sorgfaltspflichten der §§ 10 ff. GwG.[183] In beiden Fällen gilt gemäß § 46 GwG zugleich das Verbot, die verdächtige Geschäftsbeziehung oder Transaktion durchzuführen.

IV. Besonderheiten bei der Inpflichtnahme beratender Berufe

Allerdings sieht das GwG einige Ausnahmen von der Inpflichtnahme von Beratern vor. Allen diesen Ausnahmen ist gemeinsam, dass Berater von der jeweiligen Pflicht befreit sind, wenn sie die für die Pflicht relevanten Informationen im Rahmen eines *Mandatsverhältnisses* erworben haben. Der Begriff „Mandatsverhältnis" ist dabei weit auszulegen: Er umfasst nicht nur die Rechtsberatung oder -vertretung im engeren Sinne, sondern jede Tätigkeit eines Rechts- oder Wirtschaftsberaters, die der Verschwiegenheitspflicht unterliegt.[184] So sieht beispielsweise § 10 Abs. 9 S. 3 GwG vor, dass das Geschäftsverbot mangels Erfüllung der Sorgfaltspflichten nicht für die Rechtsberatung oder Prozessvertretung gilt.[185] Zudem ist in § 43 Abs. 2 GwG geregelt, dass die Verpflichteten von der Meldepflicht befreit sind, wenn sie die geldwäscherelevanten Kenntnisse im Rahmen eines der Verschwiegenheitspflicht unterliegenden Mandatsverhältnisses erlangt haben. Das gleiche Privileg sieht § 6 Abs. 6 S. 3 GwG für die Verweigerung der Preisgabe von Informationen vor, die im Rahmen eines Mandatsverhältnisses erlangt wurden.

---

[183] Dass konkrete Tatsachen meldepflichtig sind, schließt es aus, dass Berater bloße Gerüchte melden müssen, dazu *Krais*, CCZ 2020, 311, 313.

[184] *Bülte*, notar 2019, 75, 83; vgl. auch BT-Drucks. 14/8739, S. 15. Die Herausstellung der Schweigepflicht bzw. des Mandatsverhältnisses als Maßstab der Pflichtentlastung stammt ursprünglich aus der Interpretationsnote zur FATF Empfehlung Nr. 23.

[185] *Barreto da Rosa*, in: Diergarten/ders., Praxiswissen Geldwäscheprävention, S. 337; *Bülte*, in: Criminal Compliance, § 9, Rn. 120-122; *v. Lewinski*, Grundriss des anwaltlichen Berufsrechts, S. 94.

Allerdings gilt das Rechtsberatungsprivileg nicht absolut. Das Gesetz sieht nämlich eine Rückausnahme vor, wenn der Verpflichtete *positive Kenntnis* vom Geldwäsche- oder Terrorismusfinanzierungszweck des Mandanten hat (sog. Korrumpierungsvorbehalt).[186]

Das Rechtsberatungsprivileg soll dazu dienen, einen möglichen Widerspruch zur Verschwiegenheitspflicht zu vermeiden und die Freiheit der Rechtsberatung zu wahren. Seine Praktikabilität ist jedoch zweifelhaft. Denn es stellt sich die Frage, wann z. B. ein Rechtsanwalt an der Planung oder Durchführung von Erwerbsvorgängen, Eröffnungen von Bankkonten oder Gründungen von Gesellschaften, u. a., mitwirken kann, ohne in einem der Verschwiegenheitspflicht unterliegenden Mandatsverhältnis mit dem Klienten zu stehen. Dass Berater fast immer verlässliche Informationen über ihre Mandanten erhalten sollen, liegt vielmehr auf der Hand und findet in der Verschwiegenheitspflicht seinen Niederschlag: Gerade deshalb, weil der Mandant weiß, dass er seinem Rechtsanwalt oder Steuerberater alles anvertrauen kann, ist das Szenario, dass der Berater keine Kenntnis von den kriminellen Aktivitäten des Mandanten hat, lebensfremd. Soweit das Rechtsberatungsprivileg bei positiver Kenntnis außer Kraft gesetzt wird, ist es mithin bloß ein „Geschenk, das zu spät kommt“.

Im Hinblick auf die Pflicht zum Risikomanagement ergibt sich zudem e contrario aus § 7 Abs. 1 S. 1 und Abs. 3 S. 1 GwG, dass Rechts- und Wirtschaftsberater prinzipiell keine Pflicht zur Bestellung eines Geldwäschebeauftragten trifft. § 7 Abs. 3 GwG enthält jedoch eine Ermächtigungsgrundlage für die Aufsichtsbehörde, eine Anordnung zur Bestellung eines Geldwäschebeauftragten zu erlassen, wenn sie dies für angemessen erachtet.

Schließlich hat der Gesetzgeber durch § 43 Abs. 6 GwG eine Verordnungsermächtigung für das Bundesfinanzministerium vorgesehen, um erhöhte Meldepflichten für Rechtsberater hinsichtlich Immobilientransaktionen einzuführen – d. h. eine pauschale Meldepflicht ohne Rechtsberatungsprivileg.[187] Dies ist dem Umstand geschuldet, dass die Geldwäscherisiken bei Immobilientransaktionen sehr hoch sind.[188] Auf der Grundlage dieser Ermächtigung wurde die am 1.12.20 in Kraft getretene Geldwäschegesetzmeldeverordnung-Immobilien (GwGMeldVO-Immobilien)

[186] Dazu *Bülte*, notar 2019, 75, 83.
[187] *Wende*, in: Zentes/Glaab, GwG, Geschichte der Geldwäschebekämpfung, Rn. 57 f.
[188] *Krais*, CCZ 2020, 311, 311 f.

hinsichtlich Immobiliengeschäfte erlassen.[189] Demgemäß gilt das Beratungsprivileg nicht für Immobiliengeschäfte.

V. Fazit zu B.

Angehörige der rechts- und wirtschaftsberatenden Berufe unterliegen nach dem GwG einer Reihe von Pflichten zur Verhinderung und Prävention der Geldwäsche. Diese Pflichten treffen Rechts- und Patentanwälte, Notare und Kammerrechtsbeistände gleichermaßen nur dann, wenn sie an bestimmten, enumerativ aufgezählten Geschäften beteiligt sind, während Wirtschafts- und Steuerberater (d. h., Steuerberater, Wirtschaftsprüfer und vereidigte Buchprüfer) fallen demgegenüber in allen Tätigkeitsbereichen in den Anwendungsbereich des GwG. Das Gesetz sieht im Einzelnen drei Arten von Pflichten vor: die Pflicht zur Identifizierung des Geschäftspartners; die Pflicht, organisatorische Maßnahmen zur Verhinderung der Geldwäsche zu treffen; und die Pflicht, den Behörden jeden Verdacht auf Geldwäsche zu melden. Obwohl das Gesetz für die Verletzung dieser Pflichten in § 56 GwG erhöhte Bußgelder vorsieht, stellt sich die Frage, ob die Verletzung oder Einhaltung der Pflichten des GwG die Strafbarkeit wegen Geldwäsche nach § 261 StGB berührt. Auf diese Frage wird in dieser Arbeit ausführlich eingegangen, nämlich bei den Ausführungen zur Bedeutung der außerstrafrechtlichen Pflichten für die Handlungsneutralität.

---

[189] BGBl. I 2020, S. 1965. Siehe detaillierte Analyse der Meldepflichten in *Bülte/Marinitsch*, DNotZ 2021, 804, 807 ff.; *Krais*, CCZ 2020, 311, 312.

Teil 2: Die Einschränkung der Geldwäschestrafbarkeit von Beratern durch eine Theorie der Handlungsneutralität

N. Pavlakos, *Strafbarkeitsrisiken für Berater und ihre Grenzen*,
Juridicum – Schriften zum Wirtschaftsstrafrecht 13,
https://doi.org/10.1007/978-3-658-51535-5_3

A. Prolegomena

Im ersten Teil der vorliegenden Untersuchung wurde festgestellt, dass sich Angehörige rechts- und wirtschaftsberatender Berufe verschiedenartig wegen Geldwäsche strafbar machen können. Gleichzeitig wurde aufgezeigt, dass die weite Fassung des Geldwäschetatbestandes erhebliche Risiken für Berater birgt und dass die Möglichkeiten, den weit gefassten § 261 StGB anhand des Wortlauts oder der Systematik der Norm einzuschränken, gering sind: Man kann allenfalls für eine Beihilfestrafbarkeit mangels Tatherrschaft in bestimmten Fällen, vor allem der reinen Rechtsberatung, plädieren, aber darüber hinaus macht sich jeder Berater wegen Geldwäsche strafbar, sofern er mit bemakelten Vermögenswerten des Mandanten in Berührung kommt. Aus diesem Grund muss man nach einer Einschränkung im Allgemeinen Teil des Strafrechts suchen. Im hiesigen Teil der vorliegenden Untersuchung muss deswegen geprüft werden, ob eine Theorie von den neutralen Handlungen die gewünschte Einschränkung des § 261 StGB gewährleisten kann.

Eine solche Theorie umfasst drei Säulen: i) Zunächst muss definiert werden, *was* neutrale Handlungen überhaupt sind (Definition). ii) Zweitens ist aufzuzeigen, *warum* die Strafbarkeit wegen neutraler Handlungen eingeschränkt werden muss (Rechtfertigung der Privilegierung). iii) Schließlich wird bestimmt, *wie* diese Einschränkung konkret vorgenommen werden kann (strafrechtliche Würdigung).

B. Definition von neutralen Handlungen

I. Vorab: Allgemeine Anforderungen an rechtswissenschaftliche Definitionen

Obwohl zahlreiche wissenschaftliche Ansätze zur strafrechtlichen Bewertung neutraler Handlungen sowie mehrere gerichtliche Entscheidungen vorliegen, haben sich nur wenige Autoren systematisch mit der Frage auseinandergesetzt, *was* neutrale Handlungen überhaupt sind. Die Mehrzahl der bisherigen dogmatischen Ansätze zur neutralen Beihilfe bezieht sich hingegen auf Fälle „äußerlich neutraler", „sozial üblicher", „berufstypischer" usw. Handlungen, ohne jedoch diese Begriffe näher zu bestimmen. Die Definition von neutralen Handlungen ist indes eine notwendige Vorstufe jeder dogmatischen Analyse. Denn eine Theorie kann nur dann aufgestellt werden, wenn ihr Gegenstand präzise bestimmt wird.

Eine Definition muss wissenschaftstheoretisch betrachtet gewissen Anforderungen genügen. Definitionen dürfen zunächst nicht zirkulär sein, d.h., sie dürfen das Definiendum nicht im Definiens einbeziehen.[190] Außerdem müssen sie widerspruchsfrei sein.[191] Zusätzlich muss zwischen dem Definiendum und dem Definiens die logische Beziehung der Äquivalenz bestehen: Das eine muss durch das andere ersetzbar sein (Prinzip der Eliminierbarkeit).[192] Unabhängig von diesen wissenschaftstheoretischen Voraussetzungen ergibt sich eine weitere Anforderung an die Definition in der Rechtswissenschaft: Begriffe in der Rechtswissenschaft können normativ-praktische Konsequenzen haben, d. h., es könnte sich ergeben, dass eine bestimmte Rechtsnorm auf den fraglichen Begriff anwendbar ist (selbst wenn sich letztendlich herausstellt, dass die Norm nicht anwendbar ist).[193] Die Definition rechtlicher Begriffe muss daher zu einem solchen Begriff führen, der potenziell normative Auswirkungen entfalten kann. Erst dann kann geprüft werden, ob diese Auswirkungen tatsächlich eintreten. Das bedeutet, dass die Definitionen den allgemeinen normativen Anforderungen des jeweiligen Rechtsgebiets entsprechen müssen. Bei strafrechtlichen Definitionen sind somit aufgrund des Gesetzlichkeitsprinzips alle *unbestimmten* Begriffe zu vermeiden.[194]

---

[190] *Savigny*, Grundkurs im wissenschaftlichen Definieren, S. 116 f.; *Puppe*, Kleine Schule des Juristischen Denkens, S. 71.

[191] *Puppe*, Kleine Schule des Juristischen Denkens, S. 71 f.

[192] *Herberger/Simon*, Wissenschaftstheorie, S. 321 f.; *Savigny*, Grundkurs im wissenschaftlichen Definieren, S. 103 ff.

[193] *Puppe*, Kleine Schule des Juristischen Denkens, S. 26.

[194] Freilich gilt auch in der allgemeinen Definitionslehre das sog. Klarheitsgebot (siehe *Herberger/Simon*, Wissenschaftstheorie, S. 316 f.).

II. Begriff von neutralen Handlungen

1. Begriffsbestimmung nach dem allgemeinen Sprachgebrauch

Jede Begriffsdefinition in der Jurisprudenz soll zuerst vom allgemeinen Sprachgebrauch ausgehen, es sei denn, es gibt eine spezifische Gebrauchsdefinition des betreffenden Begriffs in der juristischen Fachsprache.[195] Letzteres ist bei den neutralen Handlungen nicht der Fall, daher muss auf den allgemeinen Sprachgebrauch abgestellt werden. In der deutschen Sprache ist „neutral" jemand oder etwas, der bzw. das keiner der beiden gegnerischen Parteien angehört, keine der beiden Parteien unterstützt oder an keine Partei oder Interessengruppe gebunden ist.[196] Neutral bedeutet demgemäß „unparteiisch" bzw. „unabhängig". Auf dieser Grundlage kann Neutralität im Strafrecht zunächst einmal als die *Unabhängigkeit eines Verhaltens in Bezug auf eine Straftat* definiert werden.[197]

2. Untauglichkeit einer rein strafnormativen Begriffsbestimmung

Problematisch ist jedoch, anhand welcher Kriterien die Unabhängigkeit beurteilt wird. Sind dazu ausschließlich strafrechtliche Kriterien heranzuziehen, so liegt ein Zirkelschluss vor. Denn es steht ja gerade zur Frage, ob neutrale Handlungen strafbar sind. Ein strafrechtlich-normativer Begriff der Unabhängigkeit, demzufolge neutrales Verhalten ein solches Verhalten sei, das die Voraussetzungen eines Straftatbestandes nicht erfüllt, ist daher nichtssagend.[198] Ebenso wenig könnte die Begriffsbestimmung von neutralen Handlungen auf die normativen Kriterien strafbaren Verhaltens gestützt werden – z. B. dergestalt, dass neutrale Handlungen dann vorlägen, wenn sie keine Straftaten fördern. Denn auch hier handelt es sich um einen Zirkelschluss: Diese Kriterien tauchen erst später auf, nämlich bei der Frage, ob ein neutrales Verhalten (etwa als Beihilfe gemäß § 27 Abs. 1 StGB) tatsächlich strafbar ist. Den Neutralitätsbegriff können sie ebenso wenig bestimmen, wie der Kausalitäts- und Vorsatzbegriff für den strafrechtlichen Handlungsbegriff hilfreich ist. Mit anderen Worten: Die Definition eines juristischen

---

[195] *Puppe*, Kleine Schule des juristischen Denkens, S. 29; *dies.*, GS Armin Kauffmann, S. 15 ff.

[196] https://www.duden.de/node/154139/revision/154175 (letztens aufgerufen am 28.09.2023); ferner *Kudlich*, Die Unterstützung fremder Straftaten durch berufsbedingtes Verhalten, S. 173.

[197] So auch *Kudlich*, Die Unterstützung fremder Straftaten durch berufsbedingtes Verhalten, S. 173; *Wohlleben*, Beihilfe, S. 103 ff.

[198] *Baun*, Beihilfe zu NS-Gewaltverbrechen, S. 30; *Rotsch*, Einheitstäterschaft statt Tatherrschaft, S. 403.

Begriffes mag möglicherweise normative Folgen entfalten, darf jedoch diese Folgen nicht determinieren.[199]

Es zeigt sich also, dass eine rein *strafnormative* Begriffsbestimmung, die sich an den Kriterien strafbaren Verhaltens orientiert, verfehlt ist. Die Handlungsneutralität beschreibt nur vorrechtliche Gegebenheiten, die eventuell strafrechtlich interessant sind. Folglich ist der Begriff der neutralen Handlungen zuerst unabhängig von deren strafrechtlicher Bewertung zu definieren.[200] Die Neutralität ist demnach lediglich eine vorrechtliche Qualität der Handlung.[201] Ziel der vorliegenden Studie ist gerade zu untersuchen, wann die Handlungsneutralität tatsächlich jene strafnormativen Wirkungen entfaltet. Auf dieser Basis lässt sich der prima facie strafrechtlich interessante Begriff von neutralen Handlungen als dasjenige Verhalten definieren, das sich unabhängig von einer konkreten weiteren Handlung erweist, welche ihrerseits strafrechtlich relevant ist.[202] Daraus ergibt sich die folgende Definition:

Neutral ist dasjenige Verhalten, das sich unabhängig von einer Rechtsgutsverletzung erweist.[203] (1.1)

Aus der Definition (1.1) leitet sich eine wichtige Eigenschaft neutraler Handlungen ab: Verursacht der Täter die Rechtsgutsverletzung *allein*, kann er grundsätzlich nicht von dieser nicht unabhängig sein – es sei denn, die Rechtsgutsbeeinträchtigung obliegt dem Zufall, wie bei fehlender objektiver Zurechnung. Im Regelfall liegt bei allein handelnden Tätern somit kein neutrales Verhalten vor. Eine Unabhängigkeit von einer Rechtsgutsverletzung kann vielmehr nur in solchen Fallkonstellationen vorliegen, in denen die Rechtsgutsverletzung durch das Verhalten eines *Dritten* vermittelt wird.[204] Somit erweist sich als Hauptanwendungsfall der Handlungsneutralität das *Dazwischentreten eines Dritten im kriminellen Ereignis*. Dazu gehört grundsätzlich die Förderung fremder Straftaten, also entweder die Beihilfe oder die Täterschaft bei

---

[199] Das ist die sog. Nicht-Kreativität von Definitionen, die eine Voraussetzung richtigen Definierens ist. Dazu *Puppe*, GS Armin Kaufmann, S. 15; *Savigny*, Grundkurs im wissenschaftlichen Definieren, S. 23 f.

[200] *Kudlich*, Die Unterstützung fremder Straftaten durch berufsbedingtes Verhalten, S. 173; *Baun*, Beihilfe zu NS-Gewaltverbrechen, S. 29: Die Qualität eines Verhaltens als „neutral" bedeute noch nicht, dass es strafbar oder straflos ist; *Hartmann*, ZStW 2004, 585, 598; *Rotsch*, Einheitstäterschaft statt Tatherrschaft, S. 412.

[201] *Rackow*, Neutrale Handlungen als Problem des Strafrechts, S. 41.

[202] Das Zeitwort „erweisen" soll hier gerade zeigen, dass der tatsächliche normative Zusammenhang einer neutralen Handlung mit dem Strafrecht später behandelt wird.

[203] Ähnlich *Kudlich*, Die Unterstützung fremder Straftaten durch berufsbedingtes Verhalten, S. 174; *Wohlleben*, Beihilfe, S. 3; *Hassemer*, wistra 1995, 41, 42; *Baun*, Beihilfe zu NS-Gewaltverbrechen, S. 28

[204] *Kudlich*, Die Unterstützung fremder Straftaten durch berufsbedingtes Verhalten, S. 42 und 181.

Teilnahmedelikten wie der Geldwäsche oder Strafvereitelung. Dies vorausgeschickt ist jedoch die Definition (1.1) zu abstrakt, um einen bestimmbaren Begriff der neutralen Handlungen zu liefern. Denn es ist noch nicht klar, wann ein Verhalten unabhängig von einer Rechtsgutsverletzung ist. Dazu müssen weitere Kriterien herangezogen werden. Wie soeben nachgewiesen wurde, müssen diese Kriterien jedenfalls außerhalb des Strafrechts liegen.

3. Naturalistisch-phänomenologischer Neutralitätsbegriff

Da eine strafrechtliche Definition als ungeeignet erwiesen wurde, könnte man sich dem Begriff der Handlungsneutralität *naturalistisch* annähern. Nach einer naturalistisch-phänomenologischen Begriffsbestimmung wäre eine solche Handlung als neutral zu bezeichnen, die faktisch betrachtet keine Verbindung mit einer Rechtsgutsverletzung aufweist.[205] Doch auch eine solche naturalistische Definition scheitert. Denn sie setzt einen vornormativen, wertunabhängigen Begriff von neutralen Handlungen voraus, der aber nicht ersichtlich ist. Es gibt kein Verhalten, das aus naturalistischer Sicht von einer Rechtsgutsverletzung unabhängig ist, sondern im Gegenteil können alle Handlungen in irgendeiner Weise mit einer Rechtsgutsverletzung in Verbindung gebracht werden.[206] Dies liegt unter anderem an der kausalen Äquivalenz aller Bedingungen für einen Erfolg. Was für eine Rechtsgutsverletzung kausal ist, kann naturalistisch gesehen nicht als unabhängig von ihr betrachtet werden. Folglich gibt es keine vornormative Unabhängigkeit einer Handlung vom Erfolg. Jeder Versuch, nur die rechtlich relevanten Bedingungen herauszufiltern, beinhaltet notwendigerweise normative Wertungen.[207]

4. Begriffsbestimmung angesichts der Sozialadäquanz

Aufgrund der Untauglichkeit sowohl einer vornormativen als auch einer strafrechtlichen Definition kann des Weiteren eine zwar normative, aber nicht-rechtliche Definition angestrebt werden. Dies erklärt sich folgendermaßen: Die bereits abgelehnte strafnormative Definition stützt sich auf die Bewertungen des Gesetzgebers. Der Begriff „normativ“ kann jedoch auch so ausgelegt werden, dass er sich nicht auf rechtliche, sondern auf *gesellschaftliche* Wertungen bezieht. Auf dieser Grundlage können derartige Verhaltensweisen als neutral bezeichnet werden, die aufgrund ihrer Gewöhnlichkeit,

---

205 Vgl. *Schneider*, NStZ 2004, 312, 315 f.
206 BGHSt 46, 107, 113; *Roxin*, FS Miyazawa, S. 515.
207 *Rackow*, Neutrale Handlungen als Problem des Strafrechts, S. 47; *Weigend*, FS Nishihara, S. 205; *Lesch*, JA 2001, 986, 987.

Unauffälligkeit oder Alltäglichkeit gesellschaftlich akzeptiert werden.[208] Dieser Ansatz erinnert – ungeachtet der Vielfalt der Terminologie – an die von *Welzel* in der Vorkriegszeit geprägte Lehre von der sozialen Adäquanz.

Welzel sah als sozialadäquat diejenigen Handlungen an, die „sich funktionell innerhalb der geschichtlich gewordenen Ordnung des Gemeinschaftslebens" bewegen.[209] Zwar schuf er dieses Konzept als Einschränkung des objektiven Tatbestandes neben der Kausalität, indem er sozialadäquate Handlungen als nicht tatbestandsmäßig einstufte.[210] Die strafrechtlichen Folgen, die *Welzel* und die ihm folgenden Ansätze an die soziale Adäquanz geknüpft haben, sind in diesem Rahmen aber uninteressant, weil es hier, wie bereits angedeutet, nur noch um die Definition des Begriffs „Handlungsneutralität" geht. Was die Begriffsbestimmung angeht, hat die Lehre von der sozialen Adäquanz durchaus einen berechtigten Kern, wenn man ihr nur eine *bedingt* strafrechtlich-normative Funktion verleiht: [211] Sozialadäquate (oder auch alltägliche, sozial unauffällige, angemessene – die Terminologie ist hier nicht von inhaltlicher Bedeutung) [212] Verhaltensweise *können* prima facie einer strafrechtlichen Privilegierung bedürfen, weil sie nicht ohne Weiteres sozialschädliche Rechtsgutsbeeinträchtigungen bilden; ob dies tatsächlich der Fall ist, ist noch bedeutungslos. Auf der Grundlage der sozialen Adäquanz definieren auch die meisten Autoren und Gerichtsentscheidungen heutzutage – zumindest implizit – die neutralen Handlungen: Die Lieferung von Wein an Bordellbetriebe,[213] die Erstellung von Informationsbroschüren durch einen Rechtsanwalt,[214] das Fahren des Mörders durch einen Taxifahrer, der Verkauf eines Messers an einen an einer Schlägerei Beteiligten usw., sind vor allem als sozialadäquate Handlungen zu bezeichnen.[215]

[208] Vgl. *Kudlich*, Die Unterstützung fremder Straftaten durch berufsbedingtes Verhalten, S. 172.
[209] *Welzel*, ZStW 1939, S. 491, 516 f.; zur Entwicklung der Lehre von der Sozialadäquanz nach *Welzel Schaffstein*, ZStW 1960, 369 ff.; *Zipf*, ZStW 1970, 633 ff.; weitere Nachweise in *Eser*, FS Roxin, 2001, S. 203 ff.; *Knauer*, ZStW 2014, 844, 846 ff.
[210] *Welzel*, ZStW 1939, S. 491, 517 ff.
[211] *Frisch*, Tatbestandsmäßiges Verhalten, S. 237 f.; vgl. auch *Hassemer*, wistra 1995, 81, 81.
[212] Vor allem der späte *Welzel* hat sozialübliche Handlungen schlicht als sozialadäquat bezeichnet (stellvertretend *Welzel*, Das Deutsche Strafrecht, S 56); zustimmend im Ergebnis *Schaffstein*, ZStW 1960, 369, 378; BGHSt 23, 226, 228; kritisch jedoch *Peters*, FS Welzel, S. 427.
[213] RGSt 39, 44.
[214] BGH NStZ 2000, 34.
[215] So auch *Hartmann*, ZStW 2004, 585, 599; *Rotsch*, Einheitstäterschaft statt Tatherrschaft, S. 413.

5. Begriffsbestimmung anhand der professionellen Adäquanz

a) Einschränkung auf soziale Subsysteme

Gegen die Lehre von der sozialen Adäquanz kann gleichwohl eingewendet werden, dass der Begriff des „sozial Adäquaten“ an Unbestimmtheit leidet,[216] folglich wäre auch eine darauf basierende Definition der Handlungsneutralität zu unbestimmt. Dem ist Recht zu geben, weil es ein praktisch unrealistisches Unterfangen wäre, die Bewertungen der Gesellschaft als Ganzes zu ermitteln.[217] Die Definition von neutralen Handlungen als sozialadäquate Verhaltensweisen ist deswegen untauglich, im Strafrecht verwendet zu werden. Dieses Problem kann aber dadurch umgangen werden, wenn der allgemeine Begriff der sozialen Adäquanz durch Rückgriff auf einen spezifischeren Teilbegriff eingeschränkt wird, um seine Unbestimmtheit zu reduzieren.

Eine solche Einschränkung der sozialen Adäquanzlehre kann *systemtheoretisch* untermauert werden: Die Gesellschaft als Ganzheit in einem zentralen System vereint.[218] Innerhalb dieses Obersystems gibt es eine Vielfalt an *Subsystemen*, von denen jedes für sich seinerseits ein System darstellt, beispielsweise das Bildungs-, Religions-, Erziehungs-, Familien-, Wirtschafts- und natürlich das Rechtssystem.[219] Auf dieser Basis könnte man, anstatt die Begriffsbestimmung von neutralen Handlungen an die Bewertungen des ganzen Systems zu knüpfen, lediglich die Bewertungen von einzelnen Subsystemen heranziehen.

Eine solche Einschränkung der sozialen Adäquanz hat die Lehre von der *professionellen Adäquanz* vorgenommen, die *Winfried Hassemer* in den 1990er Jahren entwickelt hat.[220] Ihm zufolge sind die Bewertungen im Rahmen des Teilsystems „Beruf“ ausschlaggebend – *Hassemer* ging zwar nur auf das Berufssystem von Bankangestellten ein, doch seine Ergebnisse lassen sich verallgemeinern.[221] Freilich hat Hassemer die Lehre von der professionellen Adäquanz nicht entwickelt, um den Neutralitätsbegriff zu definieren, sondern um aus ihr konkrete normative Kriterien für die strafrechtliche Verantwortlichkeit abzuleiten. Zudem hat er den Begriff der professionellen Adäquanz

[216] So auch die h.M. in Bezug auf die strafrechtlich-normativen Auswirkungen der Sozialadäquanz, stellvertretend *Eser*, FS Roxin, 2001, S. 206; *Knauer*, ZStW 2014, 844, 853 m.w.N.; spezifisch zu neutralen Handlungen *Kudlich*, Die Unterstützung fremder Straftaten durch berufsbedingtes Verhalten, S. 82.
[217] *Hassemer*, wistra 1995, 81, 81.
[218] *Luhmann*, Das Recht der Gesellschaft, S. 7.
[219] *Luhmann*, Das Recht der Gesellschaft, S. 8 und 55.
[220] *Hassemer*, wistra 1995, 41 ff. und 81 ff.
[221] Vgl. *Kudlich*, Die Unterstützung fremder Straftaten durch berufsbedingtes Verhalten, S. 84.

mit den vorstrafrechtlichen Regelungen von Teilsystemen verbunden. Dies hindert uns dennoch nicht, die von ihm eingeführte Einschränkung der Sozialadäquanzlehre auf adäquate Handlungen im Zusammenhang mit der Definition neutraler Handlungen in Subsystemen anzuwenden. Die Erörterung der normativen Konsequenzen der Theorie der professionellen Adäquanz kann auf ein späteres Kapitel verschoben werden.[222]

Der Lehre von der professionellen Adäquanz ist nach alledem zu entnehmen, dass nur solche Handlungen als neutral anzusehen sind, die im Rahmen besonderer sozialer Kontexte, also: im Rahmen von Subsystemen, sozialadäquat sind.[223] „Adäquanz" muss hier allerdings normativ (im Sinne von evaluativ) verstanden werden: Es kommt darauf an, was im jeweiligen System als akzeptabel betrachtet wird. Es liegt nahe, dass es diesbezüglich nicht auf die subjektiven Wertungen der Systemmitglieder ankommt (dies wäre wiederum unbestimmt), sondern eine objektive Sichtweise gefolgert werden muss: Als adäquat gelten nur solche Verhaltensweisen, die der *Funktion* oder dem *Zweck* des jeweiligen Systems dienen. Daraus ergibt sich eine präzisere Definition neutraler Handlungen:

Neutral sind diejenigen Handlungen, die der Funktion oder dem Zweck sozialer Subsysteme dienen. (1.2)

b) Begriff der Berufsneutralität

Die Definition (1.2) ist brauchbar, um den strafrechtlich interessanten Begriff von neutralen Handlungen zu erfassen. Sie bedarf aber wiederum der Konkretisierung. Denn es muss festgestellt werden, welche Funktion bzw. welchen Zweck das jeweilige System hat und welche Handlungen es fördert. Eine Darstellung der neutralen Handlungen im Rahmen aller sozialen Subsysteme ist hier nicht möglich, weil in der vorliegenden Untersuchung nur die berufliche Tätigkeit von Rechts- und Wirtschaftsberatern relevant ist. Deshalb kann der Umfang der Analyse auf neutrale Handlungen im Rahmen des Berufssystems beschränkt werden.[224] Als adäquates berufliches Verhalten ist dasjenige Verhalten anzusehen, das in einem funktionalen und sachlichen Zusammenhang mit der

---

[222] Siehe Teil 2 D.III.3.b) bb).

[223] *Kudlich*, Die Unterstützung fremder Straftaten durch berufsbedingtes Verhalten, S. 83.

[224] Auch *Kudlich* beschränkt den Gegenstand seiner Habilitationsschrift zu der neutralen Beihilfe auf berufsbedingte Handlungen (Die Unterstützung fremder Straftaten durch berufsbedingtes Verhalten, S. 21 ff.); Freilich wird hier nachfolgend bloß von neutralen Handlungen die Rede sein, gemeint ist aber die Berufsneutralität.

beruflichen Tätigkeit des Täters steht,[225] und den sozial anerkannten Zweck des Berufs, also der Berufsausübung, fördert.[226] Daher ergibt sich die folgende, endgültige Definition:

Berufsneutral sind all diejenigen Handlungen, die die Berufsausübung fördern. (1.3.)

Auf dieser Basis verhalten sich beispielsweise der Strafverteidiger, der das Honorar für seine Tätigkeit aus dem Erlös einer Straftat annimmt, der Taxifahrer, der einen Auftragsmörder zum Tatort fährt, oder der Bankangestellte, der eine Überweisung in eine Steueroase ausführt, neutral. Denn in all diesen Fällen dient die Handlung objektiv der sozial akzeptablen Funktion des Berufs. Angesichts dieser Definition kann ein zentrales Problem jeder Lehre von den neutralen Handlungen gelöst werden, das darin besteht, dass es recht schwierig ist, zu unterscheiden, wann eine neutrale Handlung vorliegt, die möglicherweise eine Vorzugsbehandlung im Strafrecht verdient, und wann lediglich normales Verhalten vorliegt, das nach den allgemeinen Regeln beurteilt wird. Obwohl einige eklatante Fälle leicht zu erkennen sind, ist dies im Alltag nicht immer einfach. Als Beispiel dienen die folgenden beiden Verhaltensweisen des Rechtsanwalts R:

- R ist anwesend, während sein Mandant eine dritte Partei erpresst.
- R überweist das Geld seines Mandanten auf das Konto eines Dritten, obwohl er weiß, dass es aus einer Straftat stammt.

Worin liegt der Unterschied zwischen beiden Handlungen? Im ersten Fall stellt das Verhalten von R einen Missbrauch der Berufsfreiheit dar, scil. einen zweckwidrigen Gebrauch. Denn es gehört nicht zu den Aufgaben eines Anwalts, tatenlos zuzusehen, wenn sein Mandant eine Straftat begeht (geschweige denn, diese zu unterstützen). Im zweiten Fall liegt jedoch kein solcher Missbrauch vor: Die Tatsache, dass der Anwalt die Herkunft des Geldes kennt, ändert nichts daran, dass er einfach nur „seinen Job macht", d. h. die gesellschaftlich akzeptierte Rolle seines Berufs ausübt. Nur im zweiten Fall liegt also eine neutrale Handlung vor, einerlei, ob dieses Wissen zu einer strafrechtlichen Haftung führt – diese Frage wird unten in dem Abschnitt über die strafrechtliche Behandlung neutraler Handlungen erörtert. Missbräuchliche Verhaltensweisen von Beratern, wie die Vermittlung von Offshore-Gesellschaften zur Umgehung der Quellensteuer,[227] die Schaffung eines Mechanismus zur vollständigen Verschleierung der

[225] *Kudlich*, Die Unterstützung fremder Straftaten durch berufsbedingtes Verhalten, S. 30.
[226] Näher *Hassemer*, wistra 1995, 41, 42.
[227] Vgl. LG Köln wistra 2019, 35, 37.

Herkunft von Schwarzgeld oder die Empfehlung von Verhaltensweisen, die zu einem Gesetzesverstoß führen, sind somit vom Begriff der Neutralität ausgeschlossen und verdienen keine strafrechtliche Privilegierung.

c) Mögliche Kritik

Die vorliegende Untersuchung betritt freilich kein Neuland, wenn sie ihren Gegenstand auf berufsneutrale Handlungen einschränkt. Diese Einschränkung ist vielmehr bereits auf Kritik gestoßen. Erhoben wurde insbesondere der Einwand, dass jene Einschränkung zwangsläufig bedeute, dass die professionelle Adäquanz der Privilegierungsgrund von neutralen Handlungen sei, sodass auch die Definition (1.3) eine Zirkeldefinition darstelle.[228] Doch ist dieser Einwand nicht berechtigt. Denn tatsächlich ist er es, der sich der Zirkularität schuldig macht: Wie bereits dargelegt, lassen sich aus Definitionen juristischer Begriffe nicht notwendig, sondern nur *eventuell* normative Implikationen ableiten. Aus der Definition (1.3) ergibt sich nämlich noch keine Privilegierung gegenüber den „normalen" Beihilfefällen, sondern lediglich die *Möglichkeit* einer solchen Privilegierung. Ob sie tatsächlich erforderlich ist, ist Gegenstand des nächsten Kapitels. Der Begriff der neutralen Handlungen steht also unter dem Vorbehalt der rechtlichen Würdigung. Daher ist eine Einschränkung auf die Berufsneutralität methodologisch zulässig.

d) Handlungsneutralität jenseits des Berufssystems?

Dies darf jedoch nicht darüber hinwegtäuschen, dass sich jenseits berufstypischer Verhaltensweisen auch für andere Arten von neutralen Handlungen unterschiedliche Privilegierungsgründe finden lassen. Denn der Rückgriff auf die Evaluationen von spezifischen sozialen Teilsystemen lässt sich natürlich nicht auf das Berufssystem beschränken. Vielmehr ist die gleiche Methode auch für andere Teilsysteme, vielleicht sogar für alle, anwendbar.[229] Deshalb wird an dieser Stelle nicht argumentiert, dass die Beschränkung der Handlungsneutralität auf das System „Beruf" begrifflich notwendig sei, sondern nur, dass sie eine Stoffreduzierung ist.[230] Die Analyse neutraler Handlungen als sozial übliches Verhalten im Kontext anderer sozialer Systeme erfordert indes eine eigene systematische Untersuchung.

---

[228] So etwa *Rackow*, Neutrale Handlungen als Problem des Strafrechts, S. 29 f.

[229] *Schmorl*, Die Grenzen der Beihilfestrafbarkeit, S. 145.

[230] So auch *Kudlich*, Die Unterstützung fremder Straftaten durch berufsbedingtes Verhalten, S. 21 f.; *Rotsch*, Einheitstäterschaft statt Tatherrschaft, S. 403.

III. Fazit zu B.

Der Begriff der Handlungsneutralität kann weder phänomenologisch noch strafrechtlich-normativ bestimmt werden: Zum einen geht eine phänomenologische Definition fehl, weil jedes menschliche Verhalten naturalistisch gesehen mit Rechtsgutsangriffen in Verbindung gebracht werden kann; zum anderen wäre eine strafrechtliche Definition wäre zirkelhaft, da sie auf Kriterien beruhen würde, die erst für die strafrechtliche Bewertung des Definiens brauchbar sind. Eine taugliche Definition neutraler Handlungen kann aber aus sozialnormativen Erwägungen resultieren. Als neutral sind diejenigen Handlungen zu verstehen, die im Rahmen von besonderen sozialen Systemen adäquat sind. Dazu zählt beispielsweise die Förderung eines rechtlich anerkannten Berufs. Neutral ist mithin zunächst ein solches Verhalten, das die Berufsausübung fördert. Liegt ein solches Verhalten vor, stellt sich die Frage, ob es strafrechtlich von Bedeutung ist. Um dies beurteilen zu können, muss geklärt werden, ob eine Strafbarkeitseinschränkung überhaupt notwendig ist; erst dann kann auf die konkreten Einschränkungskriterien eingegangen werden. Bei der Frage nach dem Grund für die Einschränkung der Strafbarkeit sind verfassungsrechtliche Grundsätze anzuwenden. Denn der Zusammenhang zwischen der Neutralität des Handelns und der Berufsausübung ist offensichtlich, da die Berufsfreiheit durch Art. 12 Abs. 1 GG besonders geschützt ist. Somit stellt sich die Frage, wie sich die Verfassung zu diesem Thema verhält.

C. Verfassungsrechtliche Grundlagen: Der Privilegierungsbedarf von neutralen Handlungen

I. Vorbemerkungen

Die Problematik der strafrechtlichen Relevanz von neutralen Handlungen hat, wie bereits erwähnt, drei Säulen: Was sind neutrale Handlungen, warum sollte die Strafbarkeit von neutralen Handlungen eingeschränkt werden und wie erfolgt diese Einschränkung. Hier geht es um die zweite Frage.

Neutrale Handlungen wurden soeben als Handlungen definiert, die die Ausübung des Berufs fördern. Um eine Strafbarkeitseinschränkung im Hinblick auf derartige Verhaltensweisen vorzuschlagen – insbesondere, wenn sie durch Rechts- und Wirtschaftsberater vorgenommen werden –, muss nachgewiesen werden, ob eine solche Einschränkung tatsächlich erforderlich ist. Mit anderen Worten: Es muss die Frage gestellt werden, ob neutrale Handlungen im Vergleich zu anderen Verhaltensweisen eine strafrechtliche Privilegierung verdienen. Erst wenn das Einschränkungs*bedürfnis* nachgewiesen ist, können Einschränkungs*kriterien* entwickelt werden. Der Maßstab für die Prüfung des Einschränkungsbedürfnisses liegt jedenfalls außerhalb des Strafrechts. Dies liegt daran, dass die Handlungsneutralität begrifflich in einem engen Zusammenhang zum berufsbedingten Handeln steht, mithin kommt die Berufsfreiheit gemäß Art. 12 Abs. 1 GG als Privilegierungsgrund in Betracht. Wenn sich der Privilegierungsbedarf für neutrale Handlungen aus der Verfassung ergibt, ist außerdem eine zusätzliche strafrechtliche Rechtfertigung der Privilegierung aufgrund des Vorrangs des GG entbehrlich – obgleich strafrechtsdogmatische Anknüpfungspunkte entscheidend für die Frage sind, wie die Privilegierung ausgestaltet werden soll.

Jedenfalls sind in diesem Rahmen – aufgrund der bereits vorgenommenen Stoffreduzierung der Untersuchung – nur neutrale Handlungen von Angehörigen rechts- und wirtschaftsberatender Berufe im Hinblick auf Geldwäschehandlungen erfasst, nicht aber neutrales Verhalten im Allgemeinen. Ob über die Geldwäsche hinaus eine strafrechtliche Privilegierung neutraler Handlungen durch Art. 12 Abs. 1 GG gefördert wird, soll offen bleiben. Außerdem können auch andere Grundrechte in Betracht kommen, wie die allgemeine Handlungsfreiheit gemäß Art. 2 Abs. 1 GG oder ggf. das Eigentumsrecht nach Art. 14 Abs. 1 GG (insbesondere bei der Geldwäsche durch

Honorarannahme). Die vorliegende Arbeit beschränkt sich jedoch aus räumlichen Gründen auf die Berufsfreiheit nach Art. 12 Abs. 1 GG.

Das Ziel des vorliegenden Kapitels besteht also darin, die Strafbarkeitseinschränkung für neutrale Handlungen innerhalb des Geldwäschetatbestands als *verfassungskonforme Auslegung* darzustellen. Die verfassungskonforme Auslegung wurde vom BVerfG entwickelt und postuliert, dass die Verfassungswidrigkeit einer Rechtsnorm dann „gerettet" werden kann, wenn die Norm mehrere Auslegungsvarianten zulässt, von denen nur eine verfassungswidrig ist.[231] Die verfassungskonforme Auslegung setzt freilich bestimmte Bedingungen voraus. Die erste besteht darin, dass eine Auslegungsvariante der betreffenden Vorschrift tatsächlich gegen die Verfassung verstößt; darüber hinaus muss das verfassungskonform auszulegende Gesetz anhand seines Wortlauts und seines Sinns bzw. Zwecks einer solchen Auslegung zugänglich sein. Daher sind folgende Fragen zu stellen: a) Ist die uneingeschränkte Strafbarkeit von Rechts- und Wirtschaftsberatern wegen Geldwäsche bzw. Beihilfe dazu durch neutrale Handlungen im Lichte von Art. 12 Abs. 1 GG verfassungswidrig? b) Bejahendenfalls, ist eine verfassungskonforme Auslegung der Geldwäsche zulässig? Und schließlich, c) stehen die Grenzen der verfassungskonformen Rechtsfindung, insbesondere der verfassungskonformen Rechtsfortbildung praeter legem, einer Strafbarkeitseinschränkung für Berater entgegen?

II. Einwände gegen die Heranziehung der Berufsfreiheit

Bevor die verfassungsrechtliche Argumentation dargestellt und auf die oben erörterten Fragen eingegangen wird, sind zunächst einige Einwände gegen die Heranziehung von grundrechtlicher Argumentation in die Handlungsneutralität anzusprechen.

1. Erster Einwand: Ungleichbehandlung von nicht erwerbstätigen Personen

Der erste Einwand plädiert für eine Vernachlässigung der verfassungsrechtlichen Maßstäbe des Art. 12 Abs. 1 GG zugunsten einer Gleichbehandlung von berufstätigen und privat handelnden Tätern. Begründet wird diese Ansicht damit, dass es keinen besonderen Unterschied zwischen berufstätigen und privat handelnden Straftäter gebe. Demnach würde die Stützung der Privilegierung ersterer auf Art. 12 Abs. 1 GG eine Ungleichbehandlung gegenüber letzteren darstellen.[232] Diese Sichtweise verkennt

[231] Umfassend unten Teil 2 C.V.4.

[232] So *Rackow*, Neutrale Handlungen als Problem des Strafrechts, S. 29 f.; *Niedermair*, ZStW 1995, 507, 533; *Greco*, wistra 2015, 1, 4.

jedoch, dass einen spezifischen Unterschied zwischen normalem und beruflichem Handeln dennoch gibt: Der Beruf ist nicht nur Ausprägung der eigenen Persönlichkeit, sondern auch eine existenzielle Lebensvoraussetzung. Die Einschränkung der beruflichen Tätigkeit führt somit nicht nur zum Verlust der Freiheit, sich freiwillig und selbstbestimmt zu entfalten, sondern auch zur Gefährdung der eigenen Existenz.[233] Auf dieser Grundlage ist beispielsweise – in Anlehnung an ein von *Hassemer* genanntes Schulbeispiel – zwischen dem Freund des potenziellen Einbrechers einerseits, der ihm ein Paar Handschuhe leiht, um den Einbruch spurlos zu begehen, und dem Handwerker andererseits, der für den Einbrecher Nachschlüssel anfertigt, im Prinzip zu unterscheiden.[234] Dies ist unter dem Gesichtspunkt der Berufsfreiheit naheliegend, weil die Anfertigung von Schlüsseln objektiv als Ausübung einer beruflichen Tätigkeit gilt. Eine differenzierende strafrechtliche Behandlung zwischen beruflich und privat handelnden Tätern ist daher mit Blick auf den Gleichheitsgrundsatz zulässig.[235] Darüber hinaus muss hier offenbleiben, ob sich eine Strafbarkeitseinschränkung aus der allgemeinen Handlungsfreiheit oder anderen speziellen Grundrechten ergeben kann. Mit anderen Worten: Die Rechtfertigung der strafrechtlichen Privilegierung durch die Berufsfreiheit schließt eine Rechtfertigung auf Grundlage anderer Grundrechte nicht aus.

2. Zweiter Einwand: Strafnormen als immanente Freiheitsschranke

a) Vorab

Die Heranziehung verfassungsrechtlicher Argumente in das Strafrecht beruht auf der zunächst selbstverständlichen Annahme, dass jede strafrechtliche Verhaltens- und Sanktionsnorm einen Eingriff in die verfassungsrechtlich verankerte Freiheit darstellt – entweder in die allgemeine Handlungsfreiheit nach Art. 2 Abs. 1 GG oder in den Schutzbereich eines Spezialgrundrechts – und dass dieser Eingriff nur dann verfassungsrechtlich zulässig ist, wenn er den verfassungsrechtlichen Beschränkungen des Eingriffs (sog. Schranken-Schranken) genügt. Ein Teil der Verfassungsdogmatik vertritt jedoch eine Auffassung, die diesen auf den ersten Blick selbstverständlichen Schluss in Frage stellen könnte. Diese Auffassung stützt sich auf die verfassungsrechtliche *Immanenzlehre*: Demnach sind bestimmte Verhaltensweisen vom

[233] *Schneider*, in: Handbuch der Grundrechte V, § 113 Rn. 3.
[234] *Hassemer*, wistra 1995, 41, 42.
[235] Wie bereits betont, begründet dies noch nicht den *Bedarf* nach einer solchen differenzierenden Behandlung, sondern nur ihre *Zulässigkeit*.

Schutzbereich der Freiheitsgrundrechte von vornherein ausgenommen, sodass sie in der Tat nur eine *Bestimmung* des Schutzbereichs, aber nicht dessen Beschränkung darstellen.[236] Die praktische Auswirkung der Immanenzlehre besteht darin, dass das Verbot eines Verhaltens, das eine immanente Schranke darstellt, keinen Eingriff in den Schutzbereich der Grundrechte bilde und deshalb keiner Rechtfertigung bedürfe.

Auf Basis der Immanenzlehre wird des Weiteren argumentiert, dass rechtsgutverletzendes Verhalten zu den immanenten Schranken der Grundrechte zählt. So postulierte *Dürig*, dass solche Delikte immanente Grundrechtsschranken darstellen, die sich „im Bewusstsein der Volksgenossen als crimen" darstellen.[237] Dies führt dazu, dass die Freiheitsbeschränkung, die in diesen Delikten durch die Strafnorm in Erscheinung tritt, erst auf der Ebene des Grundrechtstatbestands und nicht des einfachen Gesetzes stattfinde; mithin sei keine Rechtfertigung erforderlich, da es überhaupt keinen Eingriff gebe.[238] Diese These kann an dieser Stelle als „strafrechtliche Immanenzlehre" bezeichnet werden. Auf sie soll hier deshalb eingegangen werden, weil wenn ein Verhalten, welches objektiv unter einen Straftatbestand fällt, nicht verfassungsrechtlich geschützt ist, die verfassungsrechtliche Begründung seiner differenzierten strafrechtlichen Behandlung von vornherein keinen Bestand hat.

b) Würdigung der strafrechtlichen Immanenzlehre

Aus der Immanenzlehre könnte ein weiterer Einwand gegen die Heranziehung einer grundrechtlichen Argumentation im Strafrecht abgeleitet werden. Zunächst ist einzuräumen, dass die Immanenzlehre ohnehin einen berechtigten Kern hat: Es gibt gewiss menschliche Handlungen, die das friedliche soziale Zusammenleben in einer solchen Weise bedrohen, dass ihre Einbeziehung in den Schutzbereich der Grundrechte der Rechtsidee selbst fremd ist. Der *neminem laedere* Grundsatz, wonach die Verletzung fremder Rechte stets ausbleiben muss, könnte somit tatsächlich eine verfassungsimmanente Beschränkung des Schutzbereichs der Grundrechte darstellen.[239] Gleichwohl überzeugt die strafrechtliche Immanenzlehre in der Gesamtschau nicht.

---

236 Statt vieler *Dürig*, in: Maunz-Dürig, GG, Art. 2 Abs. 1 Rn. 72 ff. und 84; *Häberle*, Die Wesensgehaltgarantie, S. 56 ff.; *Merten*, in: Merten/Papier, Handbuch der Grundrechte III, § 60 Rn. 10; dazu umfassend *Naintos*, Missbrauch, S. 103 ff., m.w.N.; skeptisch *Alexy*, Theorie der Grundrechte, S. 250 ff.

237 *Dürig*, in: Maunz-Dürig, GG, Art. 2 Abs. 1 Rn. 76; *Starck*, in: v. Mangoldt/Klein/Starck, GG I, Art. 1 Rn. 278 f.

238 *Dürig*, in: Maunz-Dürig, GG, Art. 2 Abs. 1 Rn. 76; *Häberle*, Die Wesensgehaltgarantie, S. 37; *Starck*, in: v. Mangoldt/Klein/Starck, GG I, Art. 1 Rn. 278 f.

239 *Frisch*, NStZ 2016, 16, 16.

Gegen sie lassen sich drei Einwände erheben: Ein methodologischer, ein rechtsphilosophischer und ein rechtsdogmatischer.

Zunächst soll der methodologische Einwand erläutert werden: Die strafrechtliche Immanenzlehre ist überflüssig, weil der Gesetzgeber den verfassungsmäßigen Inhalt der Grundrechte nicht durch die Konstruktion von Straftatbeständen bestimmen kann. Auch das strafrechtliche Verbot eines Verhaltens muss also an der Verfassung gemessen werden: Dem BVerfG soll stets möglich bleiben, zu prüfen, ob es dem Gesetzgeber verfassungsrechtlich gesehen erst erlaubt ist, ein bestimmtes menschliches Verhalten überhaupt unter Strafe zu stellen.[240]

Zweitens kommen rechtsphilosophische Bedenken gegen die strafrechtliche Immanenzlehre in Betracht: Es liegt nahe, dass die immanente Einschränkung des Schutzbereichs eines Grundrechts anhand der in der Volksgemeinschaft gebildeten Meinung über die Sozialschädlichkeit eines Verhaltens eine nicht-positivistische These ist.[241] Folgt man der strafrechtlichen Immanenzlehre, so muss man also notwendig davon ausgehen, dass sich der Inhalt der Grundrechte nicht allein aus dem positiven Recht ableiten lässt (das ist die sog. *Verbindungsthese*, nämlich dass das Recht und die Moral bzw. vornormative Gegebenheiten miteinander verbunden sind).[242] Gleichwohl ist die Ansicht, dass nicht-positivistische Argumente positivrechtliche Konstruktionen wie die Grundrechte einzuschränken vermögen, nicht unproblematisch. Wie selbst prominente Vertreter der Verbindungsthese betont haben, kommen nicht-positivistische Argumente nur in *Extremfällen* als Korrektur des positiven Rechts in Betracht (diese Auffassung lässt sich rechtsphilosophisch als „schwache Verbindungsthese" bezeichnen).[243] Abzulehnen ist hingegen eine „starke Verbindungsthese", die vorpositive Erwägungen stets zur Korrektur des positiven Rechts heranzieht. Jenseits extremer Ungerechtigkeitsfälle muss also mit nicht-positivistischen Argumenten sehr vorsichtig umgegangen werden: Ihre Verwendung darf nämlich nicht zum unbeabsichtigten Ergebnis führen, das positive und demokratisch legitimierte Recht zu korrigieren, geschweige denn, es mit subjektiven moralischen Bewertungen zu ersetzen.[244] Ein nicht-positivistisches

---

[240] So *Dürig* selbst, in: Maunz-Dürig, GG, Art. 2 Abs. 1 Rn. 76.
[241] *Kudlich*, Die Unterstützung fremder Straftaten durch berufsbedingtes Verhalten, S. 276.
[242] Statt vieler *Alexy*, Begriff und Geltung des Rechts, S. 17.
[243] *Alexy*, Begriff und Geltung des Rechts, S. 83. Solche Extremfälle liegen z.B. im Sinne der sog. *radbruchschen Formel* in der extremen Ungerechtigkeit eines Gesetzes; dazu umfassend *Saliger*, Radbruchsche Formel, S. 38 f.
[244] *Alexy*, Begriff und Geltung, S. 82; vgl. auch *Saliger*, Radbruchsche Formel, S. 38 f.

Grundrechtsverständnis ist folglich grundsätzlich nur *pro libertate* zulässig.[245] Aus diesem Grund erweist es sich als sehr kritisch, vorpositive Gesichtspunkte zur Einschränkung der Grundrechte heranzuziehen.[246]

Die Einbeziehung nicht-positivistischer Argumente für die Eingrenzung der Grundrechte ist schließlich verfassungsrechtlich zu beanstanden: Durch die Einstufung als grundrechtsimmanente Schranke wird ein Verhalten der Prüfung der Schranken-Schranken, insbesondere der Verhältnismäßigkeit, entzogen. Auf diese Weise werden die verfassungsrechtlichen Anforderungen an die Grundrechte reduziert. Eine solche Einschränkung des Grundrechtsschutzes muss hinreichend *bestimmt* sein.[247] Es liegt nahe, dass das Abstellen darauf, ob sich eine Straftat im Bewusstsein der Volksgenossenschaft als „crimen" darstellt, das Bestimmtheitsgebot missachtet.[248] Denn es ist unklar, welche Straftaten in der Volksgenossenheit tatsächlich als Delikte erscheinen.[249] Aus alledem resultiert, dass es durchaus der Verfassungsmäßigkeitskontrolle durch das BVerfG unterstehen muss, ob ein Verhalten verfassungsmäßig kriminalisiert werden kann. Ohnehin hat das Gericht implizit die strafrechtliche Immanenzlehre verworfen, indem es Strafnormen mehrfach für verfassungswidrig erklärte.[250] Das Gericht hat schließlich in seiner berühmten Entscheidung aus dem Jahr 2004 zur Geldwäsche diese Einwände nicht berücksichtigt, sondern unverzüglich verfassungsrechtliche Prinzipien angewendet.[251] Der Weg zur Auseinandersetzung mit der verfassungsrechtlichen Problematik der strafrechtlichen Verantwortlichkeit für neutrale Handlungen steht deshalb offen.

Nachdem die Einwände gegen die Heranziehung verfassungsrechtlicher Erwägungen ausgeräumt sind, kann nun der Frage nachgegangen werden, ob die unbeschränkte Geldwäschestrafbarkeit von Rechts- und Wirtschaftsberatern einen verfassungswidrigen

[245] *Kudlich*, Die Unterstützung fremder Straftaten durch berufsbedingtes Verhalten, S. 277.
[246] *Kudlich*, JZ 2003, 127, 128; vgl. auch *Kloepfer*, Verfassungsrecht II, § 51 Rn. 67: „Insgesamt ist also bei der Annahme verfassungsimmanenter Schranken […] Zurückhaltung geboten".
[247] Vgl. nur *Sachs*, in: Sachs, GG, Art. 20 Rn. 126 f.; *Kloepfer*, Verfassungsrecht II, § 51 Rn. 73.
[248] *Kudlich*, Die Unterstützung fremder Straftaten durch berufsbedingtes Verhalten, S. 277; *ders.*, JZ 2003, 127, 128; vgl. auch *Lagodny*, Strafrecht vor den Schranken der Grundrechte, S. 94.
[249] Zwar kann dies bei den „klassischen" Tatbestände des Kapitalstrafrechts ohne weiteres der Fall sein; in zahlreichen anderen Fällen – wie vor allem im Neben- und Wirtschaftsstrafrecht – dürfte es jedoch fraglich sein, ob die zu Straftaten stilisierten Handlungen tatsächlich in einem vornormativen Sinne sozialschädlich sind. Das gibt *Dürig* selbst zu (Maunz-Dürig, GG, Art. 2 Abs. 1 Rn. 75).
[250] Dies war zuletzt bei § 217 StGB der Fall, der vom BVerfG für verfassungswidrig erklärt wurde, weil er das allgemeine Persönlichkeitsrecht und das daraus abgeleitete „Recht zu sterben" verletzt, so BVerfG NStZ 2020, 528, 335.
[251] BVerfGE 110, 226, 246.

Eingriff in deren Berufsfreiheit nach Art. 12 Abs. 1 GG darstellt. Dies wird in zwei Teilen durchgeführt: Im ersten Teil werden die Merkmale der Berufsfreiheit und die Verfassungsmäßigkeitsprüfung allgemein dargestellt, um im zweiten Teil die Verhältnismäßigkeit von der uneingeschränkten Geldwäschestrafbarkeit im Besonderen zu prüfen.

III. Verfassungsmäßigkeit der uneingeschränkten Geldwäschestrafbarkeit von Rechts- und Wirtschaftsberatern – Allgemeiner Teil

1. Persönlicher Schutzbereich von Art. 12 Abs. 1 GG

Neben den bereits besprochenen Einwänden gegen die Heranziehung von Art. 12 Abs. 1 GG betrifft ein weiteres Gegenargument den persönlichen Schutzbereich der Berufsfreiheit: Der Wortlaut von Art. 12 Abs. 1 GG bezieht nur deutsche Staatsangehörige im Sinne des Art. 116 GG in den Schutzbereich der Berufsfreiheit ein. Dies könne – so der Einwand – zur uneinheitlichen strafrechtlichen Behandlung zwischen Deutschen und Ausländern führen.[252] Dieses Problem ist zwar ein echtes, es gibt jedoch dazu verschiedene Lösungswege.

a) Ausweitung auf EU-Bürger

So könnte zunächst einmal der persönliche Schutzbereich von Art. 12 Abs. 1 GG auf alle EU-Bürger ausgeweitet werden.[253] In Anbetracht des Diskriminierungsverbots aus Art. 18 AEUV erscheint dies sogar unerlässlich. Zudem ist die Berufsfreiheit heute in Art. 15 EU-Grundrechtecharta verankert;[254] nach Art. 51 Abs. 1 Charta i. V. m. Art. 6 EUV bindet sich daran auch die deutsche Staatsgewalt.[255]

b) Ausweitung auf Nicht-EU-Bürger

Problematischer ist die Lage von Drittstaatsangehörigen: Zunächst gibt es kein internationales Menschenrecht auf Arbeit. Aus Art. 15 Abs. 3 EU-Grundrechtecharta wird zudem Staatsangehörigen dritter Länder kein Grundrecht auf freie Berufswahl oder -ausübung zugestanden, sondern nur ein Recht auf gleiche *Arbeitsbedingungen* wie EU-Inländern.[256] Die Möglichkeit von Diskriminierungen zulasten von Ausländern – so

---

[252] So *Greco*, wistra 2015, 1, 4; *Baun*, Beihilfe zu NS-Gewaltverbrechen, S. 128.
[253] *Hofmann*, in: Schmidt-Bleibtreu/Hofmann/Henneke, GG, Art 12 Rn. 6.
[254] *Jarass*, EU-Grundrechte-Charta, Art. 15 Rn. 2 ff.; *Mann*, in: Sachs, GG, Art. 12 Rn. 9.
[255] Vgl. *Staffler*, ZStW 2018, 1147, 1157.
[256] *Jarass*, EU-Grundrechte-Charta, Art. 15 Rn. 17.

rechtspolitisch problematisch sie auch sein mag – sollte allerdings nicht zu einer Absenkung der verfassungsrechtlichen Anforderungen an die Geldwäschestrafbarkeit führen, sondern kann Anlass dafür sein, die Berufsfreiheit im modernen globalisierten gesellschaftlichen Kontext de constitutione ferenda auf alle Menschen auszudehnen.[257]

Diese Frage ist gleichwohl verfassungsrechtlicher Natur und kann in einer strafrechtsdogmatischen Arbeit ausgespart werden. Aber auch de constitutione lata sind Ausländer nicht schutzlos gestellt: Nach herrschender Auffassung ist die Berufsfreiheit von Drittstaatsangehörigen durch das Auffanggrundrecht von Art. 2 Abs. 1 GG mitgeschützt[258] – die Berufsfreiheit stellt ohnehin eine spezielle Ausprägung des Rechts auf freie Entfaltung der Persönlichkeit dar.[259] Art. 2 Abs. 1 GG ist somit im Hinblick auf den Berufsschutz von Ausländern, insbesondere was die Verhältnismäßigkeitsprüfung angeht, im Lichte von Art. 12 Abs. 1 GG auszulegen.[260] Daher gelten die folgenden Überlegungen nicht nur für Art. 12 Abs. 1 GG, sondern auch für Art. 2 Abs. 1 GG, soweit die Berufsfreiheit von Ausländern geschützt wird. Der Einfachheit halber wird in dieser Studie jedoch explizit nur auf Art. 12 Abs. 1 GG eingegangen.

2. Sachlicher Schutzbereich von Art. 12 Abs. 1 GG

Von zentraler Bedeutung für die Anwendung von Art. 12 Abs. 1 GG ist der Berufsbegriff. Als Beruf wird jede auf Dauer angelegte Tätigkeit definiert, die der Schaffung und Erhaltung einer Lebensgrundlage dient.[261] Die Tätigkeit von Rechtsanwälten, Steuerberatern, Notaren und Wirtschaftsprüfern ist unproblematisch vom Berufsbegriff erfasst.[262] Zwar lässt Art. 33 GG Sonderregelungen im Hinblick auf Träger eines öffentlichen Amtes zu, diese betreffen aber hauptsächlich den Zugang zum Beruf – beispielsweise bei Notaren die Begrenzung der Zahl der Amtsstellen;[263] über die Berufs*wahl*freiheit hinaus gibt es kaum Unterschiede zwischen Beamten bzw. staatlich gebundenen Berufen und anderen Berufen.[264]

---

257 Vgl. dazu *Mann*, in: Sachs, GG, Art. 12 Rn. 35.
258 BVerfGE 78, 179, 196.
259 *Hofmann*, in: Schmidt-Bleibtreu/Hofmann/Henneke, GG, Art. 12 Rn. 20.
260 BVerfGE 78, 179, 196 f.; *Mann*, in: Sachs, GG, Art. 12 Rn. 33.
261 BVerfGE 105, 252, 265; BVerfGE 7, 377, 397; *Tettinger*, AöR 1983, 93, 95; ähnlich im Rahmen des Art. 15 Abs. 1 EU-Grundrechte-Charta, dazu *Jarass*, EU-Grundrechte-Charta, Art. 15 Rn. 7.
262 BVerfG NJW 2009, 3710; *Schneider*, in: Handbuch der Grundrechte V, § 113 Rn. 64.
263 BVerfGE 17, 371, 380.
264 *Schneider*, in: Handbuch der Grundrechte V, § 113 Rn. 66; *Hofmann*, in: Schmidt-Bleibtreu/Hofmann/Henneke, GG, Art 12 Rn. 33; *Kloepfer*, Verfassungsrecht II, § 70 Rn. 26.

Des Weiteren postulierte die ältere höchstrichterliche Rechtsprechung, dass verbotene Tätigkeiten nicht vom Schutzbereich des Art. 12 Abs. 1 GG erfasst seien.[265] Dies könnte für die vorliegende Problematik insofern relevant sein, als das Argument berechtigt wäre, dass die Beeinträchtigung fremder Rechtsgüter nicht von Art. 12 Abs. 1 GG geschützt ist. Dies wäre jedoch ein Zirkelschluss: Es geht hier gerade um die Frage, ob neutrale Handlungen tatsächlich sozialschädlich im strafrechtlichen Sinne sind. Abgesehen davon kann die Zulässigkeit des Berufs nicht allein einfachgesetzlich bestimmt werden, sondern bemisst sich nach Art. 12 Abs. 1 GG:[266] Nur wenn die Tätigkeit schlicht verfassungsfeindlichen Charakter hat, d. h. ihrem Wesen nach auf die Verletzung von Grundrechten angelegt ist, greift der Schutzbereich von Art. 12 Abs. 1 GG nicht ein; dies wäre z. B. bei einem Auftragsmörder oder Drogenhändler der Fall,[267] nicht aber bei der „normalen" Berufsausübung von Rechts- und Wirtschaftsberatern.

3. Eingriff in die Berufsfreiheit

Der Eingriff in die Berufsfreiheit bedarf einer gesetzlichen Regelung, weil Art. 12 Abs. 1 GG unter einem Gesetzesvorbehalt steht. Die Problematik der prima facie Beschränkung des Gesetzesvorbehalts in Art. 12 Abs. 1 GG auf die Berufsausübungsfreiheit und seine Erstreckung durch das BVerfG auf die Berufswahlfreiheit mag hier dahingestellt bleiben; es lässt sich nur erwähnen, dass das Gericht und die Verfassungsdogmatik mit Blick auf Art. 12 Abs. 1 GG von einem einheitlichen Grundrecht ausgehen, das sowohl die Berufswahl- als auch die Berufsausübungsfreiheit schützt.[268]

Im Rahmen von Art. 12 Abs. 1 GG – wie auch sonst im Rahmen aller Freiheitsgrundrechte – wird als Grundrechtseingriff nicht nur die Beeinträchtigung der Berufsfreiheit durch ein solches Gesetz verstanden, dessen unmittelbares Ziel die Berufsregelung ist (sog. klassischer Eingriff),[269] sondern auch durch Rechtsvorschriften, die sich nur mittelbar auf den Beruf auswirken, soweit sie eine „berufsregelnde Tendenz" aufweisen.[270]

---

[265] BVerwGE 22, 286; BVerwGE 33, 311, 316; BVerfGE 13, 97, 106.
[266] Siehe statt vieler BVerfGE 115, 276, 301.
[267] *Tettinger*, AöR 1983, 92, 98; *Sodan*, in: Sodan, GG, Art. 12 Rn. 9.
[268] BVerfGE 3, 377, 400 f.
[269] *Schneider*, in: Handbuch der Grundrechte V, § 113 Rn. 94 ff.; *Sachs*, in: Sachs, GG, vor Art. 1 Rn. 78.
[270] BVerfGE 13, 181, 186; BVerfGE 98, 83, 97; BVerfGE 123, 132, 139; *Schneider*, in: Handbuch der Grundrechte V, § 113 Rn. 108 f.; *Sachs*, in: Sachs, GG, vor Art. 1 Rn. 83; *Sodan*, in: Sodan, GG, Art. 12 Rn. 20.

4. Rechtfertigung des Eingriffs

a) Prolegomena

Die Prüfung der Verfassungsmäßigkeit eines Gesetzes in Bezug auf die Grundrechte läuft auf die Notwendigkeit hinaus, den Grundrechtseingriff zu *rechtfertigen.* Für die Rechtsfertigung sind inhaltlich – jenseits von formalen Beschränkungen[271] – die Schranken-Schranken relevant. Diese erschöpfen sich in der Mehrheit der Fälle in der Verhältnismäßigkeitsprüfung. Die Verhältnismäßigkeit im weiteren Sinne fördert eine Übereinstimmung zwischen dem vom Gesetzgeber verfolgten Ziel und dem gewählten Mittel – nämlich dem Gesetz. Die Verhältnismäßigkeit gilt als allgemeines Rechtsprinzip und prägt die Verfassungsmäßigkeitsprüfung nicht nur in der deutschen Rechtsordnung, sondern auch auf europäischer und internationaler Ebene.[272] Die Prüfung, ob ein Eingriff in die Grundrechte verhältnismäßig ist, erfolgt im Einzelnen in vier Schritten: Zuerst muss festgestellt werden, ob der Eingriff in den Schutzbereich einen *legitimen Zweck* verfolgt; zu diesem Zweck muss das Mittel, das den Eingriff ausmacht (z. B. ein Gesetz), *geeignet*, *erforderlich* und *angemessen* sein.[273]

b) Drei-Stufen-Lehre

Allerdings weist die Verhältnismäßigkeitsprüfung im Rahmen von Art. 12 Abs. 1 GG eine Besonderheit auf, die vom BVerfG erstmals im berühmten „Apothekenfall" entwickelt und seitdem in ständiger Rechtsprechung mehrfach wird wurde: Die Drei-Stufen-Lehre. Demzufolge ist in Art. 12 Abs. 1 GG zwischen drei Eingriffsmodalitäten zu unterscheiden: i) Einschränkungen der Berufsausübungsfreiheit, ii) subjektive Einschränkungen der Berufswahlfreiheit und iii) objektive Einschränkungen der Berufswahlfreiheit.[274] Jede dieser drei Eingriffsformen unterliegt einer eigenen Verhältnismäßigkeitsprüfung, insbesondere im Hinblick auf das Gewicht des vom Gesetzgeber verfolgten Zwecks: Für Eingriffe in die Berufsausübungsfreiheit verlangt das BVerfG zunächst – in den Zügen der klassischen Verhältnismäßigkeitsprüfung – bloß das Vorliegen hinreichender Gemeinwohlbelange.[275] Wenn der Gesetzgeber jedoch die *Berufswahl* einschränkt (entweder subjektiv oder objektiv), reicht dieses klassische Bild der Verhältnismäßigkeit für die Rechtfertigung des Eingriffs nicht mehr aus, sondern es

---

[271] Wie die formelle Verfassungsmäßigkeit des Eingriffs, dazu *Kloepfer*, Verfassungsrecht II, § 51 Rn. 72.
[272] Siehe Nachweise von *Klatt/Meister*, Der Staat, 51 (2012), 159 ff.
[273] Statt vieler *Kloepfer*, Verfassungsrecht II, § 51 Rn. 85 ff.
[274] Stellvertretend BVerfGE 13, 97; BVerfGE 28, 364, 374.
[275] BVerfGE 68, 272, 282.

gelten bereits auf der Ebene des notwendigen Zwecks erhöhte Anforderungen: Nur im Falle des Vorhandenseins *besonders* schützenswerter Gemeinschaftsgüter ist der Eingriff legitim.[276]

5. Die Verhältnismäßigkeitsprüfung im Einzelnen

a) Legitimer Zweck

Bei der Feststellung des Zwecks der Einschränkung der Grundrechte kommt dem Gesetzgeber eine weitgehende Einschätzungs- und Entscheidungsprärogative zu. Denn die abstrakte oder konkrete Normenkontrolle umfasst in der Regel keine Prüfung der Zwecktauglichkeit von Gesetzen, sondern nur die Feststellung, ob die „äußeren Grenzen des Willkürverbots" missachtet werden.[277] Das BVerfG kann mithin aufgrund des Gewaltenteilungsprinzips nach Art. 20 Abs. 3 GG prinzipiell nur prüfen, ob der Gesetzgeber bei der Einschränkung eines Grundrechtes gegen verfassungsrechtliche Grundsätze verstoßen hat, nicht jedoch, ob seine Entscheidungen richtig oder vernünftig sind. Es lässt deshalb für die Annahme eines legitimen Zwecks ausreichen, dass die vom Gesetzgeber verfolgten Ziele nicht mit verfassungsrechtlichen Grundsätzen kollidieren.[278] Aus diesem Grund reicht der *Rechtsgüterschutz* als legitimer Zweck einer gesetzlichen Einschränkung der Grundrechte grundsätzlich völlig aus.[279]

b) Geeignetheit

Die erste Stufe der materiellen Verhältnismäßigkeitsprüfung besteht in der Überprüfung, ob die vom Gesetzgeber getroffenen Maßnahme geeignet ist, das angestrebte Ziel – also im Strafrecht: den Rechtsgüterschutz – zu erreichen oder zu fördern.[280] Allerdings räumt das BVerfG dem Gesetzgeber auch im Bereich der Geeignetheit einen weiten Einschätzungs- und Entscheidungsspielraum ein.[281] Folglich werden von der

[276] BVerfGE 25, 1,11 f.
[277] *Lagodny*, Strafrecht vor den Schranken der Grundrechte, S. 51; *Hofmann*, in: Schmidt-Bleibtreu/Hofmann/Henneke, GG, Art. 12 Rn. 52.
[278] *Sachs* in: Sachs, GG, Art. 20, 149; *Kudlich*, JZ 2003, 127, 130.
[279] BVerfGE 120, 224, 239 f.: Der Gesetzgeber ist „bei der Entscheidung, ob er ein bestimmtes Rechtsgut […] gerade mit den Mitteln des Strafrechts verteidigen […] will, grundsätzlich frei"; *Weigend*, FS Hirsch, S. 926; *Saliger*, in: Rechtsstaat und Strafrecht, S. 106 f.; *Böllinger*, KJ 1991, 393, 398 f.; *Vogel*, StV 1996, 110, 111.
[280] BVerfGE 30, 292, 316; BVerfGE 110, 141, 156.
[281] *Saliger*, in: Von der religiösen zur säkularen Begründung staatlicher Normen, S. 213.

Rechtsprechung nur diejenigen Maßnahmen als verfassungswidrig angesehen, die *schlechthin ungeeignet* sind, das angestrebte Ziel zu erreichen.[282]

c) Erforderlichkeit

Das Prinzip der Erforderlichkeit beruht auf dem liberalen Subsidiaritätsprinzip:[283] Freiheitsbeschränkungen dürfen nur mit den am wenigsten einschränkenden Mitteln vorgenommen werden, sofern diese gleichermaßen geeignet sind, das vom Gesetzgeber verfolgte Ziel zu erreichen. Aber auch in diesem Rahmen spricht das BVerfG dem Gesetzgeber einen Spielraum zu, sodass nur Fälle *eindeutig fehlender* Erforderlichkeit zur Verfassungswidrigkeit führen.[284] Die Prüfung der Eignung und Erforderlichkeit der Maßnahme spielt nach alledem keine allzu große Rolle in der Praxis.

d) Angemessenheitsprüfung

aa) Vorab

Als Kern der Verhältnismäßigkeitskontrolle erweist sich die Angemessenheitsprüfung, zumal sie nicht mit der gleichen Entscheidungs- und Einschätzungsprärogative für den Gesetzgeber verbunden ist wie die Geeignetheits- und die Erforderlichkeitsprüfung.[285] Ob die vom Gesetzgeber gewählten Mittel außer Verhältnis zum angestrebten Zweck stehen, kann nämlich nicht beantwortet werden, ohne die Entscheidungen des Gesetzgebers zu bewerten. Das BVerfG hat daher bei der Angemessenheitsprüfung einen erweiterten Prüfungsspielraum. Die Prüfung der Angemessenheit ist allerdings mit großer Unsicherheit behaftet. Dies ist darauf zurückzuführen, dass Grundrechte keine *Regeln* darstellen, deren Übertretung zwingend bestimmte Rechtsfolgen nach sich zieht, sondern nur *Prinzipien*. Prinzipien determinieren nicht die Rechtsfolgen, sondern müssen zusammen mit anderen Prinzipien abgewogen werden.[286]

Das Ergebnis der Angemessenheitsprüfung ist somit nicht durch den Eingriff in die Grundrechte vorbestimmt, sondern kann nur durch die Abwägung zwischen jenem Grundrecht und dem zu schützenden Verfassungsprinzip festgestellt werden – im

---

[282] BVerfGE 47, 109, 117; BVerfGE 90, 145 Rn. 112 f.; BVerfGE 19, 119, 126 f.; BVerfGE 77, 170, 215; BVerfGE 88, 203, 262; *Hefendehl*, FS Roxin, 2001, S. 160.

[283] *Saliger*, in: Von der religiösen zur säkularen Begründung staatlicher Normen, S. 213.

[284] BVerfGE 115, 276, 308; BVerfGE 116, 220, 225; *Schneider*, in: Handbuch der Grundrechte V, § 113 Rn. 157.

[285] *Kudlich*, Die Unterstützung fremder Straftaten durch berufsbedingtes Verhalten, S. 296.

[286] Näher siehe *Alexy*, Recht, Vernunft, Diskurs, S. 182 f.; umfassender *ders.*, Theorie der Grundrechte, S. 143 ff.

Strafrecht: dem Rechtsgüterschutz. Deshalb wird argumentiert, dass es keine rationalen Kriterien für diese Abwägung geben könne, sodass sie dem Dezisionismus verfallen sei.[287] Wenn aber die Entkriminalisierung neutralen Verhaltens im Rahmen des § 261 StGB auf die Berufsfreiheit gestützt wird, dann müssen auch in einer strafrechtsdogmatischen Untersuchung konkrete Kriterien für die Abwägung im Rahmen der Angemessenheit gefunden werden, die die verfassungsrechtliche Fundierung der Handlungsneutralität zu rationalisieren vermögen.[288]

bb) Rationalisierung der Angemessenheitsprüfung

Solche Kriterien hat *Alexys* Theorie der Gewichtsformel entwickelt. Nach ihm gilt bei der Kollision zwischen Verfassungsprinzipien miteinander das folgende *Abwägungsgesetz*: „Je größer der Grad der Nichtbefriedigung des einen Prinzips ist, desto wichtiger muss die Befriedigung des anderen sein“.[289] Aus dem Abwägungsgesetz folgt, dass die Angemessenheit in drei Stufen geprüft wird: Auf den ersten beiden Stufen ist zum einen die Intensität der Nichtbefriedigung des ersten Prinzips (eines Grundrechts) und zum anderen die Bedeutung der Befriedigung des anderen Verfassungsgrundsatzes zu bestimmen; auf der dritten Stufe findet ein Vergleich zwischen beiden Prinzipien statt.[290]

Konkreter formuliert: Auf der ersten Stufe werden das beeinträchtigte und das geschützte Prinzip *festgestellt*; diese können (wie im Text *Alexys*) der Klarheit halber mit den Notationen P_i bzw. P_j bezeichnet werden. Auf der zweiten Ebene werden die Intensität der Beeinträchtigung des einen und die Intensität des Schutzbedarfs des anderen Prinzips beurteilt, die sich als I_i bzw. I_j bezeichnen lassen;[291] die Schutzbedürftigkeit des letzteren bemisst sich anhand einer hypothetischen Prüfung dergestalt: Wie intensiv wäre die Beeinträchtigung von P_j, wenn der Eingriff in P_i entfiele?[292] Auf der dritten Stufe wird die Eingriffsintensität des ersten Prinzips mit dem Wichtigkeitsgrad des zweiten Prinzips verglichen. Diese Intensitäts- und Wichtigkeitsgrade können verschiedene Werte

[287] Statt vieler siehe *Habermas*, Faktizität und Geltung, S. 259; *Tsakyrakis*, International Journal of Constitutional Law 7 (2009), S. 468 ff.; *Schlink*, Abwägung im Verfassungsrecht, S. 190 ff.; jüngst *Naintos*, Der Missbrauch als immanente Grenze der Freiheitsrechte, S. 111; siehe jedoch Gegenargumente von *Alexy*, Ratio Juris 2003, 433, 436.
[288] So auch *Kudlich*, Die Unterstützung fremder Straftaten durch berufsbedingtes Verhalten, S. 298; *Wendt*, AöR 1979, 414 ff.
[289] *Alexy*, Ratio Juris 2003, S. 436 f.; *ders.*, Revus: Journal for Constitutional Theory and Philosophie of Law 22 (2014), S. 54; *ders.*, Theorie der Grundrechte, S. 102; *ders.*, VVDStRL 61 (2002), 7 ff.
[290] *Alexy*, VVDStRL 61 (2002), 7, 19 f.
[291] *Alexy*, Ratio Juris 2003, S. 437; *ders.*, Revus: Journal for Constitutional Theory and Philosophie of Law 22 (2014), S. 54.
[292] *Alexy*, Ratio Juris 2003, S. 441.

annehmen. Beispielsweise kann man die Werte „leicht", „mittel", und „schwer" verwenden.[293] Wenn I_i und I_j *entsprechende* Werte haben, ist das Gesetz verhältnismäßig. Wenn jedoch I_i beispielsweise den Wert „schwer", während I_j den Wert „leicht" hat, dann ist die Beeinträchtigung des Grundrechts intensiver als der Grad der Bedeutung des anderen Verfassungsprinzips.[294] In diesem Fall ist das Gesetz unverhältnismäßig.[295] Dies ist *Alexys* Gewichtsformel.[296]

Die Relevanz dieser Vorbemerkungen für die Verfassungsmäßigkeitsprüfung von Strafnormen lässt sich anhand des folgenden hypothetischen Schulbeispiels verdeutlichen: Mit einer Verfassungsbeschwerde wird die Verfassungswidrigkeit der Diebstahlsnorm nach § 242 Abs. 1 StGB gerügt. Das BVerfG stellt zunächst fest, dass § 242 Abs. 1 StGB das Eigentum nach Art. 14 Abs. 1 GG schützt (: P_j) und zugleich in die allgemeine Handlungsfreiheit des Täters gemäß Art. 2 Abs. 1 GG eingreift (: P_i). Somit steht die allgemeine Handlungsfreiheit der Eigentumsgarantie gegenüber. Nach der Gewichtsformel ist zu prüfen, ob die Intensität des Eingriffs in die allgemeine Handlungsfreiheit in einem angemessenen Verhältnis zur Bedeutung der Erfüllung des Eigentumsschutzes steht. Der Wert der Eingriffsintensität kann hier als „schwer" eingestuft werden, da die Handlungsfreiheit des Täters durch die Verhaltensnorm und die persönliche Freiheit durch die Strafe gemäß § 242 Abs. 1 StGB erheblich beeinträchtigt werden. Ebenso ist die Bedeutung des Eigentumsschutzes als „schwer" zu bezeichnen, weil der Besitz im Falle des Diebstahls vollständig verloren geht. Die zwei Prinzipien haben also entsprechende Werte. Die Freiheitsbeschränkung durch die Verbotsnorm des § 242 StGB ist als angemessen zu beurteilen.

---

[293] So *Alexy*, Ratio Juris 2003, S. 437.

[294] Hierzu ausführlich *Alexy*, FS Sonnenschein, S. 771 ff.

[295] Freilich muss hier ein peripheres verfassungsdogmatisches Problem erwähnt werden: Man geht in diesem Verständnis der Verhältnismäßigkeit notwendigerweise davon aus, dass die – hypothetische – Beeinträchtigung des geschützten Rechts den Staat etwas angeht, was aber eines besonderen Nachweises bedarf. Dies kann entweder durch die Drittwirkung oder die Schutzfunktion der Grundrechte begründet werden; entweder ist also ein Grundrechtsverstoß auch von nicht-staatlicher Seite denkbar, oder es liegt bereits im Unterlassen des Staates, das Grundrecht zu schützen, ein Grundrechtsverstoß vor. Vgl. zur Schutzpflicht des Staates *Sachs*, in: Sachs, GG, vor Art. 1 Rn. 35; *Klein*, NJW 1989, 1633 ff.

[296] Nach *Alexy*, FS Sonnenschein, S. 771 ff., lautet die Gewichtsformel in ihrer vollständigen Form $W_{i,j} = \frac{Ii \cdot Wi \cdot Ri}{Ij \cdot Wj \cdot Rj}$, wobei R_i für das angegriffenen Verfassungsprinzip steht; I_i für die Intensität des Eingriffs in R_i, R_j für das andere Prinzip, I_j für die Wichtigkeit der Erfüllung von R_j,, W für das abstrakte Gewicht des jeweiligen Verfassungsprinzips und $W_{i,j}$ für dessen konkretes Gewicht (also die Differenz zwischen beider Eingriffsintensitäten, die der Verhältnismäßigkeitsprüfung ausmacht). Die Gewichtsformel kann auch auf $W_{i,j} = I_i - I_j$ reduziert werden.

Zwar hängt die Verhältnismäßigkeitsprüfung im Strafrecht in großem Maße auch von der Entsprechung zwischen Sanktion und Verschulden des Täters ab,[297] scil. von der Verhältnismäßigkeit der Strafe an sich. Dies bezieht sich aber auf die Anwendung der Strafnorm[298] und muss im Einzelfall geprüft werden. Deshalb konzentriert sich die vorliegende Arbeit auf die Verhältnismäßigkeitsprüfung bzgl. der *Verhaltensnorm*. Ohnehin besteht, zumindest was die Verfassungsmäßigkeit angeht, eine Einheit zwischen Verhaltens- und Sanktionsnorm.[299]

IV. Verfassungsmäßigkeit der uneingeschränkten Geldwäschestrafbarkeit von Rechts- und Wirtschaftsberatern – Besonderer Teil

1. Prolegomena

Nachdem bereits ein Überblick über die normative und sachlogische Struktur der Verfassungsmäßigkeitsprüfung gewonnen wurde, muss nun der Frage nachgegangen werden, ob die uneingeschränkte Strafbarkeit von Beratern wegen Geldwäsche bzw. Beihilfe zur Geldwäsche durch neutrales Verhalten mit Blick auf Art. 12 Abs. 1 GG in concreto verhältnismäßig ist. Die Strafbarkeit von Beratern aufgrund ihrer beruflichen Tätigkeit stellt zunächst einen rechtfertigungsbedürftigen Eingriff in die Berufsfreiheit gemäß Art. 12 Abs. 1 GG dar. Vor der Verhältnismäßigkeitsprüfung ist zudem – spezifisch bei der Berufsfreiheit – festzustellen, welche Eingriffsstufe vorliegt (nämlich ein Eingriff in die Berufsausübungs- oder in die Berufswahlfreiheit), da jeweils unterschiedliche Anforderungen gestellt werden. Bei der Geldwäschestrafbarkeit von Beratern liegt jedenfalls eine Einschränkung der Berufsausübungsfreiheit näher, scil. die untere Stufe der Beeinträchtigung der Berufsfreiheit. Denn die strafrechtlichen Normen der §§ 261, 27 Abs. 1 StGB führen nicht zu einem Berufsverbot oder -ausschluss, sondern beschränken das berufliche Verhalten. Davon ging auch das BVerfG im Honorarfall aus dem Jahre 2004 aus, und es besteht keinerlei Anlass, hiervon abzuweichen. Deshalb gibt es im vorliegenden Fall keine Besonderheiten hinsichtlich der Verhältnismäßigkeitsprüfung gegenüber den allgemeinen Prinzipien.

---

[297] BVerfGE 6, 389, 439; *Weigend*, FS Hirsch, S. 917 ff.
[298] *Weigend*, FS Hirsch, S. 921.
[299] *Hefendehl*, FS Roxin, 2001, S. 159 f.; *Kudlich*, JZ 2003, 127, 129; skeptisch aber *Lagodny*, Strafrecht vor den Schranken der Grundrechte, S. 159 ff.

2. Feststellung der kollidierenden Prinzipien

Angesichts der bereits dargestellten Gewichtsformel ist für die Prüfung der verfassungsrechtlichen Rechtfertigung zunächst erforderlich, die kollidierenden Verfassungsprinzipien und deren Beeinträchtigungsintensität festzustellen. Das von der Geldwäschenorm des § 261 StGB betroffene Prinzip ist die Berufsfreiheit nach Art. 12 Abs. 1 GG (P_j). Zugleich liegt P_i, also der mit der Berufsfreiheit kollidierende Grundsatz im Rechtsgüterschutz. Um P_i zu bestimmen, muss also das von § 261 StGB geschützte Rechtsgut festgestellt werden.

Dies ist allerdings schwierig. Die Geldwäsche zielt, insbesondere seit deren Novelle aus dem Jahr 2021, auf die Bekämpfung der Finanzierung von Straftaten ab und damit indirekt auf die Eindämmung der Kriminalität, insbesondere der organisierten Kriminalität.[300] Auf dieser Basis definieren sowohl die Gesetzesbegründung als auch die herrschende Ansicht in der Wissenschaft die Aufgabe der inländischen *Strafrechtspflege*, Straftaten zu beseitigen, als das durch § 261 StGB geschützte Rechtsgut.[301] Des Weiteren werden in der Wissenschaft zahlreiche andere Prinzipien als Rechtsgut der Geldwäsche angesehen. So wird beispielsweise vertreten, dass die Geldwäsche den legalen Finanzkreislauf bzw. die Volkswirtschaft[302] sowie die innere Sicherheit schütze,[303] oder allgemein der Verhinderung von Straftaten diene.[304] Zudem ist nach einhelliger Ansicht auch das durch die Vortat verletzte Rechtsgut mitgeschützt.[305] Außerdem gilt als Schutzgut der Beihilfe das durch die Haupttat verletzte Rechtsgut. Bei der Bestimmung des durch § 261 StGB geschützten Prinzips spielt letztendlich auch der Zweck der Vorschrift eine Rolle, namentlich die Bekämpfung der Kriminalität durch die finanzielle Isolierung des Täters und die Erleichterung des Zugriffs der Behörden auf „kontaminierte" Vermögensgegenstände.[306] Als der Geldwäschestrafbarkeit zugrunde liegendes Prinzip (P_i) ist daher in der Gesamtschau die Bekämpfung der Kriminalität und

[300] BT-Drucks. 19/24180, S. 12.
[301] Statt vieler siehe BT-Drucks. 12/989, S. 27; BT-Drucks. 12/3533, S. 11; *Dionyssopoulou*, Geldwäsche, S. 72 ff; *Kindhäuser/Hilgendorf*, in: LPK-StGB, § 261 Rn. 2; *Reichling*, in: Leitner/Rosenau, Wirtschafts- und Steuerstrafrecht, § 261 StGB Rn. 12.
[302] *Lampe*, JZ 1994, 126 ff.; *Vogel*, ZStW 1997, 331, 351.
[303] *Barton*, StV 1993, 160 ff.
[304] *Burr*, Geldwäsche, S. 25.
[305] BGH NJW 2018, 2742, 2743, *Reichling*, in: Leitner/Rosenau, Wirtschafts- und Steuerstrafrecht, § 261 Rn. 12.
[306] *Salditt*, StraFo 1992, 121, 122.

dadurch der Schutz der Rechtspflege anzusehen – man braucht hier nicht näher in das Rechtsgut der Geldwäsche einzudringen.

Für die Verhältnismäßigkeitsprüfung im weiteren Sinne genügt es, wie bereits dargelegt, wenn der verfolgte Zweck nicht verfassungsfeindlicher Natur ist. Die Kriminalitätsbekämpfung ist im Hinblick auf die Verhältnismäßigkeit als völlig legitimer Zweck anzusehen.

3. Prüfung der Geeignetheit und Erforderlichkeit

Mit Blick auf die Einschätzungsprärogative des Gesetzgebers kann zunächst davon ausgegangen werden, dass § 261 StGB sowohl geeignet als auch erforderlich zur Bekämpfung der Kriminalitätsfinanzierung ist. Gleichwohl gilt bei der Geeignetheitsprüfung eine Besonderheit: Das Verbot neutraler Handlungen ist nur zweifelhaft geeignet, die jeweils betroffenen Rechtsgüter tatsächlich zu schützen. Denn das Kernelement des Neutralitätsbegriffs liegt darin, dass berufstypische Handlungen keinen besonderen Bezug zu den kriminellen Absichten des Täters aufweisen, sondern grundsätzlich nur der Ausübung eines rechtmäßigen Berufs dienen; sie wären mithin höchstwahrscheinlich von jedem anderem Menschen in der Rolle und an der Stelle des Gehilfen begangen worden. Der Täter kann sich also bei Verweigerung der beruflichen Hilfeleistung an andere Berufsangehörige wenden.[307]

Um dies in einem Beispiel zu verdeutlichen: A ist Inhaber eines Werkzeugladens in der Veterinärstraße im Münchner Universitätsviertel. Eines Morgens betritt B sein Geschäft und äußert den Wunsch, einen Schraubenzieher zu kaufen; B war zuvor mit seinen Freunden fünf Meter vor dem Geschäft von A in eine Schlägerei verwickelt, die immer noch andauert. A weigert sich, den Schraubenzieher an B zu verkaufen, weil er vermutet, dass dieser ihn nur benutzen wollte, um jemanden bei der Schlägerei gefährlich oder sogar tödlich zu verletzen. B wird wütend, aber nicht verzweifelt. Er geht siebzig Meter weiter, betritt den Werkzeugladen von C, der von der Schlägerei nichts gesehen hat, und kauft unverzüglich einen Schraubenzieher, mit dem er tatsächlich einer dritten Person schwere Körperverletzungen zufügt. Diesem Beispielfall ist zu entnehmen, dass die Bestrafung des A als Gehilfe zur schweren Körperverletzung gemäß §§ 226, 27 Abs. 1 StGB, wenn

[307] *Frisch*, Tatbestandsmäßiges Verhalten, S. 271, 293; *Kudlich*, JZ 2003, 127, 132.

er dem B den Schraubenzieher tatsächlich verkauft hätte, nicht ohne Weiteres geeignet wäre, das Opfer von B zu schützen.

Vermag dieser Umstand die Geeignetheit des gesetzlichen Verbots im Rahmen der Verhältnismäßigkeitsprüfung infrage stellen? Nein, denn wie bereits mehrfach erwähnt, steht dem Gesetzgeber beim Rechtsgüterschutz ein weiter Ermessensspielraum zu, der nur in Fällen auffälliger Ungeeignetheit zurückgenommen wird. Ein solcher Fall liegt hier aber nicht vor: Hält der Gesetzgeber das strafbewehrte Verbot der Hilfeleistung vonseiten des A für geeignet, fremde Rechtsgüter zu schützen, können empirische Daten darüber, wie leicht der Vorschub für den Haupttäter war, diese Einschätzung nicht widerlegen.[308] Das BVerfG kann mithin eine Entscheidung des Gesetzgebers nicht allein deshalb revidieren, weil ein Straftäter das gesetzliche Verbot umgehen kann. Ohnehin hängt das Urteil über die Wahrscheinlichkeit, Hilfe von einer anderen Person zu erhalten, weitgehend vom Zufall ab. Das strafbewehrte Verbot in § 261 StGB ist somit als geeignet anzusehen.

4. Prüfung der Angemessenheit

a) Vorab

Bei der Angemessenheit ist, wie bereits erklärt, abzuwägen zwischen a) der Intensität des Eingriffs in die Berufsausübungsfreiheit durch die uneingeschränkte Geldwäschestrafbarkeit von Rechtsanwälten, Steuerberater und sonstigen Beraterberufen und b) der Bedeutung der Befriedigung des öffentlichen Interesses an einer wirksamen Geldwäschebekämpfung. Die entscheidende Frage lautet also: Inwiefern wird die Berufsfreiheit beeinträchtigt, wenn Rechts- und Wirtschaftsberater durch neutrales Verhalten *uneingeschränkt* wegen Geldwäsche bestraft werden?

Zunächst einmal lässt sich beobachten, dass die Kriminalstrafe als der schärfste staatliche Eingriff in die Freiheit der Person gilt.[309] Somit stellen strafrechtliche Normen im Prinzip einen *sehr* intensiven Eingriff dar. Dies gilt allerdings nicht apodiktisch, sondern hängt von der Wichtigkeit des zu schützenden Prinzips ab. Strafrechtliche Verbote sind unter bestimmten Umständen unverzichtbar, um einen effektiven Rechtsgüterschutz zu

---

[308] BGHSt 46, 107, 115: Es mache für die Strafbarkeit wegen Beihilfe keinen Unterschied, ob der Haupttäter die Leistungen des Gehilfen bei seiner mangelnden Bereitschaft auf andere Weise erworben hätte; so auch *Wohlleben*, Beihilfe, S. 77 f.; vgl. ferner *Saliger*, in: Rechtsstaat und Strafrecht, S. 107 f.

[309] Statt vieler BVerfGE 90, 145, 172; *Schmidt*, Grundrechte als verfassungsunmittelbare Strafbefreiungsgründe, S. 23.

gewährleisten. In einem solchen Fall erweisen sie sich *im Vergleich* zu den drohenden Rechtsgutsschäden als nicht so intensiv. Der Intensitätsgrad des Grundrechtseingriffs ist mithin relativ.

Aus diesem Grund müssen praktische Argumente gesucht werden, die den Standpunkt stützen, dass der Eingriff in die Freiheit aus diesem oder jenem Grund im Einzelfall unverhältnismäßig ist. Das Rad muss hier freilich nicht neu erfunden werden: Bei der Prüfung der Verfassungsmäßigkeit von § 261 StGB im Hinblick auf Art. 12 Abs. 1 GG hat sich bereits das BVerfG geäußert. Zwar betreffen seine Erwägungen nicht genau den hier anstehenden Fall, sondern nur die Geldwäsche durch den Strafverteidiger, wenn er Honorar aus einer Straftat annimmt.[310] Die Entscheidungen des Gerichts dazu haben im Übrigen gemäß § 31 Abs. 1 BVerfGG keine Geltung für Fälle außerhalb der Honorarannahme durch den Strafverteidiger. Diese Entscheidungen stellen jedoch *Präjudizien* dar. Abgesehen von der Frage, ob Präjudizien in der kontinentaleuropäischen Rechtstradition eine eigenständige Rechtsquelle bilden, werden sie in der heutigen juristischen Methodenlehre unter dem Blickwinkel des Universalisierbarkeitsprinzips als wichtige Hilfsmittel der juristischen Argumentation angesehen.[311] Denn jede gerichtliche Entscheidung erhebt notwendig den Anspruch, die richtige Anwendung des Gesetzes zu sein. Somit muss jeder weitere Fall, der dem bereits entschiedenen gleicht, grundsätzlich in gleicher Weise entschieden werden,[312] andernfalls läge sowohl ein formallogischer Widerspruch als auch ein Verstoß gegen den Gleichheitsgrundsatz vor.

Der den BVerfG-Entscheidungen zugrunde liegende Sachverhalt weist durchaus einige Ähnlichkeiten mit dem hier in Rede stehenden Problem auf: In beiden Fällen stehen Angehörige der rechts- und wirtschaftsberatenden Berufe – dort der Strafverteidiger, hier der zivilrechtstätige Rechtsanwalt, der Steuerberater, der Notar und der Wirtschaftsprüfer – als mögliche Täter der Geldwäsche im Raum. Ferner liegt in beiden Fällen Handlungsneutralität vor. Es muss mithin die Frage gestellt werden, ob diese Gemeinsamkeiten dazu führen, dass beide Fälle gleich zu behandeln sind. Eine bejahende Antwort wäre ein starkes Argument für die Unverhältnismäßigkeit der uneingeschränkten Geldwäschestrafbarkeit von Beratern, da das BVerfG im Hinblick auf den

---

[310] Hauptsächlich BVerfGE 110, 226 ff. Diese Rechtsprechung wurde oben erläutert, siehe Teil 1 A.II.1.c).

[311] Dazu siehe *Alexy*, Theorie der juristischen Argumentation, S. 335 f.; *Larenz*, Methodenlehre, S. 429 ff.; *Neumann*, in: Hassemer/Neumann/Saliger, Rechtsphilosophie, S. 307 m.w.N.; *Lagodny*, Strafrecht vor den Schranken der Grundrechte, S. 51 ff.; ferner auch *Kriele*, Theorie der Rechtsgewinnung, S. 243 ff.; spezifisch zur neutralen Beihilfe *Wohlleben*, Beihilfe, S. 124 f.; vgl. auch BVerfG 34, 269, 287.

[312] *Alexy*, Theorie der Grundrechte, S. 504 ff.

Strafverteidiger den Eingriff in dessen Berufsausübungsfreiheit ebenfalls als unangemessen eingestuft hat. Mit anderen Worten: Wenn die Entgegennahme von Honorar durch den Strafverteidiger einerseits und die berufsübliche Tätigkeit anderer Rechtsanwälte sowie Steuerberater, Notare und Wirtschaftsprüfer andererseits im Wesentlichen gleichartig sind, dann müssen die Feststellungen des BVerfG zur Unverhältnismäßigkeit der uneingeschränkten Geldwäschestrafbarkeit für beide Fälle gelten. Denn in einem solchen Fall gilt der Grundsatz, Gleiches gleich zu behandeln. Die oben genannten Gruppen von Beratern müssen daher hinsichtlich der Merkmale, auf die das BVerfG die Beschränkung der Strafbarkeit des Strafverteidigers gestützt hat, verglichen werden. Dazu muss zunächst die Argumentation des Gerichts dargelegt werden, um jene Merkmale offenzulegen. Wenn im nächsten Schritt aufgezeigt werden kann, dass diese Merkmale auch das Berufsbild der im § 2 Nr. 10–12 GwG aufgelisteten Beraterberufe betreffen, ist das Argument erfolgreich abgeschlossen: Gemäß dem Gleichheitsgrundsatz wäre die unbeschränkte Geldwäschestrafbarkeit *aller* rechts- und wirtschaftsberatenden Berufe verfassungswidrig.

Hierzu ist allerdings Folgendes anzumerken: Bei der hiesigen Argumentation geht es lediglich um die Begründung der Verfassungswidrigkeit, nicht um die Übertragung der spezifischen Vorsatzlösung des BVerfG auf Rechtsanwälte in Zivilsachen, Notare, Steuerberater und Wirtschaftsprüfer. Denn diese spezifische Einschränkungslösung betrifft die strafrechtlichen Überlegungen, die im nächsten Kapitel durchgeführt werden.

b) Die Rechtsprechung des BVerfG zur Honorarannahme durch Strafverteidiger

Das BVerfG hat, wie bereits erwähnt, in seinem Grundsatzurteil von 2004 eine verfassungskonforme Auslegung bzw. eine teleologische Reduktion von § 261 Abs. 2 StGB a.F. vorgenommen, weil es die unbeschränkte Strafbarkeit wegen Geldwäsche als unvereinbar mit der Berufsfreiheit von Strafverteidigern ansah.[313] Auf dieser Basis erhöhte das Gericht die Anforderungen an den subjektiven Tatbestand des § 261 StGB – entgegen dem Wortlaut – auf direkten Vorsatz: Nur wenn der Strafverteidiger im Zeitpunkt der Entgegennahme des Honorars die illegale Herkunft des Geldes *sicher kennt*, macht er sich strafbar.[314]

---

[313] BVerfGE 110, 226, 262; weitere Nachweise oben Teil 1 A.II.1.c).

[314] BVerfGE 110, 226, 262; das BVerfG beschäftigte sich mit der Geldwäsche durch den Verteidiger wegen Honorarannahme auch in einer Zwischenentscheidung aus dem Jahr 2005, die jedoch keine Besonderheiten in Bezug auf das Grundsatzurteil von 2004 enthält (abgedrückt in NJW 2005, 1707).

Das Gericht hat im Einzelnen dargelegt, dass die doppelte Stelle des Strafverteidigers – einerseits als Organ der Rechtspflege und andererseits als Interessenvertreter seiner Mandanten – ein Vertrauensverhältnis mit dem Mandanten voraussetzt.[315] Aufgrund der Strafbarkeitsrisiken wegen Geldwäsche wird der Verteidiger gegenüber seinem Mandanten misstrauisch. Er wird stets davon ausgehen, dass das Honorar aus einer Straftat stammt und er sich aufgrund des offenen subjektiven Tatbestandes der Geldwäsche für die Annahme dieses Geldes verantwortlich machen kann. Dadurch wird das Vertrauensverhältnis erheblich beeinträchtigt.[316] Eine derartige Einschränkung der Berufsausübungsfreiheit hat nicht nur für die Strafverteidiger und ihre Mandanten gravierende Nachteile, sondern beeinträchtigt auch die Rechtspflege, die Rechtsstaatlichkeit (deren Bestandteil die freie Advokatur ist) und die Allgemeinheit.[317] Dies bedeutet, dass die Beeinträchtigung der Berufsausübungsfreiheit des Verteidigers durch die uneingeschränkte Anwendung des § 261 StGB *sehr intensiv* ist. Eine Einschränkung von § 261 StGB im Hinblick auf Strafverteidiger wäre hingegen dem Ziel der Kriminalitätsbekämpfung nicht besonders abträglich. Aus diesem Grund bedarf es einer Einschränkung des § 261 Abs. 2 StGB a.F.

c) Übertragung des Verteidigerprivilegs auf andere Beraterberufe

Es muss nun überprüft werden, ob diese Einschränkung der Strafbarkeit von Strafverteidigern bei der Annahme von Honorar auf andere Beraterberufe übertragbar ist. Zunächst hat das BVerfG diese Frage in einer weiteren Entscheidung von 2015 offen gelassen. [318] Eine solche Übertragung stellt zudem, wie bereits ausgeführt, eine Anwendung des Universalisierbarkeitsprinzips dar, welche mit dem verfassungsrechtlichen Gleichheitssatz verbunden ist: Weist man nach, dass der Sachverhalt der Geldwäsche von Rechts- und Wirtschaftsberatern der Honorarannahme durch Strafverteidiger gleichartig ist, ist die Übertragung gerechtfertigt. Bei der Prüfung der Gleichartigkeit stellt sich zwar das faktische Problem, dass sich keine zwei Fälle jemals absolut gleichen. Wenn aber sie *in allen relevanten Hinsichten* gleich sind, dann müssen sie auch gleich behandelt werden.[319]

---

[315] BVerfGE 110, 226, 252.
[316] BVerfGE 110, 226, 259.
[317] BVerfGE 110, 226, 252.
[318] BVerfG NJW 2015, 2949 Rn. 53.
[319] *Alexy*, Theorie der Grundrechte, S. 506.

Man muss auf dieser Basis zweierlei beweisen: Zum einen, dass eine *persönliche* Gleichartigkeit zwischen beiden Sachverhalten besteht, d.h., dass eine Differenzierung zwischen strafrechtlich tätigen Rechtsanwälten und sonstigen Beratern fernliegt. Zum anderen muss nachgewiesen werden, dass auch eine *sachliche* Ähnlichkeit vorliegt, scil. dass das Erfordernis der Strafbarkeitseinschränkung über die Honorarannahme hinaus für die gesamte Berufsausübung von Beratern gilt.

aa) Persönliche Gleichartigkeit

Das BVerfG hat die Einschränkung des Geldwäschetatbestands weder auf die besondere Rolle des Strafverteidigers noch auf die Besonderheiten des Strafverfahrens gestützt,[320] sondern einerseits auf die Doppelstellung des Strafverteidigers als Interessenvertreter des Mandanten und Organ der Rechtspflege,[321] und andererseits auf das Vertrauensverhältnis zwischen Strafverteidiger und Mandant und damit auf die Gefahr für die Allgemeinheit, die eine pauschale Strafbarkeit wegen Geldwäsche mit sich bringt.[322] Es müssen deshalb zwei Voraussetzungen erfüllt werden, damit Rechts- und Wirtschaftsberater durch § 261 StGB tatsächlich in ihrer Freiheit unverhältnismäßig eingeschränkt werden: Erstens muss ihre berufliche Tätigkeit auf einem *Vertrauensverhältnis* mit den Klienten beruht; und zweitens müssen sie *Organe der Rechtspflege* sein. An dieser Stelle kann das Ergebnis vorweggenommen werden, dass nicht nur Strafverteidiger, sondern auch Steuerberater, Wirtschaftsprüfer, Notare und letztlich alle Rechtsanwälte Organe der Rechtspflege (im weiteren Sinne) sind. Ebenso ist das Vertrauensverhältnis nicht nur Bestandteil der Berufstätigkeit von Verteidigern, sondern aller oben genannten Rechts- und Wirtschaftsberater. Die Gleichartigkeit zwischen Strafverteidigern und sonstigen Beratern liegt mithin nahe.

Im Einzelnen ergibt sich für jeden Beruf Folgendes:

i) *Zu Rechtsanwälten*

Dass Rechtsanwälte (und ceteris paribus auch Patentanwälte) diese Voraussetzungen erfüllen, liegt auf der Hand: Die Geldwäschestrafbarkeit führt stets zu einer erheblichen Beeinträchtigung des Mandatsverhältnisses, unabhängig von der konkreten Art des Tätigkeitsfelds (d. h. Straf-, Zivil- oder Öffentliches Recht usw.). Dies liegt daran, dass

[320] So aber *Hecker*, in: S/S-StGB, § 261 Rn. 25.
[321] BVerfGE 110, 226, 252.
[322] BVerfGE 110, 226, 251 ff.

das Vertrauensverhältnis ein wesentlicher Bestandteil der Berufsausübung aller Rechtsanwälte darstellt.[323] Darüber hinaus sind *alle* Rechtsanwälte Organe der Rechtspflege. Dies ist in § 1 BRAO und § 1 BORA (bzw. § 1PatAO für Patentanwälte) positivrechtlich geregelt und entspricht auch der ganz herrschenden Ansicht in Literatur und in Rechtsprechung.[324] Eine Gleichartigkeit zwischen Rechtsanwälten in zivil- oder verwaltungsrechtlichen Mandaten und Strafverteidigern liegt somit nahe.[325]

ii) *Zu Steuerberatern*

Darüber hinaus ergibt sich sowohl aus § 2 BOStB als auch aus der Rechtsprechung des BVerfG, dass es keinen Unterschied zwischen der beruflichen Stellung von Rechtsanwälten und Steuerberatern gibt.[326] Denn auch der Steuerberater ist Organ der (Steuer)Rechtspflege, was jüngst in der Vorschrift des § 32 Abs. 2 StBerG positiviert wurde.[327] Die Freiheit der Steuerberatung dient zudem, genauso wie diejenige der Strafverteidigung, nicht nur den Interessen der Mandanten, sondern auch der Allgemeinheit und ist somit für eine rechtsstaatliche und demokratische Steuerrechtspflege unverzichtbar.[328] Ferner basiert das Berufsbild des Steuerberaters durchweg auf einem Vertrauensverhältnis zu seinen Mandanten.[329] Beleg hierfür ist die Tatsache, dass §§ 53 Abs. 1 Nr. 3 und § 97 StPO Rechtsanwälten und Steuerberatern – aber auch Notaren und Wirtschaftsprüfern, wie es gleich unten gezeigt wird – gleichermaßen ein Zeugnisverweigerungsrecht und eine Beschlagnahmefreiheit einräumen. Es gibt also keinen Grund, zwischen Rechtsanwälten und Steuerberatern zu differenzieren.[330]

---

[323] *Glaser*, Geldwäsche durch Rechtsanwälte und Steuerberater, S. 131; *Hamacher*, wistra 2012, 136, 139 f.; *Raschke*, NStZ 2012, 606, 608.

[324] Siehe statt vieler BVerfGE 76, 171, 192; *Hartung*, in: Hartung/Scharmer, BORA, § 1 Rn. 70; *Borgmann/Jungk/Schwaiger*, Anwaltshaftung, § 2 Rn. 13; *Szerkus/Ferrazini*, ZJS 2017, 265, 269 f.; *Raschke*, NStZ 2012, 606, 608; eingehend *Wind*, Der Rechtsanwalt als Arbeitnehmer, S. 51 ff.

[325] Dagegen aber *Burr*, Geldwäsche, S. 53 f.; *Reithner*, Die Indienstnahme von Rechtsanwälten, S. 210.

[326] Statt vieler BVerfG NJW 1989, 2611, 2612; BVerfG DNotZ 1989, 627, 629; *Weigell/Görlich*, DStR 2016, 2178, 2180; *Raschke*, NStZ 2012, 606, 610; *ders.*, NZWiSt 2015, 476 ff.; *Kraatz*, Jura 2015, 699, 708; *Kämmerer*, DStR 2020, 2890, 2893; *Schmorl*, Die Grenzen der Beihilfestrafbarkeit, S. 181; *Schneider*, Die gewerbs- und bandenmäßige Steuerhinterziehung, S. 225; *Glaser*, Geldwäsche durch Rechtsanwälte und Steuerberater, S. 174 ff.; a. A. aber *Brüning*, wistra 2006, 241, 243.

[327] *Borgmann/Jungk/Schwaiger*, Anwaltshaftung, § 2 Rn. 13.

[328] BVerfG DNotZ 1989, 627, 629; *Glaser*, Geldwäsche durch Rechtsanwälte und Steuerberater, S. 131.

[329] *Raschke*, NStZ 2012, 606, 610.

[330] So die h.M.: LG Hildesheim, BeckRS 2009, 28107; *Gazeas*, NJW 2021, 1041, 1046; *Raschke*, NStZ 2012, 606, 610; ferner auch *Fischer*, NStZ 2004, 473, 477; *Schmorl*, Die Grenzen der Beihilfestrafbarkeit, S. 88; *Oberloskamp*, StV 2002, 611, 612; *Schneider*, Die gewerbs- oder bandenmäßige Steuerhinterziehung, S. 224 f.

iii) *Zu Wirtschaftsprüfern*

Wie auch das BVerfG in einer Grundsatzentscheidung aus dem Jahr 1998 betont hat, besteht eine erhebliche Ähnlichkeit zwischen den Berufen des Rechtsanwalts und des Steuerberaters einerseits sowie des Wirtschaftsprüfers andererseits. Denn alle drei Berufe üben eine beratende Tätigkeit in rechtlichen oder wirtschaftlichen Angelegenheiten aus.[331] (vgl. auch § 57 Abs. 3 Nr. 3 StBerG und § 2 Abs. 2 und 3 WPO). Ein wesentlicher Unterschied zwischen der Tätigkeit von Wirtschaftsprüfern und Rechtsberatern besteht nur darin, dass ersterer nur in bestimmten Bereichen, z.B. im Steuerrecht, beraten dürfen, während letztere eine umfassende Beratungs- und Vertretungstätigkeit ausüben können.[332] Dieser Unterschied rechtfertigt jedoch keine Ungleichbehandlung im Hinblick auf das Strafrecht, solange jeder Berater in seinem jeweiligen zulässigen Bereich tätig ist. Denn die Grenze zwischen rechtlicher und wirtschaftlicher Beratung ist nicht trennscharf.[333] Aber auch jenseits der Beratung nehmen Wirtschaftsprüfer bei ihrer Prüfungstätigkeit rechtliche, wirtschaftliche und steuerliche Interessen ihrer Mandanten wahr[334] und sind sich genauso wie Rechtsanwälte und Steuerberater zur Unabhängigkeit und Unparteilichkeit verpflichtet. Mithin sind auch Wirtschaftsprüfer Organe der Rechtspflege.[335] Dass ein Vertrauensverhältnis notwendiger Bestandteil der Tätigkeit einer Wirtschaftsprüfung ist, lässt sich des Weiteren wiederum aus §§ 53 Abs. 1 Nr. 3 und § 97 StPO ableiten.[336]

Nach alledem sind Rechtsanwälte, Steuerberater und Wirtschaftsprüfer, was das Vertrauensverhältnis und die Stellung als Organe der Rechtspflege angeht, gleich zu behandeln.

iv) *Zu Notaren*

Auch Notare stellen schließlich Organe der Rechtspflege dar, ja sogar Träger eines öffentlichen Amtes gemäß § 1 Abs. 1 BNotO.[337] Aus §§ 53 Abs. 1 Nr. 3 und § 97 StPO ergibt sich außerdem, dass ein Vertrauensverhältnis auch zwischen Notar und Mandant

---

[331] BVerfG NJW 1998, 2269, 2271; ferner BGH NJW 1981, 397, 398.
[332] BVerfG NJW 1998, 2269, 2272.
[333] BVerfG NJW 1998, 2269, 2271.
[334] BVerfG NJW 1998, 2269, 2272.
[335] Explizit BVerfG NJW 1998, 2269, 2273.
[336] *Raschke*, NStZ 2012, 606, 610 f.
[337] BVerfG NJW 1998, 2269, 2273.

besteht.[338] Daher sind auch Notare im Hinblick auf die Geldwäschestrafbarkeit genauso wie Rechtsanwälte zu behandeln.

v) Zwischenfazit

Alle oben genannten Angehörigen der rechts- und wirtschaftsberatenden Berufe sind Organe der Rechtspflege im weiteren Sinne und stehen zu ihren Mandanten in einem Vertrauensverhältnis, dessen Einschränkung der rechtsstaatlichen Rechtspflege schadet.[339] Dies ergibt sich – wie bereits angedeutet – auch aus §§ 53 Abs. 1 Nr. 2 und 3 StPO, der zwischen Strafverteidigern einerseits und Rechtsanwälten (in nicht strafrechtlichen Sachen), Kammerrechtsbeiständen, Patentanwälten, Notaren, Wirtschaftsprüfern, vereidigten Buchprüfern, Steuerberatern und Steuerbevollmächtigten andererseits nicht unterscheidet.

Freilich unterscheidet bereits § 160a StPO zwischen Rechtsanwälten (einschließlich des Strafverteidigers) und sonstigen Beratern im Sinne von § 53 Abs. 1 Nr. 3 StPO: Ermittlungsmaßnahmen gegen Rechtsanwälte sind demnach prinzipiell unzulässig, während Ermittlungen gegen andere Berater (Steuerberater, Wirtschaftsprüfer u. a.) bloß der Verhältnismäßigkeit unterliegen. Es stellt sich mithin die Frage, ob aus dieser Differenzierung der Schluss gezogen werden könnte, dass Rechtsanwälte gegenüber sonstigen Beraterberufen zu privilegieren sind. Daran ist aber zu zweifeln.[340] Aus §§ 97 und 53 StPO sowie § 203 Abs. 1 Nr. 3 StGB ergibt sich, dass die Gleichartigkeit zwischen Strafverteidigern, Rechtsanwälten, Steuerberatern, Notaren und Wirtschaftsprüfern die *Regel* ist. § 160a StPO ist daher als eine Ausnahme zu betrachten; ob es sich dabei um eine gerechtfertigte Ausnahme handelt, kann hier offen bleiben,[341] bleibt jedoch für die Gleichartigkeit betreffs der Geldwäscherisiken außer Belang.

Eine Differenzierung zwischen Rechtsanwälten, Steuerberatern, Notaren und Wirtschaftsprüfern hinsichtlich der Geldwäschestrafbarkeit ist daher fernliegend.[342]

---

338 BVerfGE 54, 301, 315; ferner *Bülte*, Stellungnahme, S. 26.
339 *Borgmann/Jungk/Schwaiger*, Anwaltshaftung, § 2 Rn. 15 f.; *Raschke*, NStZ 2012, 606, 608.
340 So auch *Raschke*, NStZ 2012, 606, 608.
341 Dazu *Raschke*, NStZ 2012, 606, 608 f.
342 Der BGH (NJW 2010, 3730, 3734) ging ferner obiter dictu davon aus, dass eine Forderungsbetreibung in bemakeltes Vermögen durch einen Rechtsanwalt nur bei direktem Vorsatz als Geldwäsche strafbar ist; dies zeigt, dass er das Verteidigerprivileg nicht ausschließlich auf Strafverteidiger beschränkt, oder zumindest seine Ausweitung auf andere Berufsgruppen nicht entgegensteht; dem zustimmend *Kraatz*, NJ 2015, 149, 152; *Rübenstahl/Stapelberg*, NJW 2010, 3692, 3694.

bb) Sachliche Gleichartigkeit

Damit ist indes das Argument für die Einschränkung des § 261 StGB im Hinblick auf berufstypisches Verhalten von Beratern noch nicht abgeschlossen. Denn aus sachlicher Sicht hat sich das BVerfG nur mit der Annahme von Honorar befasst und nicht mit der Arbeitstätigkeit von Beratern an sich, also der Vertretung oder Beratung von Mandanten.[343] Dies liegt daran, dass die Annahme von Honorar eine besondere Gefahrenquelle für Strafverteidiger darstellt: Einerseits vertreten Verteidiger in der Regel nur vermeintliche Straftäter, sodass die Entgegennahme von Vermögenswerten von diesen Personen immanent das Risiko birgt, dass sie aus einer Straftat stammen.[344] Zum anderen ist die Entgegennahme von Vermögenswerten ohne Weiteres eine tatbestandsmäßige Handlung im Sinne von § 261 StGB, meist als Sich-Verschaffen. Die bereits nachgewiesene persönliche Gleichartigkeit zwischen Rechts- und Wirtschaftsberatern spricht daher lediglich für die Ausweitung des Privilegs im Hinblick auf die Honorierung. Die Wissenschaft plädiert auf dieser Basis tatsächlich für eine Ausdehnung des Privilegs auf die Honorarannahme bei zivilrechtlichen Mandaten mit einem „untrennbar sachlichen Zusammenhang mit einem geldwäscherelevanten Sachverhalt“.[345]

Fraglich ist gleichwohl, ob diese – durchaus wünschenswerte – Erweiterung des Privilegs ausreicht. Bei der Annahme von Honorar durch Berater, die nicht als Strafverteidiger tätig sind, kommt es nicht besonders häufig vor, dass das Honorar aus einer Straftat herrührt. Denn solche Berater vertreten in der Regel keine Straftäter.[346] Bei Beratern, die keine Verteidiger sind, liegt das Geldwäscherisiko nicht in der Entgegennahme von Honoraren, sondern in ihren Dienstleistungen. Als solche gelten alle Dienstleistungen, die Angehörige der rechts- und wirtschaftsberatenden Berufe gegenüber ihren Mandanten erbringen und die mit Geldwäscheaktivitäten in Verbindung gebracht werden können. Dazu zählen beispielsweise die Erteilung von Rechtsrat, die Vertretung in Zivil-, Straf- oder Steuersachen, die Geltendmachung von zivilrechtlichen Ansprüchen, die Vermögens- oder Insolvenzverwaltung, die Mediation, die Erbringung von

---

[343] *Fischer*, NStZ 2004, 473, 476 f.

[344] BVerfGE 110, 226, 255 f.

[345] Näher *Glaser*, Geldwäsche durch Rechtsanwälte und Steuerberater, S. 189; *Kraatz*, Jura 2015, 699, 708; *ders.*, NJ 2015, 149, 151; *Reichling*, wistra 2021, 495, 496; *Altenhain/Fleckenstein*, JZ 2020, 1045, 1050; offengelassen in BVerfG NJW 2015, 2949 Rn. 53; a. A. aber *El-Ghazi*, in: Herzog GwG, § 261 StGB Rn. 114.

[346] Vgl. *Reithner*, Die Indienstnahme von Rechtsanwälten, S. 217.

Buchhaltungsdienstleistungen, die Führung von Treuhandkonten usw. Berater sind durch ihre berufliche Tätigkeit demselben Strafrisiko ausgesetzt wie Strafverteidiger durch die Honorarentgegennahme. Würde man das Privileg auf die Honorareinnahme beschränken, würde man konsequenterweise eine Reihe von Tätigkeiten vernachlässigen, bei denen ein sehr hohes Geldwäscherisiko besteht.

Wenn Berater uneingeschränkt der Geldwäschestrafbarkeit ausgesetzt sind, dann ist die Einschränkung ihrer Berufsfreiheit übermäßig. Dies ergibt sich aus der Tatsache, dass bei der Prüfung der Verhältnismäßigkeit alle Faktoren berücksichtigt werden, d.h. in diesem Fall nicht nur die negativen Auswirkungen auf die Berater an sich, sondern auch auf die Allgemeinheit: Die Tätigkeit von Rechtsanwälten, Steuerberatern, Notaren und Wirtschaftsprüfern ist dem Dienst an der Rechtspflege und damit der Rechtsstaatlichkeit gewidmet. Wenn sie ihre Aufgaben nicht unabhängig wahrnehmen können, wird der Rechtsstaat geschädigt, genauso wie das BVerfG für Strafverteidiger postuliert hatte. Es ist daher naheliegend, die strafrechtliche Privilegierung auf jede Tätigkeit von Beratern zu erstrecken.[347] Zwischen den Dienstleistungen von Beratern und der Annahme von Honorar durch Strafverteidiger bestehen keine wesentlichen Unterschiede, was die Intensität des staatlichen Eingriffs in die Berufsfreiheit durch den Geldwäschetatbestand angeht: Ein pauschales Verbot ist unangemessen.

d) Erweiterung auf die Beihilfe

Es liegt schließlich nahe, dass die bereits vorgetragenen Argumente zur Unangemessenheit der ausnahmslosen Geldwäschestrafbarkeit von Beratern nicht zwischen Täterschaft und Teilnahme unterscheiden, sondern sich auf jegliche Beteiligungsformen beziehen. Denn die Anstiftung- bzw. Beihilfestrafbarkeit berührt die Berufsausübungsfreiheit von Freiberuflern auf der Ebene der *Verhaltensnorm* gleich stark – wenn auch auf der Ebene der *Sanktionsnorm* wegen der Strafmilderung des § 27 Abs. 2 S. 2 StGB zugegebenermaßen etwas weniger intensiv.

e) Die zweite BVerfG-Entscheidung aus 2015

Im Jahr 2015 erließ das BVerfG eine neue Entscheidung, in der die Argumentation von 2004 nahezu unverändert übernommen wurde.[348] Neuland hat jedoch das Gericht damit

---

[347] So auch *Beyer*, NWB 2020, 3918 ff.; *Bülte*, Stellungnahme, S. 27; *Eschelbach*, in: Graf/Jäger/Wittig, Wirtschaftsstrafrecht, § 261 StGB Rn. 4; *Fischer*-StGB, § 261 Rn. 41; *Raschke* NStZ 2012, 606, 607 ff.
[348] BVerfG NJW 2015, 2949 Rn. 20.

betreten, dass es die Strafbarkeitseinschränkung auch auf die Tathandlungen von § 261 Abs. 1 S. 1 Var. 3 (Vereitelungs- und Gefährdungstatbestand) StGB a. F. ausgedehnt hatte.[349] Begründet wurde diese Erweiterung folgendermaßen: Alle Tathandlungen des Geldwäschetatbestands sind weit gefasst; die Tathandlungen des Verschleierungstatbestands erfordern jedoch eine manipulative Tendenz, sodass die Risiken für Strafverteidiger gering oder zumindest kalkulierbar seien. Solche Tathandlungen des § 261 StGB hingegen, die keine manipulative Tendenz verlangen, können schlicht durch alltägliches Verhalten begangen werden und bedürfen deshalb der weiteren Einschränkung. Hinzu kommt, dass sich die Tathandlungen des § 261 StGB mehrfach überschneiden, sodass eine Einschränkung des Isolierungstatbestands nur durch eine gleichzeitige Beschränkung des Vereitelungs- und Gefährdungstatbestands gewährleistet werden kann.[350]

Diese Argumentation überzeugte unter der Geltung des § 261 StGB a. F. Allerdings hat der Gesetzgeber 2021 den Geldwäschetatbestand, wie bereits erläutert, neu gestaltet: Der Vereitelungs- und Gefährdungstatbestand sind entfallen. Alle neuen Tathandlungen abseits des Isolierungstatbestandes setzen nunmehr eine manipulative Tendenz voraus.[351] Deshalb bedürfen jene Tathandlungen nicht mehr der besonderen Einschränkung, weil in der Regel keine neutralen Handlungen in Betracht kommen. Vom Fehlen eines Einschränkungsbedürfnisses ging auch der Gesetzgeber aus, indem er im Jahr 2021 das Verteidigerprivileg nur für den Isolierungstatbestand vorgesehen hat.[352] Das Einschränkungsbedürfnis bezieht sich daher grundsätzlich auf die Tathandlungen des Isolierungstatbestands, scil. das Verschaffen, Verwahren und Verwenden von Vermögensgegenständen. Freilich gilt dies nicht für die Beihilfe: Sie kann schlechthin durch neutrales Verhalten zu allen Geldwäschetathandlungen in Betracht kommen.

Des Weiteren lässt sich aus der Entscheidung des BVerfG aus dem Jahr 2015 eine wichtige Aussage für die vorliegende Untersuchung ableiten: Das Gericht hat ausdrücklich gesagt, dass es nicht zuständig dafür sei, den Inhalt der verfassungskonformen Auslegung zwingend zu bestimmen; die Verfassung sagt nämlich nicht direkt, auf welche Weise eine Strafbarkeitseinschränkung vorgenommen werden

[349] BVerfG NJW 2015, 2949 Rn. 47 f.
[350] BVerfG NJW 2015, 2949 Rn. 49 f.
[351] Siehe oben Teil 1 A.II.2.b) bb).
[352] BT-Drucks. 19/24180, S. 33.

muss, sondern nur, *ob* sie erforderlich ist.[353] Man kann deshalb entweder dem subjektiven Ansatz des BVerfG folgen, oder auch andere Strafbarkeitsbeschränkungen befürworten, einschließlich einer rein objektiven Beschränkung. Die vorliegende Studie schließt sich dieser Auffassung an, indem sie im nächsten Kapitel die rein subjektive Einschränkung des § 261 StGB für ungenügend erachtet und stattdessen für eine objektive Strafbarkeitseinschränkung plädiert.

V. Die Entkriminalisierung neutralen Verhaltens als verfassungskonforme Auslegung

1. Prolegomena

Im vorangegangenen Kapitel wurde dargelegt, dass die uneingeschränkte Strafbarkeit von Rechts- und Wirtschaftsberatern wegen Geldwäsche oder Beihilfe zur Geldwäsche durch neutrales Verhalten im Spiegel von Art. 12 Abs. 1 GG einen unangemessenen Eingriff in die Berufsausübungsfreiheit darstellt. Damit ist aber die Einschränkung der Geldwäschestrafbarkeit noch nicht erledigt. Man muss zudem darlegen, wie dieser Mangel an Verfassungsmäßigkeit behoben werden kann. Dazu ist das Vehikel der verfassungskonformen Auslegung heranzuziehen. Der Rückgriff auf die verfassungskonforme Auslegung kann sich auf dieser Ebene freilich als überflüssig erweisen. Denn auch ohne diese ließe sich aus der Unangemessenheit des § 261 StGB ein Argument für die Einschränkung der Strafbarkeit ableiten. Eine solche Sichtweise verkennt aber, dass die Verfassungswidrigkeit einer Rechtsnorm zunächst nur zu ihrer *Nichtigkeit* führt. Inwieweit der Richter den § 261 StGB und ggf. §§ 261, 27 Abs. 1 StGB dahingehend abändern kann, dass nur berufsneutrales Verhalten vom Straftatbestand ausgenommen wird, lässt sich nicht allein aus dem Postulat der Verfassungswidrigkeit ableiten.

2. Die Nichtigkeit als Folge der Verfassungsunvereinbarkeit

Im Allgemeinen folgen der Feststellung der Verfassungsunvereinbarkeit einer Rechtsnorm zwei Wege: Entweder ist diese Norm ungültig bzw. nichtig, oder können ihre verfassungsrechtlichen Mängel korrigiert werden, sodass sie ihre Geltung behält.

---

[353] BVerfG NJW 2015, 2949 Rn. 52: „Soweit demnach eine verfassungskonforme Auslegung geboten ist, macht das BVerfG allerdings keine Vorgaben, welcher von mehreren Auffassungen, die zur Erzielung eines mit dem Grundgesetz in Einklang stehenden Verständnisses denkbar sind, einfachrechtlich der Vorzug zu geben ist […]. Insofern obliegt die nähere Prüfung und Bestimmung […] den Fachgerichten."

Zunächst ist darauf hinzuweisen, dass Normen, die mit der Verfassung unvereinbar sind, grundsätzlich nichtig sind.[354] Dies folgt nicht nur aus § 95 Abs. 3 S. 1 BVerfGG, sondern auch aus der Stufenlehre der Rechtsordnung, wonach nachrangige mit höherrangigen Normen in Einklang stehen müssen.[355] Die Nichtigkeit eines Gesetzes kann vom BVerfG im Rahmen der konkreten Normenkontrolle nach Art. 100 Abs. 1 S. 1 GG i. V. m. §§ 13 Nr. 11, 80 ff. BVerfGG oder der abstrakten Normenkontrolle nach Art. 93 Abs. 1 Nr. 2 GG i. V. m. §§ 13 Nr. 6, 76 ff. BVerfGG festgestellt werden.

3. Zu der Teilnichtigkeit von Gesetzen

Die Auswirkungen der Verfassungswidrigkeit einer Gesetzesnorm erschöpfen sich jedoch nicht immer in deren Gesamtnichtigkeit. Denkbar ist auch eine sog. *Teilnichtigkeit*, wenn die Verfassungswidrigkeit nur bestimmte Teile der Norm betrifft – parallel zu § 139 BGB, der die Teilnichtigkeit von Rechtsgeschäften regelt.[356] Zwar ist die Zulässigkeit der Teilnichtigkeit im Spiegel des Gewaltenteilungsprinzips umstritten.[357] Das BVerfG hat sie jedoch mehrfach für zulässig erachtet,[358] obwohl es offen bleibt, durch welche Kriterien die Teilnichtigkeit geprüft wird. Im Einzelnen ist umstritten, ob subjektive oder objektive Kriterien für die Zulässigkeit der Teilnichtigkeit von Gesetzen ausreichen.[359] Selbst das BVerfG ist dazu keiner einheitlichen Ansicht: Zunächst hat das Gericht mehrfach judiziert, dass eine Teilnichtigkeit – auf Basis der objektiven Auslegungstheorie – dann vorliegt, wenn das Gesetz in mehrere Komponenten zerlegbar ist und der verfassungsmäßige Teil nach dem objektiven Sinn des Gesetzes keine selbstständige Bedeutung hat;[360] letzteres ist beispielsweise dann *nicht* der Fall, wenn der verfassungsmäßige Teil den Kern der Norm bildet, ohne den sie keinen sinnvollen Inhalt mehr hat, oder der verfassungsmäßige Teil mit dem verfassungswidrigen Teil in einer untrennbaren Einheit steht. [361] In anderen Entscheidungen wurde jedoch– in den Zügen der subjektiven Auslegungstheorie – darauf abgestellt, ob der Gesetzgeber den an sich verfassungsmäßigen und damit gültigen

[354] *Skouris*, Teilnichtigkeit, S. 30.
[355] So bereits *Kelsen*, Reine Rechtslehre, S. 369 f. (siehe auch Rn. 210 f.); *Schmidt*, Grundrechte als verfassungsunmittelbare Strafbefreiungsgründe, S. 21.
[356] *Skouris*, Teilnichtigkeit, S. 15 ff.
[357] Siehe Nachweise von *Skouris*, Teilnichtigkeit, S. 51 ff.
[358] Exemplarisch siehe BVerfGE 2, 307, 336; BVerfGE 2, 380, 406; BVerfGE 15, 1, 25; BVerfGE 20, 150, 161; BVerfGE 21, 117, 125; BVerfGE 26, 246, 258.
[359] Siehe Nachweise von *Skouris*, Teilnichtigkeit, S. 30.
[360] Grundlegend BVerfGE 8, 274, 301.
[361] BVerfGE 26, 246, 258.

Gesetzesteil auch bei Kenntnis der Verfassungswidrigkeit des anderen Teils erlassen hätte (parallel zu § 139 BGB, der auf den Partei*willen* abstellt).[362]

Darüber hinaus wird zwischen *quantitativer* und *qualitativer* Teilnichtigkeit unterschieden, je nachdem, welche Gesetzesteile jeweils ungültig sind. Der häufigste Fall der Teilnichtigkeit betrifft Rechtsnormen, bei denen nur ein Text- bzw. Satzteil verfassungswidrig ist. In einem solchen Fall liegt eine quantitative Teilnichtigkeit vor, weil die Norm am Wortlaut verliert.[363] Wenn aber nicht Satzteile oder einzelne Merkmale, sondern nur eine *Anwendung* der Norm verfassungswidrig ist, dann liegt eine qualitative Teilnichtigkeit vor.[364] Die Norm verliert in diesem Fall nicht am Wortlaut, sondern am Inhalt. Bei § 261 StGB und ggf. §§ 261, 27 Abs. 1 StGB sind die Voraussetzungen für die qualitative Teilnichtigkeit erfüllt, weil ihre Anwendung auf Rechts- und Wirtschaftsberater keinen wesentlichen Bestandteil des Gesetzes darstellt und es keinen Anhaltspunkt dazu gibt, dass der Gesetzgeber den Geldwäschetatbestand nur dann erlassen hätte, wenn dessen Anwendung auf Freiberufler gültig bleibt. Die Teilnichtigkeit ist somit sowohl nach den objektiven (Teilbarkeit des Gesetzes) als auch nach den subjektiven Kriterien (Wille des Gesetzgebers) zulässig.

4. Die verfassungskonforme Auslegung

a) Inhalt

Eine Art der qualitativen Nichtigkeit besteht in der *verfassungskonformen Auslegung*:[365] Ergibt sich die Verfassungswidrigkeit nur aus einer von mehreren denkbaren Auslegungen der Norm, während sie bei einer anderen Auslegung verfassungsgemäß ist, muss Letztere gewählt werden.[366] Auf diese Weise kann die Gültigkeit der Rechtsnorm aufrechterhalten werden. Die verfassungskonforme Auslegung wurde maßgeblich von der Rechtsprechung des BVerfG geprägt.[367] Sie ist aber – darin liegt ihre argumentative

---

[362] BVerfGE 27, 391, 399; BVerwGE 4, 24, 29 f.; *Jellinek*, Gesetz, Gesetzesanwendung und Zweckmäßigkeitserwägung, S. 216.

[363] Näher *Skouris*, Teilnichtigkeit, S. 90 f.

[364] *Schmidt*, Grundrechte als verfassungsunmittelbare Strafbefreiungsgründe, S. 73; *Spanner*, AöR 1966, 503, 531.

[365] *Skouris*, Teilnichtigkeit, S. 108 f.; *Canaris*, FS Kramer, S. 157; *Schmidt*, Grundrechte als verfassungsunmittelbare Strafbefreiungsgründe, S. 88; *Spanner*, AöR 1966, 503, 531 f.

[366] BVerfGE 2, 266, 282; *Canaris*, FS Kramer, S. 154; *Voßkuhle*, AöR 2000, 177, 181; *Larenz*, Methodenlehre, S. 339; *Walter*, in: Verfassungsentwicklung II, S. 111 ff.; *Lüdemann*, JuS 2004, 27, 28 m.w.N.

[367] Zuerst Bayer. VerfGH DöV 1952, 373; daran anschließend BVerfGE 2, 266, 282 f., die als Grundsatzentscheidung zur verfassungskonformen Auslegung gilt; von der späteren Rechtsprechung siehe statt vieler BVerfGE 8, 28; BVerfGE 2, 336, 340; BVerfGE 97, 186, 196.

Kraft für die hiesige Theorie der Handlungsneutralität – keine Auslegungsregel neben den vier klassischen Auslegungscanones,[368] sondern eine Regel, die den ansonsten problematischen[369] Vorrang zwischen jenen Canones regelt, eine sog. *Vorrangregel.*[370] Dies bedeutet, dass dann, wenn die übrigen Auslegungscanones einer Rechtsnorm unterschiedliche Bedeutungen verleihen, von denen die eine zu einer verfassungswidrigen und die andere zu einem verfassungsmäßigen Inhalt führt, stets die verfassungsmäßige Auslegung zu wählen ist. Dies erhellt die Bedeutung der verfassungskonformen Auslegung für die juristische Argumentation: Ist eine Norm verfassungswidrig und der verfassungskonformen Auslegung zugänglich, hat die verfassungsmäßige Anwendung den Vorrang.

b) Ratio

Begründet wird die verfassungskonforme Auslegung prinzipiell durch den Vorrang der Verfassung, die Einheit der Rechtsordnung und den *favor legis* Grundsatz.[371] Die Aufhebung einer Entscheidung des Gesetzgebers wegen ihrer Verfassungswidrigkeit stellt nämlich einen schwerwiegenden Eingriff in die Legislative durch die Judikative dar und öffnet der Rechtsunsicherheit Tür und Tor.[372] Es soll daher möglich sein, die Geltung des Gesetzes bei Gelegenheit aufrechtzuerhalten. Das BVerfG spricht sogar von einem an alle Gerichte adressierten *Gebot* zur verfassungskonformen Auslegung: Nur wenn die verfassungskonforme Auslegung unmöglich ist (z. B., weil das Gesetz nicht mehreren Interpretationen zugänglich ist), ist eine Vorlage nach Art. 100 GG zulässig.[373]

---

[368] Hierzu siehe näher *Alexy*, Theorie der juristischen Argumentation, S. 288 ff.; vgl. ferner *Hassold*, FS Larenz, S. 222 ff.; *Vogel*, Juristische Methodik, S. 119 ff.; *Schroth*, in: Hassemer/Neumann/Saliger, Rechtsphilosophie, S. 257 ff.;

[369] Hierzu ausführlich *Canaris*, FS Medicus, S. 25 ff., m.w.N.

[370] *Canaris*, FS Kramer, S. 145 f.; *ders.*, FS Medicus, S. 50 ff.; *Geis*, NVwZ 1992, 1025, 1026, spricht über „Vorzugsregel". Allerdings wird sie meist der systematischen oder teleologischen Auslegung zugeordnet; so *Voßkuhle*, in: v. Mangoldt/Klein/Starck, GG, Art. 93 GG Rn. 52; *Bydlinski*, Methodenlehre, S. 55.

[371] BVerfGE 2, 266, legte die Basis der verfassungskonformen Auslegung auf die „Vermutung", dass jedes Gesetz verfassungskonform ist; a. A. aber *Canaris*, FS Kramer, S. 149: Nur der favor legis Grundsatz begründe die verfassungskonforme Auslegung; ähnlich *Lüdemann*, JuS 2004, 27, 30; mit der Einheit der Rechtsordnung argumentiert *Engisch*, Einführung in das juristische Denken, S. 150; *Sachs*, in: Sachs, GG, Einführung Rn. 52.

[372] *Skouris*, Teilnichtigkeit, S. 106.

[373] *Voßkuhle*, AöR 2000, 177, 179

c) *Voraussetzungen*

Erlaubt ist die verfassungskonforme Auslegung dann, wenn die Norm für eine solche Auslegung geeignet ist.[374] Maßstab für die Normeignung ist zunächst ihr Wortlaut: Gesetze, deren eindeutiger Wortlaut verfassungswidrig ist, können nicht verfassungskonform ausgelegt werden.[375] Die Teilnichtigkeit (dessen Unterglied die verfassungskonforme Auslegung ist) ist, wie erwähnt, unzulässig, wenn die Norm beim Hinwegdenken des verfassungswidrigen Teils keinen sinnvollen Inhalt mehr besitzt. Der Wortlaut ist allerdings nicht nur Voraussetzung, sondern zugleich Grenze der verfassungskonformen Auslegung, da nicht jede beliebige Auslegung ausweislich der Verfassung begründbar ist.[376] Dies resultiert aus der Ratio der verfassungskonformen Auslegung, scil. dem Respekt der gesetzgeberischen Gewalt. Da der *mögliche umgangssprachliche Wortsinn* die allgemeine Grenze der Auslegung bildet,[377] darf er auch im Rahmen der verfassungskonformen Auslegung grundsätzlich nicht überschritten werden.[378] Neben dem eindeutigen Wortlaut kann auch der klare *Sinn* des Gesetzes einer verfassungskonformen Auslegung entgegenstehen:[379] Wenn der Gesetzgeber ein Gesetz mit dem verfassungswidrigen Inhalt erlassen wollte, dann gibt es keinen Spielraum für die Judikative, den Inhalt jenes Gesetzes zu ändern. Denn der Richter soll den Sinn und Zweck des Gesetzes respektieren und, falls dieses eindeutig gegen Verfassungswerte verstößt, das Gesetz für verfassungswidrig erklären.[380]

d) *Zulässigkeit der verfassungskonformen Rechtsfortbildung praeter legem*

Die Auslegungsgrenze des Wortlauts gilt indes nicht absolut. Vielmehr ist nach richtiger Auffassung auch eine *verfassungskonforme Rechtsfortbildung* praeter legem möglich.[381] Die Rechtsfortbildung tritt allgemein dann ein, wenn sich eine Interpretation der Norm außerhalb ihres möglichen Wortsinns bewegt,[382] obgleich die Grenzen zwischen

---

[374] Siehe BVerfG NStZ 2020, 528, 335 zu Unmöglichkeit der verfassungskonformen Auslegung des § 217 StGB.
[375] BVerfGE 8, 28, 33; BVerfGE 19, 248, 253; BVerfGE 83, 201, 214 f.; *Engisch*, Einführung in das juristische Denken, S. 146 (insb. Fn. 46); *Voßkuhle*, AöR 2000, 177, 181; *Spanner*, AöR 1966, 503, 505; *Ehmke*, VVDStRL Bd. 20 (1963), 53 ff.
[376] BVerfGE 148, 69 Rn. 150.
[377] Statt vieler *Larenz*, Methodenlehre, S. 366; auch *Hassold*, FS Larenz, S. 218 ff.
[378] *Spanner*, AöR 1966, 503, 510; *Seebode*, JZ 1998, 781, 781.
[379] BVerfGE 8, 28, 34.
[380] *Höpfner*, RdA 2018, 321, 329.
[381] *Canaris*, FS Kramer, S. 155; *ders*, FS Schmidt, S. 51; *Göldner*, FS Larenz, S. 201 f.; ferner *Manssen*, Staatsrecht II, § 3 Rn. 64; spezifisch zur Geldwäsche *Hefendehl*, FS Roxin, 2001, S. 163.
[382] Stellvertretend *Larenz*, Methodenlehre, S. 322.

Auslegung und Rechtsfortbildung fließend sind.[383] Die Rechtsfortbildung hat jedenfalls den Charakter einer Rechtsschöpfung durch den Richter und unterliegt strengeren Voraussetzungen als die Auslegung. Sie ist dennoch allgemein als zulässig zu betrachten.[384] Auf dieser Basis liegt eine verfassungskonforme Rechtsfortbildung dann vor, wenn die verfassungskonforme Auslegungsvariante einer Gesetzesnorm mit ihrem Wortlaut nicht übereinstimmt.[385]

Die Zulässigkeit der verfassungskonformen Rechtsfortbildung ist Gegenstand heftiger Diskussionen. Das BVerfG hält sie zumindest implizit für zulässig, indem es in zahlreichen Fällen eine solche Rechtsfortbildung betrieben hat, wie nicht zuletzt im Strafverteidiger-Urteil vom 2004. In der Literatur wird demgegenüber teilweise die Ansicht vertreten, dass eine verfassungskonforme Rechtsfortbildung die Kompetenzen der Judikative überschreitet und eine Verletzung des Gewaltenteilungsprinzips nach sich zieht.[386] Die vorliegende im Kern strafrechtsdogmatische Arbeit kann diese Problematik natürlich nicht in aller Ausführlichkeit behandeln, zumal die Berücksichtigung verfassungs- und methodenrechtlicher Gesichtspunkte hier nur als Argumentationshilfe dient. Dies vorausgeschickt überzeugt der Einwand gegen die verfassungskonforme Rechtsfortbildung nach hier vertretener Ansicht nicht: Auslegung secundum legem und Rechtsfortbildung praeter legem lassen sich nur graduell voneinander trennen, weil sie eine Einheit bilden.[387] Nach der juristischen Hermeneutik beinhaltet bereits die Auslegung zudem neben dem rein interpretativen auch einen schöpferischen Akt.[388] Es gibt somit keinen Grund, bei der verfassungskonformen Rechtsfindung von dieser Einheit zwischen Auslegung und Rechtsfortbildung abzuweichen. Daher muss die verfassungskonforme Rechtsfortbildung als zulässig angesehen werden.

Die Rechtsfortbildung praeter legem dient des Weiteren der Feststellung und Ergänzung von Lücken im Gesetz,[389] wobei als Lücke bekanntlich eine *planwidrige*

---

[383] *Vogel*, Juristische Methodik, S. 118.
[384] BVerfGE 9, 269, 287 (sog. *Soraya*-Entscheidung); *Badura*, in: Rechtsfortbildung durch die sozialgerichtliche Rechtsprechung, S. 41; *Wank*, ZGR 1988, 314, 319 ff.; *Feix*, Maßstäbe für eine gelungene Rechtsfortbildung, S. 130 ff.; *Geserich*, DStR-Beih 2011, 59, 60.
[385] *Canaris*, FS Kramer, S. 157.
[386] So *Geis*, NVwZ 1992, 1025, 1026; auch *Voßkuhle*, AöR 2000, 177, 197, der freilich auch den Fachgerichten die Möglichkeit einer verfassungskonformen Rechtsfortbildung anerkennt.
[387] *Larenz*, FS Henkel, S. 32; das gibt sogar *Voßkuhle*, AöR 2000, 177, 197 (insb. Fn. 107) zu, ein Gegner der verfassungskonformen Rechtsfortbildung.
[388] *Arthur Kaufmann*, Das Verfahren der Rechtsgewinnung, S. 8 f.; *Larenz*, Methodenlehre, S. 367; *ders.*, FS Henkel, S. 31; *Kruse*, Die verfassungsrechtlichen Grenzen richterlicher Rechtsfortbildung, S. 9; *Saliger*, ZfiStW 2022, 276, 276; skeptisch jedoch *Schünemann*, FS Bockelmann, S. 120 ff., 126.
[389] *Larenz*, Methodenlehre, S. 370 ff.; *ders.*, FS Henkel, S. 40; *Wank*, ZGR 1988, 314, 321 ff.

Unvollständigkeit des Gesetzes gemeint ist.[390] Die Rechtsfortbildung ermöglicht es dem Richter also, ausnahmsweise als Gesetzgeber zu agieren, wenn Letzterer es planwidrig versäumt hat, eine Regelung oder eine Ausnahme von einer bestehenden Regelung zu treffen. Es gibt des Weiteren offene Gesetzeslücken (d. h., wenn sich der Gesetzgeber enger als gesollt oder als beabsichtigt ausgedrückt hat) und verdeckte Gesetzeslücken (wenn er eine weitergehende Vorschrift als gesollt oder als beabsichtigt erlassen hat).[391] Dementsprechend wird zwischen Analogie bzw. teleologischer Reduktion als Mittel der Lückenergänzung unterschieden. In der Methodenlehre wird davon ausgegangen, dass die Verfassungswidrigkeit einer Rechtsnorm an sich eine Lücke darstellt, die deshalb ungeplant ist, weil die Beachtung verfassungsrechtlicher Grundsätze das Ziel jeder rechtsstaatlichen Gesetzgebung sein soll.[392] Dies hat seinen weiteren Grund darin, dass die Planwidrigkeit der Lücke anhand der immanenten Gesetzesteleologie zu bestimmen ist, zu der auch verfassungsrechtliche Prinzipien gehören.[393]

Dies vorausgeschickt, muss auch bei der verfassungskonformen Rechtsfindung eine Abgrenzung zur Rechtsfortbildung *contra legem* gezogen werden: Grundsätzlich ist nur die Rechtsfortbildung praeter legem zulässig.[394] Denn die Rechtsfortbildung unterliegt zwar nicht mehr den Grenzen des Wortlauts, wohl aber den Grenzen des Sinns und Zwecks des Gesetzes.[395] Der Richter darf mit anderen Worten den Grundentscheidungen des Gesetzgebers nicht widersprechen.[396] Eine verfassungskonforme Rechtsfindung contra legem wäre beispielsweise die Änderung des Inhalts einer Rechtsnorm pro constitutione, wenn der Sinn der Norm einer Teilnichtigkeit widerspricht (etwa, weil die Norm nicht teilbar ist).[397]

Ceteris paribus gilt die Unterscheidung zwischen Analogie und teleologischer Reduktion auch für die verfassungskonforme Rechtsfortbildung.[398]

---

[390] *Engisch*, FS Sauer, S. 88; *ders.*, Einführung in das juristische Denken, S. 241; *Klug*, FS Nipperdey, S. 72; umfassend *Larenz*, Methodenlehre, S. 370 f.
[391] *Canaris*, Die Feststellung von Lücken im Gesetz, S. 83.
[392] Dies beruht auf der Fiktion des *rationalen Gesetzgebers*, der niemals absichtlich verfassungswidrige Gesetze erlässt. Dazu *Canaris*, FS Schmidt, S. 54; *Göldner*, FS Larenz, S. 203 ff.; vgl. auch *Larenz*, Methodenlehre, S. 392: Die Ungleichbehandlung von Gleichartigen sei eine Lücke.
[393] *Larenz*, Methodenlehre, S. 374.
[394] *Canaris*, FS Kramer, S. 158; *Krey*, JZ 1978, 361 ff.
[395] BVerfG NJW 2011, 836 Rn. 53; BVerfGE 148, 69 Rn. 150; *Geserich*, DStR-Beih 2011, 59, 60; skeptisch aber *Kruse*, Die verfassungsrechtlichen Grenzen richterlicher Rechtsfortbildung, S. 83 ff.
[396] *Höpfner*, RdA 2018, 321, 323 f.
[397] Vgl. *Canaris*, Die Feststellung von Lücken im Gesetz, S. 22 ff.
[398] *Canaris*, FS Kramer, S. 155 ff.

5. Die Einschränkung von § 261 StGB als verfassungskonforme Rechtsfortbildung

Für die Rechtfertigung der Strafbarkeitseinschränkung bei der Handlungsneutralität sind die bisherigen Ausführungen folgendermaßen von Bedeutung: Die verfassungsrechtlichen Defizite von § 261 StGB, ggf. §§ 261, 27 Abs. 1 StGB können mittels einer Strafbarkeitsprivilegierung nur dann behoben werden, wenn jene Normen einer verfassungskonformen Auslegung zugänglich sind. Ist dies der Fall, liegt darin ein sehr starkes Argument für die Einschränkung der Geldwäschestrafbarkeit bei neutralen Handlungen begründet. Problematisch ist jedoch, dass der Wortlaut von §§ 261 und 27 Abs. 1 StGB keine Anhaltspunkte für die Einschränkung der Strafbarkeit von Freiberuflern enthält. Dies wirft die Frage nach der Einordnung der Strafbarkeitseinschränkung für neutrale Handlungen zwischen Auslegung oder Rechtsfortbildung auf.

Jene Strafbarkeitseinschränkung hat richtigerweise den Charakter einer verfassungskonformen teleologischen Reduktion praeter legem.[399] Diese ist, wie bereits belegt, dann zulässig, wenn eine verdeckte Gesetzeslücke besteht und die Intention des Gesetzgebers nicht missachtet wird. Dass eine ergänzungsbedürftige verdeckte Gesetzeslücke in § 261 StGB, ggf. §§ 261, 27 Abs. 1 StGB in Bezug auf die Strafbarkeit von Beratern wegen neutralen Verhaltens besteht, wurde bereits festgestellt. Im Hinblick auf die weiteren Voraussetzungen der verfassungskonformen Rechtsfortbildung ergeben sich jedoch Probleme. Es könnte nämlich eingewendet werden, dass die neue Fassung von § 261 StGB die Privilegierung von Rechts- und Wirtschaftsberatern verhindert.

Dieser mögliche Einwand stützt sich auf zwei Umstände: Zum einen hat der Gesetzgeber 2021 das Verteidigerprivileg des BVerfG positiviert; zum anderen hat er eine Qualifikation für Freiberufler im Sinne von § 2 Nr. 10-12 GwG vorgesehen – namentlich Rechts- und Patentanwälte, Notare, Steuerberater, Wirtschaftsprüfer, usw. Es stellt sich die Frage, ob aus beiden Vorschriften ein Umkehrschluss gegen die Privilegierung von Rechts- und Wirtschaftsberatern abgeleitet werden kann.

---

399 So auch *Canaris*, FS Kramer, S. 157.

a) *Einwand aus § 261 Abs. 1 S. 3 StGB*

Obwohl das vom BVerfG geschaffene Verteidigerprivileg nunmehr in § 261 Abs. 1 S. 3 StGB aufgenommen wurde, erfolgte – trotz Hinweisen aus der Wissenschaft[400] – keine Ausweitung des Privilegs auf in anderen Rechtsgebieten tätige Rechtsanwälte oder sonstige Angehörige beratender Berufe.[401] Der Gesetzgeber hat vielmehr das Honorarprivileg auf Strafverteidiger beschränkt. Es stellt sich mithin die Frage, ob es sich mittels eines Umkehrschlusses argumentieren ließe, dass der Gesetzgeber zivilrechtlich tätigen Rechtsanwälten, sowie Steuerberatern, Notaren und Wirtschaftsprüfern keine Einschränkung gewähren wollte.[402]

Dies trifft nicht zu. Denn erstens hat, wie bereits erwähnt, selbst das BVerfG 2015 auf die Möglichkeit hingewiesen, die Strafbarkeitseinschränkung auf in anderen Rechtsgebieten tätige Rechtsanwälte auszudehnen. Zweitens werden durch § 261 Abs. 1 S. 3 StGB neutrale Handlungen nicht in vollem Umfang erfasst, weil die Handlungsneutralität weiter reicht als die Honorierung. Wenn neutralen Handlungen – wie nach der hier vertretenen Auffassung – im Prinzip ein verfassungsrechtliches Privileg in Art. 12 Abs. 1 GG zuzusprechen ist, dann ist der Gesetzgeber verpflichtet, dies bei der Strafbarkeit in Rücksicht zu nehmen. Dass er das neutrale Verhalten von Angehörigen beratener Berufe jenseits des Strafverteidigers im § 261 StGB n. F. nicht mitberücksichtigt hat, ist eine Lücke, die durch Rechtsfortbildung (in bonam partem)[403] zu schließen ist.[404] Ein Umkehrschluss aus § 261 Abs. 1 S. 3 StGB gegen die Ausweitung des Verteidigerprivilegs auf andere Berater scheidet somit aus.[405]

b) *Einwand aus § 261 Abs. 4 StGB*

Im Jahr 2021 wurde des Weiteren in § 261 StGB n. F. eine Qualifikation für Verpflichtete aus dem GwG als Sondertatbestand eingeführt: Wer eine Tathandlung als Verpflichteter nach § 2 GwG begeht, wird strenger bestraft. Wie im ersten Teil der vorliegenden Untersuchung erläutert, gehören dazu u. a. Rechtsanwälte, Steuerberater, Notare und

[400] Siehe statt vieler *Jahn*, Stellungnahme, S. 19; *Bülte*, Stellungnahme, Rn. 101 f.; *Altenhain/Fleckenstein*, JZ 2020, 1045, 1050.
[401] *Reichling*, wistra 2021, 495, 496, m.w.N.
[402] Vor diesem Umkehrschluss hat vor Inkrafttreten von § 261 StGB n.F. *Jahn* gewarnt, in: Stellungnahme, S. 19.
[403] Die Rechtsfortbildung in bonam partem ist stets zulässig, dazu statt vieler *Krey*, JZ 1978, 361, 362.
[404] Vgl. *Gazeas*, NJW 2021, 1041, 1046.
[405] Eine Entscheidung des AG Cloppenburg (abgedrückt in wistra 2021, 495) hat zudem, soweit ersichtlich, zum ersten Mal das Verteidigerprivileg auf in Zivilsachen tätige Anwälte erweitert, freilich nur hinsichtlich der Honorierung; siehe Anm. von *Reichling*, wistra 2021, 495 f.; *Gazeas*, NJW 2021, 1041, 1045 f.

Wirtschaftsprüfer. Diese Qualifikation herrührt aus Art. 6 Abs. 1 Buchst. B der RL (EU) 2018/1673 und könnte zunächst folgendermaßen erhebliche Auswirkungen für die Möglichkeit einer verfassungskonformen Rechtsfortbildung haben: Wenn der Gesetzgeber mit § 261 Abs. 4 StGB die sog. Gatekeeper härter bestrafen wollte, dann stünde er einer strafrechtlichen Privilegierung für diese Personen entgegen. Der Wille des Gesetzgebers würde in einem solchen Fall die verfassungskonforme Rechtsfortbildung ausschließen.

Ein solcher Standpunkt ist jedoch nicht überzeugend. Denn er lässt wiederum den Kern der vorherigen verfassungsrechtlichen Argumentation außer Acht: Der Gesetzgeber differenziert in § 261 Abs. 4 StGB nicht zwischen neutralem und nicht-neutralem Verhalten, wie er aber nach Art. 12 GG hätte tun müssen. Die Qualifizierung von Gatekeeper ist natürlich zulässig, soweit sie aber nicht gegen die Verfassung verstößt. Da die uneingeschränkte Strafbarkeit von Beratern bereits als verfassungswidrig eingestuft wurde, verstößt erst recht § 261 Abs. 4 StGB gegen Art. 12 Abs. 1 GG. Es besteht hier also wiederum eine Gesetzeslücke, die durch eine verfassungskonforme teleologische Reduktion behoben werden soll. Soweit neutrales Verhalten vorliegt, ist daher die Strafbarkeitseinschränkung unabhängig von der Qualifizierung des § 261 Abs. 4 StGB zulässig.

VI. Strafbarkeitseinschränkung jenseits der Geldwäsche

Die verfassungsrechtliche Rechtfertigung der Strafbarkeitseinschränkung bezüglich neutraler Handlungen wurde angesichts des Gegenstandes der vorliegenden Untersuchung auf die Geldwäsche (oder die Beihilfe dazu) beschränkt. Die Argumente dieses Kapitels und deren Ergebnisse – also die Verfassungswidrigkeit der uneingeschränkten Strafbarkeit von Beratern und der Bedarf nach verfassungskonformer Auslegung – erschöpfen sich freilich nicht nur auf die Geldwäsche; vielmehr stellt Letztere nur einen Anwendungsfall für die Privilegierung neutraler Handlungen im Rahmen des Art. 12 Abs. 1 GG dar. Ohnehin hat selbst das BVerfG seine Argumentation nicht auf etwaige Besonderheiten des § 261 StGB gestützt, sondern vielmehr auf die Stellung des Strafverteidigers gegenüber dem Mandanten und dem Rechtsstaat sowie die Risiken, die sich für diese Stellung aus der Geldwäsche ergeben. Aus diesem Grund lässt sich die bereits erwähnte These (Verfassungswidrigkeit der uneingeschränkten Strafbarkeit von Beratern) grundsätzlich auf alle Straftatbestände anwenden, soweit als mögliche Täter Rechts- und Wirtschaftsberater wegen berufsneutralen Verhaltens in Betracht kommen. Inwiefern dies auch bei derartigen Delikten der Fall sein kann, die nicht so weit gefasst sind wie § 261 StGB, braucht freilich hier nicht weiter untersucht zu werden.

VII. Fazit zu C.

Im vorangegangenen Kapitel hat sich ergeben, dass die Strafbarkeitseinschränkung hinsichtlich Berater folgendermaßen auf Art. 12 Abs. 1 GG gestützt werden kann: Die Strafnorm der Geldwäsche oder der Beihilfe dazu stellt einen rechtfertigungsbedürftigen Eingriff in die Berufsausübungsfreiheit dar. Dieser Eingriff dient zwar einem legitimen Zweck (der Eindämmung der Wirtschaftskriminalität durch die wirtschaftliche Isolierung des Täters) und ist sowohl als geeignet als auch als erforderlich zu diesem Zweck anzusehen. Sofern aber die strafrechtliche Verantwortlichkeit unbeschränkt gilt, ist der Eingriff unangemessen. Dies ergibt sich durch den Vergleich der Geldwäsche von Rechts- und Wirtschaftsberatern mit der Entgegennahme von Honorar durch den Strafverteidiger. In letzterem Fall hat bekanntlich das BVerfG die uneingeschränkte Strafbarkeit von Strafverteidigern für verfassungswidrig erklärt und eine verfassungskonforme teleologische Reduktion von § 261 StGB durchgeführt. Nach hier vertretener Ansicht lässt sich die Argumentation des Gerichts persönlich und sachlich erweitern: Sie gilt nicht nur für den Strafverteidiger, sondern auch für zivilrechtlich tätige Rechtsanwälte, Steuerberater, Wirtschaftsprüfer und Notare; zugleich findet sie abseits der Honorarannahme auf andere berufliche Tätigkeiten Anwendung – vor allem auf die Dienstleistungen von Beratern. Denn der Argumentation des BVerfG lag nicht die besondere Rolle des Verteidigers zugrunde, sondern seine doppelte Stellung als Interessenvertreter und Organ der Rechtspflege. Diese doppelte Stellung gilt mutatis mutandis für (alle) Rechts- und Wirtschaftsberater. Die uneingeschränkte Strafbarkeit von Beratern wegen Geldwäsche ist mithin verfassungswidrig – und somit teilnichtig. Diese Verfassungswidrigkeit stellt eine verdeckte Gesetzeslücke dar, die mittels verfassungskonformer teleologischer Reduktion zu schließen ist.

An dieser Stelle sei schließlich auf folgendes hingewiesen: Die Beseitigung der Verfassungswidrigkeit erfordert keineswegs die pauschale Straffreiheit von Beratern für Geldwäsche, sondern allenfalls eine restriktive Auslegung des § 261 StGB. Dies ist darauf zurückzuführen, dass eine ausnahmslose Straflosigkeit den von § 261 StGB verfolgten

Zweck der Verbrechensbekämpfung unangemessen beeinträchtigen würde. Es ist bereits nachgewiesen, dass den Kern der Verhältnismäßigkeitsprüfung die Abwägung zwischen der Intensität des Grundrechtseingriffs und der Intensität der (hypothetischen) Beeinträchtigung des Gesetzeszweckes ausmacht. Ebenso wie ein pauschales strafbewehrtes Verbot rechtsgutverletzender beruflicher Leistungen verfassungsrechtlich problematisch wäre, wäre auch eine pauschale Zulassung solcher Leistungen im Hinblick auf den Rechtsgüterschutz nicht vertretbar, soweit sie mit Straftaten verbunden sind.[406] Aus diesem Grund muss ein Ausgleich zwischen beiden Grundsätzen gefunden werden. Ein solcher Ausgleich kann nur durch Differenzierung und nicht durch pauschale Lösungen erreicht werden. Deswegen ergibt sich aus Art. 12 Abs. 1 GG nur der Bedarf nach einer Strafbarkeits*einschränkung* im Hinblick auf den Geldwäschetatbestand. Freilich trifft dieses Resultat nicht alle Tathandlungen von § 261 StGB. Einschränkungsbedürftig sind grundsätzlich nur die Tathandlungen „Verschaffen", „Drittverschaffen", „Verwahren", und „Verwenden" (§ 261 Abs. 1 Nr. 3 und 4 StGB) sowie die Beihilfe zur Geldwäsche (§§ 261, 27 Abs. 1 StGB), also diejenigen Tathandlungen, die keine zusätzlichen Modalitäten erfordern, wie eine manipulative Tendenz oder Absicht.

In diesem Kapitel ist das „Ob" der Strafbarkeitseinschränkung nachgewiesen. Nun kann man sich der Frage zuwenden, wie diese differenzierende Lösung erfolgen soll – also das „Wie" der Strafbarkeitseinschränkung.[407] Die Differenzierungskriterien sind aber rein strafrechtsdogmatischer Natur. Mit anderen Worten: Bislang ist nur die Lücken*feststellung* durchgeführt. Wie die Lücken*ausfüllung* vorzunehmen ist, beantwortet erst das Strafrecht.

406 BVerfGE 110, 226, 265; *Amelung*, FS Grünwald, S. 13; *Niedermair*, ZStW 1995, 507, 508.
407 Vgl. *Frisch*, Tatbestandsmäßiges Verhalten, S. 272.

D. Die strafrechtliche Bewertung neutraler Handlungen

I. Die Lehre von der neutralen Beihilfe

1. Prolegomena

Die verfassungsrechtlichen Überlegungen des vorangegangenen Kapitels haben gezeigt, dass (berufs-)neutrale Handlungen im Rahmen des Geldwäschetatbestands nicht uneingeschränkt bestraft werden sollen. Vielmehr verlangt die Geldwäsche gemäß § 261 StGB (und selbstverständlich auch die Beihilfe zur Geldwäsche gemäß §§ 261, 27 Abs. 1 StGB) eine Einschränkung über den Wortlaut hinaus. In seiner zweiten Honorar-Entscheidung aus dem Jahr 2015 hat das BVerfG darauf hingewiesen, dass sich die Kriterien für die Einschränkung der Strafbarkeit nicht unmittelbar aus der Verfassung ableiten lassen. Dies ist eine zutreffende Feststellung: Bereits aus methodologischen Gründen lässt sich kein konkreter Ansatz für die Einschränkung eines Straftatbestandes aus der Verfassung ableiten, da jener Ansatz zuerst widerspruchsfrei in das Strafrechtssystem angepasst werden muss.[408] Eine Strafbarkeitseinschränkung kann deshalb lediglich durch *strafrechtliche Kriterien* erfolgen. Gegenstand des vorliegenden Kapitels ist es deshalb, solche strafrechtlichen Kriterien für die Beurteilung neutraler Handlungen zu entwickeln und damit eine dogmatisch saubere, mit dem Strafrechtssystem im Einklang stehende Lösung des Problems der Handlungsneutralität zu erarbeiten.

Dieses Ziel verlangt argumentationstheoretisch betrachtet gewisse Voraussetzungen. Da es in der Rechtsprechung bereits eine klare Auffassung zur strafrechtlichen Behandlung neutraler Handlungen gibt, die als vorherrschend angesehen werden kann (also die später analysierte BGH-Formel), sollte sich jede neue Theorie der Handlungsneutralität zunächst mit dieser auseinandersetzen und beweisen, dass sie richtiger ist als jene. Dies ist darauf zurückzuführen, dass derjenige, der von einem Präjudiz abweicht, die Argumentationslast trägt.[409] Aus diesem Grund wird hier – nach einer kurzen geschichtlichen Darstellung der Handlungsneutralität im Strafrecht und einigen terminologischen Vorbemerkungen – Stellung zu der BGH-Formel über die neutrale Beihilfe genommen. Erst wenn sich diese als untauglich erweist, kann eine eigene Theorie entworfen werden.

[408] Vgl. oben Einleitung II.2.

[409] *Alexy*, Theorie der juristischen Argumentation, S. 216 und 327. Siehe auch hier Einleitung II.4.

Die wissenschaftliche Diskussion über die Handhabung neutraler Handlungen im Strafrecht ist außerdem sicherlich alles andere als neu: Bereits um die Jahrhundertwende erreichte sie ihren Höhepunkt, als sich zahlreiche dogmatische Aufsätze (und auch einige Monografien) mit dem Thema der neutralen Beihilfe befassten und gerichtliche Entscheidungen ergangen sind. Zudem beschäftigte sich bereits die Rechtsprechung des RG mit der allgemeinen Thematik. Die vorliegende Untersuchung kann jedoch keinen Anspruch auf Vollständigkeit bezüglich des Umgangs mit der Literatur erheben. Daher werden in diesem Zusammenhang nicht alle wissenschaftlichen Ansätze zur Handlungsneutralität vorgestellt.[410] Wichtiger als die Darstellung oder Stellungnahme zu den verschiedenen wissenschaftlichen Auffassungen, erscheint die Vereinigung verschiedener dogmatischer Standpunkte, die Systematisierung der normativen Grundlagen für die Handhabung neutraler Handlungen sowie die Schaffung konkreter Kriterien für die Rolle neutraler Handlungen im Rahmen des Geldwäschetatbestands.

2. Geschichtliche Entwicklung

Geschichtlich betrachtet hat, soweit ersichtlich, erstmals Kitka im Jahr 1840 die Problematik der Förderung fremder Straftaten durch alltägliche bzw. berufsübliche Handlungen erkannt. Dies geschah, als er sich mit folgender Fallkonstellation befasste: Der Mörder kauft eine Terzerolle in einem Handlungsgewölbe und teilt dem Verkäufer dabei mit, dass er damit einen Menschen töten wolle.[411] *Kitka* betrachtete dabei als problematisch, ob sich der Verkäufer der Beihilfe zum Mord schuldig gemacht hat. Aber auch das Reichsgericht hat sich mit dem befasst, was heute als neutrale Beihilfe bezeichnet wird. Dabei hat es sich jedoch regelmäßig für eine rein *subjektive* Lösung ausgesprochen, die auf den sog. Tatförderungswillen des Gehilfen abstellt: Der Gehilfe macht sich demnach dann strafbar, wenn er in Kenntnis und mit dem Bewusstsein gehandelt hat, eine fremde Straftat zu fördern.[412] Allerdings lassen sich in der Rechtsprechung des Reichsgerichts (RG) manchmal auch objektive Kriterien erkennen. So differenzierte das RG im berühmten „Weinbordellfall“ zwischen der Lieferung von Wein und der von Brot an einen Bordellbetreiber auf objektiver Grundlage. Nur die

[410] Eine ausführliche Auseinandersetzung mit den dogmatischen Lösungsansätzen der neutralen Beihilfe bieten *Baun*, Beihilfe zu NS-Gewaltverbrechen, S. 187 ff.; auch *Wohlleben*, Beihilfe, S. 73 ff.
[411] *Kitka*, Über das Zusammentreffen mehrerer Schuldigen bey einem Verbrechen und deren Strafbarkeit, 1840, S. 62 ff.; siehe zur Geschichte der Handlungsneutralität ausführlich *Rackow*, Neutrale Handlungen als Problem des Strafrechts, S. 19 ff.; *Schmorl*, Die Grenzen der Beihilfestrafbarkeit, S. 70; *Schneider*, NStZ 2004, 312 ff.; *Tag*, JR 1997, 49, 50; vgl. ferner *Otto*, FS Lange, S. 197.
[412] Exemplarisch RGSt 37, 321, 324; RGSt 39, 44, 45.

Lieferung von Wein könne als Beihilfe zur Kuppelei qualifiziert werden, weil sie in einem engeren Zusammenhang zum „Unzuchtsbetrieb“ stehe. Die Lieferung von Brot diene hingegen dem „täglichen Unterhalte“ des Bordells.[413]

Im Übrigen hat die Strafrechtsdogmatik in der ersten Hälfte des 20. Jahrhunderts mit der *Lehre vom* sog. Regressverbot einen weiteren Teilaspekt der Handlungsneutralität erfasst, nämlich die Förderung vorsätzlicher Straftaten durch fahrlässiges Handeln.[414] Der Begriff der neutralen Handlungen wurde gleichwohl erstmals im Zusammenhang mit der Beihilfe gemäß § 27 Abs. 1 StGB verwendet,[415] als drei Entscheidungen des BGH um die Jahrhundertwende die neutrale Beihilfe zum Standardproblem der Strafdogmatik gemacht haben – seitdem widmen nahezu alle Strafrechtslehrbücher und Kommentare zum Allgemeinen Teil des StGB ihr mindestens einen Absatz.

3. Wider die Einschränkung auf die Beihilfe

Zwar verorten nahezu alle Strafrechtslehrbücher und -kommentare die Problematik der Handlungsneutralität bei der Beihilfe nach § 27 StGB. Logisch zwingend ist jedoch diese Einschränkung nicht.[416] Dies ist wiederum auf den Grund der Einschränkung von neutralen Handlungen zurückzuführen, scil. den Schutz der (Berufs-)Freiheit. Was den gesetzlichen Eingriff in das Art. 12 Abs. 1 GG angeht, ist zwischen Täterschaft und Teilnahme grundsätzlich nicht zu unterscheiden: In beiden Fällen findet eine gleichermaßen übermäßige Freiheitseinschränkung statt. Die Tatsache, dass die Beihilfe gemäß § 27 Abs. 2 S. 2 StGB mit einer geringeren Strafe geahndet wird, hat keinen Einfluss auf die Schwere der *Verhaltens*norm für die Berufsfreiheit. Das Erfordernis der Einschränkung der Strafbarkeit bei neutralen Handlungen besteht daher für alle Formen der strafrechtlichen Beteiligung. Dies bedeutet, dass auch eine neutrale Täterschaft grundsätzlich denkbar ist,[417] wenn die Tathandlung in der Förderung fremder Straftaten besteht. Dies ist der Fall bei den Teilnahmedelikten.[418] Wie erörtert, gehört dazu die Geldwäsche nach § 261 StGB zumindest in der Form des Isolierungstatbestands.[419] Die

---

[413] RGSt 39, 44, 48; *Rackow*, Neutrale Handlungen als Problem des Strafrechts, S. 19 f.
[414] Ausgangspunkt für die Verbindung der Diskussion um das Regressverbot mit der Handlungsneutralität war der Aufsatz von *Jakobs* in ZStW 1977, S. 1 ff.
[415] Die erstmalige Erwähnung von neutralen Handlungen fand jedoch in BGH 23.05.1985, BeckRS 1985, 05592, Rn. 7, statt; dazu siehe Verweise von *Baun*, Beihilfe zu NS-Gewaltverbrechen, S. 227 f.
[416] *Rabe von Kühlewein*, JZ 2002, 1139, 1139.
[417] Ähnlich *Rotsch*, Einheitstäterschaft“ statt Tatherrschaft, S. 415.
[418] So auch *Kudlich*, Die Unterstützung fremder Straftaten durch berufsbedingtes Verhalten, S. 45; *ders.*, FS Roxin, 2001, S. 886. Siehe auch oben Teil 1 A.III.1.a).
[419] *Kudlich*, Die Unterstützung fremder Straftaten durch berufsbedingtes Verhalten, S. 45 f.

Förderung fremder Straftaten ist in der Praxis jedoch der Hauptanwendungsfall der Handlungsneutralität.[420] Berufsneutrale Handlungen im Sinne der hiesigen Definition (Förderung der Berufsausübung) haben zudem nur selten die Form der Anstiftung. Denn § 26 StGB erfordert nach lebensnaher Betrachtung ein auf die Veranlassung fremder Straftaten gerichtetes Handeln, also eine gewisse soziale Auffälligkeit.[421] Aus demselben Grund bedürfen die Tathandlungen von § 261 Abs. 1 S. 1 Nr. 1 und 2 sowie Abs. 2 StGB in der Regel keiner Einschränkung, weil dort eine manipulative Tendenz tatbestandsmäßig vorausgesetzt wird, die grundsätzlich eine sozial auffällige Handlung auszeichnet.

Aus alledem folgt, dass die hier zu entwickelnden Kriterien für die neutrale Beihilfe nicht nur auf die Beihilfe selbst, sondern auch auf jedes tatbestandsmäßige Verhalten Anwendung finden, das eine Förderung fremder Straftaten darstellt. Der Einfachheit und terminologischen Einheit halber werden nachfolgend jedenfalls Begriffe verwendet, die auf die Beihilfe zugeschnitten sind. So wird beispielsweise mehrfach von „Hilfeleistung", „Haupttäter" und „Gehilfe" die Rede sein. Dabei ist nicht nur die Beihilfe gemeint, sondern auch das Drittverschaffen im Sinne von § 261 StGB sowie allgemein die Förderung fremder Straftaten.

4. Die BGH-Formel

a) Darstellung

Wie bereits erläutert, hat sich die Rechtsprechung zwar auch in früheren Entscheidungen mit der Problematik der neutralen Handlungen befasst, aber erst in der Zeit zwischen 1998 und 2000 fällte der 5. Strafsenat des BGH drei Entscheidungen, die als Grundsatzentscheidungen nahezu die gesamte spätere Rechtsprechung[422] zur neutralen Beihilfe beeinflusst haben.[423] Die ersten beiden Entscheidungen betrafen die strafrechtliche Verantwortlichkeit von Rechtsberatern wegen Beihilfe zu Straftaten ihrer Mandanten (in der ersten Entscheidung ging es um einen Notar, in der zweiten um einen Rechtsanwalt); in der dritten Entscheidung ging es um die Beihilfe zur

---

[420] Siehe oben Teil 2 B.I.1. Vgl. auch *Schumann*, Selbstverantwortung, S. 1.
[421] *Roxin*, FS Stree/Wessels, S. 376; siehe auch *Joecks*, in: MüKo-StGB, § 26 Rn. 54; a. A. aber *Kudlich*, FS Tiedemann, S. 231.
[422] Einzige Ausnahme ist, soweit ersichtlich, das Urteil des 3. Strafsenats des BGH im Fall *Mannesmann/Vodafone* (abgedruckt in NJW 2006, 528 Rn. 48), welches die Formel kritisch hinterfragt hat; dazu siehe *Rackow*, Neutrale Handlungen als Problem des Strafrechts, S. 22.
[423] Namentlich BGH NStZ-RR 1999, 184; BGH NStZ 2000, 34; und BGHSt 46, 107; siehe Überblick in *Rackow*, in: BeckOK StGB, § 27 Rn. 10 ff.

Steuerhinterziehung durch einen Bankangestellten, der anonyme Kapitaltransfers ins Ausland durchgeführt hat, damit der Kunde den Zinsabschlag auf Kapitalerträge vermeidet. Die neutrale Beihilfe ist somit auf Beraterberufe sozusagen zugeschnitten.

Der BGH geht zunächst – mit der wohl herrschenden Meinung in der Literatur – davon aus, dass § 27 Abs. 1 StGB lediglich die *objektive Förderung* der Straftat eines anderen voraussetze,[424] sodass jede Handlung, die eine Straftat fördert, prima facie den objektiven Beihilfetatbestand erfülle – einerlei, ob sie alltäglich oder sozial üblich ist.[425] Dies gelte jedoch nicht uneingeschränkt, sondern bedürfe *„einer bewertenden Betrachtung im Einzelfall.“*[426] Für diese Betrachtung hat der 5. Strafsenat des BGH einige Grundsätze formuliert, die als BGH-Formel bekannt sind.[427] Diese differenzieren zwischen direktem und bedingtem Vorsatz hinsichtlich der Haupttat und legen jeweils unterschiedliche Kriterien für die Strafbarkeit zugrunde. Im Einzelnen postuliert die Formel Folgendes:

- *Ziele das Handeln des Haupttäters ausschließlich darauf ab, eine strafbare Handlung zu begehen, und wisse dies der Hilfeleistende, so mache er sich wegen Beihilfe strafbar.*

- *Wisse der Hilfeleistende dagegen nicht, wie der von ihm geleistete Beitrag vom Haupttäter verwendet wird, so stelle sein Handeln nur dann eine strafbare Beihilfehandlung dar, wenn das von ihm erkannte Risiko der Begehung einer Straftat durch den von ihm Unterstützten derart hoch war, dass er sich mit seiner Hilfeleistung die Förderung eines erkennbar tatgeneigten Täters angelegen sein ließ.*[428]

Diese Kriterien sind auslegungsbedürftig. Sie stammen ursprünglich aus der Auffassung *Roxins* zur neutralen Beihilfe,[429] wie sie erstmals in der elften Auflage des Leipziger Kommentars zum StGB formuliert wurde.[430] Aus diesem Grund kann man die BGH-Formel nur im Zusammenhang mit der Lehre *Roxins* auslegen.

[424] Statt vieler BGHSt 46, 107, 109; *Frisch*, FS Lüderssen, S. 541; *Wohlers*, NStZ 2000, 169, 169; umfassend *Baun*, Beihilfe zu NS-Gewaltverbrechen, S. 64 f. m.w.N.
[425] BGH NStZ 2020, 2018, 328, Rn. 15 f.; BGH NStZ-RR 2021, 7 Rn. 24.
[426] BGH NStZ 2020, 2018, 328, Rn. 15 f.; BGH NStZ-RR 2021, 7 Rn. 24.
[427] BGH NStZ 2000, 34, 34.
[428] BGH NStZ 2000, 34, 34; BGHSt 46, 107; BGH NStZ 2017, 337, 338; BGH NStZ 2017, 461 Rn. 7; BGH NStZ 2018, 328, 329; BGH NStZ 2020, 2018, 328, Rn. 15 f.; BGH NStZ-RR 2021, 7 Rn. 24; BGH wistra 2022, 22.
[429] Dies gibt *Roxin* selbst zu (*ders*., AT Bd. II, § 26 Rn. 219).
[430] *Roxin* in: LK-StGB, 11. Aufl., § 27 Rn. 19; ausführlicher in *ders*., AT II, § 26 Rn. 221 ff.

aa) Direkter Vorsatz

Der erste Teil der BGH-Formel verlangt zwei Voraussetzungen: Zum einen muss das Handeln des Haupttäters ausschließlich auf eine strafbare Handlung abzielen und zum anderen muss der Gehilfe davon wissen. Das Erfordernis eines ausschließlich deliktischen Zweckes durch den Haupttäter rührt aus der Auffassung Roxins vom sog. deliktischen Sinnbezug der Förderungshandlung her. Zwar sprach der BGH früher nicht direkt von einem deliktischen Sinnbezug, in den letzten Jahren hat er jedoch explizit auf diesen xzurückgegriffen.[431]

Roxin hat den Begriff des deliktischen Sinnbezugs direkt aus seiner objektiven Zurechnungslehre abgeleitet und ihn zur allgemeinen Voraussetzung der Beihilfe gemacht.[432] Ein deliktischer Sinnbezug liegt nach seiner Auffassung dann vor, wenn die Hilfeleistung ohne die Haupttat keinen sozialen Sinn mehr hat. Dies sei dann der Fall, wenn die Tat des Gehilfen einer Handlung ausschließlich deliktischer Natur fördere, oder einer zwar legalen Handlung, deren einziger Zweck jedoch die Begehung von Straftaten ist. [433] Die erste Alternative liege vor, wenn eine Unmittelbarkeit zwischen der Hilfeleistung und der Haupttat besteht,[434] beispielsweise wenn ein Taxifahrer den Mörder zum Tatort fährt. Die zweite Alternative sei dann vorhanden, wenn zwischen beiden Handlungen eine an sich rechtmäßige Handlung dazwischentrete. Dies sei etwa der Fall, wenn ein Bankangestellter im Namen des Kunden Geld in eine Steueroase überweist und der Kunde später bezüglich dieses Geldes eine Steuerhinterziehung begeht. In diesem Fall muss die Überweisung ausschließlich der Steuerhinterziehung dienen. Verfolgt der Täter mit ihr daneben andere, legitime Zwecke, hat die Förderungshandlung keinen deliktischen Sinnbezug, weil sich die Hilfeleistung nicht unmittelbar auf die Haupttat bezieht.

---

[431] BGH NZWiSt 2014, 139.

[432] *Roxin*, FS Stree/Wessels, S. 378, 380 f. Freilich sprach zuerst *Meyer-Arndt*, wistra 1989, 282, vom deliktischer Sinnbezug, er sah ihm jedoch als rein objektives Kriterium an (er hat nämlich darauf abgestellt, ob die Unterstützungshandlung noch einen Sinn in sich selbst hätte, wenn die Haupttat entfiele). *Roxin* wandelte den deliktischen Sinnbezug in ein gemischt objektiv-subjektives Kriterium; siehe Nachweise dazu von *Niedermair*, ZStW 1995, 507, 522.

[433] *Roxin*, AT II, § 26 Rn. 222 f.; *ders.*, FS Stree/Wessels FS, S. 378 ff., wo er den deliktischen Sinnbezug zu allgemeiner Voraussetzung der Beihilfe macht; wie *Roxin Schünemann*, in: LK-StGB, 12. Aufl., § 27 Rn. 19; weitere Nachweise in *Schmorl*, Die Grenzen der Beihilfestrafbarkeit, S. 148.

[434] Vgl. BGH wistra 2014, 176, Rn. 28: dies sei nicht der Fall, wenn „der Gehilfe […] zwar den Täter, nicht aber unmittelbar dessen strafbares Tun durch seinen Beitrag unterstützt."

bb) Bedingter Vorsatz

Laut *Roxin* und BGH ist bedingter Vorsatz nur dann strafbar, wenn der Gehilfe einem „erkennbar Tatgeneigten" Hilfe leistet. Das Kriterium der erkennbaren Tatgeneigtheit entstammt ursprünglich dem Vertrauensgrundsatz und stellt dessen Einschränkung dar.[435] Die Strafbarkeit des Gehilfen bei erkennbarer Tatgeneigtheit beruht auf dem Gedanken, dass der Vertrauensgrundsatz außer Kraft gesetzt wird, wenn hinreichende Anhaltspunkte dafür vorliegen, dass der Dritte rechtswidrig handeln wird. [436] Wenn der potenzielle Haupttäter die Hilfeleistung mit hoher Wahrscheinlichkeit zur Deliktsbegehung verwenden wird, gibt es keinen Grund für eine strafrechtliche Privilegierung. [437]

b) Ergänzung der Formel

Im Jahr 2014 hat der BGH erstmals eine inhaltliche Ergänzung der Formel übernommen. Im Einzelnen nahm der 5. Strafsenat explizit Rücksicht auf die Unterscheidung zwischen objektiver und subjektiver Strafbarkeitseinschränkung. Im Hinblick auf den objektiven Tatbestand hat der Senat entschieden, dass keine strafbare Beihilfe vorliege, wenn die Haupttat keinen deliktischen Sinnbezug aufweist, d.h., wenn „*das vom Gehilfen geförderte Tun des Haupttäters nicht allein auf die Begehung einer strafbaren Handlung abzielt und der Beitrag des Gehilfen auch ohne das strafbare Handeln des Täters für diesen sinnvoll bleibt*".[438] Auf der subjektiven Seite hat der Senat in Bezug auf die Strafbarkeit von bedingtem Vorsatz die Anforderung aufgestellt, dass dem Gehilfen Anhaltspunkte vorliegen müssen, die eine rechtswidrige Verwendung seiner Leistung als *sehr wahrscheinlich* erscheinen lassen.[439] Diese neue Voraussetzung wurde indes, soweit ersichtlich, von der Rechtsprechung bisher nicht wiederholt. Zudem hat sich der 5. Strafsenat nicht mehr mit der neutralen Beihilfe befasst.[440] Es bleibt mithin abzuwarten, ob die Rechtsprechung das Erfordernis der hohen Wahrscheinlichkeit der Haupttat künftig als neues Merkmal der BGH-Formel verwenden wird.

---

[435] Nachweise in *Roxin*, FS Stree/Wessels, S. 380; *ders.*, FS Tröndle, S. 178; *ders.*, StV 2015, 447, 451.
[436] *Roxin*, FS Tröndle, S. 188 f.; vgl. ferner *Frisch*, Tatbestandsmäßiges Verhalten, S. 266.
[437] *Roxin*, FS Tröndle, S. 190.
[438] BGH wistra 2014, 176, Rn. 28.
[439] BGH wistra 2014, 176, Rn. 32; kritisch aber *Greco*, wistra 2015, 1 ff.; ähnlich *Roxin* StV 2015, 447 ff.
[440] Einen Verweis auf die erhöhte Wahrscheinlichkeit der Haupttat sucht man vergebens z.B. in BGH NStZ 2018, 328, 329; BGH wistra 2019, 63, Rn. 183 ff.; BGH NStZ 2020, 2018, 328, Rn. 15 f.; BGH NStZ-RR 2021, 7 Rn. 24; BGH wistra 2022, 22.

c) *Kritische Würdigung*

Es ist nicht absehbar, dass die Rechtsprechung in naher Zukunft von der BGH-Formel abweicht. Somit stellt sich die Frage, ob die Formel die erforderliche Einschränkung der Geldwäsche im Hinblick auf neutrales Verhalten bieten könnte. Eine bejahende Antwort hätte durchaus praktische Vorteile, zumal die Formel eine konsensfähige Lösung darstellt. Es wäre mithin vorzugswürdig, wenn die Einschränkung von § 261 StGB im Hinblick auf Beraterberufe tatsächlich auf die BGH-Formel gestützt werden könnte. Dies ist nach hier vertretener Ansicht aber nicht möglich, da die Formel mit zahlreichen Problemen behaftet ist

Zunächst ist ein methodologischer Kritikpunkt zu nennen: Es muss sich der BGH vorwerfen lassen, dass er sich bisher nicht auf die Debatte in der Wissenschaft eingelassen und die Formel gegenüber weiteren in der Dogmatik vertretenen Lösungen kaum gerechtfertigt hat.[441] Jenseits dieses methodologischen Problems können gegen die Formel inhaltliche Einwände erhoben werden. Diese betreffen sowohl die objektive Seite der Formel – d.h. einerseits den Begriff vom deliktischen Sinnbezug (bei direktem Wissen) und andererseits das Erfordernis der Förderung eines erkennbar Tatgeneigten (beim dolus eventualis) – als auch deren subjektive Merkmale.

aa) Zum deliktischen Sinnbezug

Der Begriff des deliktischen Sinnbezugs ist zunächst in drei Punkten zu kritisieren:

i) Kriminalpolitische Einwände

Obwohl der Begriff vom deliktischen Sinnbezug im Ergebnis zu zufriedenstellenden Lösungen führt,[442] erweist sich die Differenzierung danach, ob die unmittelbar geförderte Handlung für sich genommen strafbar ist, als zu streng. Denn die *ausschließlich* deliktische Inanspruchnahme einer Dienstleistung soll zumindest im Bereich der Wirtschaftskriminalität – wo das Problem der neutralen Handlungen die größte praktische Bedeutung erlangt – bei lebensnaher Betrachtung eher eine Ausnahmeerscheinung sein.[443] Es gibt nämlich mehrere durchaus strafwürdige Verhaltensweisen, die nicht ausschließlich deliktische Zwecke verfolgen. Dies zeigt das folgende Beispiel, das in

---

[441] So auch *Kudlich*, FS Kindhäuser, S. 233; *ders.*, NStZ 2017, 328, 330.

[442] Vgl. *Rabe von Kühlewein*, JZ 2002, 1139, 1140.

[443] *Frisch*, FS Lüderssen, S. 544; *Niedermair*, ZStW 1995, 507, 533; auch *Roxin* gibt das zu (FS Tröndle, S. 190).

seinen Grundzügen bereits verwendet wurde: A, Kunde der Bank B, bittet den Angestellten T darum, einen beträchtlichen Geldbetrag auf sein Bankkonto in eine Steueroase zu überweisen, da er beabsichtigt, mit diesem Betrag eine Steuerhinterziehung zu begehen. Die Gutschrift des Geldes auf dem Konto von A bei der ausländischen Bank erfüllt jedoch noch nicht den objektiven Tatbestand der Steuerhinterziehung. Denn in der Regel besteht zum Zeitpunkt der Hilfeleistung noch kein Steueranspruch des Staates.[444] Die Tatbestandsmäßigkeit ergibt sich vielmehr erst aus der nachträglichen Verheimlichung des Geldes vor den inländischen Steuerbehörden, beispielsweise in der Steuererklärung des A. Während der Überweisung besteht also noch keine Unmittelbarkeit zwischen der Hilfeleistung des B und der Steuerhinterziehung durch A. Solche indirekten Förderungen sind außerhalb von neutralen Handlungen zweifellos als Beihilfe strafbar.[445] Erst im Zusammenhang mit neutralen Handlungen nimmt die BGH-Formel eine Einschränkung vor: Liege zwischen der Förderung und der Haupttat ein an sich rechtmäßiges Verhalten (hier: die Überweisung), so werde der Gehilfe nur dann bestraft, wenn die Zwischenhandlung *allein* auf die strafbare Handlung abzielt.

Diese Einschränkung führt indes zu Strafbarkeitslücken.[446] Denn es ist zumindest vertretbar, einen deliktischen Sinnbezug auch bei teilweise deliktischen Zwecken des Haupttäters anzunehmen.[447] Ansonsten wäre die Annahme von Beihilfe zu Wirtschaftsstraftaten sehr schwierig. Im vorliegenden Beispielsfall wäre z.B. eine Bestrafung des B wegen Beihilfe zur Steuerhinterziehung nicht möglich, wenn A durch die Überweisung nicht nur sein Geld verheimlichen, sondern damit auch seine in der Steueroase befindliche Firma finanzieren wollte.

ii) Unvollständigkeit der Formel

Diese kriminalpolitischen Überlegungen weisen auf ein größeres Problem hin: Das Erfordernis eines ausschließlich deliktischen Sinnbezugs ist aus dogmatischer Sichtweise unvollständig begründet.[448] Es wird nämlich nicht erläutert, warum nur die ausschließlich deliktische Verwendung des Förderungsbeitrags ein unerlaubtes Risiko darstellt, oder

[444] Vgl. BGHSt 46, 107, 115 f.
[445] Statt vieler *Roxin*, AT II, § 26 Rn. 256; ferner *Lesch*, JA 2001, 986, 986.
[446] *Rabe von Kühlewein*, JZ 2002, 1139, 1140; *Schörner/Bockemühl*, StV 2018, 20, 21; *Baun*, Beihilfe zu NS-Gewaltverbrechen, S. 202; *Schmorl*, Die Grenzen der Beihilfestrafbarkeit, S. 160; *Frisch*, Tatbestandsmäßiges Verhalten, S. 290.
[447] *Amelung*, FS Grünwald, S. 14.
[448] So auch *Amelung*, FS Grünwald, S. 13 f.; *Lüderssen*, FS Grünwald, S. 340; *Kudlich*, FS Kindhäuser, S. 233; *Rabe von Kühlewein*, JZ 2002, 1139, 1140.

warum die Ziele des Haupttäters den Gehilfen überhaupt etwas angehen sollen – also ob er die ihm erbrachte Leistung ausschließlich deliktisch verwenden will oder nicht.[449] Die Orientierung an den Zwecken des Haupttäters führt außerdem zu einer Entrationalisierung der strafrechtlichen Verantwortlichkeit des Gehilfen, weil es reinem Zufall entspricht, ob der Haupttäter die neutrale Leistung nur zu kriminellen Zwecken oder auch für andere Taten in Anspruch nehmen will;[450] Zufall kann aber kein Kriterium für die Strafbarkeit sein, ebenso wenig für eine Strafbarkeitseinschränkung.

iii) Subjektivierung

Darüber hinaus ist problematisch, dass das Kriterium des deliktischen Sinnbezugs in Wirklichkeit ausschließlich auf subjektive Merkmale abstellt, um die Beihilfestrafbarkeit einzuschränken. Um die Mängel dieser Subjektivierung zu erläutern, soll zuerst erklärt werden, warum allgemein die Begründung oder Einschränkung des strafrechtlichen Unrechts nach rein *objektiven* Kriterien erfolgen muss:

α) Die Untauglichkeit rein subjektiver Kriterien

Dass der soziale Sinn einer Handlung ohne Rückgriff auf subjektive Tätermomente nicht erfasst werden kann, ist heute unbestritten.[451] So ist beispielsweise nicht möglich, einen strafbaren Diebstahl gemäß § 242 Abs. 1 StGB von einer (zivilrechtlich verbotenen, aber) straflosen kurzzeitigen Wegnahme einer Sache zu unterscheiden, ohne zu prüfen, ob der Täter eine Zueignungsabsicht hatte. Der menschliche Handlungsakt tritt also erst durch die Heranziehung subjektiver Merkmale in seiner ganzen Tragweite zutage. Die Anknüpfung an innere Merkmale ist zudem erforderlich, um dem Täter die Vornahme einer verbotenen Handlung subjektiv zuzurechnen.

In jeder rechtsstaatlichen Rechtsordnung gilt jedoch auch das Verbot eines Gesinnungsstrafrechts: Innere Gedanken, Absichten, Wünsche und Vorstellungen (sog. Interna) des Täters sind *an sich* nicht strafbar, unabhängig davon, wie groß die Gefahr ist, die von ihnen für die Rechtsgüter anderer ausgeht.[452] Ein rechtsstaatliches Strafrecht ist notwendig auch ein Tatstrafrecht. Interna mögen das strafbare Unrecht zwar konkretisieren, aber niemals an sich allein begründen. Es ist vielmehr ein Mindestmaß an

[449] Vgl. *Bode*, ZStW 2015, 937, 961.
[450] *Rönnau/Wagner*, JuS 2019, 527, 530.
[451] *Wohlleben*, Beihilfe, S. 111 ff., insb. 114.
[452] *Jakobs*, ZStW 1985, 751 ff.; *Rath*, Gesinnungsstrafrecht, S. 22 f.; *Hirsch*, FS Roxin, 2001, S. 713.

objektivem Unrecht, ein sog. objektiver Unrechtsgehalt, erforderlich.[453] Dies wird nicht zuletzt am Versuch deutlich: Neben dem Vorsatz wird gemäß § 22 StGB das unmittelbare Ansetzen zur Tatbegehung als objektives Tatbestandsmerkmal vorausgesetzt; allein die Entscheidung zur Tatbegehung reicht nämlich nicht aus.[454]

Es wäre allerdings vertretbar, dass das Gesinnungsstrafrechtsverbot nur für die Begründung der Strafbarkeit gelte, nicht für deren Einschränkung. Da die BGH-Formel zur neutralen Beihilfe tatsächlich eine Entkriminalisierungsfunktion entfaltet, könnte sie auf rein subjektive Kriterien abstellen. Doch ist dies bei näherer Betrachtung nicht der Fall, da bei der Einschränkung der Strafbarkeit die Grenzen zwischen straflosem und strafbarem Verhalten bestimmt werden. Wenn die Erlaubtheit einer Handlung nach rein subjektiven Kriterien entschieden wird, fehlt es an dem erforderlichen Minimum objektiven Unrechts.[455] Eine rein subjektive Strafbarkeitseinschränkung ist also immer abzulehnen. Die Subjektivierung der Strafbarkeitseinschränkung führt außerdem zu prozessualen Problemen: Das strafbare Verhalten muss objektiv feststellbar und gerichtlich überprüfbar sein.[456] Ohne Rückgriff auf objektive Merkmale ist es unmöglich, Zugang zur Innenwelt des Täters zu erhalten. Denn innere Zustände sind kein Gegenstand der unmittelbaren Beobachtung, sondern Dispositionsbegriffe, welche dem Richter nur anhand äußerer Tatsachen, sog. Indikatoren, zugänglich sind.[457] Diese Indikatoren müssen aber selbst objektiv beobachtbare Tatsachen darstellen. Die Schlussfolgerung vom Objektiven zum Subjektiven kann nur durch etwas rein Objektives erfolgen.

Aus den vorstehenden Überlegungen ergibt sich, dass die Kriterien für die Beurteilung neutraler Handlungen zwingend einen objektiven Gehalt aufweisen müssen, d.h., es müssen (neben subjektiven) auch objektive Kriterien für die Abgrenzung zwischen strafrechtlich erlaubtem und unerlaubtem Verhalten verwendet werden. Werden hingegen allein innere Tatmomente zum Maßstab der Strafbarkeit, kann kein rationales Urteil mehr über die Strafbarkeit gefällt werden. Dies vermag auch § 10 TMG nicht in Frage zu

---

[453] So *Sieber*, NStZ 2009, 353, 360; *ders./Vogel*, Terrorismusfinanzierung, S. 139; *Hassemer*, wistra 1995, 41, 43; ferner *Rautenberg*, Rechtsstaatswidriges Feindstrafrecht, S. 103; siehe auch Ausführungen des *Verfassers* in GA 2021, 683, 687, zu § 89c StGB.

[454] Vgl. *Streng*, GS Zipf, S. 325.

[455] So auch *Hassemer*, wistra 1995, 41, 42; siehe ferner *Weigend*, FS Nishihara, S. 200; *Schünemann*, in: LK-StGB, 12. Aufl., § 27 Rn. 26; *Rabe von Kühlewein,* JZ 2002, 1139, 1141; *Rautenberg*, Rechtsstaatswidriges Feindstrafrecht, S. 103 ff.

[456] *Sieber/Vogel*, Terrorismusfinanzierung, S. 140 f.

[457] *Hassemer,* in: Vom Nutzen und Nachteil der Sozialwissenschaften für das Strafrecht, S. 244; *ders.*, GS Armin Kaufmann, S. 304; *Mylonopoulos*, Komparative und Dispositionsbegriffe im Strafrecht, S. 82.

stellen, obwohl er hinsichtlich der Strafbarkeit des Diensteanbieters für fremde Informationen auf deren *Kenntnis* abstellt. [458] Diese subjektive Strafbarkeitseinschränkung kann nicht auf alle Fälle neutralen Verhaltens verallgemeinert werden, denn § 10 TMG ist im Hinblick auf das bereits etablierte Verbot einer rein subjektiven Einschränkung der Strafbarkeit misslungen; ein missglücktes Gesetz kann nicht eine ebenso missglückte allgemeine Lösung für ein rechtliches Problem diktieren.

β) Der subjektive Charakter des deliktischen Sinnbezugs

Dieses Erfordernis erfüllt die BGH-Formel bei näherer Betrachtung nicht: Zwar stellt sie prima facie eine gemischt objektiv-subjektive Lösung dar (ihr subjektiver Teil liegt in der Abgrenzung zwischen direktem und bedingtem Vorsatz, ihr objektiver Teil im deliktischen Sinnbezug bzw. in der erkennbaren Tatgeneigtheit des Haupttäters), gleichwohl ist sie nicht geeignet, das Erfordernis des objektiven Unrechts zu erfüllen. Denn die objektive Seite einer gemischt objektiv-subjektiven Lösung sollte an sich rein objektiv sein. Dies ist jedoch nicht der Fall:[459] Ob ein deliktischer Sinnbezug vorliegt, wird ausschließlich anhand der Zielsetzungen des Haupttäters beurteilt. Um dies am bereits erwähnten Schulbeispiel des Messerverkaufs darzustellen: Um die Strafbarkeit des Messerverkäufers zu prüfen, muss zunächst gemäß der Formel festgestellt werden, ob der Kunde die Messer nur deshalb kaufen will, um andere Menschen tödlich zu verletzen. Ohne Rückgriff auf seine Innenwelt kann man also das Vorliegen des deliktischen Sinnbezuges nicht feststellen.

Diese Subjektivierung ist rechtsstaatlich gefährlich, weil sie gegen das bereits festgelegte Verbot des Gesinnungsstrafrechts verstößt. Zudem stellt der ausschließlich deliktische Zweck des Täters einen Dispositionsbegriff dar: Ob die Straftat der einzige Zweck des Haupttäters war und ob dies dem Gehilfen bekannt war, kann nur mittelbar durch richterliche Prüfung festgestellt werden. [460] Als Dispositionsbegriff erfordert der deliktische Sinnbezug objektive Indikatoren, die über die Motive des Haupttäters hinausgehen. Solche Indikatoren liegen jedoch nicht vor.

[458] Dazu siehe ausführlich *Bode*, ZStW 2015, 937 ff., insb. S. 942.
[459] So auch *Kudlich*, FS Kindhäuser, S. 233; *Weigend*, FS Nishihara, S. 200.
[460] Ähnlich *Kudlich*, FS Kindhäuser, S. 240; *Weigend*, FS Nishihara, S. 200.

bb) Zur zweiten Variante der Formel

Auch die zweite Variante der Formel weist erhebliche Probleme auf. Die objektive Tatseite dieser Variante besteht einerseits in der Förderung eines erkennbar tatgeneigten Menschen und andererseits – so der BGH) im Jahre 2015 – im Vorliegen einer hohen Wahrscheinlichkeit für die Begehung der Haupttat.[461] Beide Voraussetzungen sind problematisch.

i) Verschleifung zwischen direktem und bedingtem Vorsatz

Bei den fahrlässigen Delikten – wo der Vertrauensgrundsatz die größte praktische Bedeutung hat – und insbesondere bei der bewussten Fahrlässigkeit erweist sich das Erfordernis einer erkennbaren Tatgeneigtheit als nahezu unproblematisch: Wer die Möglichkeit einer Rechtsgutsverletzung erkennt und dennoch handelt, muss bestraft werden. Das Vertrauen, dass andere zu dieser Rechtsgutsverletzung nichts beitragen, endet dort, wo es offensichtlich unbegründet ist. Es stellt sich jedoch die Frage, ob der Vertrauensgrundsatz auf vorsätzliche Taten – wie die Beihilfe – anwendbar ist. Bei direktem Vorsatz ist dies sicherlich nicht der Fall. Denn das Wesen des Vertrauensprinzips besteht darin, dass eine Person, wenn sie nicht sicher weiß, ob sie unter bestimmten Umständen – insbesondere im Rahmen einer Arbeitsteilung – auf das rechtmäßige Verhalten Dritter vertrauen kann, davon ausgehen, wenn kein normwidriges Verhalten nicht sicher ist.[462] Steht der Eintritt einer Rechtsgutsverletzung fest, ist es sinnlos, von Vertrauen in deren Nicht-Eintritt zu sprechen.

In Bezug auf das kognitive Element besteht zwischen dem bedingten Vorsatz und der bewussten Fahrlässigkeit eine wesentliche Ähnlichkeit: In beiden Fällen weiß der Täter nicht sicher, dass eine Straftat begangen wird, sondern er vermutet oder hält es für wahrscheinlich. Daher kann der Vertrauensgrundsatz konsequenterweise auch im Rahmen des bedingten Vorsatzes relevant werden.[463] Bei der neutralen Beihilfe kann gleichwohl die Abgrenzung der Unterstützung eines erkennbar Tatgeneigten von der sicheren Kenntnis der Haupttat problematisch werden.[464] Dies ist auf eine Besonderheit

---

[461] Freilich gehört nach Ansicht des 5. Senats des BGH die erkennbare Tatgeneigtheit des Haupttäters zum subjektiven Tatbestand, da sie den dolus eventualis konkretisiert; sie ist aber durchaus ein objektiver Anhaltspunkt für den Vorsatz und gehört daher richtigerweise zum objektiven Beihilfetatbestand. So *Greco*, wistra 2015, 1 ff.; *Baun*, Beihilfe zu NS-Gewaltverbrechen, S. 240.

[462] Statt vieler siehe *Roxin*/*Greco*, AT I, § 24 Rn. 21.

[463] Kritisch jedoch *Amelung*, FS Grünwald, S. 19: Der Vertrauensgrundsatz gelte nur für das fahrlässige Delikt; a.A. (wie im Text) *Weigend*, FS Nishihara, S. 199.

[464] *Weigend*, FS Nishihara, S. 199; *Kudlich*, FS Kindhäuser, S. 233 f.;

des Gehilfenvorsatzes zurückzuführen: Grundsätzlich kann der Gehilfe sich nicht absolut sicher sein, dass der Haupttäter eine Straftat begeht, weil ihm die Tatherrschaft fehlt.[465] Daher schließt der direkte Vorsatz bei der Beihilfe grundsätzlich nicht die Gewissheit über die Merkmale der Haupttat ein, sondern nur ein unbestimmtes Wissen darüber, dass der Dritte eine Straftat begehen wird.[466] Eine sichere Kenntnis kann nur in jenen Fällen bestehen, in denen die Hilfeleistung in engem räumlichen und zeitlichen Zusammenhang mit der Haupttat steht; dies ist der Fall bei der Unterstützung im Ausführungsstadium. Die meisten Konstellationen der berufsbedingten Handlungsneutralität betreffen jedoch nicht solche Fälle, sondern die Hilfeleistung bei der Deliktsvorbereitung.[467] In diesen Fällen liegt keine sichere Kenntnis von der Haupttat vor. [468] Diese unscharfe Abgrenzung der Vorsatzformen bei der Beihilfe spielt zwar bei der „normalen" Beihilfe in der Regel keine entscheidende Rolle, weil die Feststellung der konkreten Vorsatzform lediglich für die Strafzumessung relevant ist. Wenn der BGH jedoch die Abgrenzung zwischen den verschiedenen Vorsatzformen für die Strafbarkeit maßgeblich macht (indem er an den direkten und den bedingten Vorsatz jeweils unterschiedliche Anforderungen stellt), muss eine klare Abgrenzung zwischen sicherer Kenntnis und bloßen Anhaltspunkten, die einer erkennbaren Tatgeneigtheit zugrunde liegen, möglich sein.[469] Ansonsten verschleifen sich direkter und bedingter Vorsatz, sodass den Kriterien der BGH-Formel (also den Kriterien zwischen direktem und bedingtem Vorsatz) keine sichere Methode zugrunde liegt.

Schließlich erweckt auch das Verhältnis der beiden Alternativen der Formel zueinander den Vorwurf eines Wertungswiderspruchs: Die Formel verlangt einen deliktischen Sinnbezug zwar nur für den direkten, nicht aber für den bedingten Vorsatz. Die leichtere Form des Vorsatzes erfordert also weniger Bedingungen als die schwerere.[470]

ii) Verschleifungen innerhalb des bedingten Vorsatzes

Darüber hinaus lässt sich die Förderung eines erkennbar Tatgeneigten nicht mit hinreichender Genauigkeit von den Fällen des „normalen" Eventualvorsatzes

[465] BGH NStZ 1997, 272, 273; BGHSt 46, 107, 109; *Puppe*, Erfolgszurechnung, S. 152; *Wohlers*, NStZ 2000, 169, 170.
[466] Vgl. *Roxin*, AT II, § 26 Rn. 272; ferner *Rabe von Kühlewein*, JZ 2002, 1139, 1140.
[467] *Roxin*, AT II, § 26 Rn. 256.
[468] BGH NZWiSt 2021, 360, 361.
[469] *Wohlers*, NStZ 2000, 169, 170; *Kudlich*, NStZ 2017, 339, 340.
[470] *Schörner/Bockemühl*, StV 2018, 20, 21; *Kudlich*, NStZ 2017, 328, 330; vgl. auch *Wohlers*, NStZ 2000, 169, 170.

unterscheiden.[471] Es liegt nahe, dass die Unterstützung eines erkennbar tatgeneigten Menschen eine schwerere Vorsatzform gegenüber dem „normalen“ dolus eventualis darstellt. Selbst für den „normalen” dolus eventualis reichen bloße Möglichkeitsvorstellungen jedoch nicht aus, sondern es ist erforderlich, dass der Täter ernsthaft mit der Wahrscheinlichkeit des Erfolgseintritts rechnet.[472] Daher ist nicht ersichtlich, wann genau der Gehilfe den Bereich des bloßen dolus eventualis verlässt und die Stufe der Unterstützung eines erkennbar tatgeneigten Menschen erreicht. Aus diesem Grund kann es zu Überschneidungen zwischen erkennbarer Tatgeneigtheit und „normalem“ bedingtem Vorsatz kommen.

iii) Die erhöhte Wahrscheinlichkeit der Haupttat als weiteres Kriterium?

Die hohe Wahrscheinlichkeit der Haupttat, die der 5. Strafsenat des BGH im Jahre 2015 als neues Merkmal in die Formel aufgenommen hat, wurde bereits von der bis in die 1970er Jahre zurückreichenden Rechtsprechung als Einschränkung des Vertrauensgrundsatzes betrachtet.[473] Zunächst einmal ist diese Verschärfung der Eventualvorsatzanforderungen durch den 5. Senat aus kriminalpolitischer Sicht zu begrüßen, weil sie den Grundsätzen des erlaubten Risikos Rechnung trägt: Je weniger eventualvorsätzliche Handlungen kriminalisiert werden, desto freier funktioniert der Verkehr. Es ist indes fraglich, inwieweit diese Erhöhung der Vorsatzanforderungen dogmatischer Prüfung standhält. Denn sie führt zu einer weiteren Angleichung des bedingten an den direkten Vorsatz, insbesondere angesichts der Tatsache, dass, wie bereits angeführt, der direkte Vorsatz des Gehilfen nie den Grad absoluter Gewissheit erreicht.[474] Problematisch ist außerdem die prozessuale Abgrenzung von direktem und bedingtem Vorsatz, wenn Letzterer nur bei hoher Wahrscheinlichkeit der Haupttat bestraft wird:[475] Die hohe Wahrscheinlichkeit des Erfolgseintritts kann gleichzeitig ein Indikator sowohl für den direkten Vorsatz als auch für die erkennbare Tatgeneigtheit des Haupttäters sein.

---

[471] *Rönnau/Wagner*, JuS 2019, 527, 530; *Schörner/Bockemühl*, StV 2018, 20, 21; *Kudlich*, FS Kindhäuser, S. 234; *ders.*, NStZ 2017. 339, 340; *Hartmann*, ZStW 2004, 585, 597; *Weigend*, FS Nishihara, S. 199.
[472] *Roxin/Greco*, AT I, § 12, Rn. 27.
[473] BGHSt 14, 169; siehe auch *Jakobs*, ZStW 1977, 1, 14.
[474] Gegen die Einschränkung der strafbaren neutralen Beihilfe auf die hohe Wahrscheinlichkeit der Haupttat auch *Greco*, wistra 2015, 1, 3 f., weil sich keine dogmatischen Argumente für diese finden lassen.
[475] *Roxin*, StV 2015, 447, 451 f., zumal der Gehilfe bei lebensnaher Sichtweise nicht über den Wahrscheinlichkeitsgrad des Erfolgseintritt nachdenkt.

Die Grenzen zwischen den beiden Alternativen der BGH-Formel (direkter und bedingter Vorsatz) sind nach alleden unscharf.

cc) Vernachlässigung der Absicht

Ein letztes Problem der BGH-Formel liegt in der Vernachlässigung der Absicht als Vorsatzform.[476] Der BGH beantwortet die Frage nämlich nicht, wie derjenige zu behandeln ist, wer zwar die Förderung einer fremden Straftat bezweckt, diese aber lediglich für möglich hält. Hierbei gibt es zwei Möglichkeiten: Entweder macht er sich nur beim Vorliegen einer erkennbaren Tatgeneigtheit bzw. einer hohen Wahrscheinlichkeitsvorstellung strafbar (wie beim dolus eventualis) oder es muss ein deliktischer Sinnbezug vorhanden sein, d. h., die Straftat muss das ausschließliche Ziel des Haupttäters darstellen. Das RG hat dazu – seiner Förderungswillenstheorie entsprechend – sowohl auf das Wissen als auch auf den Willen des Gehilfen abgestellt und postuliert, dass die Absicht für die Strafbarkeit genügt.[477] Diese Problematik ist jedoch von der modernen Rechtsprechung nicht erfasst.[478]

d) Zwischenergebnis

Nach alledem kann die BGH-Formel keine befriedigende Einschränkung der Geldwäschestrafbarkeit bieten. Zwar ist den subjektiven Ansätzen zuzugestehen, dass der Sinn einer Handlung nur durch Inanspruchnahme von subjektiven Tätervorstellungen vollständig erfasst werden kann. Wie bei jeder Vorverlagerung der Strafbarkeit ist aber ein objektiver Unrechtsgehalt notwendig – und genau diesen liefert die BGH-Formel nicht. Auch der deliktische Sinnbezug und die erkennbare Tatgeneigtheit sind subjektivierte Kriterien, weil sie auf den Vorstellungen des Haupttäters beruhen. Deshalb stellen sie angesichts des Verbots eines Gesinnungsstrafrechts keine tauglichen Einschränkungskriterien dar.

e) Andere Meinungen

Die BGH-Formel ist natürlich nicht die einzige Auffassung, die zur Problematik der neutralen Beihilfe aufgestellt wurde. Wie bereits in der Einleitung erläutert, sind in der Wissenschaft zahlreiche Theorien zur neutralen Beihilfe formuliert worden. Es ist aber nicht möglich, auf all diese Theorien im Rahmen der vorliegenden Untersuchung

---

[476] Vgl. *Rabe von Kühlewein*, JZ 2002, 1139, 1140.
[477] Siehe Nachweise in *Frisch*, FS Lüderssen, S. 539.
[478] *Kudlich*, NStZ 2017, 339, 339.

einzugehen – nicht zuletzt, um ihren monografischen Charakter zu wahren. Dennoch sollen hier einige Meinungsstränge zur neutralen Beihilfe diskutiert werden, die konkrete Kriterien für die Handhabung neutraler Handlungen liefern mögen; denn die Bildung einer Theorie der neutralen Beihilfe soll gewährleisten, dass nicht andere, in der Wissenschaft bereits vertretene Ansichten, das Problem bereits zufriedenstellend lösen.

aa) Rein objektive Lösungen

i) Lösung anhand der Sozialadäquanz

Erstens wird von einigen Autoren postuliert, dass die Strafbarkeit von neutralen Handlungen bloß angesichts der Lehre von der Sozialadäquanz zu bestimmen sei:[479] Soweit neutrale Handlungen sozialadäquate Verhaltensweisen darstellen, seien sie straflos. Der Rekurs auf die Sozialadäquanz hilft jedoch aufgrund der Unbestimmtheit des Begriffs nicht weiter, wie bereits festgestellt: Erstens kann es keine allgemeine Sozialadäquanz geben. Zweitens schuldet die Lehre von der Sozialadäquanz eine systematische Erklärung dafür, warum sozialadäquate Handlungen nicht strafbar sind, obwohl sie unter den objektiven Tatbestand einer Strafnorm fallen.

ii) Die Verbotseignung für den Rechtsgüterschutz

Nach anderer Auffassung sind neutrale Handlungen dann straflos, wenn der Haupttäter ohne für die Begehung der Straftat bedeutsamen Aufwand einen Ersatz für die Leistung des Berufsträgers finden konnte, wenn also die Strafnorm nicht geeignet ist, dem Rechtsgüterschutz zu dienen.[480] Doch auch diese Auffassung überzeugt nicht: Der Schwerpunkt der Strafbarkeit kann nicht darin liegen, ob dem Täter die Dienste eines anderen Berufsträgers ohne besonderen Aufwand zur Verfügung stehen. Denn dies hängt – wie bereits festgestellt wurde – wesentlich vom Zufall ab. Kriterien, die auf Zufall beruhen, können nicht Gegenstand des richterlichen Urteils über die Strafbarkeit werden, ohne eine gewisse Entrationalisierung des Strafrechts hervorzurufen.

iii) Quantitative Kriterien

Andere Autoren plädieren für eine quantitative Strafbarkeitseinschränkung: Demnach sind nur solche Handlungen strafbar, die einen *wesentlichen Beitrag* zu einer fremden

[479] So *Rudolphi*, FS Bruns, S. 315.
[480] *Greco*, wistra 2015, 1, 5; *Kudlich*, Unterstützung fremder Straftaten durch berufsbedingtes Verhalten, S. 330 ff.

Straftat leisten.[481] Solche Ansichten vermögen jedoch wiederum keine kriminalpolitisch taugliche Strafbarkeitseinschränkung zu bieten. Denn es gibt durchaus für die Haupttat konstitutive Hilfeleistungen, die nicht stets zu missbilligen sind,[482] wie z.B. eine Geldüberweisung durch den Bankmitarbeiter. Eine pauschale Bestrafung solcher Handlungen nur aufgrund ihrer Wesentlichkeit für eine fremde Straftat schränkt die Berufsfreiheit übermäßig ein. Quantitative Kriterien genügen mithin nicht dem verfassungsrechtlichen Bedarf nach Entkriminalisierung um der Berufsfreiheit willen. Darüber hinaus mangelt es dieser Auffassung an Bestimmtheit: Die Wirkung einer Leistung für die Haupttat ist nicht immer quantifizierbar.[483]

iv) Modifizierte Ansätze vom deliktischen Sinnbezug

Weitere Ansätze stellen zwar auf das Vorhandensein eines deliktischen Sinnbezuges ab, verstehen diesen aber anders als *Roxin*, indem sie ihn verobjektivieren und an konkreten objektiven Kriterien festmachen. Als solche Kriterien werden beispielsweise die enge räumlich-zeitliche Verbindung zwischen Vorschubleistung und Haupttat[484] oder die Anpassung des Verhaltens des Gehilfen an die Anforderungen des Haupttäters (z. B. durch. die Zusammenarbeit) vorgeschlagen.[485]

Auch diese Kriterien sind für die strafrechtliche Beurteilung neutraler Handlungen nicht tauglich, da ihnen die erforderliche Bestimmtheit fehlt. Die Unrechtsnähe der Gehilfenhandlung hängt nach wie vor vom Zufall ab und kann eine rationale Abgrenzung zwischen erlaubtem und unerlaubtem Verhalten nicht liefern. Darüber hinaus sind jene Kriterien mitunter zu streng: So könnte das Erfordernis eines engen räumlich-zeitlichen Zusammenhangs zwischen Beihilfe und Haupttat eventuell alle Hilfeleistungen im Vorbereitungsstadium vom Bereich der strafbaren Beihilfe ausschließen. Zudem ist auch das Kriterium des Zusammenwirkens zwischen Haupttäter und Gehilfen willkürlich, da nicht nachvollziehbar ist, warum der Sonderfall der neutralen Beihilfe ein solches Zusammenwirken erfordert, die „normale“ Beihilfe aber nicht – anders als die Anstiftung.

[481] *Weigend*, FS Nishihara, S. 208.
[482] So auch *Wohlers*, NStZ 2000, 169, 172.
[483] *Rackow*, in: BeckOK StGB, 52. Aufl., § 27 Rn. 5.
[484] *Frisch*, Tatbestandsmäßiges Verhalten, S. 281 ff.
[485] So *Kudlich*, Unterstützung fremder Straftaten durch berufsbedingtes Verhalten, S. 330 ff.

bb) Rein subjektive Lösungen

Von einigen Autoren wird ferner die Ansicht vertreten, dass die strafrechtliche Behandlung neutraler Handlungen nur auf der Ebene des subjektiven Tatbestands erfolgt.[486] Demnach seien etwa neutrale Handlungen etwa dann straflos, wenn der Gehilfe mit dolus eventualis handelt, während direkter Vorsatz in der Regel zur Strafbarkeit führt. Wenn jedoch hier die gemischt objektiv-subjektive BGH-Formel als Gesinnungsstrafrecht angegriffen wurde, sind rein subjektive Ansätze erst recht abzulehnen.

cc) Rechtfertigungslösungen

Es gibt außerdem einige Ansichten, die die Beurteilung neutraler Handlungen auf die Unrechtsebene abwälzen;[487] Diesen Auffassungen zufolge ist die Handlungsneutralität lediglich als Rechtfertigungsgrund einzustufen. Abgesehen davon, dass diese Auffassungen den Inhalt dieses Rechtfertigungsgrundes nicht vermitteln, sind sie deshalb ungeeignet für die verfassungskonforme Auslegung des Geldwäsche- bzw. Beihilfetatbestands, weil es erst durch den *Tatbestand* im Schutzbereich der Berufsfreiheit eingegriffen wird.[488] Die Verlagerung des Problems auf die Ebene des Unrechts kommt also zu spät: Eine Handlung, die den Tatbestand einer Strafnorm erfüllt, kann durchaus Gegenstand von Ermittlungen im Rahmen des Strafverfahrens werden, bis festgestellt wird, ob es einen Rechtfertigungsgrund gibt – was in Grenzfällen erst im Hauptverfahren geschehen kann. Diese Auffassung vermag also das Risiko, dass Berater Adressaten gravierender Ermittlungsmaßnahmen werden, kaum zu minimieren. Bereits dieses Risiko beeinträchtigt indes das Vertrauensverhältnis zum Mandanten. Es ist also der Tatbestand, der eingeschränkt werden muss.

dd) Extensive Theorien

Schließlich wird durch die sog. extensiven Theorien vertreten, dass die Teilnahmevorschriften der §§ 26 ff. StGB die einzig relevante normative Grundlage für die Handlungsneutralität darstellen. Demnach ist jedes Verhalten, welches die Bedingungen der Teilnahme erfüllt, strafbar. Die Entwicklung besonderer Kriterien für

[486] Wie z.B. die Auffassung von *Amelung*, FS Grünwald, S. 24; *Otto*, FS Lenckner, S. 215; *Schild-Trappe*, Harmlose Gehilfenschaft, S. 185 ff.
[487] Z.B. *Mallison*, Rechtsauskunft als strafbare Teilnahme, S. 134 ff.
[488] Siehe *Hassemer*, wistra 1995, 41, 42.

die Neutralität sei somit entbehrlich.[489] Dieser Auffassung ist wiederum nicht zuzustimmen, weil die Teilnahmeregeln die verfassungsrechtlich gebotene Strafbarkeitseinschränkung nicht bieten können – dies wird allerdings später ausführlich behandelt, weil es von der Struktur der Teilnahme als Beteiligungsform und mithin den normativen Prämissen der eigenen Ansicht abhängt.

II. Normative Prämissen der eigenen Meinung

1. Neutrale Handlungen als Tatbestandsproblem

a) Die Einschränkung des Tatbestands über den Wortlaut hinaus

Aus dem Vorgesagten resultiert, dass die bereits vorliegenden wissenschaftlichen Ansätze zur neutralen Beihilfe das Problem der Beurteilung neutralen Verhaltens nicht befriedigend lösen können. Zugleich hat sich auch ergeben, dass neutrale Handlungen erst *im objektiven Tatbestand* in Betracht kommen müssen,[490] ungeachtet davon, dass der subjektive Tatbestand in der Tat zur Konkretisierung des Unrechts beiträgt. Das Ziel des vorliegenden Kapitels liegt so darin, den § 261 StGB (ggf. §§ 261, 27 Abs. 1 StGB) dahingehend einzuschränken, dass ein Verhalten – im vorliegenden Fall die Berufstätigkeit von Beratern – vom objektiven Tatbestand ausgenommen wird, obwohl es vom Wortlaut erfasst wird.

Zunächst sind die Merkmale des objektiven Tatbestands darzulegen, und dadurch ist auf die Frage einzugehen, wie dieser über den Wortlaut einer Strafnorm hinaus eingeschränkt werden kann. Nach herrschender Auffassung enthält der objektive Tatbestand – unabhängig von den einzelnen Tatmodalitäten des Besonderen Teils – mindestens drei Merkmale: Die Handlung, den Erfolg (im Rahmen der Erfolgsdelikte im weiteren Sinne) und die Zurechnung des Erfolgs zur Handlung. Alle drei Begriffe stellen gewissermaßen die Elementarteilchen des Unrechts dar. Obwohl das Vorhandensein dieser Merkmale in jeder Straftat heutzutage unbestritten ist, wird ihr Inhalt nach wie vor kontrovers diskutiert. Geschichtlich betrachtet galten in der Strafrechtstheorie in verschiedenen Zeiträumen unterschiedliche strafrechtliche Systemansätze, die den Begriffen „Handlung", „Erfolg" und „Zurechnung" jeweils eine andere Bedeutung zuschrieben.[491]

---

[489] Stellvertretend *Weigend*, FS Nishihara, S. 205 f.; *Niedermair*, ZStW 1995, 507, 535; *Hartmann*, ZStW 2004, 585, 599; ferner *Beckemper*, Jura 2001, 169 ff.; im Ergebnis auch *Amelung*, FS Grünwald, S. 12.
[490] Ähnlich *Tag*, JR 1997, 49, 51; *Wohlers*, NStZ 2000, 169, 173.
[491] *Roxin*, GS Armin Kaufmann, S. 237 ff.; *Schladitz*, Normtheoretische Grundlagen, S. 36 ff.

Hier genügt es, zwischen drei verschiedenen Systembegriffen zu unterscheiden: i) die vom logischen Positivismus beeinflusste klassische Tatbestandslehre, ii) den auf ontologischen Gegebenheiten beruhenden Finalismus und iii) den von der neukantianischen Wertrelativität ausgehenden funktionalen Ansatz.[492]

Zunächst einmal betrafen diese Systembegriffe zwar hauptsächlich die Frage, welche Art von menschlichem Verhalten strafrechtlich relevant sein kann, scil. den strafrechtlichen Handlungsbegriff. Über den jeweiligen Handlungsbegriff hinaus nahmen sie aber auch dazu Stellung, welche Qualität eine Handlung aufweisen muss, um als tatbestandsmäßig eingestuft zu werden. Mithin erwiesen sie sich auch als *Tatbestandslehren*.[493] Es lohnt sich, den Inhalt dieser Begriffe näher zu untersuchen, um festzustellen, wie der Tatbestand als strafrechtsystematische Kategorie heute erfasst werden kann – schließlich handelt es sich bei der Handlungsneutralität um ein Problem der Reichweite des Tatbestands.

aa) Der Kausalmonismus der klassischen Tatbestandslehre

Zunächst postulierte das Kausaldogma, das gegen Ende des 19. und zu Beginn des 20. Jahrhunderts in der deutschen Strafrechtswissenschaft dominierte, dass als Handlung jede kausale Bedingung für den Erfolg in Betracht komme. Diese klassische Tatbestandslehre ging also von einer Identität von Handlung und Kausalität aus. Das entscheidende Kriterium dafür, ob ein menschliches Verhalten tatbestandsmäßig ist, liege in der kausalen Verursachung des tatbestandsmäßigen Erfolgs, die nach den Methoden der Naturwissenschaften zu bestimmen ist.[494] Aus diesem Kausalmonismus ging die heute unverzichtbare Äquivalenztheorie für die Bestimmung der strafrechtlich interessanten Kausalität hervor.

bb) Die finale Handlungslehre

Demgegenüber postulierte die finale Handlungslehre, dass Dreh- und Angelpunkt des Tatbestandes die final gesteuerte Tätigkeit sei.[495] Die Einschränkung des strafrechtlichen Unrechts erfolge also – über die Kausalität hinaus – durch den Vorsatz, der nun auf den

---

[492] Zu diesen drei strafrechtlichen Systembegriffen siehe statt vieler *Schünemann*, in: Grundfragen des modernen Strafrechts, S. 18 ff.; *Roxin*, GS Armin Kaufmann, S. 237 ff.; natürlich kann man auch andere Systeme erkennen; im Text wird nur zu den drei großen (und für die Entwicklung des Strafrechts am wesentlich beigetragenen) Systembegriffen Stellung genommen.
[493] Vgl. *Roxin*, GS Armin Kaufmann, S. 237 f.
[494] *Schünemann*, in: Grundfragen des modernen Strafrechts, S. 21.
[495] Stellvertretend *Welzel*, ZStW 1939, 491, 500 ff.

Tatbestand verlagert wurde: Zwar mag eine Bedingung ursächlich für den Eintritt der Rechtsgutsverletzung gewesen sein, es liege aber keine *tatbestandsmäßige* Handlung vor, wenn diese Bedingung vom Vorsatz nicht erfasst ist (das ist z.B. der Fall bei der Schaffung abenteuerlicher Risiken).[496]

Zum Zusammenhang zwischen Handlung und Erfolg sagte im Übrigen der Begründer des strafrechtlichen Finalismus Hans *Welzel*, dass solche Handlungen, die in der Gesellschaft als adäquat erscheinen, keine tatbestandsmäßigen Handlungen darstellen.[497] Wie jedoch bereits oben bei der Begriffsbestimmung der neutralen Handlungen angemerkt, wurde die Lehre von der Sozialadäquanz – trotz vereinzelter Erwägungen im Rahmen bestimmter Delikte wie der Korruption[498] – von der Rechtsprechung und Wissenschaft überwiegend abgelehnt. Der Hauptgrund für diese Ablehnung war die Unbestimmtheit des Begriffs der sozialen Adäquanz.[499] Dem ist zuzustimmen. Die Sozialadäquanzlehre ist an sich ungeeignet, konkrete Kriterien für die strafrechtliche Beurteilung neutraler Handlungen zu liefern.

cc) Der strafrechtliche Funktionalismus

Schließlich besagt der heute herrschende strafrechtliche *Funktionalismus*, dass normative Gesichtspunkte auf allen Ebenen des Deliktsaufbaus – d.h., Tatbestand, Rechtswidrigkeit und Schuld – zu berücksichtigen sind.[500] Diese Systembildung geht ursprünglich auf den neukantianischen Wertrelativismus zurück, der die Untauglichkeit rein naturalistischer Argumente für normative Fragen und die Notwendigkeit der Einbeziehung von Werturteilen in die Rechtswissenschaft aufgezeigt hat.[501] Was den Zusammenhang zwischen Handlung und Erfolg angeht, führte der strafrechtliche Funktionalismus zur Lehre von der objektiven Zurechnung. Jene Lehre ist derzeit – zumindest in der Wissenschaft – die vorherrschende Ansicht über die Einschränkung des Tatbestands über die Kausalität hinaus.[502]

---

[496] Vgl. *Roxin*, GS Armin Kaufmann, S. 238 f.
[497] *Welzel*, ZStW 1939, S. 516 f.
[498] Siehe Hinweise in *Eser*, Roxin FS, 2001, S. 199 ff.
[499] Vor allem siehe *Eser*, FS Roxin, 2001, S. 205; *Kudlich*, Die Unterstützung fremder Straftaten durch berufsbedingtes Verhalten, S. 82.
[500] *Roxin*, Kriminalpolitik und Strafrechtssystem, passim.
[501] Stellvertretend *Radbruch*, Rechtsphilosophie, S. 96 ff.; ferner *Schünemann*, FS Bockelmann, S. 122.
[502] Nachweise in *Frisch*, FS Roxin, 2001, S. 218 ff.; *ders*, GA 2018, 553, 553; *Eser*, FS Roxin, 2001, S. 207 f.; ausführlich *Schladitz*, Normtheoretische Grundlagen, S. 96 ff.; weitere Nachweise von *Roxin*, ZStW 2004, 929, 934; siehe aber auch Kritik (vor allem aus Sicht der finalen Handlungslehre) von *Armin Kaufmann*, FS Jescheck, S. 251 ff.

b) Die Lehre von der objektiven Zurechnung

Die Lehre von der objektiven Zurechnung könnte zunächst die Handlungsneutralität deshalb erfassen, weil es sich bei letzterer ebenfalls um ein Tatbestandsproblem handelt. Deswegen muss geprüft werden, ob die Kriterien der objektiven Zurechnungslehre ausreichen, um das neutrale Verhalten von Rechts- und Wirtschaftsberatern im Hinblick auf Geldwäsche zu erfassen.

Die Bausteine der Lehre von der objektiven Zurechnung wurden durch *Hegels* Zurechnungslehre,[503] durch deren Übermittlung in das Zivilrecht durch *Larenz*[504] und schließlich durch zwei Abhandlungen über ihre strafrechtliche Relevanz von *Honig* und *Roxin* gelegt. [505] Die objektive Zurechnungslehre befasst sich mit dem sog. Zurechnungsproblem auf, also der Frage, wann eine Rechtsgutsverletzung als eigenes Werk eines Menschen angesehen werden kann.[506] Das Zurechnungsproblem erlangte für die Strafrechtswissenschaft deshalb große Bedeutung, weil der Kausalmonismus des 19. Jahrhunderts aufgrund der Transitivität der Kausalität zu einer erheblichen Tatbestandsausdehnung führte:[507] Ein Mensch konnte auch für solche Folgen seiner Handlungen strafrechtlich verantwortlich gemacht werden, die er zum Zeitpunkt der Handlung weder kannte noch beabsichtigte, sofern sie kausal mit seiner Handlung verbunden waren.[508] Unter der Herrschaft des Kausalmonismus erfolgte die Begrenzung dieser überhöhten Kausalität erst auf der Ebene der subjektiven Tatmerkmale. So hätte beispielsweise die Mutter eines künftigen Mörders zwar tatbestandsmäßig im Sinne der Tötungsdelikte gehandelt, da die Geburt ihres Sohnes als kausal für dessen spätere Tat zu bezeichnen wäre; es würde ihr jedoch der erforderliche Tötungsvorsatz fehlen. Die Lösung des Problems auf der Schuldebene anzusiedeln – wo die herrschende Auffassung in der vorfinalistischen Zeit den Vorsatz verortete –, war jedoch nur eine Verlagerung des

[503] Nachweise bei *Wolter*, in: Internationale Dogmatik der objektiven Zurechnung und der Unterlassungsdelikte, S. 4.
[504] *Larenz*, Hegels Zurechnungslehre und der Begriff der objektiven Zurechnung, S. 60 ff.
[505] Zuerst *Honig*, FG Frank, S. 174 ff.; darauf basierend *Roxin*, FS Honig, S. 133 ff.; Weiterentwicklung in *ders.*, FS Gallas, S. 241 ff.; umfassender *ders.*, ZStW 2004, S. 934 ff.; *Roxin* selbst versteht die Zurechnungslehre als Weiterentwicklung der sozialen Adäquanz (siehe *ders./Greco*, AT I, § 10 Rn. 38); einen Überblick über die historische Entwicklung der objektiven Zurechnung bietet jüngst *Schladitz*, Normtheoretische Grundlagen, S. 97 ff.
[506] Bereits *Engisch*, Kausalität, S. 4.
[507] *Engisch*, Kausalität, S. 15; *Roxin*, Kriminalpolitik und Strafrechtssystem, S. 22; *Welzel*, das Deutsche Strafrecht, S. 128
[508] Näher *Engisch*, Kausalität, S. 35 f.; siehe auch *Frisch*, GA 2018, 553, 555, m.w.N. über konkrete Rechtsprechungsfälle, die diesem weiten Tatbestandsverständnis des Kausalmonismus zugrunde lagen.

Problems. Erst der Tatbestand und nicht die Schuld ist einzugrenzen.[509] Schon in der Vorkriegszeit wurde deswegen festgestellt, dass das Dogma des Kausalmonismus verfehlt war und dass es einer *normativen* Einschränkung des Kausalitätsbegriffs bedurfte, die den Tatbestand als Wertkategorie erfassen konnte.[510] Späterer Verdienst dieser Normativierung des Tatbestandsbegriffs war gerade die objektive Zurechnungslehre.[511]

Die Lehre von der objektiven Zurechnung beruht inhaltlich auf folgender Grundformel: Dem Täter können nur solche Folgen seiner Handlungen zugerechnet werden, die er i) durch ein *rechtlich relevantes bzw. missbilligtes Risiko* innerhalb der *Reichweite des Tatbestandes* geschaffen hat und das ii) sich im Erfolg tatsächlich *realisiert hat.*[512] Die Lehre von der objektiven Zurechnung enthält darüber hinaus eine Reihe von kasuistischen Fallgruppen, welche die beiden Voraussetzungen der Grundformel konkretisieren. Die einzelnen Fallgruppen können sich zwar von Autor zu Autor unterscheiden, im Allgemeinen liegt jedoch kein missbilligtes Risiko vor:

- bei der Verringerung des Risikos für das geschützte Rechtsgut,
- beim allgemeinen Lebensrisiko und
- bei freiverantwortlicher Selbstgefährdung.

Zugleich findet ein Zurechnungsausschluss statt, wenn das Risiko sich nicht verwirklicht hat, weil i) ein atypischer, abenteuerlicher Kausalverlauf vorliegt oder weil ii) bzw. iii) ein Pflichtwidrigkeitszusammenhang bzw. ein Schutzweckzusammenhang fehlt.[513]

2. Bedeutung der objektiven Zurechnungslehre für die Neutralität

a) Die objektive Zurechnung als Tatbestandslehre

Zunächst einmal beschränkt sich die objektive Zurechnungslehre in ihrer heutigen Form auf das Verhältnis des tatbestandsmäßigen Erfolgs zur Handlung, weswegen sie sich als *Zurechnungs*lehre bezeichnen lässt. Ihr Gegenstand sind also per definitionem die

[509] Stellvertretend *Engisch*, Untersuchungen, S. 277; *Welzel*, Abhandlungen zum Strafrecht und zur Rechtsphilosophie, S. 318; *ders.*, das Deutsche Strafrecht, 11. Aufl., S. 128.
[510] Siehe bereits *Honig*, FG Frank, S. 174 ff.; weitere Nachweise von *Roxin/Greco*, AT I, § 11 Rn. 46; *Frisch*, GA 2018, 553, 555.
[511] Vgl. *Honig*, FG Frank, S. 178: Das Zurechnungsproblem sei axiologisch, nicht ontologisch; ebenso *Frisch*, FS Roxin, 2001, S. 215.
[512] Näher *Roxin*, FS Honig, S. 133 ff; auch *Roxin/Greco*, AT I, § 11 Rn. 49; *Wolter*, in: Internationale Dogmatik der objektiven Zurechnung und der Unterlassungsdelikte, S. 5 m.w.N.
[513] Zu den konkreten Kriterien der objektiven Zurechnung *Roxin/Greco*, AT I, § 11 Rn. 53 ff.

Erfolgsdelikte. [514] Ein erstes Problem bei der Anwendung der objektiven Zurechnungslehre auf die Handlungsneutralität besteht darin, dass weder die Beihilfe noch der in hier interessierenden § 261 Abs. 1 Nr. 3 und 4 StGB ohne Weiteres als Erfolgsdelikte eingestuft werden können. Hinsichtlich der Geldwäsche wurde bereits festgestellt, dass es sich bei den Tathandlungen des Isolierungstatbestands um ein abstraktes Gefährdungsdelikt, also ein Tätigkeitsdelikt, handelt. Bei der Beihilfe ist außerdem in der Wissenschaft und Rechtsprechung noch umstritten, ob eine kausale Handlung erforderlich ist; die höchstrichterliche Rechtsprechung verlangt keine Kausalität im Sinne der Erfolgsdelikte, sondern nur, dass der Gehilfe die Haupttat durch die Hilfeleistung *fördert* (sog. Förderungsformel). [515] Die einzelnen Kriterien der objektiven Zurechnung sind mithin nicht ohne Weiteres auf die Geldwäsche bzw. die Beihilfe anwendbar.

Die objektive Zurechnung beruht allerdings, wie bereits erwähnt, auf der Grundformel: Die Schaffung eines rechtlich missbilligten Risikos und die Verwirklichung dieses Risikos im Erfolg. Sämtliche spezifische Fallgruppen der objektiven Zurechnung sind nichts anderes als eine Konkretisierung dieser Grundformel. Auf dieser Basis kann man die These aufstellen, dass die erste Variante der Formel – d.h. die Schaffung eines rechtlich relevanten bzw. missbilligten Risikos – über die kausal wirksame Handlung hinausgeht. Sie bezieht sich nicht nur auf den Erfolgsunwert, sondern auch auf die Qualität der Handlung an sich, also den Handlungsunwert.[516] Mit anderen Worten: Die Verursachung rechtlich missbilligter Risiken soll als allgemeine Voraussetzung der tatbestandsmäßigen Handlung postuliert werden. Eine ähnliche Verallgemeinerung der Lehre von der objektiven Zurechnung als Lehre von der *Tatbestandsmäßigkeit* jenseits der Erfolgszurechnung hat *Frisch* in seiner als „Tatbestandsmäßiges Verhalten und Zurechnung des Erfolgs" titulierten Monographie von 1988 vorgenommen.[517] *Frisch* ging davon aus, dass die Schaffung rechtlich relevanter Risiken dem Zurechnungsproblem logisch vorausgeht; sie beziehe sich auf die Frage, wann ein Verhalten tatbestandsmäßig ist, und nicht nur, wann ein Erfolg dem Täter als sein eigenes Werk zugerechnet werden kann.[518]

---

[514] *Frisch*, GA 2018, 553, 554; *Roxin/Greco*, AT I, § 11 Rn. 1.

[515] RGSt 8, 267, 268; BGHSt 42, 135, 136; BGHSt 46, 107, 109.

[516] Vgl. *Frisch*, FS Roxin 2001, 215; *Schladitz*, Normtheoretische Grundlagen, S. 137.

[517] *Frisch*, Tatbestandsmäßiges Verhalten, S. 33 ff.

[518] *Frisch,* Tatbestandsmäßiges Verhalten, *ders.*, Roxin FS, 2001, S. 232 f.; *ders.*, GA 2018, 553, 561 f. ihm folgend *Puppe*, in: NK-StGB, Vor §§ 13 Rn. 154; *dies.*, GA 2015, 209; *Schladitz*, Normtheoretische

Die Argumente *Frischs* verdienen aus folgenden Gründen den Vorzug: Es gibt, wie bereits in der historischen Darstellung der strafrechtlichen Systembegriffe erläutert, zwei mögliche Ansätze zu der Frage, welche Handlungen als tatbestandsmäßig angesehen werden können – nämlich zwei Arten, den Tatbestand als systematische Kategorie zu erfassen: eine naturalistische und eine normative.[519] Laut der naturalistischen Tatbestandslehre (die sowohl die klassische Tatbestandslehre als auch die finale Handlungslehre beeinflusst hatte) beruht der Tatbestand lediglich auf *vornormativen* Gegebenheiten, die dem Strafrecht vorgelagert sind.[520] Der Handlungsunwert sei frei von Werturteilen über das menschliche Verhalten. Nach der normativen Tatbestandslehre hingegen sind vorrechtliche Begriffe nicht eo ipso strafrechtlich relevant, sondern erst nach ihrer Evaluation durch die Rechtsordnung.[521]

Zutreffender ist nach hier vertretener Ansicht der normative Ansatz.[522] Denn vornormative Strukturen können nicht per se für die strafrechtliche Bewertung eines Geschehens relevant sein. Aus der Faktizität eines Begriffes lassen sich möglicherweise Erwägungen zum Inhalt des Begriffs, also über das *Sein*, ergeben. Seine Funktion in der Rechtsordnung – also das *Sollen* – lässt sich daraus jedoch nicht ableiten.[523] Sollenssätze sind vielmehr *„nur durch andere Sollenssätze begründbar"*.[524] Somit kann man aus vornormativen Gegebenheiten den Inhalt einer Rechtsnorm nicht ableitet. Ein rein naturalistisches Verständnis des Tatbestands ist ungeeignet für die Auslegung von Rechtskategorien.

Diese Auffassung lässt sich darüber hinaus durch die Systemtheorie des Rechts verstärken: Vornormative Gegebenheiten gehören zunächst zur Umwelt des Rechts. Zwar gibt es eine Kommunikation zwischen System und Umwelt: Das Innere und das Äußere

---

Grundlagen, S. 281 f.; *Kudlich*, Die Unterstützung fremder Straftaten durch berufsbedingtes Verhalten, S. 320 ff.; im Ergebnis auch *Schünemann*, GA 1999, 207, 216; *Vogel*, Norm und Pflicht bei den unechten Unterlassungsdelikten, S. 66 f.; *Wolter*, in: Internationale Dogmatik der objektiven Zurechnung und der Unterlassungsdelikte, S. 8 f.; kritisch aber *Hirsch*, GS Meurer, S. 14.

[519] *Engisch*, Kausalität, S. 7; *Frisch*, FS Roxin, 2001, S. 224.

[520] Stellvertretend *Welzel*, Abhandlungen zum Strafrecht und zur Rechtsphilosophie, S. 124; *ders.*, ZStW 1939, 491, 493; *Keller*, ZStW 1995, 457 ff.

[521] *Roxin/Greco*, AT I, § 7 Rn. 26 f.

[522] Statt vieler *Roxin/Greco*, AT I, § 7 Rn. 28; *Roxin*, Kriminalpolitik und Strafrechtssystem, passim; kritisch stellvertretend *G. Küper*, Grenzen der normativierenden Strafrechtsdogmatik, 1990, S. 24 ff. mit Blick auf die Einbuße an Rechtssicherheit durch die Normativierung des strafrechtlichen Systems.

[523] Dies ist die Grundposition der neukantianischen Rechtsphilosophie. Stellvertretend *Radbruch*, Rechtsphilosophie, S. 93 ff.; weitere Nachweise in *Neumann*, Rechtsphilosophie im Spiegel der Zeit, S. 113 ff.

[524] *Radbruch*, Rechtsphilosophie, S. 96.

der Systeme tauschen also miteinander ständig Informationen aus.[525] Dieser Prozess ähnelt dem eines Computers, der durch Eingabe und Ausgabe (Input und Output) von Informationen funktioniert. Dieser Kommunikation ist jedoch eine Grenze gesetzt: Die Informationen, die ein System von seiner Umwelt erhält, können für es nicht verbindlich sein. Denn dies würde möglicherweise zu Widersprüchen führen: Ein System kann nur dann als solches angesehen werden, wenn alle seine Merkmale harmonisch und widerspruchsfrei miteinander arbeiten und zu einem Ganzen beitragen. Daher kann nur das System selbst bestimmen, welche Informationen aus seiner Umwelt es berücksichtigt und welche es ablehnt. Es besteht mithin nur eine *kognitive* aber keine *normative* Abhängigkeit der Systeme von ihrer Umwelt.[526] Systeme sind deshalb grundsätzlich *autopoietisch*: Die Elemente, aus denen sie bestehen, werden durch eigene Verfahren produziert. Jede vorrechtliche Information muss mithin durch die Wertentscheidungen der Rechtsordnung gefiltert werden; sie muss normativiert werden. Die Rechtsordnung stellt demgemäß ein autonomes System dar, das äußere Umstände zwar berücksichtigt, aber durch eigene Verfahren verarbeitet.[527]

Allein der Gesetzgeber entscheidet mithin darüber, welche menschlichen Handlungen er als rechtlich bedeutsam einstuft. Der Angriff auf das Rechtsgut – der im Strafrecht den objektiven Tatbestand kennzeichnet muss somit normativ bestimmt werden. Es reicht nicht aus, dass ein Rechtsgut naturalistisch gesehen beeinträchtigt wurde,[528] sondern es müssen Gesichtspunkte vorliegen, die das Verhalten des Täters aus strafrechtlicher Sicht als Rechtsgutsverletzung einstufen.

Freilich ist die hier befürwortete Normativierung des tatbestandsmäßigen Verhaltens nicht ohne Nachteile. Insbesondere die Normativierung von deskriptiven unrechtsbegründenden Tatbestandsmerkmalen kann dogmatischer Prüfung nicht standhalten und verstößt unter Umständen sogar gegen das Gesetzlichkeitsprinzip.[529] Dies hängt aber damit zusammen, dass der Richter jene vom Gesetzgeber als deskriptiv konstruierten Tatbestandsmerkmale nicht ohne Weiteres vernormativieren darf;[530] daraus

[525] Vgl. *Luhmann*, das Recht der Gesellschaft, S. 45 ff.
[526] *Luhmann*, das Recht der Gesellschaft, S. 84.
[527] *Luhmann*, Das Recht der Gesellschaft, S. 45.
[528] *Lesch*, FS Schiller, S. 462.
[529] Siehe dazu (im Hinblick auf die Normativierung des Schadensbegriffs bei Betrug und Untreue) *Saliger*, FS Samson, S. 481 f.; *ders.*, JZ 2012, 723 ff.
[530] *Saliger*, JZ 2012, 723, 724; *Schroeder*, JZ 2011, 187, 194.

lässt sich jedoch an der Normativierung eines ohnedies normativen Tatbestandsmerkmals – wie die Schaffung missbilligter Gefahren – nichts ändern.[531]

Da der Rechtsgüterschutz nicht nur bei den Erfolgsdelikten, sondern bei jeder einzelnen Straftat der primäre Zweck des Strafrechts ist, bedürfen nicht nur Erfolgsdelikte, sondern alle Strafnormen einer Einschränkung des Tatbestands durch normative Gesichtspunkte.[532] Auf diese Weise kann die erste Voraussetzung der objektiven Zurechnung zur Voraussetzung jeden tatbestandsmäßigen Verhaltens werden: Nur solche Handlungen erfüllen den objektiven Tatbestand einer Strafnorm, welche ein *rechtlich* missbilligtes Risiko für das Rechtsgut schaffen. Erst die zweite Voraussetzung der objektiven Zurechnung, scil. die Verwirklichung von missbilligten Risiken im Erfolg, kommt lediglich als Zurechnungsvoraussetzung in Betracht.

Die bisherigen Überlegungen lassen sich in den folgenden Punkten zusammenfassen: Die Kernvoraussetzung der objektiven Zurechnungslehre, also die Schaffung missbilligter Risiken, ist als Inbegriff des tatbestandsmäßigen Handelns schlechthin zu postulieren.[533] Deshalb kann in diesem Rahmen die Grundformel der objektiven Zurechnungslehre als *objektive Zurechnung im weiteren Sinne* bezeichnet werden – wogegen die *objektive Zurechnung im engeren Sinne* die einzelnen Zurechnungskriterien an sich umfasst (wie die Risikoerhöhung, den Schutzzweckzusammenhang, das erlaubte Risiko, usw.).[534]

Gegen diese Konzeption wurde von *Roxin* entgegengehalten, dass die Trennung zwischen Tatbestandsmäßigkeit und Erfolgszurechnung außer Acht lässt, dass es sich bei den Fallkonstellationen der objektiven Zurechnung letztendlich immer um die Erfolgszurechnung handelt.[535] Dies mag so sein. Daraus ergibt sich aber nur, dass die von *Frisch* vorgeschlagene Ausweitung der objektiven Zurechnung wenig praktische Bedeutung hat,[536] nicht jedoch, dass sie dogmatisch-systematisch falsch ist.

b) Untauglichkeit der einzelnen Kriterien der objektiven Zurechnung

Die Bedeutung der hier vorgeschlagenen Erweiterung der objektiven Zurechnung für die Handlungsneutralität tritt zu tage, wenn dem Umstand Rechnung getragen wird, dass es

---

[531] Vgl. *Schroeder*, JZ 2011, 187, 194: „Ergibt diese (*N.P.*: die grammatische Auslegung) ein normatives Tatbestandsmerkmal, so muss dessen Auslegung normativ sein".
[532] *Roxin/Greco*, AT I, § 7 Rn. 28.
[533] Vgl. *Jakobs*, AT, 7. Abschn. Rn. 39 f.
[534] Zu diesen Kriterien siehe im Einzelnen *Roxin/Greco*, AT I, § 11 Rn. 53 ff.
[535] *Roxin/Greco*, AT I, § 11 Rn. 51.
[536] *Frisch*, FS Roxin, 2001, S. 232 f.

sich bei der Handlungsneutralität ebenfalls um ein Problem des Handlungsunwerts handelt. Die dogmatische Heimstatt der Handlungsneutralität ist mithin die objektive Zurechnung im weiteren Sinne – scil. als Lehre von der Tatbestandsmäßigkeit.[537] Die Kriterien für die Handlungsneutralität, die in der vorliegenden Studie aufgestellt werden sollen, sind mit anderen Worten als Sonderfall der objektiven Zurechnung zu betrachten:[538] Sie beziehen sich darauf, wann eine berufsneutrale Handlung strafrechtlich zu missbilligen ist.[539]

Bedeutet dies, dass die eingangs gestellte Frage (ob die einzelnen Kriterien der objektiven Zurechnung das Problem der neutralen Handlungen lösen können) bejaht werden muss? Für den heutigen Stand der objektiven Zurechnung ist dies leider nicht der Fall. Denn die Förderung fremder Straftaten wird von der objektiven Zurechnungslehre nur fragmentarisch erfasst: Die vorsätzliche Unterstützung fremder Straftaten wird in der Regel bei der Teilnahmelehre zugeordnet. Die fahrlässige Förderung wird zwar entweder im Rahmen der Verletzung der Sorgfaltspflicht bei der fahrlässigen Tat oder im Rahmen des Regressverbots behandelt wird,[540] die Dogmatik der Fahrlässigkeitsdelikte ist gleichwohl für die Geldwäsche grundsätzlich irrelevant – abgesehen von der leichtfertigen Geldwäsche, die später behandelt wird. Zudem gilt das Regressverbot ebenfalls grundsätzlich nur für fahrlässige Taten,[541] mithin erweist es sich ebenfalls als ungeeignet, die Förderung fremder Straftaten durch vorsätzliches Handeln zu erfassen.

Freilich verwendet die objektive Zurechnung – zumindest in der Auffassung *Roxins* – auch den Begriff der Risikoerhöhung als Zurechnungskriterium: Wer durch sein Verhalten das Risiko für das Rechtsgut erhöht hat, sei verantwortlich für jenes Risiko.[542] Man könnte argumentieren, dass die Risikoerhöhung die vorsätzliche Förderung fremder Straftaten erfasst:[543] Soweit ein neutrales Verhalten das Risiko für das Rechtsgut erhöht, sei es als Beihilfe strafbar. Gleichwohl ist auch die Risikoerhöhung untauglich als Missbilligungskriterium bei der Handlungsneutralität. Denn im Rahmen einer normativen

[537] Näher *Roxin*, FS Stree/Wessels, S. 380 f.; *Jakobs*, GA 1996, 253, 258; im Ergebnis auch *Wohlers*, NStZ 2000, 169, 172.
[538] *Wohlers*, NStZ 2000, 169, 172.
[539] Vgl. *Roxin*, GS Armin Kaufmann, S. 246; *Wohlers*, NStZ 2000, 169, 170.
[540] Siehe *Roxin/Greco*, AT I, § 11 Rn. 120; näher zum Regreßverbot *Roxin*, FS Tröndle, S. 177 ff.; auch *Puppe*, Die Erfolgszurechnung, S. 144 f.
[541] Es gibt aber keinen Grund, den Vorsatz von der Fahrlässigkeit auf der Ebene der Tatbestandsmäßigkeit zu unterscheiden, so *Puppe*, in: NK-StGB, Vor §§ 13 Rn. 155; *Roxin*, FS Tröndle, S. 177 ff.; *Frisch*, GA 2018, 553, 559.
[542] *Roxin*, ZStW 1962, 411 ff.; umfassender *ders./Greco*, AT I, § 11 Rn. 89 ff. m.w.N.
[543] So *Roxin*, FS Tröndle, S. 180; auch *Niedermair*, ZStW 1995, 507, 537.

objektiven Zurechnung reicht die Feststellung einer Risikoerhöhung nicht aus. Dazu muss ein wertendes Urteil über die Missbilligung fallen, weil die bloße Verursachung des Risikos für die strafrechtliche Haftung ungenügend ist. In Wirklichkeit kann somit das Unrecht nicht durch die Erhöhung des Risikos an sich, sondern nur durch die missbilligte Erhöhung begründet werden, d.h., eine als pflichtwidrig bewertete Erhöhung.[544]

All dies führt dazu, dass sich aus der objektiven Zurechnung keine konkreten Kriterien für die strafrechtliche Beurteilung von neutralen Handlungen gewinnen lassen. Eine objektive Zurechnungslehre, die sich eher als Tatbestands- denn als Zurechnungstheorie darstellt, wurde in der Dogmatik bis heute ohnehin nicht erreicht.[545] Aus diesem Grund sollen andere Kriterien für die Förderung fremder Straftaten gefunden werden.[546]

III. Die Quasi-Garantenstellung als Kriterium der Strafbarkeit neutraler Handlungen

1. Der Strafgrund der Teilnahme als Ausgangspunkt

Wenn es allgemeiner Kriterien für die Handhabung neutraler Handlungen im Strafrecht bedarf, dann muss nach solchen Kriterien zuerst im *Strafgrund der Teilnahme* gesucht werden, oder genauer gesagt: im Strafgrund der Förderung fremder Straftaten. Denn die hier bezweckte Entkriminalisierung kann nur dann erfolgreich vollzogen werden, wenn zunächst geklärt wird, warum die Förderung fremden Unrechts überhaupt kriminalisiert werden muss.[547]

Zwar wird nachfolgend grundsätzlich vom „Strafgrund der Teilnahme" geredet; „Teilnahme" ist aber dabei in einem weiteren Sinne verwendet, der schlicht die Förderung fremder Straftaten einschließt.

Als möglichen Strafgrund der Teilnahme sieht die herrschende Ansicht in Rechtsprechung und Wissenschaft – neben anderen Ansätzen[548] – die *„akzessorische*

---

544 So auch *Jakobs*, AT, 24. Abschn. Rn. 15, Fn. 18a; *Frisch*, FS Lüderssen, S. 542; *ders.*, Tatbestandsmäßiges Verhalten, S. 293.

545 Vgl. *Roxin/Greco*, AT I, § 11 Rn. 138.

546 *Frisch*, Tatbestandsmäßiges Verhalten, S. 238.

547 Ähnlich *Baun*, Beihilfe zu NS-Gewaltverbrechen, S. 48. Zwar wird im Text grundsätzlich vom „Strafgrund der Teilnahme" geredet; „Teilnahme" ist aber dabei in einem weiteren Sinne verwendet, der schlicht die Förderung fremder Straftaten einschließt.

548 Wie z. B. die Verursachungs-, Schuld-, Unrechts- und Solidarisierungstheorie. Mehr zu diesen Theorien *Roxin*, AT II, § 26 Rn. 12 ff. m.w.N. Im Text wird jedenfalls nur von der h.M. ausgegangen.

Mitverursachung des Rechtsgutsangriffs" durch den Teilnehmer an.[549] Dieser Begriff ist zunächst einmal brauchbar, um den Strafgrund der Teilnahme zu beschreiben, aber wenig aussagekräftig, um ihn zu begründen. Daher lassen sich aus diesem Begriff keine konkreten Kriterien für die Prüfung ableiten, wann genau die Förderung fremder Straftaten als Beihilfe oder Täterschaft strafbar ist. Dies ist darauf zurückzuführen, dass die Mitverursachung des Rechtsgutsangriffs lediglich eine deskriptive Betrachtung des Strafgrunds der Teilnahme darstellt. Denn die Mitverursachung ist nichts anderes als die deskriptive Verbindung einer Person mit einer Handlung. Strafrechtlich interessant ist jedoch, welche Verbindung strafwürdig ist. Daher bedarf es eines normativen Strafgrundes der Teilnahme, zumal sich ein Sollen nicht aus einem Sein ableiten lässt.

Die Normativität des Strafgrunds der Teilnahme wird nur dann ausreichend berücksichtigt, wenn betont wird, dass die Teilnahme – über die bloße Mitverursachung – ein *rechtlich missbilligtes* Risiko voraussetzt.[550] Die Grundformel der objektiven Zurechnung gilt mithin auch für die Teilnahme:[551] Nicht jede Mitverursachung eines Risikos für das Rechtsgut ist strafbar,[552] sondern einige Verhaltensweisen sind als erlaubtes Risiko hinzuzunehmen. Der Rekurs auf die Mitverursachung des Tatbestandserfolgs durch den Teilnehmer vermag nach alledem kein taugliches Kriterium für die strafrechtliche Bewertung neutraler Handlungen zu bieten.[553]

Ebenfalls untauglich sind die übrigen in der Wissenschaft vorgeschlagenen, aber in ihrer Mehrheit längst abgelehnten[554] Strafgründe der Teilnahme, wie die Verursachungs-,[555] die Schuld-[556] und die Solidarisierungstheorie,[557] weil auch sie deskriptiv verlaufen: Sie beschreiben nur den vermeintlichen Grund der Kriminalisierung der Teilnahme, bieten jedoch keine normativen Kriterien für die strafbare Teilnahme.

---

[549] Dazu statt vieler BGHSt 4, 355, 358; *Welzel*, Das deutsche Strafrecht, S. 115; *Roxin*, FS Stree/Wessels, S. 369; *ders.*, AT II, § 26 Rn. 11 ff.; weitere Nachweise von *ders.*, FS Stree/Wessels, S. 365 ff.; ferner *Jescheck/Weigend*, AT, S. 685; *Niedermair*, ZStW 1995, 507, 508; siehe auch *Lüderssen*, Zum Strafgrund der Teilnahme, passim, obwohl er keinen *akzessorischen* Angriff verlangt.

[550] *Puppe*, in: NK-StGB, Vor §§ 13 Rn. 153.

[551] *Frisch*, FS Lüderssen, S. 541; *Tag*, JR 1997, 49, 50; selbst *Roxin* verwendet seine Formel zur neutralen Beihilfe als Unterfall der objektiven Zurechnung, siehe *Roxin*, FS Stree/Wessels, S. 380.

[552] A.A. aber *Amelung*, FS Grünwald, S. 20: Der Begriff „Hilfeleistung" in § 27 Abs. 1 StGB sei deskriptiv.

[553] So auch *Jakobs*, AT, 7. Abschn., Rn. 52.

[554] Näher *Roxin*, AT II, § 26 Rn 11 ff.

[555] Näher *Lüderssen* (zum Strafgrund der Teilnahme, passim), der eine sog. reine Verursachungstheorie vertrat; diese unterscheidet freilich von der h.M. nur darin, dass sie keine akzessorische Rechtsgutsverletzung verlangt.

[556] Etwa *Trechsel*, Der Strafgrund der Teilnahme, S. 107 ff., zitiert nach *Roxin*, AT II, § 26 Rn. 17.

[557] *Schumann*, Selbstverantwortung, S. 50 ff.: Der Strafgrund der Teilnahme liege in der Solidarisierung des Teilnehmers mit einer fremden Straftat.

2. Das Eigenverantwortungsprinzip als normativer Strafgrund der Teilnahme

a) Differenzierung zwischen unmittelbarer und mittelbarer Rechtsgutsverletzung

Die Formulierung eines normativen Strafgrunds der Teilnahme setzt zunächst voraus, dass man mit normativen Kriterien definiert, was Teilnahme überhaupt ist. Eine Antwort auf diese Frage lautet, dass die Teilnahme Zurechnung fremden Unrechts ist. Die Zurechnungswirkung liegt nahe, wenn aus dem Unterschied zwischen *unmittelbaren* und *mittelbaren* Rechtsgutsangriffen Rechnung getragen wird: [558] Eine *unmittelbare* Rechtsgutsverletzung liegt dann vor, wenn die Rechtsgutsverletzung allein durch das eigene Verhalten des Täters verursacht wird [559] – dabei wird das Unrecht aufgrund seiner Herrschaft über den eigenen Körper begründet – oder wenn diese zwar durch andere Menschen erfolgt, aber der Täter übt die Herrschaft über das kriminelle Ereignis aus.[560] Von einer *mittelbaren* Rechtsgutsverletzung ist hingegen dann auszugehen, wenn die Rechtsgutsverletzung durch einen Dritten verursacht wird, ohne dass der Fördernde Tatherrschaft innehat.

b) Eigenverantwortlichkeit als Regel

Bei unmittelbaren Rechtsgutsverletzungen trägt der Täter im Regelfall die Verantwortlichkeit für eine von ihm verursachte Rechtsgutsverletzung; nur in Ausnahmefällen ist dies nicht der Fall, beispielsweise bei fehlender objektiver Zurechnung. In Bezug auf mittelbare Rechtsgutsverletzungen verhält es sich aber anders: Jede Person ist zunächst nur für ihr eigenes Verhalten strafrechtlich verantwortlich, nicht für Handlungen Dritter.[561] Dies bildet das Eigenverantwortungsprinzip.[562] Wenn die Rechtsgutsverletzung von einem Dritten verursacht wird, können andere Personen also nur *ausnahmsweise* dafür haftbar gemacht werden.[563]

---

[558] So *Frisch*, Tatbestandsmäßiges Verhalten, S. 230; *Otto*, FS Lange, S. 209 f.

[559] *Frisch*, Tatbestandsmäßiges Verhalten, S. 230.

[560] Zu der unmittelbaren Rechtsgutsverletzung gehört zudem die gemeinsame Tatausführung mit anderen Personen nur dann, wenn sich die Verantwortlichkeit des Täters aus seiner Organisationsherrschaft über das Geschehen ergibt – diese Organisationsherrschaft führt entweder zur Mittäterschaft oder zur mittelbaren Täterschaft.

[561] *Schumann*, Selbstverantwortung, S. 6 ff. m.w.N.

[562] Näher *Frisch*, Tatbestandsmäßiges Verhalten, S. 241; siehe auch *Welp*, Vorangegangenes Tun als Grundlage einer Handlungsäquivalent der Unterlassung, S. 274 ff., insb. S. 276.

[563] Vgl. *Frisch*, Tatbestandsmäßiges Verhalten, S. 235; Gegen ein „Selbstverantwortungsprinzip" als allgemeines Rechtsprinzip aber *Greco*, ZIS 2011, 9, 9 f. Seine Ausführungen betreffen aber nur die Möglichkeit eines sog. „Täters hinter dem Täter" bei der mittelbaren Täterschaft kraft Organisationsherrschaft, nicht das hier gestellte Problem. Der mittelbare Täter kann sich nicht auf das Eigenverantwortungsprinzip beruhen, soweit er die Tatherrschaft hat. Denn in diesem Fall liegt keine *mittelbare* Rechtsgutsverletzung vor.

Das Eigenverantwortungsprinzip ist natürlich keineswegs die einzige normative Prämisse für die Förderung fremder Straftaten. Es sind nämlich mehrere Ausnahmen hiervon anerkannt.[564] So durchbrechen gerade die Teilnahmevorschriften der §§ 26 ff. StGB den Grundsatz der Eigenverantwortung, da sie gerade eine ausnahmsweise Haftung für fremdes Verhalten begründen.[565] Zusätzlich ist auch die fahrlässige Teilnahme strafbar – also die Förderung fremder vorsätzlicher oder fahrlässiger Straftaten durch Fahrlässigkeit –, da zum Tatbestand der Fahrlässigkeit jede ursächliche Steigerung des Risikos für das Rechtsgut gehört.[566]

Unabhängig von diesen Ausnahmen resultiert aber aus dem Eigenverantwortungsprinzip, dass ein normatives Kriterium des Strafgrunds der Teilnahme in der Frage zu suchen ist, warum genau die Vorschriften der §§ 26 ff. StGB eine Ausnahme vom Eigenverantwortungsprinzip darstellen. Wenn diese Frage beantwortet wird, kann geprüft werden, ob und wann die Haftung für Handlungen Dritter durch berufsneutrales Verhalten ebenfalls eine Ausnahme vom Grundsatz der Eigenverantwortung bildet.[567]

c) Zuständigkeitsverteilung als Ausnahme vom Eigenverantwortungsprinzip

Das Eigenverantwortungsprinzip regelt strafrechtliche Zuständigkeitsbereiche. Im Prinzip umfasst der Zuständigkeitsbereich einer Person nur die Handlungen, die von ihr selbst ausgehen.[568] Eine Ausnahme hiervon ist mithin erst dann anzunehmen, wenn es normative Gründe gibt, die den eigenen Zuständigkeitsbereich erweitern. Um festzustellen, ob Ausnahmen vom Eigenverantwortungsprinzip vorliegen, muss also ermittelt werden, wann jemand die strafrechtliche Zuständigkeit für fremdes Verhalten hat. Das entscheidende Kriterium für die strafrechtliche Beurteilung mehrerer eigenverantwortlicher Personen, die an derselben Straftat beteiligt sind, ist also deren Zuständigkeit über jene Straftat. Dadurch kristallisiert sich eine neue Dimension des Strafgrunds der Teilnahme heraus: Er liegt nicht im akzessorischen Rechtsgutsangriff, sondern in der rechtlichen Zuständigkeit für das Verhalten Dritter. Somit hat man zugleich ein Entkriminalisierungskriterium zur Hand: das Fehlen von Zuständigkeit für

[564] Vgl. *Frisch*, Tatbestandsmäßiges Verhalten, S. 230; *Roxin*, FS Tröndle, S. 180; *Wohlleben*, Beihilfe, S. 74 f.

[565] *Frisch*, Tatbestandsmäßiges Verhalten, S. 231. Eine weitere Ausnahme vom Eigenverantwortungsprinzip bilden das Vorliegen einer Überwachungsgarantenstellung gemäß § 13 Abs. 1 StGB.

[566] Dazu statt vieler *Roxin*, FS Tröndle, S. 180: die fahrlässige Teilnahme ist geradezu als täterschaftliche Tat einzustufen.

[567] Vgl. *Frisch*, Tatbestandsmäßiges Verhalten, S. 242; *ders.*, FS Lüderssen, S. 542 ff.

[568] *Schumann*, Selbstverantwortung, S. 1.

fremdes Verhalten.[569] Worin besteht diese Zuständigkeit? Diese Frage beantwortet sich aufgrund des bereits nachgewiesenen normativen Charakters der Handlungsmissbilligung. Ausnahmen vom Eigenverantwortungsprinzip, auf denen die Missbilligung beruht, sollen ebenfalls normativ festgestellt werden. Ausschlaggebendes Kriterium für die Feststellung von Ausnahmen vom Eigenverantwortungsprinzip sind daher *Normen*, die die Zuständigkeit für das Verhalten anderer begründen.[570]

Es kommt also auf die Reglementierung der Verhaltensbereiche der verschiedenen Akteure an. Die Zuständigkeit für fremdes Verhalten – und damit die strafrechtliche Missbilligung – bemisst sich in erster Linie an Pflichten, die dem Handelnden gegenüber Dritten Zuständigkeit einräumen.[571] Demzufolge wird das Unrecht durch die *Verletzung von Pflichten* begründet, die den Umgang mit fremdem Verhalten zum Inhalt haben.[572] Dort, wo eine Person für Handlungen Dritter einzustehen hat und ihr eine Verletzung dieser Pflicht zur Last fällt, besteht eine gerechtfertigte Ausnahme vom Eigenverantwortungsprinzip; folglich ist das geschaffene Risiko rechtlich missbilligt.[573]

Somit lässt sich der Strafgrund der Teilnahme – und der Förderung fremder Straftaten allgemein – wie folgt vollständig definieren: Er liegt darin, dass eine besondere Pflicht verletzt wird, deren Gegenstand die Befassung mit dem Verhalten anderer ist. Besteht keine solche Pflicht, geht die Rechtsgutsverletzung den Handelnden nichts an. Er ist für sie nicht zuständig.

Der Bedarf nach Pflichtverletzung ist ohnedies bei den *fahrlässigen* Delikten – die schlechthin als mittelbare Rechtsgutsverletzung angesehen werden können – als Sorgfaltspflichtverletzung allgemein anerkannt;[574] nach hier vertretener Ansicht kann zwischen Vorsatz und Fahrlässigkeit in Wirklichkeit im Hinblick auf den objektiven

[569] *Frisch*, Tatbestandsmäßiges Verhalten, S. 241; *Jakobs*, AT, 24. Abschn. Rn. 15; *ders.*, GA 1996, 253, 256; ferner spricht sich auch die objektive Zurechnungslehre für den Ausschluss des rechtlich relevanten Risikos aus, wenn das Risiko dem Verantwortungsbereich eines anderen zugerechnet wird, vgl. *Roxin/Greco*, AT I, § 11 Rn. 137 ff. Daraus lassen sich aber – so auch *Roxin* (FS Nishihara, S. 208) keine konkreten Kriterien für die Missbilligung ableiten, weil die Zuordnung von Verantwortungsbereichen noch nicht systematisch verarbeitet sei.

[570] *Hassemer*, wistra 1995, 81, 82.

[571] *Jakobs*, AT, 24. Abschn. Rn. 15; *Puppe*, Die Erfolgszurechnung, S. 148.

[572] *Puppe*, in: NK-StGB, Vor §§ 13 Rn. 154; *Lesch*, JA 2001, 986, 990; dies entspricht auch der im zivilrechtlichen Deliktsrecht vertretenen Auffassung, dass mittelbare Rechtsverletzungen eine Verkehrspflichtverletzung erfordern, so namentlich *Wagner*, in: MüKo-BGB, § 823 Abs. 21.

[573] *Frisch*, FS Lüderssen, S. 547.

[574] Siehe nur *Puppe*, Die Erfolgszurechnung, S. 148.

Tatbestand nicht unterschieden werden:[575] Eine Pflichtverletzung ist in beiden Fällen bei mittelbaren Rechtsgutsangriffen stets notwendig.

3. Die Quasi-Garantenstellung als Zuständigkeit für fremdes Verhalten

Gleichwohl ist einzurahmen, dass diese Auffassung die Teilnahme sowie allgemein die Haftung für Handlungen Dritter prima facie in die Nähe der unechten Unterlassungsdelikte rückt: Dort wie auch hier liegt die wesentliche Voraussetzung der Strafbarkeit darin, dass eine Pflicht verletzt wird (im Rahmen des Unterlassens: die Garantenstellung nach § 13 Abs. 1 StGB). Das Verhältnis des unechten Unterlassungsdelikts zur Teilnahme wurde bereits von *Jakobs* hervorgehoben, der für alle Straftaten eine Garantenstellung verlangt.[576]

Die hier vertretene Ansicht besagt dies indes nicht. Legt man die herrschende Auffassung von der Abgrenzung zwischen Tun und Unterlassen zugrunde, so bleibt das Verhalten des Teilnehmers grundsätzlich ein positives Tun.[577] Die rechtliche Zuständigkeit für fremdes Verhalten besteht nämlich grundsätzlich in einem Verbot,[578] beispielsweise derart: „Erteile keinen Rechtsrat, mit dem dein Mandant eine Straftat begeht", oder „Nimm kein Honorar an, soweit es aus Straftaten herrührt". Zudem gilt die allgemeine Regel: Der Unterlassende ist nur beim Vorliegen einer Garantenstellung strafbar. Des Weiteren verlangt die vorliegende Ansicht – im Gegensatz zur *Jakobschen* Auffassung– keine Pflichtverletzung bei *unmittelbaren* Rechtsgutsangriffen, mithin erst recht auch keine „echte" Garantenstellung. In der Regel sind der Wille zur oder das Wissen von der Tatbestandsverwirklichung sowie die Tatherrschaft so starke Indizien für das missbilligte Risiko, dass die eigenständige Bedeutung der Pflichtwidrigkeit entfällt.[579]

Aus den obigen Darlegungen ergibt sich, dass die rechtliche Zuständigkeit für fremdes Verhalten der Garantenstellung zwar ähnelt, aber nicht gleichkommt. Die Zuständigkeit für fremdes Verhalten muss nämlich nicht die Intensität der Garantenstellung erreichen, weil Letztere einen anderen Zweck hat, nämlich die Gleichstellung der Handlung mit dem Unterlassen. Dies ist notwendig, weil die Haftung für ein Unterlassen im Vergleich zur Haftung für ein positives Tun einen intensiveren Freiheitseingriff darstellt und somit einer

---

[575] Dazu unten Teil 3 A.IV.2. Vgl. auch *Jakobs*, AT, 7. Abschn. Rn. 40.

[576] *Jakobs*, AT, 7. Abschn. Rn. 56 ff., insb. 58; *ders.*, GS Armin Kaufmann, S. 284 f.; *ders.*, GA 1996, 252, 262.

[577] *Frisch*, FS Lüderssen, S. 547.

[578] *Roxin*, Täterschaft und Tatherrschaft, S. 460.

[579] *Puppe*, in: NK-StGB, Vor §§ 13 Rn. 154; *Lesch*, JA 2001, 986, 990.

besonderen Rechtfertigung bedarf. Die Förderung fremder Straftaten durch neutrale Handlungen – sofern sie durch aktives Tun vollzogen wird – erfordert hingegen nicht dieselbe Gleichstellung von Handlung und Unterlassen. Die Reichweite der Pflicht, die die Zuständigkeit für fremdes Verhalten begründet, dürfte daher im Vergleich zur Garantenstellung eher begrenzt sein; sie bildet sozusagen deren Vorstufe. Aufgrund der ohnehin bestehenden strukturellen Gemeinsamkeiten zwischen der Garantenstellung und der rechtlichen Zuständigkeit für fremdes Verhalten, kann Letztere hier als *Quasi-Garantenstellung* bezeichnet werden.

Als Quasi-Garantenstellung gilt hier somit jede Rechtspflicht, sich um das Verhalten anderer zu kümmern. Die Bedeutung der Quasi-Garantenstellung für die Strafbarkeit ist erheblich: Wenn der Handelnde kein Quasi-Garant ist (d.h., wenn ihm keine Pflicht zum Umgang mit fremden Straftaten obliegt, oder wenn er eine solche Pflicht zwar trägt, aber nicht verletzt hat), dann bewegt sich die von ihm verursachte Gefahr für das Rechtsgut innerhalb des erlaubten Risikos. Hat er hingegen diese Pflicht verletzt, dann trifft ihn eine Zuständigkeit für fremdes Verhalten. In diesem Fall handelt er nicht mehr neutral, sondern nach den allgemeinen Regeln strafbar.[580]

4. Die Teilnahmeregeln als Quasi-Garantenstellung

Da das Vorliegen einer Quasi-Garantenstellung hier als das zentrale Kriterium für die strafrechtliche Behandlung neutraler Handlungen ist, gilt es nun festzustellen, worin sie besteht. Dabei stellt sich die Frage, ob die Teilnahmeregeln *an sich* eine Quasi-Garantenstellung begründen. Dies ist grundsätzlich zu bejahen, weil die Vorschriften der §§ 26 ff. StGB die Verantwortlichkeit der Rechtsadressaten unter bestimmten Voraussetzungen auf fremde Handlungen ex officio erweitern. Ähnliche Gründe sind die Strafnormen der fahrlässigen Delikte, da eine mittelbare Rechtsgutsverletzung durch eine fahrlässige Tat grundsätzlich strafbar ist. Anders formuliert: Bei mittelbaren Rechtsgutsverletzungen liegt eine Quasi-Garantenstellung grundsätzlich vor, wenn die Voraussetzungen der Teilnahme eintreten.[581] Dies erhellt die Qualität der vorliegenden

[580] Kritisch jedoch *Rackow*, in: BeckOK StGB, § 27 Rn. 4.2 f.: Selbst der Garant hafte nicht uneingeschränkt wegen der Überlassung gefährlicher Gegenstände an Dritte, sondern es komme auf die tatsächlichen Umstände an. Freilich wird im Text nicht davon ausgegangen, dass der Garant uneingeschränkt haftet; durchaus trifft ihn aber eine weitergehende strafrechtliche Verantwortlichkeit als Jedermann.

[581] Vgl. *Jakobs*, AT, 24. Abschn. Rn. 15: „Wie bei Unterlassungsdelikten […] eine Zuständigkeit des Abwendungsfähigen hinzukommen muß, so muß auch bei der Begehung zur (vermeidbaren) Kausalität eine Zuständigkeit für die Folgen hinzutreten, die zwar – anders als im Unterlassungsbereich – *praktisch in der Regel gegeben ist, aber eben doch nicht stets*“ (Hervorhebungen vom Verfasser).

Auffassung über die Quasi-Garantenstellung nicht als Abkehr von der Teilnahmedogmatik, sondern als neue systematische Beschreibung des Strafgrundes der Teilnahme: Die mittelbare Rechtsgutsverletzung wird deshalb unter Strafe gestellt, weil der Täter die Rechtspflicht verletzt hat, sich um Handlungen Dritter zu kümmern. An der Strafbarkeit der Teilnahme ändert sich durch diese Auffassung – abgesehen von der neutralen Beihilfe – grundsätzlich nichts.

Bedeutet dies, dass neutrales Verhalten immer als Teilnahme strafbar ist? Nein.[582] Diese Auffassung wird in der Dogmatik durch die bereits erwähnten extensiven Theorien tatsächlich vertreten. Sie überzeugt aber nicht, weil das Eigenverantwortungsprinzip bei neutralen (insbesondere *berufs*neutralen) Handlungen eine erhöhte normative Bedeutung erlangt. Denn aus dem Eigenverantwortungsprinzip folgt der bereits besprochene Vertrauensgrundsatz:[583] Jede Person darf grundsätzlich davon ausgehen, dass Dritte, mit denen sie zusammenarbeiten, auf ihren eigenen Verantwortungsbereich aufpassen und keine Rechtsverstöße begehen.[584] Ohne dieses Vertrauen wären Berufsangehörige stets dazu verpflichtet, das Verhalten ihrer Kollegen daraufhin zu prüfen, ob es sich dabei um Rechtsverstöße handeln könnte, die ihnen angelastet werden könnten. Dies würde die reibungslose Zusammenarbeit beeinträchtigen. Aus diesem Grund sind das Eigenverantwortungsprinzip und der daraus abgeleitete Vertrauensgrundsatz notwendige Bestandteile der Berufsausübung.[585] Jede Einschränkung der Eigenverantwortung ist also zugleich eine Einschränkung der Berufsausübungsfreiheit.[586]

Dies gilt ebenso für das Verhältnis von Beratern zu ihren Mandanten. Zwar handelt es sich dabei nicht um ein arbeitsteiliges Handeln im engeren Sinne, da keine Aufgabenverteilung stattfindet. Der Vertrauensgrundsatz und das Eigenverantwortungsprinzip gelten jedoch auch für diese Beziehung, weil sie auf einem Vertrauensverhältnis beruht. Ein wesentlicher Bestandteil dieses Verhältnisses ist das

[582] So aber *Hartmann*, ZStW 2004, 585, 590.

[583] So *Schumann*, Selbstverantwortung, S. 10; *Jakobs*, AT, 7. Abschn. Rn. 51; a. A. aber Roxin, FS Tröndle, S. 185 ff.: Der Vertrauensgrundsatz stamme nur aus dem erlaubten Risiko, nicht dem Eigenverantwortungsprinzip. Die hier vertretene Auffassung postuliert jedoch, dass die Erlaubtheit des Risikos bei sorgfaltswidrigem Verhalten des Dritten eben auf der fehlenden Zuständigkeit des Täters beruht.

[584] So jüngst BGH HRRS 2022 Nr. 640, Rn. 34; siehe auch BGHSt 3, 91, 96; BGH NJW 1980, 649, 650; BGHSt 47, 318, 325; *Esser/Keuten*, NStZ 2011, 314, 320

[585] *Schumann*, Selbstverantwortung, S. 9; *Tag*, JR 1997, 49, 56; *Vogel,* Norm und Pflicht bei den unechten Unterlassungsdelikten, S. 214.

[586] Vgl. *Frisch*, Tatbestandsmäßiges Verhalten, S. 269; ferner auch *Roxin*, FS Tröndle, S. 186 f.; *Tag*, JR 1997, 49, 49 f.; *Rönnau/Wagner*, JuS 2019, 527, 528.

Fehlen von Kontrollpflichten zwischen den Parteien. Das Vertrauensverhältnis basiert somit auf der Eigenverantwortung der Parteien. Ein Zusammenbruch des Vertrauensverhältnisses schafft erhebliche Hindernisse für die Ausübung des Berufs. Die Verhinderung der beruflichen Beratung hat ihrerseits negative Auswirkungen auf die Allgemeinheit und die rechtsstaatliche Rechtspflege. Es ist daher höchst problematisch, pauschale Kontrollpflichten in das Verhältnis zwischen Berater und Mandanten aufzunehmen, die besagen, dass der Berater den Mandanten ständig kontrollieren und überprüfen muss, ob die beruflichen Dienstleistungen zu kriminellen Zwecken missbraucht werden. Das Eigenverantwortungsprinzip hat im Zusammenhang mit neutralen berufstypischen Handlungen Verfassungsrang. Dies gilt allerdings nicht nur für Beraterberufe. Das Eigenverantwortungsprinzip ist vielmehr Bestandteil der Berufsfreiheit überall dort, wo die Berufsausübung auf einem Vertrauensverhältnis beruht. Eine pauschale Überwachungspflicht des Beraters gegenüber seinem Mandanten, um einen rechtsmissbräuchlichen Gebrauch seiner Dienste zu verhindern, verstößt daher gegen die Berufsfreiheit gemäß Art. 12 Abs. 1 GG.[587]

Gleichwohl bedeutet dies nicht, dass das Eigenverantwortungsprinzip ausnahmslos gilt. Manchmal sind Kontrollpflichten durchaus notwendig. Die Grenze der Verfassungswidrigkeit ist erst dann überschritten, wenn diese Kontrollpflichten pauschal und uneingeschränkt gelten.[588] Die Einschränkung der Berufsfreiheit durch eine *besondere* Norm, welche die Zuständigkeit der Berufsträger auf Handlungen ihrer Mandanten nur unter bestimmten Umständen erweitert, ist hingegen verfassungsrechtlich zulässig.[589] Der Gesetzgeber darf somit keine pauschalen Ausnahmen vom Eigenverantwortungsprinzip durch einfachgesetzliche Normen schaffen.[590] Einfache Gesetze können nach wie vor die Eigenverantwortung einschränken, sofern sie nicht das Übermaßverbot verletzen. Da die Teilnahmevorschriften in der Tat pauschale Überwachungspflichten schaffen (für die Verbotsnorm des § 27 Abs. 1 StGB genügt nämlich die Mitverursachung der Rechtsgutsverletzung), reichen sie nicht aus, um die Einschränkung der Berufsfreiheit zu rechtfertigen. Anders formuliert: neben §§ 26 ff. StGB bedarf es einer besonderen Pflicht, die die Zuständigkeit des Täters für das

587 So *Frisch*, Tatbestandsmäßiges Verhalten, S. 272.
588 *Frisch*, Tatbestandsmäßiges Verhalten, S. 271; *Jakobs*, AT, 7. Abschn. Rn. 53.
589 Vgl. jedoch *Frisch*, FS Lüderssen, S. 549, der Jedermannspflichten ausreichen lässt.
590 *Frisch*, FS Lüderssen, S. 544.

Verhalten Dritter begründet. Die Teilnahmeregeln bilden also im Sonderfall der Handlungsneutralität keine Quasi-Garantenstellung.

Um diese Gedanken an einem Beispiel zu verdeutlichen: Zunächst kollidiert bei der Beihilfe zum Totschlag die Verhaltensnorm „Töte nicht!“ mit dem Eigenverantwortungsprinzip („Jeder ist nur für das eigene Verhalten verantwortlich“) und dem Schutzbereich der allgemeinen Handlungsfreiheit nach Art. 2 Abs. 1 GG. In diesem Fall hat der Gesetzgeber sich für die Beihilfe entschieden. Bei der Beihilfe durch neutrale Handlungen greift aber der besondere verfassungsrechtliche Schutz des Art. 12 Abs. 1 GG ein. D.h., es besteht nun Konflikt zwischen der Beihilfenorm einerseits und dem Berufsfreiheit andererseits. Ein Verstoß gegen den Grundsatz der Eigenverantwortung gleicht einer übermäßigen Einschränkung des Art. 12 Abs. 1 GG dar, weil das Vertrauen auf das rechtmäßige Verhalten der Mandanten) eine conditio sine qua non für das die Berufsfreiheit ist. Das Eigenverantwortungsprinzip kann nach alledem beim Vorliegen berufsneutraler Handlungen nicht eo ipso durch die Teilnahmevorschriften ausgehebelt werden, sondern behält seine normative Bedeutung.[591] Aus diesem Grund überzeugen die bereits besprochenen extensiven Theorien zur neutralen Beihilfe nicht.

Darüber hinaus gibt es noch einen Grund, weshalb die § 27 StGB die verfassungsrechtlich gebotene Differenzierung bei der Handlungsneutralität nicht leisten kann: Dessen Wortlaut ist sehr weit gefasst. Zuerst genügt jede Form des Vorsatzes (d.h., auch der dolus eventualis). Außerdem wird das objektive Tatbestandsmerkmal der Förderung sehr weit ausgelegt, sodass nahezu jede menschliche Handlung als Erfüllung des objektiven Beihilfetatbestands angesehen werden kann – dergleichen gilt für die als Teilnahmedelikte bezeichneten täterschaftlichen Handlungen, insbesondere das Drittverschaffen nach § 261 Abs. 1 Nr. 3 StGB.

5. Zwischenfazit

Jeder mittelbare Rechtsgutsangriff setzt die Verletzung von Pflichten voraus, die den eigenen Zuständigkeitsbereich erweitern. Dies ergibt sich daraus, dass eine Haftung für Handlungen Dritter zunächst eine übermäßige Einschränkung der Freiheit darstellt, die vermieden werden muss, es sei denn, sie ist für den Schutz von Rechtsgütern unbedingt erforderlich. Damit eine Haftung für Handlungen Dritter begründet werden kann, muss also ein besonderer Grund vorliegen, der eine Ausnahme vom Grundsatz der

[591] So auch *Frisch*, FS Lüderssen, S. 540.

Eigenverantwortung rechtfertigt. Ein solcher Grund kann die Verletzung einer Rechtspflicht sein, die eine Befassung mit fremdem Verhalten begründet. Diese Pflicht wurde in diesem Zusammenhang als „Quasi-Garantenstellung“ bezeichnet. Bei nicht neutralem Verhalten ergibt sich diese Pflicht prinzipiell aus den Teilnahmeregeln, hauptsächlich aus der Beihilfe nach § 27 Abs. 1 StGB. Erst wenn die §§ 26 ff. StGB für die Missbilligung nicht mehr ausschließlich zuständig sind, beispielsweise bei Vorhandensein neutraler Handlungen, muss die Pflichtverletzung anhand besonderer Pflichtverletzungen geprüft werden.

6. Quellen der Quasi-Garantenstellung

In diesem Zusammenhang muss festgestellt werden, woraus sich die Quasi-Garantenstellung ergibt, wenn die Teilnahmeregeln dafür nicht ausreichen. Für diese Frage ist es sachlich geboten, auf die Unterlassungsdogmatik abzustellen, da die Quasi-Garantenstellung eine Vorstufe der Garantenstellung im Sinne von § 13 Abs. 1 StGB darstellt. Auf dieser Basis kristallisieren sich vier mögliche Quellen der Quasi-Garantenstellung heraus, namentlich: i) strafrechtliche Normen, ii) außerstrafrechtliche Pflichten, iii) „echte“ Garantenstellungen und iv) vorangegangenes gefährliches Tun.

a) Strafrechtliche Normen

Es wurde bereits nachgewiesen, dass die spezifischen Teilnahmeregeln des StGB bei der Förderung fremder Straftaten durch neutrales Verhalten keine Quasi-Garantenstellung begründen. Dasselbe gilt für die Strafnorm der Teilnahmedelikte: Allein aus der Tatsache, dass der Gesetzgeber das Drittverschaffen im Rahmen des § 261 StGB als täterschaftliches Verhalten heraufstilisiert hat, ergibt sich keine Zuständigkeit für fremde Handlungen (wie etwa die Vermittlung des Tatobjektes an Dritte, die sodann ihre Herkunft verschleiern). Denn es muss wiederholt werden: Liegt neutrales Verhalten vor, kann nur eine besondere Rechtspflicht die erforderliche Quasi-Garantenstellung begründen. „Besondere“ bedeutet in diesem Kontext, dass diese Pflicht die Verantwortung für Handlungen Dritter nur in Ausnahmefällen begründet, beispielsweise für bestimmte Personenkreise oder für bestimmte Tätigkeiten.[592]

---

[592] Allerdings reicht die Strafnorm des § 261 StGB genauso wie die Teilnahmeregeln im Normalfall (d. h., wenn keine neutralen Handlungen vorliegen) für die Quasi-Garantenstellung völlig aus, weil sie die Zuständigkeit jeder Person um den Umgang mit fremden Handlungen ausweitet.

Sofern sich aus strafrechtlichen Normen solche besonderen Pflichten ableiten lassen, spricht nichts dagegen, sie als Quellen für die Quasi-Garantenstellung zu qualifizieren. Eine derartige Aufsichtspflicht über Dritte könnte sich beispielsweise aus § 357 StGB oder aus § 41 WStG ergeben. Ein Dienstvorgesetzter, der durch sein neutrales Verhalten eine rechtswidrige Tat seiner Untergebenen fördert, verstößt somit gegen seine aus § 357 StGB hervorgehende Rechtspflicht und macht sich auch durch sein neutrales Verhalten strafbar.

b) Außerstrafrechtliche Normen

aa) Vorab

Die wichtigste Quelle der Quasi-Garantenstellung sind jedenfalls außerstrafrechtliche Vorschriften. Diese können aus dem Zivil- oder dem öffentlichen Recht stammen oder auch nicht gesetzlich verankert sein. In Betracht kommen beispielsweise Compliance-Richtlinien, technische Normen, Sportregeln oder Regeln von Berufsverbänden. Im Rahmen der in dieser Arbeit definierten Handlungsneutralität sind vor allem diejenigen Regeln einschlägig, welche die jeweilige berufliche Tätigkeit durchnormieren, die sog. *lege professionis*. Diese können wiederum Rechtssatzqualität besitzen, müssen es aber nicht. So hat beispielsweise die Musterberufsordnung der Bundesärztekammer keine Gesetzeskraft, die BNotO hingegen schon. Spezifisch in Bezug auf die Geldwäsche unterliegen die Angehörigen der rechts- und wirtschaftsberatenden Berufe einer Reihe von Pflichten aus dem GwG, die bereits dargestellt wurden. Die Frage, ob sich aus diesen Pflichten eine „echte" Garantenstellung ergibt, wird später ausführlich weiterverfolgt.[593] An dieser Stelle muss die hierzu parallel verlaufende Frage gestellt werden, inwieweit außerstrafrechtliche lege professionis eine Quasi-Garantenstellung begründen können.[594]

bb) Die Lehre von der professionellen Adäquanz

Der Zusammenhang zwischen außerstrafrechtlichen Pflichten und der Handlungsneutralität wurde bereits von *Hassemer* im Rahmen seiner professionellen Adäquanztheorie eingehend analysiert.[595] Diese Theorie, die hier bereits für die Definition der Neutralität in Anspruch genommen wurde,[596] hat er für die Einschränkung der Strafbarkeit von Bankangestellten wegen Beihilfe zur Steuerhinterziehung

[593] Siehe dazu unten Teil 3 B.
[594] *Wohlers*, NStZ 2000, 169, 173.
[595] *Hassemer*, wistra 1995, 41 ff. und 81 ff.
[596] Oben Teil 2 B.II.5.

entwickelt. Laut *Hassemer* sind sowohl die Förderung fremder Straftaten als auch die Berufsausübung „normativ strukturiert“, also regelgeleitet.[597] Deshalb komme es letztendlich darauf an, das Verhältnis beider Regelstrukturen zueinander offenzulegen, scil. das Verhältnis außerstrafrechtlicher Normen zum Strafrecht. Im Bereich professionellen Handelns gilt nach Hassemer als neutral diejenige Handlung, die den Regeln des jeweiligen Bereichs entspricht.[598] Folglich könne solches Verhalten prinzipiell nicht strafbar werden. In den Worten *Hassemers*: Handlungen, die außerstrafrechtliche lege professionis einhalten, weisen die „Vermutung“ auf, kein strafwürdiges Unrecht zu verkörpern.

Der Begründung dieser Auffassung ist zuzustimmen: Die Handlungsneutralität ist begrifflich eng mit der Berufsausübung verbunden, weil als neutral auch im Rahmen der hiesigen Untersuchung diejenigen Handlungen bezeichnet wurden, die die Berufsausübung fördern.[599] Normen, die der Berufsausübung regeln, sind somit prädestiniert, sich auf die Handlungsneutralität auszuwirken. Zudem hat der Rekurs auf außerstrafrechtliche Normen praktische Vorteile, denn er bietet konkrete Kriterien für die strafrechtliche Behandlung neutraler Handlungen: die Einhaltung oder Verletzung von spezifischen positiven Normen. Mithin dient diese Auffassung auch der Rechtssicherheit – es wurde ohnehin bereits festgestellt, dass eine strafrechtsdogmatische Theorie praxistaugliche Lösungen bieten soll. Allerdings ist die systematisch-dogmatische Sauberkeit einer Theorie nicht zu vernachlässigen. Denn die professionelle Adäquanzlehre lässt die konstitutive Frage offen, in welcher genauen Form die Auswirkungen von außerstrafrechtlichen Normen auf das strafbare Unrecht auftreten.

Allgemein können außerstrafrechtliche Regeln in zweierlei Hinsicht relevant für das Strafrecht werden, je nachdem, wie sie sich auf das strafbare Unrecht bzw. die Strafbarkeit auswirken: *positiv* oder *negativ*. Eine positive Wirkung liegt vor, wenn sich die Verletzung außerstrafrechtlicher Normen unrechtsbegründend auswirkt; von einer negativen Wirkung ist – spiegelbildlich – dann auszugehen, wenn ein mit jenen Normen übereinstimmendes Verhalten strafrechtlich erlaubtes Risiko darstellt.[600] Mit der Unterscheidung zwischen positiver und negativer Wirkung außerstrafrechtlicher Normen

---

[597] *Hassemer*, wistra 1995, 81, 82.
[598] *Hassemer*, wistra 1995, 81, 82; ähnlich *Stützle*, ZIP 1990, 1316; *Barton*, StV 1993, 156, zu § 261 StGB; auch *Frisch*, FS Lüderssen, S. 547 ff.
[599] Dazu oben Teil 2 B.II.5.
[600] *Puppe*, in: NK-StGB, vor § 13 ff Rn. 156.

ist freilich die Relevanz jener Normen für das Strafrecht noch nicht erschöpft. Eine weitere Unterscheidung kann hinsichtlich des Verhältnisses zwischen lege professionis und strafbarem Unrecht getroffen werden. Darauf basierend können außerstrafrechtliche Normen auf der einen Seite eine *logische Bedingung* des Unrechts darstellen,[601] also entweder hinreichende oder notwendige oder notwendige und hinreichende Bedingung der Strafbarkeit. In diesem Fall bestünde eine logische Notwendigkeit der positiven oder negativen Wirkung von lege professionis. Auf der anderen Seite könnten außerstrafrechtliche Regeln lediglich *Indizien* für die strafrechtliche Missbilligung bilden; Indizien sind Umstände oder Tatsachen, die der Konkretisierung von normativen Tatbestandsmerkmalen dienen, ohne jedoch in einem kausalen Verhältnis zum indizierten Merkmal zu stehen – das Verhältnis zwischen Indiz und indizierter Tatsache ist also die Interferenz. Es stellt sich die Frage, welche dieser beiden Auswirkungen außerstrafrechtliche lege professionis auf die Strafbarkeit tatsächlich haben: Sind sie logische positive oder negative Voraussetzungen für das Unrecht der Geldwäsche oder nur Indizien, die dem Richter dabei helfen, zu entscheiden, ob ein Verhalten strafrechtlich missbilligt ist?

Diese Problematik bezieht sich auf das Verhältnis des Strafrechts zum Zivil- und öffentlichen Recht; auf sie ist notwendig einzugehen, um die Lehre der professionellen Adäquanz strafrechtssystematisch zu verankern. *Hassemer* plädiert – freilich nur im Hinblick auf die negative Wirkung[602] – für eine differenzierte Lösung: Soweit außerstrafrechtliche Normen denjenigen des Strafrechts nicht widersprechen, sei ihre Einhaltung ein erlaubtes Risiko;[603] dies stehe aber unter dem Vorbehalt, dass kein solcher Widerspruch zwischen außerstrafrechtlichen und strafrechtlichen Normen vorliegt. Daher sei die Einhaltung von lege professionis tatsächlich nur eine Vermutung für die Straffreiheit,[604] also ein Indiz. Es bestehe jedoch eine Umkehr der Argumentationslast:

[601] So *Lenckner*, FS Engisch, S. 492, zu Sondernormen bei der Fahrlässigkeit.

[602] Zu der positiven Wirkung von außerstrafrechtlichen lege professionis hat er sich nicht geäußert. Allerdings lässt sich unproblematisch schlussfolgern, dass die Zusprache von negativer Wirkung die positive impliziert.

[603] *Hassemer*, wistra 1995, 81, 85; a. A. aber statt vieler *Kudlich*, Die Unterstützung fremder Straftaten durch berufsbedingtes Verhalten, S. 228: Lege professionis gelten nicht abschließend, daher können sie nicht jede Rechtsgutsgefahr erfassen. Nach hier vertretener Ansicht ist der nicht-abschließende Charakter von außerstrafrechtlichen Normen zwar nicht falsch, gilt jedoch nur in bestimmten Konstellationen – dazu siehe unten Teil 2 D.III.7.b) cc).

[604] *Hassemer*, wistra 1995, 81, 85 f.; ähnlich *Amelung*, FS Grünwald, S. 11.

Außerstrafrechtliche Normen seien zunächst als im Einklang mit dem Strafrecht anzusehen, obwohl der Richter dies im Einzelfall überprüfen muss.[605]

Dem ist nicht vollumfänglich zuzustimmen. Die *pauschale* Einstufung aller lege professionis als logische Bedingung oder als Indiz vernachlässigt die unterschiedliche Natur verschiedener außerstrafrechtlicher Regeln. Die Lösung liegt nicht in horizontalen Kriterien, sondern in der Differenzierung zwischen Normen mit und ohne Rechtssatzqualität.

i) *Lege professionis ohne Rechtssatzqualität*

Es stellt sich zuerst die Frage, ob sich die strafrechtliche Missbilligung aus der Verletzung *außerrechtlicher* Normen ergeben kann. Die praktische Bedeutung dieser Frage sollte nicht unterschätzt werden, weil eine Vielzahl von lege professionis keine Rechtssatzqualität besitzen. Nach hier vertretener Auffassung können solche Pflichten nicht zwingend strafrechtliche Auswirkungen entfalten.[606] Dies liegt allerdings nicht – wie es den Anschein vermitteln mag – am Gesetzlichkeitsprinzip. Mit anderen Worten: Das Gesetzlichkeitsprinzip verhindert es nicht, dass außerstrafrechtliche Normen für die Risikomissbilligung in Betracht gezogen werden.

Um dies zu verstehen, muss auf die Unterscheidung zwischen *konstitutiven* und *deklaratorischen* Verweisungen auf außerstrafrechtliche Normen im Strafrecht hingewiesen werden. Konstitutiv ist der Verweis auf außerstrafrechtliche Normen bei Blanketttatbeständen.[607] Dort wird sowohl die Strafnorm als auch das Verweisungsobjekt selbst (scil. die Norm, auf welche verwiesen wird) an Art. 103 Abs. 2 GG gemessen;[608] die Verweisung findet um der *Begründung* strafbaren Unrechts willen statt. Deklaratorisch ist hingegen die Verweisung auf außerstrafrechtliche Normen zum Zwecke der Auslegung normativer Tatbestandsmerkmale; bei deklaratorischen Verweisungen ist das Verweisungsobjekt nicht an Art. 103 Abs. 2 GG zu messen, sodass die Auslegung normativer Tatbestandsmerkmale auf der Grundlage von Normen ohne

---

605 *Hassemer*, wistra 1995, 81, 85 ff.

606 So auch *Jakobs*, AT, 7. Abschn. Rn. 44; siehe auch (zur Fahrlässigkeit) *Roxin*/Greco, AT I, § 24 Rn. 19; *Schünemann*, FS Lackner, S. 367; *Lenckner*, FS Engisch, S. 498 f.; *Bohnert*, JR 1982, 6, 8 f.; *Kuhlen*, FS Hassemer, S. 875; siehe ferner zur Bedeutung außerrechtlicher Normen für das materielle Strafrecht am Beispiel der Untreue die Überlegungen des *Verfassers* in NZWiSt 2021, 376 ff.

607 Dazu stellvertretend *Ernst*, Blankettstrafgesetze, S. 11 ff.

608 *Hohmann*, ZIS 2007, 38, 43.

Rechtssatzqualität ohne Weiteres zulässig ist.[609] Das Gesetzlichkeitsprinzip verbietet es also nicht, dass das strafbare Unrecht anhand außerrechtlicher Normen *konkretisiert* wird.

Gegen die unmittelbare strafrechtliche Relevanz außerrechtlicher Normen spricht vielmehr ihre Struktur: Lege professionis enthalten in der Regel nur abstrakte Gefährdungsverbote.[610] Dies ist nachvollziehbar, weil die Berufswirklichkeit so vielschichtig und komplex ist, dass es unmöglich ist, jede einzelne Fallkonstellation vorherzusehen.[611] Die gebotene Sorgfalt im Beruf kann nicht abschließend aus abstrakt-generellen Rechtsnormen, sondern nur aus *Standards* abgeleitet werden, welche die jeweiligen Experten in dem betreffenden Verhaltenskreis auf der Grundlage wissenschaftlicher Erkenntnisse oder praktischer Erfahrungen formulieren.[612] Standards können als solche nicht rechtsverbindlich sein, weil sie einem ständigen Wandel unterliegen und eine gewisse Flexibilität aufweisen.[613] Die Inbezugnahme außerrechtlicher Standards für die strafrechtliche Risikomissbilligung mangelt an Bestimmtheit und verstößt gegen Art. 103 Abs. 2 GG.[614] Im Hinblick auf außerrechtliche Normen trifft daher *Hassemers* Aussage zu, dass deren Verletzung oder Einhaltung nur als Indiz für die Risikomissbilligung herangezogen werden kann:[615] Zwar wird die Strafbarkeit bei Verletzung solcher Sondernormen stark indiziert, doch darf der Richter im Einzelfall ein abweichendes Urteil fällen.

ii) *Lege professionis mit Rechtssatzqualität*

Bei *gesetzlichen* lege professionis hat bereits der Gesetzgeber ein Werturteil über die Missbilligung eines Risikos gefällt.[616] Wenn er durch dieses Urteil eine zulässige Freiheitsbeschränkung vorgenommen hat, gilt diese auch im Strafrecht.[617] Wie bereits gezeigt, sind besondere Überwachungspflichten – d.h., solche, die nur bestimmte

[609] *Hüls*, Grenzen des Wirtschaftsstrafrechts, S. 90 f.; *Hohmann*, ZIS 2007, 38, 43; *Kuhlen*, FS Hassemer, S. 887.
[610] Vgl. BGH NJW 2004, 1449, 1450.
[611] *Bosch*, Organisationsverschulden, S. 420
[612] *Schroeder*, JZ 1989, 776, 777; *Schünemann*, FS Lackner, S. 388; *Bohnert*, JR 1982, 6, 8; *Bosch*, Organisationsverschulden, S. 453; *Momsen*, ZStW 2019, 1009, 1018 f.; *Jakobs*, AT, 7. Abschn. Rn. 43; *Roxin/Greco*, AT I, § 24 Rn. 15; *Welzel*, Das deutsche Strafrecht, S. 133 f.
[613] Vgl. *Momsen*, ZStW 2019, 1009, 1018 f.
[614] *Schünemann*, FS Lackner, S. 376 ff.; *Bosch*, Organisationsverschulden, S. 445 f.
[615] BGH NJW 2004, 1449, 1450; *Jakobs*, AT, 7. Abschn. Rn. 44; dies ist insb. im Hinblick auf die Sorgfaltswidrigkeit im fahrlässigen Delikt systematisiert worden; so *Beck*, ZStW 2019, 967, 968 f.; *Welzel*, das Deutsche Strafrecht, S. 134; *Roxin/Greco*, AT I, § 24 Rn. 17, 51; *Puppe*, in: NK-StGB, Vor §§ 13 Rn. 155; *Bosch*, Organisationsverschulden, S. 413; *Bohnert*, JR 1982, 6, 7; *Zimmermann*, Strafbarkeitsrisiken durch Compliance, S. 196; *Kuhlen*, FS Hassemer, S. 875.
[616] Vgl. *Roxin/Greco*, AT I, § 24 Rn. 17.
[617] *Jakobs*, AT, 7. Abschn. Rn. 43; vgl. auch *Lenckner*, FS Engisch, S. 494; *Wohlers*, NStZ 2000, 169, 173.

Personenkreise oder spezifische Tätigkeiten betreffen – in der Regel verfassungskonform. Ausnahmen von Prinzip der Eigenverantwortung sind ferner gerechtfertigt, wenn der Gesetzgeber selbst solche anerkannt hat oder wenn jene Ausnahmen dem Willen des Gesetzgebers oder dem objektiven Sinn des Gesetzes entsprechen.[618] Die Bedeutung außerstrafrechtlicher Normen für das Strafrecht geht somit notwendig über eine bloße Indizfunktion hinaus. Man muss aber differenzieren:

α) Zu der negativen Wirkung

Zunächst wirken lege professionis durchaus *negativ* auf die strafrechtliche Missbilligung aus: Ihre Einhaltung führt zum Ausschluss der Strafbarkeit.[619] Dies beruht auf dem Subsidiaritätsprinzip[620] sowie aus dem Prinzip der Einheit und Widerspruchsfreiheit der Rechtsordnung.[621] Das Strafrecht ist negativ akzessorisch gegenüber der gesamten Rechtsordnung. Ein Verhalten, das nach der außerstrafrechtlichen Rechtsordnung erlaubt ist, kann nicht mit ihrem schärfsten Instrument geahndet werden.[622] Die Kriminalisierung von zivilrechtlich zulässigem Verhalten ist somit ein Widerspruch, der vermieden werden muss. Die Einhaltung von lege professionis ist stets als zulässiges Risiko zu bewerten.

β) Zu der positiven Wirkung

Schwieriger ist es, die positive Wirkung außerstrafrechtlicher lege professionis zu begründen, scil. die These, dass die Zuwiderhandlung gegen außerstrafrechtliche Normen zu strafrechtlicher Missbilligung führt. Gegen eine solche positive Wirkung könnten zunächst zwei Einwände erhoben werden: Zum einen sei das Verhältnis des Strafrechts zum Zivil- und öffentlichen Recht, wiederum aufgrund des Subsidiaritäts- bzw. Ultima-Ratio-Prinzips asymmetrisch. D.h., nicht jede außerstrafrechtliche Pflichtverletzung könne strafrechtliches Unrecht begründen,[623] weil eine Pönalisierung aller außerstrafrechtlichen Verstöße mit der Natur des Strafrechts nicht vereinbar ist.[624]

Zum anderen könnte gegen die positive Wirkung von außerstrafrechtlichen Pflichtverletzungen eingewandt werden, dass nur *Pflichtdelikte* außerstrafrechtlich

---

[618] *Roxin*, GS Armin Kaufmann, S. 246; *Jakobs*, ZStW 1977, 1 ff.; *ders.*, AT, 24. Abschn. Rn. 15.
[619] Statt vieler *Lenckner*, FS Engisch, S. 493.
[620] Dazu siehe statt vieler *Arthur Kaufmann*, FS Henkel, S. 103; *Lüderssen*, Die Krise des öffentlichen Strafanspruchs, passim, insb. S. 43 ff.; *ders.*, FS Hanack, S. 487.
[621] *Frisch*, Tatbestandsmäßiges Verhalten, S. 274.
[622] *Lüderssen*, FS Hanack, S. 487 ff.; *Ernst*, Blankettstrafgesetze, S. 52.
[623] Stellvertretend *Lüderssen*, FS Eser, S. 163
[624] Vgl. *Amelung*, FS Gründwald, S. 11.

akzessorisch sind, nicht jedoch die Beihilfe.[625] Bei den Pflichtdelikten hat der Gesetzgeber mithilfe des normativen Tatbestandsmerkmals der Pflichtverletzung auf andere Rechtsgebiete verwiesen, um das Unrecht zu konkretisieren. Die Beihilfe und die Geldwäsche seien jedoch keine Pflichtdelikte. Es sei – so der Einwand – die Schaffung unerlaubter Risiken für fremde Rechtsgüter, die die Tatbestandsmäßigkeit auszeichnet, und nicht irgendeine Pflichtverletzung. Aber auch wenn die Beihilfe oder die Geldwäsche Pflichtdelikte wären, könnte die außerstrafrechtliche Pflichtverletzung allenfalls ein bloßes Indiz für die Strafbarkeit darstellen. Denn in Bezug auf das in der Wissenschaft am ausführlichsten behandelte Pflichtdelikt, namentlich die Untreue, herrscht die Auffassung vor, dass die außerstrafrechtliche Pflichtverletzung nur eine notwendige, aber keine hinreichende Bedingung für die Strafbarkeit ist (negative bzw. asymmetrische Akzessorietätsthese).[626] Ein Verhalten sei überdies unerlaubt im strafrechtlichen Sinne nur dann, wenn es gegen strafrechtliche Verhaltensnormen verstößt, nicht bloß gegen zivil- oder öffentlich-rechtliche Rechtsnormen. Die zurechnungsrelevante unerlaubte Gefahrschaffung sei also stets nach strafrechtsautonomen Kriterien zu beurteilen und nicht allein aus dem Verstoß gegen außerstrafrechtliche Normen herzuleiten.[627]

Nach hier vertretener Ansicht schließen diese Einwände die positive Wirkung von außerstrafrechtlichen lege professionis nicht aus. Der erste Einwand beruht auf der Annahme, dass die Kriminalisierung von außerstrafrechtlichen Verstößen ein strenges Akzessorietätsverhältnis des Strafrechts begründet und das Strafrecht in eine *sola ratio* verwandelt. Bei der Handlungsneutralität handelt es sich jedoch nicht um eine derartige Kriminalisierung außerstrafrechtlicher Pflichten. Dies liegt daran, dass die Inbezugnahme außerstrafrechtlicher Normen nicht der *Begründung* strafrechtlichen Unrechts dient, sondern der *Auslegung* eines normatives Tatbestandsmerkmals (d. i., der Schaffung missbilligter Risiken), weil der Verweis auf lege professionis im Rahmen der Beihilfe ,

---

[625] So *Baun*, Beihilfe zu NS-Gewaltverbrechen, S. 130; *Tag*, JR 1997, 49, 52. Der Begriff „Pflichtdelikt" wurde von Roxin im Rahmen seiner Habilitationsschrift aus dem Jahr 1962 anstelle des Begriffs „Sonderdelikt" entwickelt (*Roxin*, Täterschaft und Tatherrschaft, S. 353 ff.; siehe auch *ders.*, FS Schünemann, S. 512) und umfasst diejenigen Delikte, die tatbestandsmäßig eine Verletzung außerstrafrechtlicher Pflichten voraussetzen, wie exemplarisch die Untreue gemäß § 266 StGB, den Pflichtverletzungstatbestand des § 299 Abs. 1 Nr. 2 bzw. Abs. 2 Nr. 2 StGB und die unechten Unterlassungsdelikten gemäß § 13 Abs. 1 StGB. Pflichtdelikte gehören zusammen mit den Blankettstrafgesetzen zu den akzessorischen Straftatbeständen, siehe auch *Schünemann*, FS Lackner, S. 373.

[626] Statt vieler BVerfGE 126, 170; *Saliger*, HRRS 2006, 10, 14; *ders.*, JA 2007, 326, 327; *Lüderssen*, FS Eser, S. 163 ff.; *Jahn/Ziemann*, ZIS 2016, 552, 553; des Weiteren wird von einigen Ansicht selbst bei den Pflichtdelikten jedwedes Akzessorietätsverhältnis abgelehnt, so etwa *Schünemann*, ZIS 2012, 183, 189 f.

[627] *Lüderssen*, FS Hanack, S. 487.

wie bereits angeführt, lediglich deklaratorisch ist.[628] Bei der Annahme bzw. Ablehnung der Handlungsneutralität wird dem Täter also nur die Befugnis eingeräumt bzw. verwehrt, sich auf die verfassungsrechtlich verankerte Berufsfreiheit zu berufen. Derjenige, der für das Verhalten eines anderen rechtlich verantwortlich ist, kann nicht gleichzeitig behaupten, dass ihn dieses Verhalten nichts angeht. Er darf sich somit nicht mehr auf die Handlungsneutralität als Privilegierungsgrundlage berufen. Ob er sich jedoch tatsächlich strafbar macht, hängt von den allgemeinen Regeln ab, wie den einzelnen Kriterien der objektiven Zurechnung und den Teilnahmevoraussetzungen. Hat der Täter beispielsweise trotz der Verletzung außerstrafrechtlicher Pflichten die Gefahr für das Rechtsgut verringert, handelt er mangels objektiver Zurechnung nicht strafbar.[629]

Darüber hinaus – zum zweiten Einwand – hält die hier vertretene Auffassung an der grundlegenden Unterscheidung zwischen Jedermanns- und Pflichtdelikten fest: Die hier aufgearbeitete Theorie von der Quasi-Garantenstellung will keineswegs die Bedeutung des Rechtsgüterschutzes unterschätzen und auf ein Pflichtverletzungsgedanken zurückkommen. Primäre Aufgabe und zugleich Legitimationsgrundlage eines rechtsstaatlichen Strafrechts bleibt der Rechtsgüterschutz.[630] Dies bedeutet allerdings nicht, dass außerstrafrechtliche Pflichten bei Nicht-Pflichtdelikten völlig irrelevant sind. Die Schaffung missbilligter Risiken ist ein normatives Tatbestandsmerkmal, das im Lichte der gesamten Rechtsordnung zu beurteilen ist. Normtheoretisch stellt ohnedies jede Straftat eine Pflichtverletzung dar, indem sie der strafrechtlichen Verhaltensnorm zuwiderläuft.[631] Diese Pflichtverletzung ist jedoch nur dann strafbar, wenn sie ein Rechtsgut beeinträchtigt. Das Besondere bei mittelbaren Rechtsgutsverletzungen liegt also darin, dass die Pflichtverletzung dort nicht allein aus der Übertretung der strafrechtlichen Verhaltensnorm folgt, sondern dass der Rückgriff auf weitere Normen bedarf erforderlich ist, die die Zuständigkeit für fremdes Verhalten einräumen. Am Erfordernis einer Rechtsgutsverletzung ändert dies nichts.

---

[628] Vgl. *Frisch*, Tatbestandsmäßiges Verhalten, S. 95 f.

[629] Siehe *Frisch*, Tatbestandsmäßiges Verhalten, S. 92 f. Dass die objektive Zurechnung nicht nur auf Erfolgsdelikte, sondern auch auf Verhaltensdelikte und die Teilnahme Anwendung findet, wurde bereits nachgewiesen.

[630] *Roxin*, Täterschaft und Tatherrschaft, S. 739; *Arthur Kaufmann*, FS Henkel, S. 102; *Lüderssen*, FS Hanack, S. 492.

[631] *Kindhäuser*, in: Kollektivierung als Herausforderung für das Strafrecht, S. 11: „Kurz: Täterschaft ist Pflichtverletzung".

iii) Zwischenfazit

Nach alledem gilt die folgende Regel: Außerstrafrechtliche Regeln mit Rechtssatzqualität, wie die GwG-Pflichten, stellen hinreichende Bedingungen für das normative Tatbestandsmerkmal „Risikomissbilligung“ dar.[632] Der Verstoß gegen solche Regeln ist keine neutrale Handlung, sondern ein strafrechtlich missbilligtes Risiko; die Einhaltung außerstrafrechtlicher Vorschriften schließt hingegen die strafrechtliche Verantwortlichkeit aus.[633] Außerstrafrechtliche Pflichten ohne Rechtssatzqualität sind demgegenüber nur Indizien für die strafrechtliche Missbilligung; wie stark ihre Indizwirkung ist, hängt freilich vom Einzelfall ab.[634]

cc) Ausnahmen von der Berücksichtigung außerstrafrechtlicher Normen

Es muss allerdings geprüft werden, ob es ausnahmsweise auch solche außerstrafrechtlichen Normen gibt, die keine strafrechtlichen Wirkungen entfalten.

i) Bestehen eines Strafrechtsvorbehalts

Es ist bereits erwiesen, dass die Einhaltung von gesetzlichen lege professionis den Vorwurf der Risikomissbilligung ausschließt. Etwas anderes gilt jedoch, wenn diese Regeln mit einem *Strafrechtsvorbehalt* versehen werden.[635] Denn es gibt Fälle, in denen der Gesetzgeber nicht im Voraus wissen kann, ob ein Risiko konkret durch andere als die gesetzlich vorgeschriebenen Sorgfaltsmaßnahmen vermieden oder begrenzt werden kann.[636] Alles, was er in diesem Fall tun kann, ist missbilligte Gefahren für Rechtsgüter zu unterbinden, wie auch immer sie entstehen.

Beispielhaft angeführt: Die Vorschriften der StVO enthalten zwar zahlreiche Ver- und Gebote für das Führen von Kraftfahrzeugen, gleichzeitig enthält § 1 Abs. 2 StVO aber folgenden (Strafrechts-)Vorbehalt: „Wer am Verkehr teilnimmt, hat sich so zu verhalten, dass kein anderer geschädigt, gefährdet oder mehr, als nach den Umständen unvermeidbar, behindert oder belästigt wird.“ Verboten sind daher nicht nur die in den einzelnen Vorschriften der StVO ausdrücklich genannten Handlungen, sondern auch

---

[632] *Puppe*, in: NK-StGB, Vor §§ 13 Rn. 156; *Frisch*, Tatbestandsmäßiges Verhalten, S. 96.
[633] So *Puppe*, in: NK-StGB, Vor § 13 ff. Rn. 156; auch *Jakobs*, AT, 7. Abschn. Rn. 43; *Frisch*, FS Lüderssen, S. 547; *Lenckner*, FS Engisch, S. 493.
[634] Nach *Puppe*, in: NK-StGB, Vor §§ 13 Rn. 156, nähert die Einhaltung *standardisierten* Sorgfaltsregel den Auswirkungen rechtlicher Sorgfaltsnormen an.
[635] *Frisch*, Tatbestandsmäßiges Verhalten, S. 274; *Hassemer*, wistra 1995, 81, 85; *Jakobs*, AT, 7. Abschn. Rn. 45; *Kudlich*, Die Unterstützung fremder Straftaten durch berufsbedingtes Verhalten, S. 224.
[636] *Kudlich*, Die Unterstützung fremder Straftaten durch berufsbedingtes Verhalten, S. 224.

anderweitig verursachte Rechtsgutsverletzungen.[637] Wenn beispielsweise ein Autofahrer bei grüner Ampel eine Kreuzung überquert und dabei einen gehbehinderten Menschen, der bei Rot den Zebrastreifen betritt, anfährt und tödlich verletzt, kann man angesichts der Einheit der Rechtsordnung oder der Subsidiarität des Strafrechts nicht vertreten, dass das zivilrechtlich erlaubte Weiterfahren bei Grünlicht strafrechtlich nicht missbilligt werden kann.[638] Denn aus der Generalklausel von § 1 Abs. 2 StVO resultiert, dass das Verhalten des Autofahrers in diesem Fall gar nicht erlaubt ist.[639] Wenn mithin außerstrafrechtlichen Normen ihre Geltung im Fall von Rechtsgutsverletzungen vorbehalten ist,[640] ist ihre Relevanz für das Strafrecht ausgeschlossen.

ii) *Fehlen des Schutzzweckzusammenhanges*

Eine weitere Einschränkung der strafrechtlichen Wirkungen von außerstrafrechtlichen Normen besteht darin, dass nur solche Normen für die Risikomissbilligung relevant sind, die dem Rechtsgüterschutz dienen, genauer gesagt: dem Schutz eines solchen Rechtsguts, das mit dem durch die Strafnorm geschützten identisch ist.[641] Zwischen der außerstrafrechtlichen und der strafrechtlichen Norm muss somit ein inhaltlicher Zusammenhang bestehen, ein – um die Terminologie der objektiven Zurechnungslehre zu verwenden – *Schutzzweckzusammenhang*:[642] Werden mit außerstrafrechtlichen Vorschriften andere Zwecke als strafrechtliche Normen verfolgt, so sind erstere nicht befugt, Sachverhalte von strafrechtlichem Interesse ausschließlich zu beurteilen. Deshalb sind z.B. die Vorschriften der StVO für eine im Straßenverkehr erfolgten Körperverletzung durchaus relevant, nicht aber die Vorschriften über den Spätkauf für einen Betrug nach Ladenschluss.[643]

---

[637] *Puppe*, in: NK-StGB, Vor §§ 13 Rn. 155; *Bosch*, Organisationsverschulden, S. 440.

[638] Der Fall wird mit kleinen Änderungen von *Bohnert*, JR 1982, 6, 9, übernommen; ein ähnliches Fallbeispiel erwähnt *Bosch*, Organisationsverschulden, S. 420.

[639] *Bosch*, Organisationsverschulden, S. 439 f.,

[640] Vgl. auch *Bosch*, Organisationsverschulden, S. 417: Es komme darauf an, ob die Norm in Bezug auf die Sorgfaltsmaßnahmen zur Abwendung von Rechtsgutsverletzungen einen Anspruch auf *Ausschließlichkeit* erhebt; ähnlich *Kudlich*, Die Unterstützung fremder Straftaten durch berufsbedingtes Verhalten, S. 224 ff.: Beim Verhältnis zwei Rechtsnormen komme die *inhaltsreichere* zur Anwendung; siehe auch *Kindhäuser*, FS Schünemann, S. 153.

[641] Vgl. zur „echten" Garantenstellung BGH NJW 1993, 544, 544.

[642] *Frisch*, FS Lüderssen, S. 547; *ders.*, Tatbestandsmäßiges Verhalten, S. 278; *Jakobs*, AT, 7. Abschn. Rn. 43; *Puppe*, in: NK-StGB, Vor § 13 Rn. 156; ferner auch *Baun*, Beihilfe zu NS-Gewaltverbrechen, S. 117.

[643] Vgl. *Puppe*, AT, § 26 Rn. 13; *Frisch*, Tatbestandsmäßiges Verhalten, S. 276 f.; *ders.*, FS Roxin, 2001, S. 214.

dd) Missbilligung bei Fehlen oder Nicht-Anwendbarkeit von lege professionis

Des Weiteren ist zu untersuchen, ob eine Strafbarkeit beim Fehlen einer außerstrafrechtlichen Reglementierung möglich ist, also wenn das betreffende Verhalten vom Gesetzgeber nicht geregelt wurde. Ein Beispiel: Wie bereits erörtert, unterliegen Rechtsberater gemäß § 2 Nr. 10 GwG nur unter bestimmten Voraussetzungen den Pflichten des GwG, d. h., wenn sie bestimmte Berufshandlungen durchführen. Wie kann das Bestehen einer Quasi-Garantenstellung bei Vornahme von nicht vom GwG geregelten Handlungen überprüft werden? Zunächst ist beim Fehlen einschlägiger außerstrafrechtlicher Regeln – und sofern keine Quasi-Garantenstellung anderweitig besteht – davon auszugehen, dass jene Tätigkeit vom Gesetzgeber als erlaubtes Risiko qualifiziert ist und somit vom Geldwäschetatbestand ausgenommen ist. Denn ohne Quasi-Garantenstellung hat der Handelnde keine strafrechtliche Zuständigkeit über fremdes Verhalten.

Hierzu gibt es jedoch eine Ausnahme: Das Fehlen einer ausdrücklichen gesetzlichen Regelung bedeutet nicht zwingend, dass eine Quasi-Garantenstellung fehlt. Es ist durchaus möglich, dass der Gesetzgeber ein Verhalten nicht geregelt hat, um zu betonen, dass stets eine Überwachungspflicht hinsichtlich Fremdverhalten besteht. In diesem Fall muss man dennoch von einer Quasi-Garantenstellung ausgehen und das fragliche Verhalten nach den allgemeinen Regeln prüfen.;[644] dabei sind entweder die allgemeinen Beihilfevoraussetzungen oder die Kriterien des Geldwäschetatbestandes einschlägig – je nachdem, ob das fragliche Verhalten als Täterschaft oder Beihilfe einzustufen ist. Dies steht in keinem Widerspruch zu der bereits postulierten Relevanz von lege professionis für die Geldwäsche, denn *gesetzliche* außerstrafrechtliche Normen sind nur eine hinreichende, aber keine notwendige Bedingung des Unrechts. D.h., eine Quasi-Garantenstellung muss nicht unmittelbar aus Rechtssätzen hergeleitet werden, sondern kann es auch außerrechtliche oder geradezu soziale Regeln geben, die eine Quasi-Garantenstellung begründen. Letztere können zwar nicht immer logische Bedingungen des Strafrechts darstellen, aber sie können auf jeden Fall sehr starke Indizien für die Schaffung eines rechtlich missbilligten Risikos bilden. Somit führt die hier vertretene Theorie von der Quasi-Garantenstellung nicht zu Strafbarkeitslücken bei der Vielzahl der

[644] *Kudlich*, Die Unterstützung fremder Straftaten durch berufsbedingtes Verhalten, S. 223; *ders.*, FS Tiedemann, S. 227; im Ergebnis ähnlich *Rackow*, Neutrale Handlungen als Problem des Strafrechts, 176 ff.

Berufsgruppen, die nicht rechtlich, sondern nur *sozial* durchnormiert sind – ohnehin reichen sogar ungeschriebene Pflichten aus der sozialen Rolle des Täters für die Quasi-Garantenstellung aus.[645]

Zusammengefasst stehen zwei Wege offen, wenn ein Verhalten nicht außerstrafrechtlich geregelt wurde: Entweder ist das in Frage stehende Verhalten straffrei als erlaubtes Risiko oder ist es den allgemeinen Regeln (meist dem § 27 Abs. 1 StGB) überlassen. Welche von den beiden Lösungen im Einzelfall zu bevorzugen ist, hängt vom Willen des Gesetzgebers ab, der in einer Gesamtbetrachtung des Einzelfalls ermittelt werden muss: Die rechtliche Reglementierung indiziert zunächst die Tatsache, dass der Gesetzgeber das geregelte Verhalten prinzipiell für riskant hält. Wenn der Gesetzgeber für einen bestimmten Lebensbereich eine Ausnahme von *bestehenden* Pflichten vorgesehen hat, dann liegt der Umkehrschluss näher, dass er jenen Bereich als grundsätzlich erlaubtes Risiko erachtet.[646] Auf dieser Basis ist das Verhalten von Rechtsanwälten, wenn sie den Pflichten des GwG nicht unterliegen, in der Regel als erlaubtes Risiko im Rahmen der Geldwäsche anzusehen, soweit sie naturgemäß berufsneutral handeln und keine anderweitig begründete Quasi-Garantenstellung tragen.[647] Dieser Umkehrschluss ist gleichwohl nicht zulässig, wenn der Gesetzgeber einen Lebensbereich nur deshalb nicht reglementiert hat, weil er die Risikomissbilligung in jenem Bereich der Praxis oder der Dogmatik überlassen wollte; so ist z. B. die Tätigkeit von Ärzten aufgrund der Vielfalt der Berufskonstellationen nicht gesetzlich, sondern nur durch vom entsprechenden Berufsverband konstruierten Berufsordnungen geregelt. Der Gesetzgeber wollte mit anderen Worten hier mit der Ausnahme jenes Lebensbereiches von der Reglementierung nicht den Sinn deuten, dass jedes Risiko stets erlaubt wäre, sondern hat eine *bewusste* Lücke eingebaut.[648] Eine Quasi-Garantenstellung muss in solchen Fällen außerhalb des Gesetzes gesucht werden.

c) Echte Garantenstellungen

Soviel zum Thema der Begründung von Quasi-Garantenstellungen aus außerstrafrechtlichen Normen. Des Weiteren liegt nahe, dass wenn das Vorhandensein

[645] So für die Pflichtdelikte *Roxin*, Täterschaft und Tatherrschaft, S. 885 f.; *ders*, FS Schünemann, S. 522. *Schünemann*, in: LK-StGB, 12. Aufl., § 25 Rn. 42 ff.

[646] Vgl. *Puppe*, in: NK-StGB, vor § 13, Rn. 155.

[647] Handeln sie hingegen nicht neutral, reicht als Quasi-Garantenstellung die originär strafrechtliche Norm von §§ 261 oder 27 Abs. 1 StGB aus.

[648] Dazu siehe nur *Engisch*, FS Sauer, S. 89; *Klug*, FS Nipperdey, S. 72.

einer Quasi-Garantenstellung für das Unrecht ausreicht, eine „echte" Garantenstellung im Sinne des § 13 Abs. 1 StGB erst recht genügt:[649] Die Mutter, die ihre minderjährige Tochter körperlich misshandelt, darf sich ebenso wenig auf die Handlungsneutralität berufen wie der Betriebsleiter, der betriebsbezogene Straftaten seiner Untergebenen duldet;[650] dergleichen kann sich ein Waffenhändler, der eine Pistole an eine erkennbar gefährliche Person abgibt, nicht auf die Neutralität seines Handelns berufen. Denn der Besitz von besonders gefährlichen Gegenständen, die dazu bestimmt sind, fremde Rechtsgüter zu beschädigen (z. B. Handfeuerwaffen oder Messer) oder für deren Benutzung eine besondere Genehmigung erforderlich ist (z. B. Kraftfahrzeuge oder Maschinen), begründet nach herrschender Ansicht eine Überwachungsgarantenstellung zur Vermeidung aller von ihnen ausgehenden Risiken.[651] In solchen Fällen besteht daher durchaus eine Sorgfaltspflicht in Bezug auf das Verhalten von Dritten.[652]

Zudem ist es genau jene besondere Pflicht, die die Haftung des Ladenangestellten begründet, der in Kenntnis eines Kampfes außerhalb des Ladens ein Messer oder ein scharfes Werkzeug an einen Passanten verkauft, der es dann benutzt, um einen Dritten zu töten. Natürlich reicht diese Kenntnis im Allgemeinen nicht aus, denn das Strafrecht kann weder das bloße Wissen noch die reine Absicht bestrafen (dies wird weiter unten bei der Analyse des Sonderwissens näher erläutert). Wenn der Täter jedoch eine Garantenstellung innehat, muss auch sein Sonderwissen zu seinem Lasten berücksichtigt werden, denn es ist seine Pflicht, jegliche Gefährdung Dritter zu verhindern. In einem späteren Kapitel wird eingehend untersucht, inwieweit Rechts- und Wirtschaftsberater eine Garantenstellung im Sinne von § 13 Abs. 1 StGB zu Verhinderung der von ihren Mandanten begangenen Geldwäsche tragen.[653]

---

[649] *Frisch*, FS Lüderssen, S. 549; *Roxin*, FS Tröndle, S. 184; *Jakobs*, GA 1996, 253, 262.
[650] Zu der Garantenstellung des sog. Geschäftsherrn siehe Teil 3 B. IV.1.a).
[651] Dazu siehe BGHSt 19, 286, 288; BGH NStZ 2012, 319, 320; BGHSt 53, 38, 41 f.; BGH 61, 21, 23.
[652] *Frisch*, Tatbestandsmäßiges Verhalten, S. 247 ff.
[653] Siehe unten Teil 3 B.

d) Quasi-Garantenstellung aufgrund vorangegangenen Verhaltens

aa) Vorab

Betrachtet man die Unterlassungsdogmatik, so lässt sich erahnen, dass eine Garantenstellung schließlich auch aufgrund gefährlichen vorangegangenen Tuns entstehen kann – scil. aufgrund *Ingerenz*.[654]

Als Ingerenz ist die Schaffung einer Gefahrenquelle für das Rechtsgut zu verstehen.[655] Zwar wurde oben klargestellt, dass die bloße Erhöhung eines bestehenden Risikos nicht ohne Weiteres missbilligt ist. Die Missbilligung ergibt sich hier jedoch dadurch, dass der Handelnde durch sein vorangegangenes Tun eine *neue* Gefahrenquelle schafft, die er dann einzugrenzen hat.[656]

Bereits im Rahmen der unechten Unterlassungsdelikte ist allerdings der Umfang der Garantenstellung aufgrund Ingerenz problematisch: Wenn eine Person für jede Gefahr haftet, die sie durch eigenes Vorverhalten *verursacht*, läge eine Überdehnung des strafrechtlichen Unrechts vor und damit eine übermäßige Freiheitseinschränkung.[657] Man darf deshalb die Ingerenz nicht als Auffang-Garantenstellung betrachten,[658] sondern muss sie an konkrete Voraussetzungen anknüpfen. Die Konturierung der Ingerenz muss nach wie vor angesichts normativer Gesichtspunkte durchgeführt werden. Gemeinhin wird auf dieser Basis in der Strafrechtsdogmatik postuliert, dass nur ein *pflichtwidriges* Vorverhalten eine Garantenstellung begründet.[659] Dies muss zunächst einmal auch für die Quasi-Garantenstellung gelten.

Gleichwohl muss näher geklärt werden, was unter „Pflichtwidrigkeit" hier zu verstehen ist. Bei der „normalen" Ingerenz, die im Rahmen des § 13 Abs. 1 StGB eine Garantenstellung begründet, ist es nach h. M. erforderlich, *„dass der Täter durch sein Vorverhalten über die bloße Erfolgsursächlichkeit und Pflichtwidrigkeit hinaus die nahe Gefahr für den Schadenseintritt geschaffen hat, was bei der Missachtung einer Vorschrift*

[654] Stellvertretend RGSt, 17, 260, 261; BGHSt 4, 20, 22; BGHSt 38, 356, 358; BGH NJW 1992, 1246; BGH NStZ 2009, 381; *Rudolphi*, Die Gleichstellungsproblematik, S. 157 ff.; *Dencker*, FS Stree/Wessels, S. 159 ff.; *Roxin*, AT II, § 32 Rn. 143 ff.; *Jakobs*, FG 50 Jahre BGH, S. 29 ff. m.w.N.
[655] *Roxin*, AT II, § 32 Rn. 143; *Jakobs*, FG 50 Jahre BGH, S. 29 ff.
[656] Vgl. *Roxin*, AT II, § 32 Rn. 143.
[657] Vgl. *Roxin*, AT II, § 32 Rn. 155.
[658] *Roxin*, AT II, § 32 Rn. 144.
[659] Wohl erstmals *Rudolphi*, Die Gleichstellungsproblematik, S. 110 ff., 157 ff.; siehe auch BGHSt 37, 106, 115; BGH NStZ 2008, 276, 277; *Roxin* AT II, § 32 Rn. 158.

angenommen wird, die dem Schutz des betroffenen Rechtsguts dient.“[660] Mit anderen Worten: Die h.M. lässt die Ingerenz wiederum anhand der Verletzung außerstrafrechtlicher Pflichten bemessen. Das Anknüpfen an die Verletzung von Verkehrsnormen wäre jedoch im hier interessierenden Bereich der Quasi-Garantenstellung (die eine *Begehungs*haftung begründet) nichtssagend. Denn solche Verkehrspflichten *begründen* in der Regel bereits die Quasi-Garantenstellung: Trägt ein Berater rechtsgutsschützende außerstrafrechtliche Pflichten, so bedarf es des Rekurses auf die Ingerenz gar nicht, um seine Zuständigkeit für fremdes Verhalten zu begründen.

Eine andere Auffassung verlangt die Anwendung der Kriterien der objektiven Zurechnung, also die Schaffung missbilligter Risiken; so sei eine Vorhandlung nicht pflichtwidrig, wenn sie sich innerhalb des erlaubten Risikos bewegt oder einen abenteuerlichen, atypischen Kausalverlauf in Gang setzt.[661] Dies mag richtig sein, darf aber bei der Quasi-Garantenstellung nicht verwendet werden, weil Letztere bereits als Sonderfall der objektiven Zurechnung betrachtet wurde und sich auf die Risikomissbilligung stützt. Der Rekurs auf Zurechnungskriterien würde also auf einem Zirkelschluss beruhen.

Man muss somit andere Kriterien suchen, nach denen die Vorhandlung des Täters pflichtwidrig ist und deshalb zur „Quasi-Ingerenz“ führt. Jene Kriterien bestehen darin, dass zwar objektiv ein neutrales Verhalten vorliegt, welches sich aber bei näherer Betrachtung außerhalb des Sozialadäquaten bewegt. Dies ist zunächst im Einzelfall zu beurteilen, man kann jedoch hier einige Fallgruppen erwähnen.

<u>bb) Der Missbrauch berufstypischen Verhaltens</u>

Der bereits besprochene Missbrauch der beruflichen Stellung ist ohne Weiteres als pflichtwidrige Handlung anzusehen. Der Grund dafür liegt in der Definition der Neutralität: Als neutrale Handlungen wurden oben solche Verhaltensweisen definiert, die dem Zweck einer zulässigen beruflichen Tätigkeit dienen. Der missbräuchliche Gebrauch solcher Handlungen dient nicht mehr diesem Zweck, da er zweckwidrig ist. Somit ist er nicht mehr neutral. Wer durch sein Verhalten vor der Hilfeleistung das Risiko für das Rechtsgut erhöht, ist verpflichtet, dieses Risiko zu verringern. Die Dienstleistungen von Beratern gehören somit zu deren eigenem Zuständigkeitsbereich. Sie tragen die Pflicht,

---

660 So BGH NStZ 2008, 276, 277.
661 Näher *Roxin*, AT II, § 32, Rn. 155 ff.

diesen Bereich so zu gestalten, dass Dritte nicht die Möglichkeit haben, daran anknüpfend Straftaten zu begehen. Wenn Letzteres passiert, liegt eine missbilligte Risikoerhöhung vor. Ein Beispiel: Ein Anwalt soll Geld, das aus kriminellen Aktivitäten seines Mandanten stammt, als legitim darstellen. Zu diesem Zweck fälscht er Rechnungen, um den Anschein zu erwecken, das Geld stamme von dem Unternehmen seines Mandanten. In diesem Fall liegt ein Missbrauch der beruflichen Stellung vor, der eine pflichtwidrige Ingerenzlage schafft. Der Anwalt haftet demnach nach den allgemeinen Regeln.

Dies ist sehr wichtig vor dem Hintergrund, dass zahlreiche lege professionis nicht den Rechtsgüterschutz abdecken und deshalb – wegen des erforderlichen Schutzzweckzusammenhangs – für die neutrale Beihilfe irrelevant sind. Für diese Fälle gilt nämlich, dass unabhängig von der Verletzung oder Einhaltung von lege professionis der Handelnde dann Quasi-Garant ist, wenn er missbräuchlich eine missbilligte Risikoerhöhung geschaffen hat.[662]

cc) Die Unrechtsvereinbarung

Als weitere Konstellation der pflichtwidrigen Vorhandlung im Falle der Handlungsneutralität kommt die Unrechtsvereinbarung in Betracht, beispielsweise wenn zwischen dem Gehilfen und dem Haupttäter eine Absprache über die Deliktsförderung besteht.[663] Der Grund, warum die Unrechtsvereinbarung strafrechtlich zu missbilligen ist, liegt wiederum in der Definition der Neutralität: Die Vereinbarung mit dem Haupttäter, ihn durch die Erbringung einer ansonsten gewöhnlichen Dienstleistung bei der Begehung von Straftaten zu unterstützen, fällt nicht mehr unter den Zweck der beruflichen Tätigkeit, weil ihr wiederum ein Missbrauch innewohnt. Hat ein Berufsträger also ausdrücklich oder konkludent mit einem Kunden die Hilfeleistung bei einer Straftat vereinbart, macht er sich nach den allgemeinen Regeln strafbar.

Zudem kann die Unrechtvereinbarung zu strafrechtlicher Missbilligung auch dann führen, wenn die lege professionis eingehalten werden.[664] Genehmigt also ein Bankmitarbeiter unter Beachtung der Regeln des GwG und des KWG die Überweisung von Geldbeträgen an einen Offshore-Finanzplatz, nachdem er mit dem Kunden vereinbart hat, dass dieser

[662] Vgl. *Frisch*, Tatbestandsmäßiges Verhalten, S. 289.
[663] *Frisch*, Tatbestandsmäßiges Verhalten, S. 289; *ders.*, FS Lüderssen, S. 545; ähnlich aus zivilrechtlicher Sicht *Fraenkel*, Tatbestand und Zurechnung, S. 283 ff. zu der neutralen Beihilfe im Rahmen von § 823 Abs. 1 BGB; a.A. aber *von Hein*, AcP 2004, 761, 786.
[664] *Weigend*, FS Nishihara, S. 201 f.

eine Steuerhinterziehung begeht, macht er sich wegen Beihilfe zur Steuerhinterziehung strafbar.[665]

dd) Zum Sonderwissen

Zudem muss die Problematik des Sonderwissens berücksichtigt werden, also die Kenntnis des Täters von zusätzlichen Informationen, durch die ein objektiv erlaubtes Verhalten pflichtwidrig wird. Ein Beispiel für Sonderwissen bei der Geldwäsche ist die folgende Konstellation: Der Berater schafft zwar objektiv betrachtet keine rechtlich missbilligte Gefahr für das Rechtsgut, weiß aber zufällig, dass der Mandant eine Vortat begangen hat. Somit könnte der Umgang mit den Vermögenswerten des Mandanten eine Geldwäschehandlung im Sinne des § 261 StGB darstellen. Die Frage, die sich hier stellt, ist, ob jenes Sonderwissen für eine Quasi-Garantenstellung ausreicht.

Zunächst postuliert die hier sonst befürwortete Auffassung *Jakobs*, dass bei mittelbaren Rechtsgutsverletzungen das bloße Sonderwissen grundsätzlich keine objektive Risikomissbilligung begründen kann; oder, um seine Formulierung zu verwenden: dass "*sich allein aus Wissen plus Nicht-Retten kein versuchtes oder vollendetes Delikt konstruieren läßt*"; *ohne Garantenstellung ist der Wissende nicht dafür zuständig, sein Wissen zu gebrauchen.*"[666] Die wohl herrschende Ansicht in der Dogmatik lässt demgegenüber das Sonderwissen für die strafbare Beihilfe ausreichen.[667] Denn das Sonderwissen sei tatsächlich kein rein subjektives Merkmal, sondern gelte als verobjektiviertes Merkmal, ja sogar als Teil des objektiven Tatbestandes.[668]

Aus kriminalpolitischer Sichtweise ist es zunächst naheliegend, dass die Mitberücksichtigung des Sonderwissens bei der Risikomissbilligung zu bejahen wäre. Denn das Sonderwissen macht „*aus einem sozialadäquaten Verhalten eine rechtlich unerlaubte Gefahrschaffung*".[669] Aus systematischer Sicht ist jedoch davon auszugehen,

[665] Im zivilrechtlichen Deliktsrecht wurde bereits die Ansicht formuliert, dass die neutrale Beihilfe dann zur Schadensersatzpflicht gemäß § 823 Abs. 1 BGB führt, wenn eine Unrechtsvereinbarung zwischen Gehilfen und Haupttäter besteht, so *Fraenkel*, Tatbestand und Zurechnung, S. 283.

[666] *Jakobs*, GS Armin Kaufmann, S. 283; siehe jedoch Gegenargumente von *Greco*, ZStW 2005, 529, 540 ff.

[667] *Schünemann*, GA 1999, 207, 216; *Puppe*, in: NK-StGB, Vor §§ 13, Rn. 157; *Amelung*, FS Grünwald, S. 28; *Niedermair*, ZStW 1995, 507, 509.

[668] Statt vieler *Greco*, ZStW 2005, 529, 541 f.; *Frisch*, Tatbestandsmäßiges Verhalten, S. 284; *Baun*, Beihilfe zu NS-Gewaltverbrechen, S. 145. Freilich kann hier dahingestellt bleiben, ob das Sonderwissen bei *unmittelbaren* Rechtsgutsangriffen im Rahmen der objektiven Zurechnung mitzuberücksichtigen ist. Bejahend die h.M., statt vieler: *Roxin*, GS Armin Kaufmann, S. 239; *ders.*, FS Tröndle, S. 197; *Schünemann*, GA 1999, 207, 216; *Greco*, ZStW 2005, 519 ff., insb. 521 ff. m.w.N.; *Jescheck/Weigend*, AT, S. 286.

[669] *Wolter*, in: Internationale Dogmatik der objektiven Zurechnung und der Unterlassungsdelikte, S. 23.

dass die Begründung strafbaren Unrechts allein anhand subjektiver Elemente zu einem Gesinnungsstrafrecht führt. Das Verbot des Gesinnungsstrafrechts wird ohnehin bereits dann aktiviert, wenn dem Tatrichter kein zwingender Nachweis über die Begründung des strafbaren Unrechts zur Verfügung steht. Zwar erscheint die Kenntnis „objektiver“ als die Absicht, da der Nachweis der Kenntnis durch Indikatoren leichter fällt als der der Absicht. Die Inkenntnisnahme einer Tatsache ist schließlich ein objektives Ereignis. Im Hinblick auf den Tatnachweis sind jedoch beide gleichermaßen problematisch, denn genauso schwierig wie der Nachweis der Absicht ist die Prüfung, ob der Angeklagte etwas wusste oder nicht. Die Begründung des Unrechts anhand von Sonderkenntnissen verstößt nach alledem gegen die Anforderung eines objektiven Unrechtsgehalts. Jemand, der kein Quasi-Garant ist, kann nicht wegen seines Sonderwissens strafbar gemacht werden. Wenn ein Berater weiß, dass sein Mandant Geld aus einer kriminellen Tätigkeit erworben hat, sich aber an die lege professionis hält, macht er sich nicht strafbar.

Von der prinzipiellen Irrelevanz des Sonderwissens ist jedoch eine Ausnahme anzuerkennen: Wenn sich bereits aus der außerstrafrechtlichen Rolle des Täters ergibt, dass das Sonderwissen *pflichtauslösend* wirkt, dann kann die zufällig erlangte Kenntnis von einer Rechtsgutsverletzung indirekt eine Quasi-Garantenstellung begründen. Denn in diesem Fall wird nicht direkt das strafbare Unrecht, sondern die außerstrafrechtliche Pflichtenstellung des Täters durch subjektive Merkmale begründet. Beispielhaft angeführt: Aus § 43 GwG resultiert, dass ein Verpflichteter im Sinne von § 2 GwG, der positive Kenntnis von geldwäscherelevanten Tatsachen erlangt (also einen Geldwäscheverdacht), meldepflichtig wird. Dabei wird also die Meldepflicht aus dem Sonderwissen begründet. Mithin führt das Sonderwissen hier zu einer Quasi-Garantenstellung.

Schließlich wurde bereits erwähnt, dass beim Vorliegen einer echten Garantenstellung die Erlangung eines Sonderwissens vom drohenden Schaden ausreicht, um die Strafbarkeit zu begründen. Mit anderen Worten: Das Sonderwissen ist zwar an sich nicht ausreichend für die Quasi-Garantenstellung, aber es kann sie *mit*begründen, wenn besondere Umstände vorliegen. Dies zeigt sich am Beispiel eines Schwimmtrainers, der von der Mutter eines minderjährigen Kindes von dessen seltener Herzerkrankung erfährt, diese Information jedoch ignoriert und das Kind wie die anderen trainieren lässt. Als es einen Herzinfarkt erleidet, trägt der Trainer eine Mitschuld. In diesem Fall kann die strafrechtliche Verantwortung des Trainers nicht geleugnet werden. Dies liegt daran, dass er Beschützergarant für die Sicherheit des Kindes ist. Es ist also sowohl sein Sonderwissen als auch seine objektive Stellung, die das kriminelle Unrecht begründen. Mit anderen Worten: Das Vorliegen der Garantenstellung ermöglicht die Berücksichtigung des Sonderwissens. Mit anderen Worten: Mit anderen Worten: Das Vorliegen der Garantenstellung ermöglicht die Berücksichtigung des Sonderwissens.

e) Sonderfall: Erteilung unrichtiger Rechtsauskunft

aa) Prolegomena

Es wurde bereits erwähnt, dass ein wesentlicher Bestandteil der Tätigkeit von Rechts- und Wirtschaftsberatern in der Erteilung von Rechtsrat besteht, also in der sog. reinen Rechtsberatung (in Betracht kommt freilich auch die Erteilung von *Wirtschaft*sauskunft durch Wirtschaftsprüfer oder Steuerberater; die folgenden Überlegungen beschränken sich auf rechtliche Auskünfte). Zwar erfüllt die Erteilung von Rechtsrat zunächst einmal den objektiven Tatbestand der Beihilfe zur Geldwäsche, ein generelles Verbot der Rechtsauskunft scheidet jedoch wegen der bereits analysierten verfassungsrechtlichen Gesichtspunkte aus, da sie als berufsneutrale Handlung anzusehen ist. Somit stellt sich die Frage, in welchen Fällen die Erteilung von Rechtsauskünften strafrechtlich zu missbilligen ist. Nach der hier vertretenen Ansicht muss das Vorliegen einer Quasi-Garantenstellung geprüft werden.

Auf dieser Basis soll zuerst das Vorliegen außerstrafrechtlicher Normen festgestellt werden. Die Erteilung von Rechtsauskunft ist grundsätzlich durch das RDG geregelt. Allerdings sucht man dort vergeblich nach positiv-rechtliche Normen über die Zulässigkeit der reinen Rechtsberatung, wenn die Auskunft vom Mandanten zu rechtswidrigen Zwecken missbraucht wird. Deswegen stellt sich an zweiter Stelle die Frage, wann die Erteilung von Rechtsrat eine Ingerenzlage schafft. Im Rahmen der Ingerenz ist, wie bereits erwähnt, nur eine pflichtwidrige Vorhandlung relevant. In Ermangelung positivrechtlicher Regeln kann für die Prüfung der Pflichtwidrigkeit außerhalb des positiven Rechts gesucht werden.

In der Wissenschaft wurde als einschlägiges Kriterium für eine pflichtwidrige Rechtsauskunft ihre *Richtigkeit* vorgeschlagen:[670] Eine korrekte Rechtsauskunft solle nicht als strafrechtlich relevantes Risiko angesehen werden. Dem ist im Prinzip

[670] So *Kudlich*, Die Unterstützung fremder Straftaten durch berufsbedingtes Verhalten, S. 478; *ders.*, NStZ 2017, 339.

zuzustimmen. Der Rekurs auf den Begriff der Richtigkeit bedarf jedoch der näheren Erläuterung, zumal Aussagen über normative Tatsachen nicht ohne Weiteres als „richtig“ bewertet werden können. Die Richtigkeit der Rechtsgewinnung ist ein bekanntes rechtstheoretisches Problem, das hier nicht in aller Ausführlichkeit behandelt werden kann.[671] Nichtsdestotrotz ist Folgendes zu erwähnen: Die Erteilung von Rechtsrat enthält, wie bereits dargestellt, die *rechtliche Würdigung eines tatsächlichen Falles*. Um die Richtigkeit einer solchen rechtlichen Würdigung zu überprüfen, muss ihre Struktur näher untersucht werden. Eine Rechtsauskunft stellt aus logisch-analytischer Sicht zunächst die Subsumtion eines hypothetischen oder realen Falles unter eine oder mehrere Rechtsnormen dar.[672] Diese Subsumtion ist die Anwendung einer logischen Schlussform in der Form des *modus barbara*, scil. der sog. juristische Syllogismus; dieser enthält zwei Prämissen, den Ober- und den Untersatz, aus denen die Subsumtion logisch als Schlussfolgerung folgt.[673] Der Obersatz besteht aus der Darstellung der Rechtslage, d. h. der Tatbestandsvoraussetzungen der in Frage stehenden Rechtsnorm, während der Untersatz aus dem Sachverhalt besteht.[674] Auf dieser Basis lässt sich die Richtigkeit des Ergebnisses einer rechtlichen Aussage zunächst einmal daran messen, dass die Rechtslage und der Sachverhalt so dargestellt werden, *wie sie tatsächlich sind*.[675] Denn in diesem Fall ist auch die Schlussfolgerung des Syllogismus richtig.

Zu beachten ist allerdings, dass die Richtigkeit von Tatsachenaussagen keine rein juristische Frage ist – obschon sie für das Prozessrecht nicht unerhebliche Bedeutung hat.[676] Der hier interessierende Richtigkeitsbegriff soll sich deshalb auf rechtliche Aussagen beschränken.

Um festzustellen, ob die richtige Darstellung der Rechtslage als Richtigkeitskriterium ausreicht, ist des Weiteren zwischen klaren und unklaren Rechtslagen zu differenzieren:[677]

---

[671] Dazu siehe *Neumann*, Wahrheit im Recht, S. 37 ff.; *Arthur Kaufmann*, Das Verfahren der Rechtsgewinnung, S. 15 ff.; *Canaris*, Grazer Universitätsreden Nr. 50, 1993, S. 23 ff.

[672] *Engisch*, Logische Studien zur Gesetzesanwendung, S. 7 ff.

[673] Freilich reicht die Subsumtion als einzige Methode der Rechtsgewinnung nicht, dies bedarf aber hier noch nicht der Erläuterung.

[674] Statt vieler *Engisch*, Logische Studien zur Gesetzesanwendung, S. 7 ff.; *Neumann*, Argumentationstheorie, S. 17 f.

[675] Vgl. *Neumann*, Wahrheit im Recht, S. 14 zur sog. *Korrespondenztheorie* der Wahrheit.

[676] *Neumann*, Wahrheit im Recht, S. 9.

[677] Vgl. *Neumann*, Argumentationstheorie 2023, § 9 Rn. 29.

bb) Klare Rechtslage

Als Erstes ist die Rechtsauskunft zu einer klaren und eindeutigen Rechtslage zu behandeln, nämlich zu einer solchen rechtlichen Frage, die entweder durch den Wortlaut des Gesetzes, durch den Willen des historischen Gesetzgebers oder durch die „herrschende Meinung" in der Dogmatik bzw. in der Rechtsprechung eindeutig geklärt ist. In diesem Fall bemisst sich die Richtigkeit der Rechtsauskunft tatsächlich dadurch, ob sie die rechtliche Lage so darstellt, wie sie tatsächlich ist.[678] Erteilt ein Rechts- oder Steuerberater (oder auch ein Rechtswissenschaftler) Auskunft über ein eindeutig rechtswidriges Verhalten, und stuft dieses als rechtmäßig ein, liegt eine strafbare Beihilfe eher näher, soweit der Adressat der Auskunft eine Straftat begeht. Unter Umständen kann in diesem Fall sogar von Anstiftung ausgegangen werden, insbesondere dann, wenn sich der Haupttäter erst durch den Rechtsrat zur Tat entschließt. Wenn demgegenüber die vom Berater vertretene Ansicht der rechtlichen „Realität" entspricht, liegt diese innerhalb des erlaubten Risikos – einerlei, ob durch den Rechtsrat eine Straftat gefördert wird.

cc) Unklare Rechtslage

Eine unklare Rechtslage liegt bei mehrdeutigem Wortlaut, Fehlen von konkretisierender Rechtsprechung oder Vorliegen uneinheitlicher Rechtsprechung, bei Widersprüchen zwischen dem Wortlaut und dem Willen des historischen Gesetzgebers, usw. vor.[679] Die Richtigkeit einer Auskunft über solche Rechtsfragen ist höchst problematisch:[680] Wenn es nicht einmal feststeht, welche die Rechtslage ist (also die Tatbestandsvoraussetzungen), ist die Beurteilung einer „richtigen" Subsumtion unter diese Tatbestandsvoraussetzungen nicht ohne Weiteres möglich. Der Begriff der Richtigkeit als exakte Abbildung der Rechtslage hilft in diesem Fall nicht weiter.[681]

In diesem Fall muss man anstelle der Richtigkeit auf die *Vertretbarkeit* der Auskunft abstellen. Was eine richtige Rechtsauskunft ausmacht, lässt sich also dann bestimmen, wenn man sich auf die Richtigkeit ihrer Begründung beschränkt.[682] Wenn die

---

678 So *Kudlich*, NStZ 2017, 339 ff.
679 *Saliger*, FS Kindhäuser, S. 433; *Neumann*, Wahrheit im Recht, S. 19 f.
680 *Neumann*, Wahrheit im Recht, S. 20.
681 Vgl. *Engisch*, Wahrheit und Richtigkeit, passim, insb. S. 9 f.
682 *Neumann*, Wahrheit im Recht, S. 29 f.; *ders.*, Juristische Argumentationslehre, S. 7; *Engisch*, Wahrheit und Richtigkeit, S. 11; vgl. auch jüngst (zu NSU-Prozess) BVerfG NJW 2022, 3413 Rn. 29: „Ein Verfahrensbeteiligter ist gehalten, auch wenn die Rechtslage umstritten oder problematisch ist, grundsätzlich *alle vertretbaren* rechtlichen Gesichtspunkte von sich aus in Betracht zu ziehen und seinen Vortrag darauf einzustellen." (Hervorhebung vom *Verfasser*).

Rechtsauskunft ein bestimmtes Ergebnis vermittelt (z. B., dass die Handlung x nach der Regel R erlaubt oder verboten ist), soll jenes Ergebnis logisch und rational begründet sein.[683] Die Begründung jedes juristischen Urteils enthält, wie bereits in der Einleitung angeführt, zwei Stufen: die interne und die externe Rechtfertigung. Im Rahmen der internen Rechtfertigung sind nur formallogische Regeln einzuhalten, während bei der externen Rechtfertigung einerseits die methodenrechtlichen Auslegungsregeln sowie die dogmatischen Sätze,[684] andererseits die Canones der juristischen Argumentationslehre berücksichtigt werden müssen.

Eine solche Regel liegt exemplarisch darin, dass für die Begründung juristischer Urteile universelle Normen notwendig sind,[685] wonach Argumente aus der grammatischen oder historischen Auslegung des in Frage stehenden Rechtsnorm grundsätzlich den Vorrang vor anderen haben, es sei denn, es gibt vernünftige Gründe für eine Abweichung[686] oder dass wer sich auf eine „klassische" Auslegungsregel oder auf spezielle juristischen Argumente beruft, stets zusätzliche praktische Gründe anführen muss, die die Gültigkeit jener Regel oder jenes Arguments vervollständigen.[687]

Die Befolgung solcher Regeln macht eine vertretbare Begründung aus.[688] Bei der Erteilung eines in diesem Sinne vertretbaren Rechtsrats liegt keine Risikoerhöhung oder -schaffung, sondern ein erlaubtes Risiko vor. Dies folgt nicht zuletzt aus der Subsidiarität des Strafrechts: Die Regeln der juristischen Begründung gelten hier als außerstrafrechtliche Quellen der Quasi-Garantenstellung, die die Zuständigkeit für fremdes Verhalten begründen: Die Erteilung von richtiger Rechtsauskunft ist dem Rechtsberater bereits außerstrafrechtlich erlaubt, folglich kann eine solche nicht strafrechtliche Folgen nach sich ziehen. Wenn ein Berater sich über eine unklare Rechtslage äußert und eine den Regeln der juristischen Argumentation entsprechende Auskunft erteilt, die jedoch zur Rechtsgutsverletzung führt, und entscheiden die Gerichte im Nachhinein, dass die Handlung trotz des Gutachtens des Beraters rechtswidrig ist, hat

---

[683] *Engisch*, Wahrheit und Richtigkeit, S. 12.
[684] *Engisch*, Wahrheit und Richtigkeit, S. 14.
[685] *Alexy*, Theorie der juristischen Argumentation, S. 275; *Larenz*, Methodenlehre der Rechtswissenschaft, S. 429 ff. Dies führt zurück zum Universalisierbarkeitsprinzip.
[686] Denn Gerichte – und auch Rechtsberater – sind nach Art. 20 Abs. 3 GG an Gesetz und Recht verbunden. Dazu siehe *Alexy*, Theorie der juristischen Argumentation, S. 305; *Canaris*, Grazer Universitätsreden Nr. 50, 1993, S. 31.
[687] *Alexy*, Theorie der juristischen Argumentation, S. 301 f. So müssen z.B. Argumente aus der historischen Auslegung des Gesetzes mit empirischen Daten über die Begründung des Gesetzes gesättigt werden.
[688] *Kudlich*, NStZ 2017, 339; siehe zur Abgrenzung zwischen Richtigkeit und Vertretbarkeit hinsichtlich Rechtsaussagen stellvertretend *Neumann*, Wahrheit im Recht, S. 11 f., 30.

er somit sich nicht strafbar gemacht – auch wenn er die Möglichkeit einer Rechtsgutsverletzung in Betracht gezogen und sich damit abgefunden hat;[689] andernfalls wäre die Erstellung eines Rechtsgutachtens gerade im Wirtschaftsstrafrecht, das durch viele strittige Rechtsfragen gekennzeichnet ist, gar nicht möglich gewesen.[690] Wenn ein Berater indes unrichtige (im Sinne von „unvertretbare“) Rechtsauskunft erteilt, erhöht er pflichtwidrig das Risiko für das Rechtsgut; jenes Risiko fällt nun in seinen Verantwortungsbereich; er handelt nicht mehr neutral gegenüber der Rechtsgutsverletzung, sondern kann sich nach den allgemeinen Regeln als Gehilfe strafbar machen.[691]

7. Übertragung der bisherigen Feststellungen auf die Geldwäsche

Nachdem nun konkrete Kriterien für die strafrechtliche Bewertung neutraler Handlungen vorliegen, können diese auf die geldwäscherelevante Tätigkeit von Freiberuflern in der Rechts- und Wirtschaftsberatung folgendermaßen angewendet werden: Die Strafbarkeit wegen Geldwäsche oder Beihilfe dazu bemisst sich anhand der für den jeweiligen Berufskreis einschlägigen lege professionis, scil. im Fall von Beratern des GwG. Zunächst dienen die *Organisationspflichten* des GwG – wie z. B. zur Dokumentation, zur Vornahme einer Risikoanalyse oder zur Bestellung eines Geldwäschebeauftragten – nicht unmittelbar dem Schutz der Rechtspflege oder der von den Geldwäschevortaten betroffenen Rechtsgüter, sondern auf die Schaffung einer internen Unternehmensstruktur ab, die der Verhinderung von Geldwäsche dient. Die Verbindung zwischen diesen Verpflichtungen und dem Rechtsgüterschutz an sich ist also nur indirekt. Daher haben sie keine Relevanz für das Unrecht der Geldwäsche oder der Beihilfe zur Geldwäsche. Ihnen fehlt nämlich der Schutzzweckzusammenhang. Mithin ist es für die Strafbarkeit von Beratern gleichgültig, ob diese Vorschriften eingehalten oder verletzt werden.

Die *Sorgfalts-* und *Meldepflichten* zielen demgegenüber primär auf die Verhinderung von Geldwäschetransaktionen, also auf den Rechtsgüterschutz ab. Deswegen begründen sie Quasi-Garantenstellungen: Eine Rechtsgutsbeeinträchtigung durch Verletzung dieser

---

[689] Vgl. ähnliche Argumentation des BGH zum Verbotsirrtum des Mandanten in BGH NStZ 2022, 30 Rn. 12: Eine Rechtsauskunft kann nur dann zum Verbotsirrtum des Mandanten führen, „wenn sie objektiv, sorgfältig, verantwortungsbewusst und insbesondere nach pflichtgemäßer Prüfung der Sach- und Rechtslage erteilt worden ist;“ siehe dazu *Saliger*, FS Kindhäuser, 2019, S. 437.

[690] *Kudlich*, Die Unterstützung fremder Straftaten durch berufsbedingtes Verhalten, S. 486 f.

[691] Dies gilt abgesehen von der Frage, ob die Erteilung von Rechtsrat – z. B. in Form eines Rechtsgutachtens – zu einem unvermeidbaren Verbotsirrtum nach § 17 StGB führt. Zu dieser Frage siehe statt vieler *Saliger*, FS Kindhäuser, S. 425 ff.

Pflichten ist strafrechtlich zu missbilligen; umgekehrt führt deren Einhaltung grundsätzlich zur Straffreiheit. Wenn also ein Rechtsanwalt, Steuerberater, Notar oder Wirtschaftsprüfer durch seine „normale" berufliche Tätigkeit den objektiven Tatbestand von § 261 StGB erfüllt, aber gleichzeitig die Sorgfalts- und Meldepflichten nach §§ 11 ff. und 43 ff. GwG einhält, handelt er nicht strafbar. Wenn hingegen jener Berater die GwG-Pflichten verletzt, verliert seine Handlung den Charakter des „Neutralen" und wird den allgemeinen Regeln überlassen. Soweit sie tatsächlich eine tatbestandsmäßige Handlung im Sinne von § 261 StGB oder eine objektive Förderung im Sinne von § 27 Abs. 1 StGB darstellt und auch die erforderlichen subjektiven Tatbestandsmerkmale vorliegen, macht sich der Berater wegen Geldwäsche oder Beihilfe zu Geldwäsche strafbar.[692]

8. Verhältnis der Quasi-Garantenstellung zum Verteidigerprivileg des BVerfG

Im vorherigen Kapitel ist die These vertreten worden, dass die Argumentation des BVerfG ein Präjudiz und als solches ein wesentlicher Bestandteil der juristischen Argumentation darstellt. Dies bedeutet jedoch nicht, dass die Entscheidung des Gerichts in Fällen außerhalb der Honorarannahme vom Verteidiger bindend ist. Denn eine Abweichung von Präjudizien ist jederzeit möglich – selbst für Entscheidungen des BVerfG, soweit sie nach § 31 Abs. 2 BVerfGG keinen Gesetzesgeltung haben. Die vom BVerfG gewählte Lösung für die Strafbarkeit des Verteidigers wegen Entgegennahme eines „schmutzigen" Honorars ist der Formel des BGH für die neutrale Beihilfe recht ähnlich: In beiden Fällen ist das Schlüsselelement für die Strafbarkeitseinschränkung der Vorsatz, weil die sichere Kenntnis erforderlich ist, während der dolus eventualis grundsätzlich nicht ausreicht; die BGH-Formel enthält zwar zusätzliche Elemente, aber das Verteidigerprivileg des BVerfG ist durchaus in der Formel enthalten. Da aber bereits gezeigt wurde, dass eine bloße subjektive Beschränkung des Unrechts nicht ausreicht, kann auch – und erst recht – das Verteidigerprivileg des BVerfG als Strafbarkeitseinschränkung nicht genügen. Daher ist eine Abweichung von der Lösung des Gerichts als Präjudiz argumentationstheoretisch betrachtet gerechtfertigt.

---

[692] So auch *Wohlers*, NStZ 2000, 169, 173.

9. Beispiele der hier vertretenen Ansicht jenseits der Geldwäsche

Jede rechtsdogmatische Theorie soll auf ihre Praxistauglichkeit überprüft werden.[693] Es würde freilich außerhalb der Thematik des vorliegenden Buchs (scil. die Beschränkung der Strafbarkeit von Beratern) stehen, die hiesige These von der Quasi-Garantenstellung in allen konkret erdenklichen Fallkonstellationen auf ihre Praxiseignung hin zu überprüfen. Trotzdem können hier zur Veranschaulichung der Auffassung von der Quasi-Garantenstellung einige Beispiele erwähnt werden, die zugleich dazu dienen, die These von der Quasi-Garantenstellung auch jenseits der Geldwäsche anwenden zu lassen Denn die Ergebnisse der vorliegenden Arbeit beschränken sich nicht auf § 261 StGB, sondern lassen sich auf alle mittelbaren Rechtsgutsverletzungen übertragen: Sofern der Täter neutral handelt, ergibt sich das strafbare Unrecht durch den Verstoß gegen außerstrafrechtliche Pflichten, die eine Quasi-Garantenstellung schaffen – also den eigenen Zuständigkeitsbereich um Handlungen dritter Personen erweitern. Sobald demgegenüber der Handelnde außerstrafrechtliche Pflichten, die genauso wie Strafnormen dem Rechtsgüterschutz dienen, eingehalten hat, bewegt er sich innerhalb eines „sicheren Hafens“.

Zur Erläuterung dienen die folgenden Beispielsfälle:

1. *Ein Autohändler verkauft ein Fahrzeug an eine Person, die im Besitz eines gültigen Führerscheins ist, obwohl er erkennt, dass der Käufer aufgrund seines riskanten Fahrverhaltens einen Unfall verursachen wird.*[694]

Händler dürfen Fahrzeuge an jede Person verkaufen, soweit diese einen gültigen Führerschein besitzt. Weitere rechtsgutsrelevante lege professionis tragen Autoverkäufer grundsätzlich nicht. Es kann mithin nicht angehen, den Verkauf eines Fahrzeugs deshalb zu missbilligen, weil der Verkäufer mit der Möglichkeit gerechnet hatte oder sogar nahezu sicher war, dass der Käufer mit dem Fahrzeug einen Unfall begehen würde.[695] In diesem Fall ist das Verhalten des Händlers pauschal als erlaubtes Risiko anzusehen.

2. *Ein Vorstandsmitglied einer AG erkennt, dass nachgeordnete Betriebsmitarbeiter eine betriebsbezogene Straftat begehen und veranlasst nichts, um dies zu vermeiden.*

---

[693] Dies wurde bereits oben festgestellt, Einleitung II.3.
[694] Das Beispiel stammt aus *Frisch*, Tatbestandsmäßiges Verhalten, S. 270.
[695] *Frisch*, Tatbestandsmäßiges Verhalten, S. 270.

Die gesellschaftsrechtliche Aufsichtspflicht der Unternehmensleitung gegenüber nachgeordneten Unternehmensmitarbeitern gemäß § 91 Abs. 2 AktG begründet – unabhängig der Problematik einer Garantenstellung im Sinne des § 13 Abs. 1 StGB – eine Quasi-Garantenstellung für den Unternehmensleiter. Verstößt der Handelnde durch aktives Tun gegen diese Pflicht, hat er ein missbilligtes Risiko geschaffen, das niemals durch die Handlungsneutralität gerechtfertigt werden kann.[696]

3. *Ein Bankangestellter, der zuständig für Auslandsanlagen ist, unterstützt einen Kunden beim anonymen Kapitaltransfer nach Luxemburg; Hintergrund des Kapitaltransfers ist der Erlass des Zinsabschlagsgesetzes, das einen Zinsabschlag auf Kapitalerträge eingeführt hat.*[697]

Der BGH hat mit einer Entscheidung aus dem Jahr 2000 in diesem Fall den erstinstanzlichen Schuldspruch wegen Beihilfe zur Steuerhinterziehung bestätigt. Der Senat stützte seiner Argumentation – in der damals noch frühen Phase der BGH-Formel – auf die sichere Kenntnis des Angeklagten von der geplanten Steuerhinterziehung. Dies ist jedoch nach hier vertretener These nicht einmal notwendig; anonyme Überweisungen verstoßen gegen die Kognitionspflichten des GwG. Daher sind sie nicht neutral im strafrechtlichen Sinne und werden den allgemeinen Beihilferegeln überlassen.

4. *Ein Unternehmer mit Sitz in Deutschland schließt Verträge mit ausländischen Zulieferern ab, obwohl letztere Menschenrechtsverletzungen begehen.*

Das Lieferkettensorgfaltspflichtengesetz (LkSG), das ab 1.1.2023 in Kraft getreten ist, sieht in den §§ 3 ff. verschiedene Sorgfaltspflichten für inländische Unternehmen vor, um Menschenrechtsverletzungen und umweltrechtliche Verstöße entlang ihrer Lieferketten zu vermeiden,[698] wie z. B. die Pflicht zu einer Risikoanalyse, zu wirksamem Risikomanagement und zum Ergreifen von Abhilfemaßnahmen.[699] Das LkSG begründet somit eine rechtliche Zuständigkeit für einen zunächst fremden Verantwortungsbereich, scil. den Geschäftsbereich der Zulieferer. Daher sind inländische Unternehmen Quasi-

[696] *Jakobs*, AT, 7. Abschn. Rn. 58.
[697] BGHSt 46, 107.
[698] BT-Drucks., 19/28649, S. 2.
[699] Vgl. dazu namentlich *Paefgen*, ZIP 2021, 2006, 2010; *Stöbener de Mora/Noll*, NZG 2021, 1237, 1241; *Wagner/Ruttloff*, NJW 2021, 2145, 2149; *Leuering/Rubner*, NJW-Spezial 2021, 399, 399.

Garanten für Menschenrechtsverstöße im Geschäftsbereich der Zulieferer. Aus der Verletzung des LkSG könnte somit eine Beihilfestrafbarkeit begründet werden.[700]

5. *Ein Rechtsanwalt macht im Namen seines Mandanten gegenüber einem Versicherungsunternehmen Ansprüche aus fingierten Verkehrsunfällen geltend.*[701]

Der BGH hat in diesem Fall den erstinstanzlichen Schuldspruch aufgehoben, weil vom LG nicht hinreichend nachgewiesen wurde, welche Kenntnisse der Angeklagte erlangt hatte.[702] Nach hier vertretener Ansicht besteht aus objektiver Sicht durchaus eine neutrale Handlung, weil die Geltendmachung von Ansprüchen zu der (geradezu klassischen) Berufsausübung eines jeden Rechtsanwalts gehört. Daher ist das Vorliegen einer Quasi-Garantenstellung erforderlich für das strafbare Unrecht. Eine solche kann zunächst in dieser Fallkonstellation nicht aus strafrechtlichen Normen hergeleitet werden. Aber auch in den außerstrafrechtlichen lege professionis (wie z. B. die Vorschriften der BRAO und BORA) sucht man Bestimmungen über die Zulässigkeit der bewussten Geltendmachung von fingierten Ansprüchen vergeblich. Nach richtiger Auffassung stellt die Geltendmachung von fingierten Ansprüchen jedoch einen *Missbrauch* der Stellung des Anwalts dar, der mit seinem Berufsbild nicht vereinbar ist; die Advokatur dient ohnehin, wie bereits mehrfach betont, auch den Interessen der Allgemeinheit und der rechtstaatlichen Rechtspflege. Der Rechtsanwalt des obigen Beispiels ist mithin Quasi-Garant wegen Ingerenz. Sein Verhalten ist den allgemeinen Regeln zu überlassen.

IV. Fazit zu D. und Ausblick

Die h.M. in Rechtsprechung und Wissenschaft behandelt die Handlungsneutralität als Problem der Reichweite der Beihilfe nach § 27 Abs. 1 StGB: Wenn der Gehilfe entweder weiß, dass der Haupttäter eine Tat ausschließlich deliktischer Natur bezweckt, oder einem erkennbar tatgeneigten Täter Vorschub leistet, macht er sich strafbar. Nach hier vertretener Auffassung ist dieser Formel jedoch nicht zu folgen. Da neutrale Handlungen im objektiven Tatbestand zu privilegieren sind, muss man an erster Stelle die Kategorie des Tatbestands strafsystematisch analysieren. In der Strafrechtsdogmatik herrscht heutzutage im Hinblick auf die Einschränkung des objektiven Tatbestandes die Lehre von

[700] Abseits des LkSG ist die Beihilfestrafbarkeit von Inländern durch Warenlieferungen wegen Rechtsverstößen ausländischer Zulieferer aber höchst problematisch. Dazu siehe statt vieler *Ambos*, StV 2020, 788 ff.
[701] Sachverhalt aus BGH JR 2017, 583.
[702] BGH JR 2017, 583, 584.

der objektiven Zurechnung. Diese postuliert, dass nur die Schaffung einer rechtlich missbilligten Gefahr für das Rechtsgut und die Realisierung jener Gefahr im Erfolg tatbestandsmäßig sind (Grundformel). Zwar lassen sich aus den Fallgruppen der objektiven Zurechnung keine konkreten Kriterien für die strafrechtliche Beurteilung neutraler Handlungen ableiten. Aber diese Lehre hat eine große Bedeutung für die Handlungsneutralität, denn ihre Grundformel stellt eine allgemeine Voraussetzung des tatbestandsmäßigen Handelns dar. Für die Verwirklichung des objektiven Tatbestands reicht somit nicht die Schaffung irgend-einer Gefahr für das geschützte Rechtsgut, sondern diese Gefahr muss strafrechtlich missbilligt sein. Hieraus resultiert, dass neutrale Handlungen im Eigentlichen ebenfalls ein Problem der objektiven Zurechnung darstellen.

Die Missbilligung bemisst sich des Weiteren anhand des Strafgrunds der Förderung von Straftaten Dritter. Jede Person unterliegt zunächst dem Grundsatz der Eigenverantwortung. Dies ergibt sich aus dem Bedürfnis nach verfassungsmäßigem Schutz der Berufsfreiheit, die gestört wäre, wenn Berater gezwungen wären, die Handlungen ihrer Mandanten ständig zu überprüfen. Allerdings gilt der Grundsatz der Eigenverantwortung nicht ausnahmslos. Unter dem Blickwinkel von Art. 12 Abs. 1 GG sind Ausnahmen dann zulässig, wenn den Rechtsinhabern besondere Pflichten zur Überwachung dritter Personen zufallen. Diese Verpflichtungen werden hier als „Quasi-Garantenstellungen" bezeichnet und können sich vor allem auf außerstrafrechtliche Vorschriften oder auf eigenes vorangegangenes gefährliches Verhalten stützen. Im Zusammenhang mit der Geldwäsche sind vor allem die Vorschriften des GwG von besonderem Interesse, die für den § 261 StGB folgendermaßen relevant sind: Wenn die Pflichten des GwG dem Rechtsgüterschutz dienen (wie vor allem die Sorgfaltspflichten und die Meldepflicht), dann schließt ihre Einhaltung den objektiven Tatbestand der Geldwäsche aus, während ihre Verletzung die Neutralität ausschließt und damit mittelbar zur Strafbarkeit wegen Geldwäsche führt. Wenn Berater außerdem keine berufliche Verpflichtung nach dem GwG oder einem anderen Gesetz tragen, können sie dennoch dann als Quasi-Garanten gelten, wenn sie das Risiko für das Rechtsgut durch eine eigene pflichtwidrige Vorhandlung erhöht haben, wie z. B. die Absprache mit dem Haupttäter. Freilich wirkt sich die Quasi-Garantenstellung als Ausweitung des strafbaren Unrechts aus, also als *Kriminalisierungsgrund* bei mittelbaren Rechtsgutsverletzungen. Es mag deshalb dem Leser prima facie befremdlich wirken, dass sie hier als *Entkriminalisierungsanlass* für neutrales Verhalten herangezogen wird. Allerdings ist an der Unterscheidung zwischen Begründung und Ausschluss der Strafbarkeit nicht viel hineinzulesen:[703] Stellt man Kriterien für die eine Seite her, so hat man zugleich auch Kriterien für die andere an der Hand.

Die Auffassung über die Quasi-Garantenstellung als Strafgrund der Teilnahme und zu außerstrafrechtlichen Normen als ihre Quellen bildet eine Synthese aus drei Ansätze: Erstens aus *Frischs* Lehre von der objektiven Zurechnung. Die Schaffung missbilligter Risiken als hochnormativer Begriff stellt nach ihm nicht nur eine Zurechnungsvoraussetzung dar, sondern darüber hinaus eine notwendige Bedingung tatbestandsmäßigen Handelns schlechthin, mithin muss sie abseits von Erfolgsdelikten für jede Straftat gelten. Allgemeine Voraussetzung des objektiven Tatbestands der neutralen Beihilfe bzw. der Förderung fremder Straftaten ist somit, dass der Handelnde eine missbilligte Gefahr für das geschützte Rechtsgut geschaffen hat. Zweitens bezieht sich die vorliegende Untersuchung auf die normative Straftheorie von *Jakobs*: Mit ihm ist zuzustimmen, dass zum einen die Risikomissbilligung anhand der Zuständigkeit des Handelnden bemessen wird und zum anderen, dass die Strafbarkeit wegen eines Begehungsdeliktes ebenfalls eine Garantenstellung des Täters erfordert. Freilich ist Letzteres nicht uneingeschränkt richtig, sondern bedarf der Konturierung: Nur der Täter mittelbarer Rechtsgutsangriffe soll „Garant" sein, scil. der Anstifter, der Gehilfe, der fahrlässige Täter und der Unterlassende. Dies folgt aus dem Eigenverantwortungsprinzip, stellt aber gegenüber der bestehenden Dogmatik lediglich eine Umformulierung des Strafgrundes der Haftung für fremde Straftaten dar, keine inhaltliche Änderung. Denn diese Quasi-Garantenstellung kann sich auch aus originär strafrechtlichen Pflichten ergeben, wie eben den Teilnahmeregeln; außerdem braucht sie nicht die Intensität der Garantenstellung des § 13 Abs. 1 StGB zu erreichen. Das Abstellen auf die Ingerenz und die darauf aufbauende Berücksichtigung der Unrechtsvereinbarung stammt ebenfalls aus der von *Jakobs* befürworteten Strukturangleichung zwischen Tun und Unterlassen. Drittens lässt sich aus *Hassemers* Lehre der professionellen Adäquanz der Inhalt der Quasi-Garantenstellung ableiten: Die Strafbarkeit neutraler Handlungen bemisst sich anhand der Einhaltung oder Zuwiderhandlung gegen außerstrafrechtliche Normen, die das erlaubte oder missbilligte Risiko in spezifischen Bereichen bestimmen.

[703] Vgl. *Kudlich*, Die Unterstützung fremder Straftaten durch berufsbedingtes Verhalten, S. 267 (auch S. 307).

In Anbetracht des allgemeinen Charakters der Theorie von der Quasi-Garantenstellung,[704] gilt die hier vertretene Auffassung außerdem als systematische Analyse und Fortführung jener Position der Lehre der objektiven Zurechnung, wonach die Zurechnung des Erfolgs zum Täter auch dann ausgeschlossen ist, wenn sie in den *Verantwortungsbereich eines Dritten* fällt. Genauer gesagt: *Roxin* selbst gibt zu, dass zwar die Einordnung eines Risikos in einen fremden Verantwortungsbereich die objektive Zurechnung ausschließen könne, aber die Unterscheidung der Verantwortungsbereiche von der Wissenschaft noch nicht systematisiert worden sei, weshalb sie als Ausschlussgrund für das Unrecht höchst unsicher sei.[705] Die hier vertretene Position ist auf dieser Basis als Versuch anzusehen, die Unterscheidung der Verantwortungsbereiche im Strafrecht systematisch zu untermauern: Jemand hat dann ein Risiko in seinem eigenem Verantwortungsbereich, wenn er eine Verpflichtung zur Kontrolle dieses Risikos trägt – also eine Quasi-Garantenstellung. So versteht sich die hier vertretener Auffassung als Sonderfall der objektiven Zurechnung spezifisch für mittelbare Rechtsgutsverletzungen.

Die vorstehenden Erwägungen zur Quasi-Garantenstellung als Missbilligungskriterium bei mittelbaren Rechtsgutsverletzungen sind schließlich auf das vorsätzliche Begehungsdelikt bzw. die Beihilfe zugeschnitten. Im Zusammenhang mit der Geldwäsche durch Rechts- und Wirtschaftsberater kommen aber auch Fahrlässigkeit und Unterlassen als mittelbare Rechtsgutsverletzungen in Betracht, die besondere Voraussetzungen verlangen. Daher muss im nächsten Teil ausführlich geprüft werden, wann ein Risiko im Rahmen der leichtfertigen Geldwäsche sowie der Geldwäsche als unechtem Unterlassungsdelikt rechtlich missbilligt ist. Nur so kann eine vollständige Theorie der Handlungsneutralität entwickelt werden.

[704] D.h., sie findet nicht nur für die Geldwäsche Anwendung, sondern auch für andere Bestimmungen des Besonderen Teils.

[705] *Roxin/Greco*, AT, § 11 Rn. 138

Teil 3: Besondere Erscheinungsformen der Handlungsneutralität

N. Pavlakos, *Strafbarkeitsrisiken für Berater und ihre Grenzen*,
Juridicum – Schriften zum Wirtschaftsstrafrecht 13,
https://doi.org/10.1007/978-3-658-51535-5_4

A. Die Strafbarkeit wegen neutraler Handlungen bei der leichtfertigen Geldwäsche

I. Prolegomena

§ 261 Abs. 6 StGB sieht vor, dass neben Vorsatz auch die leichtfertige Unkenntnis der Herkunft von Vermögenswerten aus einer Vortat ausreicht, um den subjektiven Tatbestand der Geldwäsche zu erfüllen. Es stellt sich so die Frage, inwieweit neutrales Verhalten im Rahmen der leichtfertigen Geldwäsche strafbar ist und ob dabei Besonderheiten im Vergleich zur Beihilfe zur Geldwäsche oder zur vorsätzlichen Geldwäsche bestehen. Dazu muss zuerst der Inhalt der Leichtfertigkeit im Sinne von § 261 Abs. 6 StGB dargestellt und anschließend die Tatbestandsmerkmale der fahrlässigen Tat erläutert werden. Erst dann kann auf die Relevanz der Quasi-Garantenstellung bei der Fahrlässigkeit eingegangen werden.

II. Die Entwicklung der leichtfertigen Geldwäsche

Von historischem Standpunkt aus betrachtet, enthalten die internationalen und europäischen Normen, welche die Grundlage für die Bestrafung der Geldwäsche bildeten, grundsätzlich keine Verpflichtung zur Einführung eines Leichtfertigkeitstatbestands.

Art. 6 Nr. 3 Übereinkommen des Europarats vom 1990[706] und Art. 3 Abs. 2 der EU-Richtlinie 2018/1673 über die strafrechtliche Bekämpfung der Geldwäsche vom 12.11.2018 [707] sind keine Ausnahmen hiervon; sie sehen zwar vor, dass die Mitgliedstaaten Fahrlässigkeit ahnden können, eine Verpflichtung lässt sich daraus aber nicht ableiten.[708] Trotzdem hat der deutsche[709] Gesetzgeber 1992 in § 261 Abs. 5 StGB a. F. auch die Leichtfertigkeit im Hinblick auf die Herkunft des Tatobjektes unter Strafe gestellt, um Beweisschwierigkeiten zu überwinden und die Geldwäsche wirksamer zu bekämpfen.[710] Bei der letzten Reform des Geldwäschetatbestandes im Jahr 2021 wurde freilich im Referentenentwurf des Bundesministeriums der Justiz und für Verbraucherschutz vom 11.8.2020 die Abschaffung der Leichtfertigkeitsvorschrift vorgeschlagen, weil das neue Delikt aufgrund des All-crime-Ansatzes ohnehin zu weit gefasst wäre. Dennoch hat die Bundesregierung diesen Vorschlag zurückgewiesen,

---

706 Übereinkommen des Europarats vom 1990 über das Waschen, das Aufspüren, die Beschlagnahme und die Einziehung der Erträge aus Straftaten von 8.11.1990.
707 Richtlinie (EU) 2018/1673 des Europäischen Parlaments und des Rates vom 23.10.2018 über die strafrechtliche Bekämpfung der Geldwäsche, Abl. L 284/22 vom 12.11.2018.
708 *Vogel*, ZStW 1997, 335, 347.
709 Für die rechtsvergleichende Perspektive siehe *Vogel*, ZStW 1997, 335, 347.
710 BT-Drucks. 12/989, S. 27; BGHSt 43, 158, 168.

sodass die leichtfertige Geldwäsche weiterhin strafbar bleibt.[711] Ob diese Entscheidung kriminalpolitisch zutreffend war, bleibt abzuwarten. Trotzdem hat indirekt eine gewisse Einschränkung des Umfangs der Leichtfertigkeit stattgefunden: Alle Tathandlungen im § 261 StGB n. F. abseits des Isolierungstatbestands erfordern nun eine manipulative Tendenz, die bei Leichtfertigkeit kaum vorliegt.[712] Die Leichtfertigkeit gilt daher nur noch für den Isolierungstatbestand.

III. Der Begriff der Leichtfertigkeit

Im Strafrecht wird die Leichtfertigkeit in der Regel im Zusammenhang mit den erfolgsqualifizierten Delikten verwendet, bei denen die leichtfertige Herbeiführung eines weiteren Erfolgs – in der Regel einer Tötung – unter Strafe gestellt wird.[713] Gemeinhin wird dabei Leichtfertigkeit als *grobe Fahrlässigkeit* definiert.[714] Darauf hat auch der Entwurf eines Strafgesetzbuches von 1962 abgestellt,[715] obwohl diese Definition tatsächlich im neuen StGB weggefallen ist. Als grobe Fahrlässigkeit wird darüber hinaus von der Rechtsprechung und Wissenschaft das wegen besonderem Leichtsinn bzw. Gleichgültigkeit Außerachtlassen der sich aufdrängenden Möglichkeit der Tatbestandsverwirklichung definiert.[716] Diese Definition hat sich auch bei der Auslegung von § 261 StGB durchgesetzt: Leichtfertigkeit im Sinne der Geldwäsche liegt dann vor, wenn sich dem Täter die kriminelle Herkunft eines Gegenstandes aufdrängt, er sie jedoch aus besonderer Gleichgültigkeit oder grober Unachtsamkeit nicht erkennt.[717] Da allerdings nicht pauschal fahrlässiges, sondern nur leichtfertiges Handeln vom § 261 Abs. 6 StGB erfasst wird, ist *leicht* fahrlässiges Handeln im Rahmen der Geldwäsche irrelevant. Deswegen kommt der genauen Abgrenzung zwischen beiden Arten der Fahrlässigkeit eine erhebliche Bedeutung zu. Trotzdem ist diese Abgrenzung nicht ohne Weiteres leicht.[718] Denn zwar ist bei der groben Fahrlässigkeit ein höheres Maß an objektiven und subjektiven Fahrlässigkeitselementen erforderlich, es ist aber nicht klar, wie intensiv die jeweiligen Fahrlässigkeitselemente sein müssen, um den Grad der

---

711 Siehe *Bülte*, Stellungnahme, S. 28 f.; *Jahn*, Stellungnahme, S. 23.

712 *Jahn*, Stellungnahme, S. 23 f.

713 Siehe *Steinberg*, ZStW 2019, 888, 893 ff.

714 BGHSt 14, 241, 255; BGHSt 20, 315, 324; näher zu geschichtlicher Entwicklung der Leichtfertigkeitsbegriffsbestimmung *Wegscheider*, ZStW 1986, 624, 628 ff.

715 BT-Drucks. IV/650, S. 14, 132.

716 BGHSt 33, 66, 67; weitere Nachweise in *Wegscheider*, ZStW 1986, 624, 628 ff.

717 BT-Drucks. 12/989, S. 27 f.; BGHSt 43, 158, 168; *Altenhain*, in: NK-StGB, § 261 Rn. 139; *Schröder/Textor,* in: Fülbier/Aepflebach/Langweg, GwG, § 261 Rn. 89; *Mayer*, HRRS 2015, 500, 501; *Steinberg*, ZStW 2019, 888, 936.

718 Vgl. *Lampe*, JZ 1994, 123, 128.

Leichtfertigkeit zu erreichen. Das Urteil über die Leichtfertigkeit ist daher mit einer gewissen Unbestimmtheit behaftet.[719] Diese Unbestimmtheit kann nur dann überwunden werden, wenn konkrete Kriterien für die Begründung der Leichtfertigkeit herangezogen werden. Um solche Kriterien zu entwickeln, muss zuerst die Sorgfaltswidrigkeit als allgemeine Voraussetzung der Fahrlässigkeit erläutert werden.

IV. Die Sorgfaltswidrigkeit

1. Die Fahrlässigkeit als Sorgfaltspflichtverletzung

Nach herrschender Auffassung bildet das Kernelement der fahrlässigen Delikte die Sorgfaltswidrigkeit. Demnach handelt derjenige fahrlässig, wer durch Verletzung einer Sorgfaltspflicht einen tatbestandsmäßigen Erfolg herbeigeführt hat, dessen Eintritt ihm ex ante erkennbar war oder erkannt wurde.[720] Diese Sorgfaltspflicht ergibt sich aus der *erforderlichen Sorgfalt im Verkehr.*[721] Die Bezugnahme auf die erforderliche Sorgfalt im Verkehr hat ihren Ursprung in der zivilrechtlichen Begriffsbestimmung der Fahrlässigkeit in § 276 Abs. 2 BGB.[722] Im Entwurf eines Strafgesetzbuches von 1962 (im Einzelnen in § 18 Abs. 1 E-62) wurde vorgeschlagen, der strafrechtlichen Fahrlässigkeit mittels der im Verkehr erforderlichen Sorgfalt eine gesetzliche Definition zu gewähren. [723] Der historische Gesetzgeber wollte sich jedoch letztlich von einer solchen Definition abwenden. Aus diesem Grund wurde § 18 E-62 in der Großen Strafrechtsreform gestrichen. Der Inhalt der Sorgfaltswidrigkeit wurde damit der Rechtsprechung und der Wissenschaft überlassen,[724] die allerdings seither die Sorgfaltswidrigkeit nach wie vor als Außerachtlassung der im Verkehr erforderlichen Sorgfalt definieren.

Es liegt gleichwohl auf der Hand, dass jene Begriffsbestimmung der Fahrlässigkeit nicht hinreichend bestimmt ist,[725] zumal es nicht näher definiert wird, welche Kriterien für die Verletzung der erforderlichen Sorgfalt im Verkehr herangezogen werden sollen, oder worin diese bestehen mag. Zu den bestimmtheitsbezogenen Problemen im Zusammenhang mit der Konkretisierung der Sorgfaltswidrigkeit trägt die Tatsache bei, dass von der Wissenschaft die Begriffe der *Voraussehbarkeit*, *Erkennbarkeit* und

[719] Vgl. BGHSt 43, 158, 168.
[720] Siehe statt vieler BGHSt 10, 369; BGHSt 49, 1, 5.
[721] Statt vieler *Jescheck/Weigend,* AT, S. 578 ff.
[722] *Schroeder*, JZ 1989, 776, 776.
[723] Entwurf eines Strafgesetzbuches (StGB) E 1962, BT-Drucks. IV/650.
[724] *Engisch*, Untersuchungen, S. 276; *Roxin*, JuS 1973, 197, 201; siehe auch BT-Drucks. V/4095, S. 8.
[725] *Schroeder*, JZ 1989, 776, 776.

Vermeidbarkeit kumulativ oder alternativ – meist neben der Sorgfaltspflichtverletzung – als weitere Tatbestandsvoraussetzungen des fahrlässigen Delikts bezeichnet werden,[726] über deren Inhalt jedoch kaum Einigkeit besteht.

Eine Konkretisierung der im Verkehr erforderlichen Sorgfalt nimmt die h. M. in Wissenschaft und Rechtsprechung allerdings dahingehend vor, dass im Wege einer hypothetischen Prüfung darauf abzustellen sei, wie sich ein besonnener, rechtstreuer Bürger an der Stelle und in der sozialen Rolle des Täters verhalten hätte – die sog. differenzierte Maßfigur.[727] Durch den Vergleich dieser Figur mit dem tatsächlich eingetretenen Verhalten des Täters wird die Sorgfaltsmäßigkeit ermittelt.[728] Indes vermag auch dieses Kriterium das Problem nicht vollständig zu lösen. Denn die Frage, wie sich diese Maßfigur verhält, setzt eine normative Aussage darüber voraus, was sorgfältig ist. Die richtige Frage lautet mit anderen Worten: „Wie *soll* sich ein sorgfältiger Mensch in der konkreten Situation verhalten?" Die meisten Ansätze in der Literatur gehen bezüglich dieser Frage davon aus, dass dies die Berücksichtigung von Normen jenseits des Strafrechts erfordert, die das Maß der in bestimmten Lebenskreisen erforderlichen Sorgfalt bestimmen können.[729] Dabei kann es sich zunächst um zivil- und öffentlich-rechtliche Normen handeln, wie z. B. Vorschriften der StVO. Es gibt darüber hinaus eine Reihe von außerrechtlichen Sondernormen, die für das erforderliche Maß an Sorgfalt relevant sein können, wie z. B. lege artis, technische Regeln, Sportregeln, usw.[730] Alle diese rechtlichen oder außerrechtlichen Normen, die in der Fahrlässigkeitsdogmatik als *Sondernormen* bezeichnet werden, fungieren als Sorgfaltsstandards, die häufig anhand wissenschaftlicher Erkenntnisse oder der allgemeinen Lebenserfahrung entwickelt werden und deren Einhaltung regelmäßig mit der Eindämmung von Rechtsgutsverletzungen verbunden ist. Warum diese außerstrafrechtlichen Sorgfaltspflichten abstrakt-generell relevant für die Fahrlässigkeit sind, liegt an den

[726] Vgl. etwa *Lenckner*, FS Engisch, S. 499; es gibt geradezu Ansätze, die die Erkennbarkeit des Risikos als einzige Voraussetzung des Unrechtstatbestandes ansehen, so statt vieler *Schroeder*, JZ 1989, 776 ff.; weitere Nachweise in *Roxin/Greco*, AT I, § 24 Rn. 8.

[727] Bereits *Welzel*, das Deutsche Strafrecht, 11. Aufl., S. 131, 326; *Roxin/Greco*, AT I, § 24 Rn. 8.

[728] *Welzel*, das Deutsche Strafrecht, 11. Aufl., S. 131; *ders.*, Abhandlungen zum Strafrecht und zur Rechtsphilosophie, S. 325 f.

[729] Vgl. *Roxin*, Täterschaft und Tatherrschaft, S. 394.

[730] *Beck*, ZStW 2019, 967, 968; *Kuhlen*, FS Hassemer, S. 875.

Anforderungen des Bestimmtheitsgebots: [731] Die Sondernormen konkretisieren der Rechtssicherheit halber die Sorgfaltswidrigkeit als normatives Tatbestandsmerkmal.[732]

Auch ohne auf die hiesige Theorie der Quasi-Garantenstellung zurückgreifen zu müssen, liegt es mithin nahe, dass außerstrafrechtliche Sorgfaltspflichten durchaus relevant für die Fahrlässigkeit sind.[733] Daraus lässt sich schließen, dass die GwG-Pflichten, die ihrerseits wichtige Sorgfaltsmaßstäbe gegen Geldwäscherisiken festlegen, ohne Weiteres relevant für die leichtfertige Geldwäsche gemäß § 261 Abs. 6 StGB sind.[734] Damit ist aber noch nicht das genaue Verhältnis zwischen außerstrafrechtlichen Normen und der strafrechtlichen Sorgfaltspflichtverletzung aufgezeigt. Um dies aufzudecken, muss der Begriff der Sorgfaltswidrigkeit näher beleuchtet werden.

2. Gleichstellung von Vorsatz und Fahrlässigkeit

Das Kriterium der objektiven Sorgfaltswidrigkeit als zentrale materielle Voraussetzung des fahrlässigen Unrechts geht auf *Karl Engisch* zurück. In seiner Habilitationsschrift von 1932 hat er die Ansicht formuliert, dass die fahrlässigen Delikte nicht nur durch die „innere" Sorgfaltswidrigkeit (scil. Unachtsamkeit bzw. Unvorsichtigkeit), sondern auch durch die Außerachtlassung einer „äußeren", objektiven Sorgfalt gekennzeichnet sind.[735] Diese Auffassung wurde durch den zeitgenössischen Stand der Tatbestandslehre beeinflusst: Damals war, wie bereits erwähnt, notwendig, normative Kriterien für die Konkretisierung des strafbaren Unrechts zu entwickeln. Denn nach dem Kausaldogma war das einzige objektive Kriterium des tatbestandsmäßigen Verhaltens die rein naturwissenschaftlich zu erkennende Kausalität. Viele Autoren haben aus diesem Grund um die Einführung normativer Tatbestandseinschränkungen gerungen, um die Kausalität einzuschränken. *Engisch* hat auf dieser Basis den normativen Begriff der äußeren Sorgfalt im Fahrlässigkeitstatbestand eingeführt.[736]

Die Sorgfaltspflichtverletzung hatte also historisch deshalb Sinn ergeben, weil es damals keine systematisch herausgearbeitete normative Tatbestandslehre gab. Heutzutage ist jedoch die Lage anders: Das Kausaldogma und damit der strafrechtliche Naturalismus

[731] *Puppe*, in: NK-StGB, Vor §§ 13 ff Rn. 156.
[732] *Bosch*, Organisationsverschulden, S. 454.
[733] *Puppe*, in: NK-StGB, Vor §§ 13 ff Rn. 156.
[734] *Lampe*, JZ 1994, 123, 131; *Löwe Krahl*, Die Verantwortung von Bankangestellten, S. 16.
[735] *Engisch*, Untersuchungen, S. 269; er definierte die äußere Sorgfalt als eine Jedermannspflicht, jene Handlung zu unterlassen, die geeignet ist, den tatbestandsmäßigen Erfolg herbeizuführen (S. 283); vgl. auch *Welzel*, das Deutsche Strafrecht, S. 128; *Lenckner*, FS Engisch, S. 492.
[736] *Engisch*, Untersuchungen, S. 276.

wurden bewältigt. Vom überwiegenden Teil der Dogmatik wird die Auffassung vertreten, dass die Einschränkung des objektiven Tatbestands neben der Kausalität durchaus durch normative Kriterien verwirklicht wird; solche Kriterien hat vor allem die Lehre von der objektiven Zurechnung geliefert. Oben wurde zudem postuliert, dass die objektive Zurechnung nicht nur eine Erfolgszurechnungslehre, sondern (immerhin in ihrer Grundformel) eine allgemeine Tatbestandsvoraussetzung darstellt. [737] Die Begriffsbestimmung der Sorgfaltswidrigkeit muss daher an die gegenwärtige normative Tatbestandslehre geknüpft werden. Daraus resultiert, dass das Vorsatz- und das Fahrlässigkeitsdelikt im Wesentlichen zueinander gleichstehen, zumindest was den objektiven Tatbestand angeht: Beide setzen die Schaffung rechtlich missbilligter Risiken voraus.[738] Es bleibt mithin kein Raum für einen fahrlässigkeitsspezifischen, über die objektive Erfolgszurechnung hinausgehenden Begriff der Sorgfaltswidrigkeit.[739] Die Fahrlässigkeit ist kein *Aliud* zu Vorsatz, sondern unterscheidet sich von Letzterem nur im Hinblick auf subjektive Tatbestands- und Schuldmerkmale. Ohnehin war die Fahrlässigkeit derjenige Bereich, in dem die Schöpfer der objektiven Zurechnungslehre ihre Prämisse ausgehend formuliert haben.[740] Die objektive Zurechnung gilt somit gleichermaßen sowohl für den Vorsatz als auch für die Fahrlässigkeit. Mit anderen Worten: Die Sorgfaltswidrigkeit umfasst nichts anderes als die Schaffung missbilligter Risiken.[741]

In Bezug auf die Bedeutung außerstrafrechtlicher Normen auf das Unrecht gilt daher für die Fahrlässigkeit dasselbe, was bereits für vorsätzliche Taten postuliert wurde. Dies ist auch der Grund, warum die h. M. für die fahrlässige Tat eine Pflichtverletzung verlangt: Das fahrlässige Delikt verkörpert im Prinzip eine mittelbare Rechtsgutsverletzung, die nach hier vertretener Ansicht nur beim Vorliegen einer Quasi-Garantenstellung strafwürdig ist. Eine solche Quasi-Garantenstellung erfordert nicht unbedingt eine außerstrafrechtliche Pflichtverletzung, sondern kann auch durch originär strafrechtliche

[737] Siehe oben Teil 2 D.II.2.a).

[738] So näher *Puppe*, in: NK-StGB, Vor §§ 13 Rn. 154; *Jakobs*, AT, 9. Abschn., Rn. 6; *Roxin*/*Greco*, AT I, § 24 Rn. 10; *Bosch*, Organisationsverschulden im Unternehmen, S. 473; *Kühl*, AT, S. 587; *Küper*, FS Lackner, S. 250; a. A. aber *Jescheck*/*Weigend*, AT, S. 563: Fahrlässigkeit sei etwas anderes als der Vorsatz.

[739] *Roxin*/*Greco*, AT I, § 24 Rn. 10.

[740] Siehe nur *Roxin*, ZStW 1962, S. 411 ff. zur „Pflichtwidrigkeit und Erfolg bei fahrlässigen Delikten"; auch *ders.*, FS Gallas, S. 241 ff., zum „Schutzzweck der Norm bei fahrlässigen Delikten".

[741] *Puppe*, in: NK-StGB, Vor §§ 13 Rn. 154; *Roxin* hat deswegen ab der dritten Auflage seiner Habilitation die Fahrlässigkeitsdelikte vom Kreis der Pflichtdelikte ausgenommen, weil das Pflichtwidrigkeitsmoment der Fahrlässigkeit bereits im Vorsatz anwesend ist: die Überschreitung des erlaubten Risikos (siehe *Roxin*, Täterschaft und Tatherrschaft, S. 774 und vgl. 1. Aufl., S. 527).

Normen begründet werden, wie die Verhaltensnorm des fahrlässigen Delikts. Im Rahmen der Fahrlässigkeit bilden die Strafnormen der jeweiligen fahrlässigen Tatbestände somit eine Quasi-Garantenstellung, da sie die Verantwortlichkeit auf fremde Handlungen erweitern. Jedermann trägt z. B. die Pflicht, andere Menschen nicht fahrlässig zu töten nach § 222 StGB. Zugleich trägt (aufgrund des Einheitstäterbegriffs bei der Fahrlässigkeit) jeder Mensch grundsätzlich die Pflicht, keinen Vorschub zur Tötung eines anderen Menschen zu leisten, auch nicht durch Fahrlässigkeit. Die „Beihilfe" durch Fahrlässigkeit ist mithin durch § 222 StGB erfasst, der deshalb eine Quasi-Garantenstellung schafft, also: einen besonderen Grund, der eine Ausnahme vom Eigenverantwortungsprinzip begründet. Ein Regressverbot dergestalt, dass eine „Beihilfe" durch Fahrlässigkeit zu vorsätzlichen Delikten ausgeschlossen sei, liegt somit fern.

Es wurde jedoch bezüglich des Vorsatzdeliktes postuliert, dass in Ausnahmefällen – beim Vorliegen neutralen Verhaltens – die Teilnahmeregeln als Grund der Quasi-Garantenstellung nicht ausreichen; dies liegt an der übermäßigen Ausdehnung der Verantwortlichkeit für Dritte, die aus jenen Regeln resultieren mag. Das gleiche gilt für die fahrlässige Tat: Die Verhaltensnormen des fahrlässigen Delikts können dann keine Quasi-Garantenstellung begründen, wenn neutrale Handlungen vorliegen. Andernfalls gelte eine extensive Theorie, nach der neutrale Handlungen nur nach den allgemeinen Regeln zu behandeln wären. Dies widerspräche dem verfassungsrechtlichen Bedarf nach Entkriminalisierung.

Nach alledem muss man dasjenige, was für Vorsatz bereits postuliert wurde, hier nur noch einmal wiederholen: Die Verletzung von außerrechtlichen Sondernormen ist keine Bedingung des Unrechts. Denn solche Sorgfaltssondernormen bilden lediglich Standards. Mithin folgt aus ihrer Übertretung nur ein Indiz für das strafrechtliche Unrecht.[742] Gesetzliche außerstrafrechtliche lege professionis sind jedoch für die Missbilligung zwingend relevant: Ihre Verletzung führt zur Missbilligung und ihre Einhaltung zum erlaubten Risiko. Auf dieser Basis schafft die Verletzung der Pflichten des GwG letztlich auch im Rahmen der leichtfertigen Geldwäsche ein rechtlich missbilligtes Risiko;[743] spiegelbildlich dazu befreit die Einhaltung der GwG-Pflichten vom Vorwurf der

[742] Vgl. *Bohnert*, JR 1982, 6, 9; *Momsen*, ZStW 2019, 1009, 1023; ähnliche Argumentation bei *Kindhäuser*, FS Schünemann, S. 152.
[743] *Lampe*, JZ 1994, 123, 131.

Leichtfertigkeit.[744] Allerdings sind wiederum nur diejenigen Normen für die strafrechtliche Missbilligung relevant, die den Schutz der gleichen Rechtsgüter wie Strafnormen bezwecken (Schutzzweckerfordernis).[745]

Darüber hinaus besteht eine Besonderheit gegenüber dem vorsätzlichen Delikt: Während die Quasi-Garantenstellung bei der Beihilfe eine normative Zuständigkeit für fremdes Verhalten begründet, ergibt sich die Missbilligung bei der Fahrlässigkeit auch aus der bloßen *Erkennbarkeit* der Rechtsgutsverletzung (bei der Geldwäsche: der Herkunft des Tatobjektes).[746] Liegt ein nicht (leicht) erkennbarer Rechtgutsangriff vor, so gibt es keine Leichtfertigkeit; der Handelnde bewegt sich dann innerhalb des erlaubten Risikos – *impossibilium nulla est obligatio*.[747] Die Verhaltensnorm bei der Fahrlässigkeit lautet also nicht nur „bei Erkennen von Risiken handele sorgfältig", sondern auch „erkenne vermeidbare Risiken". Als Indiz für die objektive Erkennbarkeit kommen daher *zusätzlich* solche außerstrafrechtlichen Pflichten ins Spiel, die sich mit dem Erkennen von Risiken befassen.[748] Übertragen auf die leichtfertige Geldwäsche bedeutet dies, dass die dem Täter sich aufdrängende Herkunft des Gegenstandes aufgrund der Missachtung derjenigen Sorgfaltspflichten bemessen wird,[749] die die Identifizierung der Kunden fördert. Zugleich ist auch – anders als beim Vorsatz – die Pflicht zu Risikoanalyse nach § 5 GwG relevant, denn sie dient der Feststellung und Erkennung von geldwäschebezogenen Risiken im Betrieb.

Freilich sind nicht nur die Sorgfalts- und Organisationspflichten des GwG relevant für die Leichtfertigkeit; theoretisch kann sich die Missbilligung – genauso wie im Vorsatzdelikt – auch aus der Verletzung von denjenigen GwG-Pflichten ergeben, die der Minimierung oder Verhinderung von geldwäscherelevanten Risiken dienen, wie die Meldepflicht gemäß §§ 43 ff. GwG. Nach lebensnaher Betrachtung soll aber bei der Verletzung dieser Pflichten eher zumindest bedingter Vorsatz vorliegen, sodass sie für die Leichtfertigkeit praktisch irrelevant sind.

[744] BT-Dr. 12/8588, S. 5; *Werner*, Bekämpfung der Geldwäsche, S. 221.
[745] Siehe oben Teil 2 D.III.7.b) cc) ii).
[746] Zu Erkennbarkeit als Voraussetzung der Fahrlässigkeit siehe bereits *Welzel*, das Deutsche Strafrecht, S. 131; *Schroeder*, JZ 1989, 776 ff.; *Lenckner*, FS Engisch, S. 499; *Kindhäuser*, FS Schünemann, S. 153.
[747] Vgl. bereits *Welzel*, Fahrlässigkeit und Verkehrsdelikte, S. 326.
[748] *Bohnert*, JR 1982, 6, 8; *Werner*, Bekämpfung der Geldwäsche, S. 249.
[749] *Werner*, Bekämpfung der Geldwäsche, S. 249 f.

V. Fazit zu A.

Im Rahmen von § 261 StGB wird ein im Hinblick auf die kriminelle Herkunft der Sache grob fahrlässiges (leichtfertiges) Verhalten unter Strafe gestellt. Die Leichtfertigkeit setzt tatbestandsmäßig – genauso wie jede fahrlässige Tat – die Verletzung einer Sorgfaltspflicht voraus. Das Erfordernis einer Sorgfaltswidrigkeit weist jedoch keine Besonderheiten gegenüber der Risikomissbilligung im vorsätzlichen Begehungsdelikt auf. Vielmehr sind Vorsatz und Fahrlässigkeit zwei Seiten der gleichen Medaille. Auch der fahrlässige Täter muss mithin außerstrafrechtlichen Normen zuwidergehandelt haben, um für sein neutrales Verhalten zur Rechenschaft gezogen zu werden, d. h. eine Quasi-Garantenpflicht verletzt haben. Die Verletzung oder Einhaltung der GwG-Pflichten sind nach alledem im Rahmen von § 261 Abs. 6 StGB für die Risikomissbilligung genauso wie für den Vorsatz relevant: Ob dem Täter in concreto die Herkunft des Gegenstandes aus der Vortat aufdringlich erkennbar ist, kann anhand der Verletzung oder Einhaltung der GwG-Pflichten geprüft werden. Auf diese Weise kann dem § 261 Abs. 6 StGB eine gewisse Bestimmtheit verliehen werden.

B. Die Unterlassungsstrafbarkeit wegen neutraler Handlungen

I. Prolegomena

Über die Leichtfertigkeit nach § 261 Abs. 6 StGB hinaus kann der Angehörige rechts- und wirtschaftsberatender Berufe das Risiko eingehen, sich wegen Geldwäsche durch Unterlassen strafbar zu machen. Das ist insbesondere dann der Fall, wenn sie ihren Pflichten nach dem GwG nicht nachgekommen sind und dadurch Verschleierungshandlungen ihrer Mandanten gefördert haben.[750] Um eine ausführliche Theorie der Handlungsneutralität zu erstellen, muss die voraus erwähnte Einschränkung der Strafbarkeit wegen neutraler Handlungen auf das unechte Unterlassungsdelikt angewandt werden.[751] Allerdings besteht beim Unterlassen eine Besonderheit: Das Vorliegen einer Garantenstellung schließt das Bedürfnis nach Strafbarkeitseinschränkung aus. Denn wer Garant ist, hat stets für das strafbare Verhalten Dritter einzustehen. Da Angehörige rechts- und wirtschaftsberatender Berufe Garanten für die Verhinderung der Geldwäsche sind, können sie nicht neutral handeln. Die Verletzung einer Garantenpflicht ist stets als missbilligtes Risiko zu qualifizieren. Die Frage, ob Rechts- und Wirtschaftsberater Garanten für die Verhinderung der Geldwäsche sind, ist jedoch schwierig zu beantworten. In diesem Kapitel wird versucht, dieses Problem auf der Grundlage der allgemeinen Unterlassungsdogmatik zu lösen.

II. Vorab: Die Abgrenzung zwischen Tun und Unterlassen

Um die Geldwäschestrafbarkeit von Rechts- und Wirtschafsberatern wegen Unterlassens prüfen zu können, muss vorab das Unterlassen vom positiven Tun abgegrenzt werden. Die Abgrenzung zwischen Tun und Unterlassen ist in der Strafrechtsdogmatik höchst umstritten – insbesondere wenn sich das fragliche Verhalten naturalistisch betrachtet sowohl als positives Tun als auch als Unterlassen erscheint.[752] Auf der einen Seite geht die Tendenz in der heutigen Rechtsprechung dahin, die Abgrenzung zwischen Tun und Unterlassen auf der Grundlage einer rechtlichen Wertung vorzunehmen; maßgeblich sei demnach, ob normativ betrachtet der *Schwerpunkt der Vorwerfbarkeit* auf einem aktiven

[750] *Eschelbach*, in: Graf/Jäger/Wittig, § 261 Rn. 58; *Helmrich*, NJW 2009, 3686, 3689; *Löwe-Krahl,* in: Achenbach/Ransiek, Wirtchaftsstrafrecht, 13. Teil Rn. 76 ff.; *Neuheuser*, in: MüKo-StGB, § 261 Rn. 92 ff.; *Wagner*, NJW 2002, 2276, 2278.

[751] *Kudlich*, Die Unterstützung fremder Straftaten durch berufsbedingtes Verhalten, S. 25.

[752] Vgl. *Engisch*, FS Gallas, S. 167; *Roxin*, AT II, § 31 Rn. 73.

Tun oder einem Unterlassen liegt.[753] Die Dogmatik verwendet auf der anderen Seite – in einer eher naturalistischer Sichtweise – das Vorliegen einer Begehungskausalität als Abgrenzungskriterium:[754] Ist ein positiver Energieeinsatz kausal für den Eintritt des tatbestandsmäßigen Erfolges gewesen, so handele es sich um ein positives Tun, andernfalls um ein Unterlassen.[755]

Die Abgrenzung zwischen Geldwäsche durch Tun und durch Unterlassen hat nicht unerhebliche Konsequenzen für die richtige Einordnung des Verhaltens von Rechts- und Wirtschaftsberatern: Wenn für den Erfolg der Geldwäsche (z.B. die Verschleierung der Herkunft) kein positives Tun, sondern nur der fehlende Einsatz von Energie kausal war, kommt lediglich ein Unterlassen in Betracht. Auf dieser Grundlage ist beispielsweise als aktives Tun der Fall zu qualifizieren, dass ein Verpflichteter an einer verdächtigen Transaktion teilnimmt, ohne die positiven GwG-Pflichten zu erfüllen.[756] Denn dabei liegt der Schwerpunkt der Vorwerfbarkeit in der *Durchführung* der Transaktion. Eine Unterlassung liegt hingegen dann vor, wenn der Verpflichtete die verdächtige Transaktion zurückgewiesen *und* trotzdem die positiven GwG-Pflichten nicht erfüllt hat,[757] etwa wenn ein Berater die Behörden nicht über eine verdächtige Transaktion informiert. Denn in diesem Fall erfolgt der Rechtsgutsangriff durch die Verletzung positiver Pflichten.[758] Zudem ist als schlichtes Unterlassen die Konstellation einzustufen, dass der Berater den Verdacht hat, ein Stammklient habe Vermögenswerte aus Straftaten erworben, und weder eine Meldung zu den Behörden vornimmt noch die Geschäftsbeziehung mit jenem Klienten beendet, denn bezüglich Stammklienten treffen die Verpflichtete aus dem GwG grundsätzlich nur positive Pflichten. Jedenfalls kann die Abgrenzung zwischen Tun und Unterlassen bei der Geldwäsche nur im Einzelfall vollzogen werden.

---

[753] Statt vieler BGHSt 6, 46, 59; BGHSt 56, 277, 286; BGHSt 59, 292, 296.

[754] Auch deshalb, weil es nicht klar ist, worin jeweils der Schwerpunkt der Vorwerfbarkeit liegt, so *Roxin*, AT II, § 31 Rn. 79 ff.; *Gössel*, ZStW 1984, 321, 325; *Vogel*, Norm und Pflicht bei den unechten Unterlassungsdelikten, S. 117.

[755] Stellvertretend *Engisch*, FS Gallas, S. 172 ff.; *Roxin*, AT II, § 31 Rn. 77 f.

[756] *Bülte*, NZWiSt 2017, 276, 282; *Werner*, Bekämpfung der Geldwäsche, S. 232.

[757] *Schröder/Textor*, in: Fülbier/Aepflebach/Langweg, GwG, § 261 StGB Rn. 61.

[758] *Schröder/Textor*, in: Fülbier/Aepflebach/Langweg, GwG, § 261 StGB Rn. 61; *Werner*, Bekämpfung der Geldwäsche, S. 232.

III. Allgemeiner Teil: Die Unterlassungsdogmatik

1. Tatbestandsvoraussetzungen des unechten Unterlassungsdeliktes

Allgemeine Voraussetzungen für die Strafbarkeit wegen eines unechten Unterlassungsdeliktes gemäß § 13 Abs. 1 StGB ist zunächst die Unterlassung einer rechtlich gebotenen Handlung, wenn ihre Vornahme dem Täter objektiv und subjektiv möglich gewesen ist. Zudem ist eine Gleichstellung zwischen Tun und Unterlassen erforderlich, die zweierlei voraussetzt: die Handlungs- und die Modalitätsäquivalenz zur aktiven Begehung. Das Erfordernis der Modalitätsäquivalenz bedeutet, dass wenn der Tatbestand über die Verursachung des Erfolgs hinaus zusätzliche Begehungsmodalitäten erfordert, diese den Unterlassenden treffen müssen. § 261 Abs. 1 S. 1 Nr. 1–2 und Abs. 2 StGB setzen voraus, dass der Täter einen körperlichen Gegenstand „verbirgt", „umtauscht", „überträgt" oder „verbringt" sowie Tatsachen „verheimlicht" oder „verschleiert". Eine Durchführung dieser Handlungen durch Unterlassen ist zwar theoretisch möglich. Die in diesen Vorschriften beschriebenen Tatmodalitäten sind jedoch so komplex, dass eine Begehung durch Unterlassen in der Praxis sehr unwahrscheinlich ist. In der Praxis soll deshalb der Hauptanwendungsfall der Geldwäsche die Unterlassungsstrafbarkeit des Isolierungstatbestands gemäß § 261 Abs. 1 S. 1 Nr. 3 und 4 StGB sein.

Problematisch ist gleichwohl, dass die Strafbarkeit wegen Unterlassens den Eintritt eines tatbestandsmäßigen *Erfolgs* voraussetzt, während der Isolierungstatbestand nur ein abstraktes Gefährdungsdelikt ist. [759] Dies vermag die Möglichkeit der Unterlassungshaftung aber nicht auszuschließen, weil für den Eintritt eines für das Unterlassen relevanten Erfolges im Sinne von § 13 Abs. 1 StGB nicht nur ein zum jeweiligen Tatbestand gehörender Erfolg, sondern auch eine bloß von der Handlung abgrenzbare Folge ausreicht.[760] § 13 Abs. 1 StGB findet mithin nach richtiger Auffassung auch bei Tätigkeitsdelikten, wie bei abstrakten Gefährdungsdelikten, Anwendung.

Die Handlungsäquivalenz setzt außerdem voraus, dass der Täter eine Garantenstellung innehat, d.h. eine Pflicht zur Abwehr des tatbestandsmäßigen Erfolgs. Das Vorliegen

[759] Für Tätigkeitsdelikte hält die abstrakten Gefährdungsdelikte *Hassemer*, NStZ 1989, 553, 558.

[760] BGHSt. 46, 212, 222; *Jakobs*, AT, 29. Abschn. Rn. 2; *Stein*, in: SK-StGB, § 13 Rn. 4; *Vogel*, Norm und Pflicht bei den unechten Unterlassungsdelikten, S. 100 f.

einer Garantenstellung bildet geradezu das zentrale Problem im Zusammenhang mit der Verantwortlichkeit für unechte Unterlassungsdelikte.

2. Die Garantenstellung

Das Erfordernis einer Garantenstellung als Gleichstellung zwischen Unterlassen und Tun ergibt sich direkt aus § 13 StGB. Aus dessen Wortlaut lassen sich allerdings keine näheren Angaben dazu ableiten, wann eine Garantenstellung tatsächlich vorliegt. § 13 Abs. 1 StGB sieht im Einzelnen vor, dass jemand nur dann für den Eintrifft eines tatbestandsmäßigen Erfolgs verantwortlich gemacht werden kann, *wenn ihn die Rechtspflicht trifft, diesen Erfolg zu verhindern*. Hinter dieser auf den ersten Blick vagen Formulierung verbirgt sich eine lange Geschichte der Strafrechtslehre, deren Ursprünge auf *Paul Johann Anselm von Feuerbach* zurückgehen: Nach seiner Ansicht kann eine Strafnorm grundsätzlich nur zur Unterlassung eines Verhaltens verpflichten, nicht aber zur Vornahme einer Handlung.[761] Diese Auffassung ist rein liberaler Natur: Das Verbot einer Handlung stellt einen Eingriff in die Freiheit des Einzelnen dar. Dieser Eingriff ist jedoch gerechtfertigt, wenn von der betreffenden Handlung Gefahren für die Rechtsgüter anderer Personen ausgehen. Zwingt eine Norm den Betroffenen jedoch, von der schier unendlichen Zahl von Handlungen, die er begehen kann, nur eine einzige zu begehen, wird der Eingriff in seine Freiheit gravierender: Er darf nichts anderes mehr tun, als das, wozu er verpflichtet ist.[762] Die bestehenden strafrechtlichen Verbotsnormen reichen nicht mehr aus, um diesen schwereren Eingriff in die Freiheit zu legitimieren. Es bedarf vielmehr einer zusätzlichen Norm, die zur Begehung dieser Handlung zwingt. Um jemanden zu bestrafen, der eine Handlung unterlässt und damit einen strafrechtlichen Erfolg herbeiführt, muss er also *außerstrafrechtlich* dazu verpflichtet sein, die unterlassene Handlung auszuführen.

Nach Feuerbach musste diese Pflicht jedenfalls einen rechtlichen Charakter haben: Entweder muss sie aus dem Gesetz oder aus einem Vertrag hervorgehen.[763] Die Rechtsprechung des RG trug dazu bei, dass dieser dualistische Ansatz um die Haftung aus einem vorangegangenen gefährlichen Tun ergänzt[764] und in die bekannte *formelle*

[761] *Feuerbach*, Lehrbuch des gemeinen in Deutschland gültigen Peinlichen Rechts, § 24; vgl. auch *Roxin*, AT II, § 32 Rn. 3; *Schünemann*, FS Amelung, S. 310.
[762] *Pawlik*, FS Roxin, 2011, S. 935.
[763] *Feuerbach*, Lehrbuch des gemeinen in Deutschland gültigen Peinlichen Rechts, § 24; siehe auch *Mezger*, Strafrecht, S. 138 ff.
[764] RGST 69, 321, 323; ähnlich BGHSt 19, 167, 168.

Rechtspflichttheorie überführt wurde: Eine Garantenstellung könne Gesetz, Vertrag und Ingerenz begründen.[765]

Die formelle Rechtspflichttheorie geriet allerdings bald unter heftige Kritik.[766] Zwar ist ihr dahingehend zuzustimmen, dass der Eingriff in die Freiheit durch positive Pflichten schwerwiegender ist als durch negative. Es ist also richtig, dass der Tatbestand des unechten Unterlassungsdelikts eine Handlungspflicht voraussetzt, die der strafrechtlichen Verhaltensnorm vorausgeht. Die eigentliche Kritik an der formellen Rechtspflichttheorie betrifft aber die *Entstehung* dieser Handlungspflicht – dies war gerade der Umstand, welcher dieser Theorie die Bezeichnung „formell“ eingebracht hat: Wenn die Garantenstellung bloß aus einer Rechtsnorm begründet wird, dann stellt sich mühelos die Frage, ob je alle außerstrafrechtlichen Vorschriften, oder genauer gesagt: deren Verletzung eine Pflicht zur Verhinderung von Rechtsgutsverletzungen nach § 13 Abs. 1 StGB und damit eine Unterlassungsstrafbarkeit auslöst. Bejahendenfalls wird einerseits Rechtssicherheit geschaffen, weil der Bürger in jedem Fall weiß, welche strafrechtliche Verantwortung auf ihn zukommt. Andererseits wird aber die Freiheitsbeschränkung übermäßig,[767] da jede Vertragsverletzung eine strafrechtliche Verantwortung nach sich zieht. Die formelle Rechtspflichttheorie entpuppte sich mithin als zu weit.

Gleichzeitig kann sie auch sehr eng sein.[768] Dies wird an folgendem Beispiel deutlich:[769]A schließt mit B einen Vertrag, in dem sich B verpflichtet, am Donnerstag um 21 Uhr auf die fünfjährige Tochter von A aufzupassen. B vergisst jedoch am Donnerstagabend, dass er zur Wohnung von A kommen sollte, um das Kind zu betreuen. A verlässt trotzdem das Haus, während das Kind nach der unvorsichtigen Einnahme eines giftigen Arzneimittels stirbt. In diesem Fall lässt sich nicht bestreiten, dass B zumindest für fahrlässige Tötung durch Unterlassen haftet. Denn der Vertrag zwischen A und B begründet eine Rechtspflicht im Sinne von § 13 Abs. 1 StGB. Wenn jedoch B keinen Vertrag mit A geschlossen hätte, etwa weil er ihr lediglich einen Freundschaftsdienst erwiesen hat, und er zwar das Kind bewach, aber nichts unternahm, als es Gift getrunken

---

[765] Dazu *Roxin*, AT II, § 32 Rn. 4 m.w.N.; später wurden zu der Trias der Garantenstellungen die Pflichten aus engen Lebens- und Gefahrengemeinschaften hinzugefügt.

[766] Siehe *Roxin*, AT II, § 32 Rn. 10 ff.; *Schünemann*, Grund und Grenzen der unechten Unterlassungsdelikte, S. 219 f.

[767] *Rudolphi*, Die Gleichstellungsproblematik, S. 28; *Schünemann*, ZStW 1984, 287, 292; *Vogel*, Norm und Pflicht bei den unechten Unterlassungsdelikten, S. 130; *Otto/Brammsen*, Jura 1985, 530, 532.

[768] *Schünemann*, Grund und Grenzen der unechten Unterlassungsdelikte, S. 227.

[769] Leicht verändertes Beispiel von *Schünemann*, Grund und Grenzen der unechten Unterlassungsdelikte, S. 227.

hat, dann haftet er gemäß der formellen Rechtspflichttheorie allenfalls wegen unterlassener Hilfeleistung nach § 323c Abs. 1 StGB. Denn keine zivilrechtliche Vorschrift liegt vor, die hier eine Garantenstellung begründen könnte. Die formelle Rechtspflichttheorie führt mithin zu kriminalpolitisch fragwürdigen Strafbarkeitslücken.[770] Diese Schlussfolgerung hat zur Verbreitung von *materiellen* Garantenlehren geführt. Diese postulieren, dass entscheidendes Kriterium für die Gleichwertigkeit zwischen Unterlassen und Tun nicht irgendeine außerstrafrechtliche Pflicht, sondern die Stellung des Täters im Verhältnis zum Rechtsgut ist.[771] Heutzutage herrscht auf dieser Basis eine *funktionale Zweiteilungslehre*, die eine Garantenstellung bejaht, wenn der Unterlassende dazu bestimmt ist, entweder mögliche Gefahren für das geschützte Rechtsgut abzuwenden (sog. Beschützer- oder Obhutsgarantenstellung) oder Gefahren aus einer bestimmten Quelle zu verhindern (sog. Überwachungsgarantenstellung).[772]

Kritisch an der funktionalen Garantenlehre ist jedoch wiederum, dass das Kriterium der Beziehung zwischen dem Täter und dem geschützten Rechtsgut besonders fadenscheinig sein kann, keine klaren Kriterien liefert und die Garantenstellung bloß beschreibt.[773] Aus diesen Gründen ziehen die Wissenschaft und Rechtsprechung regelmäßig fallbezogene Kriterien heran, um das Vorliegen einer Beschützer- oder Überwachungsgarantenstellung zu prüfen, wie exemplarisch: das Vertrauensverhältnis zum Opfer, die tatsächliche Übernahme von Schutzpflichten, die Beziehung zwischen den betroffenen Personen, die Herrschaft des Unterlassenden über das Rechtsgut, usw.

3. Stellungnahme: Das unechte Unterlassungsdelikt als Pflichtdelikt

Eine völlige Deckungsgleichheit zwischen strafrechtlicher Garantenstellung und außerstrafrechtlichen Pflichten ist zuerst sicher unvereinbar mit dem Subsidiaritätsprinzip.[774] Deswegen ist den Einwänden gegen die formelle Rechtspflichttheorie insoweit Recht zu geben, als nicht jede außerstrafrechtliche Pflichtverletzung eo ipso strafrechtlich relevant werden darf. Um der Garantenstellung

---

[770] *Roxin,* AT II, § 32 Rn. 11; *Rudolphi*, Gleichstellungsproblematik, S. 28; *Schünemann*, Grund und Grenzen der unechten Unterlassungsdelikte, S. 219 ff.; *Otto/Brammsen*, Jura 1985, 530, 532.
[771] *Armin Kaufmann,* Die Dogmatik der Unterlassungsdelikte, S. 283 ff.
[772] Diese Lehre wurde von *Armin Kaufmann* geprägt (Die Dogmatik der Unterlassungsdelikte, S. 283 ff.); ihm folgt die h.M: statt vieler *Jescheck/Weigend*, AT, S. 621; *Roxin*, AT II, § 32 Rn. 6.
[773] Siehe statt vieler BVerfG NJW 2003, 1030 ff.; *Roxin*, AT II, § 32, Rn. 22; *Schünemann*, Unternehmenskriminalität, S. 89; *ders*., in ZStW 1984, 287, 303; *ders*., Grund und Grenzen der unechten Unterlassungsdelikte, S. 46 ff.; *Rogall*, ZStW 1986, 573, 615; siehe auch *Jakobs*, AT 2. Abschn., Rn. 26.
[774] Siehe nur *Arthur Kaufmann,* FS Henkel, S. 102.

konkrete Kriterien zu verschaffen, ist jedoch gleichzeitig davon auszugehen, dass das unechte Unterlassungsdelikt gemäß § 13 Abs. 1 StGB durchaus ein *Pflichtdelikt* darstellt,[775] d.h.: das unechte Unterlassungsdelikt verweist auf außerstrafrechtliche Normen, um die Pflichtverletzung zu bestimmen. Bei den Pflichtdelikten besteht nach der herrschenden Ansicht zwischen der außerstrafrechtlichen und der strafrechtlichen Pflichtverletzung die logische Beziehung der *intensiven Implikation*: Die außerstrafrechtliche Pflichtverletzung ist notwendige Bedingung des strafrechtlichen Unrechts.

Daraus lässt sich freilich nicht schließen, dass eine Verletzung von konkreten gesetzlichen Normen erforderlich ist; der Begriff der außerstrafrechtlichen Pflichtverletzung kann ja auch in einem nicht streng positivistischen Sinne verstanden werden, sodass er auch die Verletzung gegen soziale Pflichten einbezieht – dies wäre z.B. der Fall bei der Übernahme von Schutzpositionen.

Im Einzelnen wird bei dem in der Strafrechtsdogmatik am weitesten ausgearbeiteten Pflichtdelikt – namentlich die Untreue gemäß § 266 StGB – davon ausgegangen, dass die Prüfung der Tatbestandsmäßigkeit in zwei Stufen erfolgt:[776] Zunächst muss die Verletzung einer außerstrafrechtlichen Pflicht nachgewiesen werden; liegt eine solche Pflichtverletzung nicht vor, ist die Erfüllung des objektiven Tatbestands der Untreue ohne Weiteres zu verneinen, denn die außerstrafrechtliche Pflichtverletzung ist für das Unrecht des § 266 StGB notwendig. Kann hingegen eine außerstrafrechtliche Pflichtverletzung festgestellt werden, ist der Untreuetatbestand eröffnet, die Tatbestandsmäßigkeit jedoch nicht unbedingt zu bejahen. Vielmehr muss eine *strafrechtsautonome* Prüfung der Pflichtverletzung vorgenommen werden.[777]

Diese Erkenntnis sind auf die unechten Unterlassungsdelikte wegen ihrer strukturellen Gemeinsamkeit mit der Untreue folgendermaßen zu übertragen: Nur derjenige kann Täter eines unechten Unterlassungsdelikts sein, der eine außerstrafrechtliche Rechtspflicht zur Verhinderung des Erfolgs trägt. Die formelle Rechtspflichttheorie hat also durchaus einen

[775] *Roxin*, Täterschaft und Tatherrschaft, S. 459 ff.; *ders.*, FS Schünemann, S. 510; *Schünemann*, Gesammelte Werke II, S. 552;

[776] BVerfGE 126, 170 Rn. 108 f.; *Saliger*, HRRS 2006, 10, 17 f.; *Jahn/Ziemann*, ZIS 2016, 552, 553; *Kubiciel*, NStZ 2005, 353, 357.

[777] Statt vieler *Saliger*, HRRS 2006, 10, 19; *ders.*, in: Compliance und soziale Verantwortung im Unternehmen, S. 105 f. Die höchstrichterliche Rechtsprechung verlangt im Rahmen dieser strafrechtsautonomen Prüfung eine gravierende bzw. auf klare und evidente Fälle beschränke Pflichtverletzung, dazu stellvertretend BGH NJW 2011, 88 Rn. 35; *Saliger*, in: Compliance und soziale Verantwortung im Unternehmen, S. 92 ff. m.w.N.; *Otto*, FS Tiedemann, S. 695.

berechtigten Kern: Die Verletzung einer Rechtspflicht ist erforderlich, andernfalls besteht die Gefahr, ein außerstrafrechtlich legitimes Verhalten strafrechtlich zu verpönen. Daraus resultiert, dass jene Theorie nicht falsch ist, da sie die Entstehungsgründe der Garantenstellung präzise beschreibt.[778] Sie bedarf allerdings der Konturierung durch wertende Gesichtspunkte, sonst droht eine uferlose Ausweitung der Garantenstellung sowie der strafrechtlichen Verantwortlichkeit. Die richtige Lehre von der Garantenstellung muss somit sowohl formelle als auch materielle Erwägungen einbeziehen.[779] Denn zum einen führt die Vernachlässigung der formellen Entstehungsgründe der Garantenstellung zur Ausweitung des Unterlassungsunrechts und wird auch dem Charakter des unechten Unterlassungsdelikts als Pflichtdelikt nicht gerecht; zum anderen ist das Abstellen auf materielle Gründe notwendig, scil. eine strafrechtsautonome Prüfung der Garantenstellung.[780] Bei den unechten Unterlassungsdelikten findet so eine doppelte Prüfung der Garantenstellung statt: Auf der ersten Ebene ist das Vorliegen einer Rechtspflicht zu prüfen. Auf der zweiten Ebene geht es um die Frage, ob diese Pflicht unter strafrechtlichen Gesichtspunkten von Interesse ist und ob ihre Verletzung den notwendigen sozialethischen Missbilligungswert einer Straftat trägt. Das Vorliegen einer rechtlichen Pflicht ist also keine hinreichende (wie die Vertreter der formellen Rechtspflichttheorie behaupteten), sondern eine notwendige Bedingung für die Garantenstellung.[781] Es bedarf zusätzlich eines besonderen Grundes, der zusammen mit einer Rechtspflicht die Garantenstellung begründet.

Die entscheidende Frage ist, worin dieser Grund beim unechten Unterlassungsdelikt besteht. Dieses Kriterium liegt nach hier vertretener Ansicht im Anschluss an *Schünemanns* Lehre in der *Herrschaft über den Grund des Erfolgs*.[782] *Schünemann* verallgemeinerte im Einzelnen die – zuvor nur sporadisch als Unterfall der Überwachungsgarantenstellung erwähnte – Herrschaft des Unterlassenden und machte sie zu „Grund und Grenze“[783] der Garantenstellung schlechthin.[784] Diese Herrschaft

[778] *Bosch*, in: S/S-StGB, § 13 Rn. 8.
[779] *Bosch*, in: S/S-StGB, § 13 Rn. 8; so auch *Stree*, FS Mayer, S. 146 f.
[780] *Vogel*, Norm und Pflicht bei den unechten Unterlassungsdelikten, S. 138; *Maiwald*, JuS 1981, 473, 475.
[781] So auch der frühe *Schünemann*, Grund und Grenzen der unechten Unterlassungsdelikte, S. 226: Metastrafrechtliche Regeln begrenzen den Bereich, innerhalb dessen die Garantenstellung besteht; vgl. jedoch abweichende Ansicht *dess.* in NStZ 2005, 473, 474: Die Pflichtdelikte setzen keine außerstrafrechtliche Pflichtverletzung voraus; so auch *Vogel*, Norm und Pflicht bei den unechten Unterlassungsdelikten, S. 130.
[782] *Schünemann*, Grund und Grenzen der unechten Unterlassungsdelikte, S. 217 ff; *ders.*, Gesammelte Werke II, S. 545 ff.; ihm folgt *Roxin*, AT II, § 32 Rn. 19.
[783] So der Titel seiner Dissertation vom 1970.
[784] *Schünemann*, Grund und Grenzen der unechten Unterlassungsdelikte, S. 236.

erschöpft sich nach ihm entweder in der Herrschaft über die *Hilfslosigkeit* des Rechtsguts (die Beschützergarantenstellung begründet) oder in der Herrschaft über eine *Gefahrenquelle* (die Überwachungsgarantenstellung begründet) [785], welche sich wiederum nach der Herrschaft über gefährliche Sachen und in der Herrschaft über konstitutionell oder partiell unmündige Personen unterscheiden lassen.[786] Dieser Ansicht ist insoweit zu folgen, als unter „Herrschaft" das Vorhandensein rechtlicher oder tatsächlicher Möglichkeiten verstanden wird, die eine Kontrolle über die Ursache des Erfolgs begründen. Übt der Unterlassende die Kontrolle über den Grund des Erfolges aus, dann gehört jener Erfolg zu seinem Verantwortungsbereich. Risiken, die aus diesem Bereich ausgehen, betreffen ihn dann immer. Die so verstandene Herrschaft kann beide Typen von Garantenstellungen gut erklären: die Überwachungsgarantenstellung als Herrschaft über die zu überwachende Person und die Beschützergarantenstellung als Herrschaft über die zu schützende Person bzw. Institution. In beiden Fällen hat der Täter verschiedene rechtliche oder tatsächliche Möglichkeiten, Macht über andere auszuüben. Daher ist er besser geeignet, sie zu schützen oder zu beaufsichtigen, als andere.

Ein Beispiel für die Beschützergarantenstellung: Ein Polizeibeamter verfügt über besondere Mittel zum Schutz der Bürger – er hat beispielsweise eine Waffe, eine Ausbildung und normative Befehlsgewalt – und ist daher Garant für deren Sicherheit. In ähnlicher Weise hat ein Elternteil die Befugnis, das Leben seines minderjährigen Kindes zu bestimmen, indem er die Fürsorgepflicht nach §§ 1626 ff. BGB ausübt.[787] Daher kann die Herrschaft über hilflose Personen die Übernahme von Schutzfunktionen als Grund für eine Garantenstellung ersetzen. Ähnliche Beispiele lassen sich bei den Überwachungsgarantenstellungen finden: Der Gefängniswärter hat die normative Befugnis, Gefangene zu disziplinieren. Wird diese Befugnis nicht ausgeübt und führt dieses Unterlassen zu Rechtsgutsangriffen, so haftet der Unterlassende als Täter durch positives Tun.

Natürlich kann hier die Frage gestellt werden, warum in der vorliegenden Untersuchung nur die Kriterien von *Schünemann* berücksichtigt werden, während die vielen anderen Garantenlehren, die in der Dogmatik vorgeschlagen wurden, vernachlässigt werden. Eine Darstellung und Analyse aller Garantenlehren wäre jedenfalls unmöglich, zumal das

[785] *Schünemann*, Grund und Grenzen der unechten Unterlassungsdelikte, S. 217 ff.
[786] *Schünemann*, Grund und Grenzen der unechten Unterlassungsdelikte, S. 280 ff. zu Sachherrschaft und S. 323 ff. zu Personenkontrollherrschaft.
[787] *Roxin*, AT II, § 32 Rn. 33.

Hauptthema der hiesigen Untersuchung nicht die unterlassene Tat ist.[788] Außerdem wurde bereits von anderen Autoren darauf hingewiesen, dass die Theorie *Schünemanns* klare und konkrete Lösungen für das Problem der Garantenstellung bietet, was die meisten anderen Theorien aufgrund ihrer Exklusivität nicht leisten können.[789] Seine Lehre schafft außerdem eine *materielle* Theorie der Rechtspflichten, die das Strafrecht vom Zivilrecht trennt und mit dem Bild vom Strafrecht als einem autonomen System einhergeht, das seine eigenen Regeln hat (Begriffsautonomie),[790] ohne jedoch die Einheit der Rechtsordnung, die Subsidiarität des Strafrechts und das Bestimmtheitsgebot zu verletzen. Es ist mithin nachfolgend auf die *Schünemann*sche Herrschaftslehre abzustellen und anhand dieser die Garantenstellung von Beratern für Geldwäsche zu prüfen.

Die hier vertretene These differenziert sich gleichwohl von der Ansicht *Schünemanns* folgendermaßen: Während er bei den unechten Unterlassungsdelikten – und bei allen Pflichtdelikten – die negative Zivilrechtsakzessorietät des Strafrechts verneint und lediglich die Herrschaft als Maßstab der Pflichtwidrigkeit verlangt,[791] wird in diesem Zusammenhang davon ausgegangen, dass die unechten Unterlassungsdelikte wie alle Pflichtdelikte durchaus negativ akzessorisch sind. D.h., wenn keine außerstrafrechtliche Pflichtverletzung besteht, liegt von vornherein keine Garantenstellung vor. Aus diesem Grund stellt die hier vertretene Ansicht eine Verbindung der Lehre von der Herrschaft als Grund der Garantenstellung mit der formellen Rechtspflichttheorie dar: Die Herrschaft ist nur der zweite Teil der Zwei-Stufen-Prüfung der Pflichtverletzung, namentlich das strafrechtsautonome Kriterium.

---

788 Weitere nennenswerte *materielle* Garantenpflichtkonzeptionen sind beispielsweise erstens die *Jakobs*sche Unterscheidung zwischen Garantenpflichten kraft institutioneller Zuständigkeit bzw. kraft Organisationszuständigkeit (*Jakobs*, AT, 29. Abs., Rn. 28 ff.) und zweitens die Lehre von *Androulakis* (Studien zur Problematik der unechten Unterlassungsdelikte, S. 205 ff.), der das Kriterium des Näheverhältnisses des Unterlassenden zum Opfer oder zum geschützten Rechtsgut als garantiebegründend ansieht. Aus beiden Auffassungen ergeben sich jedoch keine konkreten Kriterien für die Begründung der Garantenstellung, sondern allenfalls eine Beschreibung von deren Inhalt.

789 Siehe *Roxin*, AT II, § 32 Rn. 31.

790 *Schünemann*, Grund und Grenzen der unechten Unterlassungsdelikte, S. 226; *Lüderssen*, FS Hanack, S. 487.

791 Vgl. *Schünemann*, NStZ 2005, 473, 474; ihm zustimmend *Roxin*, FS Schünemann, S. 517; *ders.*, Täterschaft und Tatherrschaft, S. 885 ff.

V. Besonderer Teil: Die Unterlassungsstrafbarkeit von Rechts- und Wirtschaftsberatern wegen Geldwäsche

1. Prolegomena

Nach dieser allgemeinen Darstellung der Merkmale des unechten Unterlassungsdelikts ist zu prüfen, inwieweit Rechts- und Wirtschaftsberater Garanten für die Geldwäsche durch ihre Mandanten sind. In Anbetracht der Ablehnung der formellen Rechtspflichttheorie können zunächst die GwG-Pflichten für sich genommen keine Garantenstellung begründen. [792] Dennoch sind sie für die Begründung der Garantenstellung nicht ohne Bedeutung. Wie erwähnt, ist das Vorliegen einer rechtlichen Pflicht eine notwendige Bedingung für die Garantenstellung. Daraus ergibt sich, dass Berater grundsätzlich keine Garantenstellung hinsichtlich Geldwäschehandlungen ihrer Mandanten innehaben, sofern sie von den Pflichten des GwG befreit sind.

Die Einhaltung der GwG-Pflichten schließt die Unterlassungsstrafbarkeit von Beratern grundsätzlich aus (beispielsweise, wenn trotz Erfüllung der Geldwäsche-Compliance ein Mandant illegal erworbenes Geld dennoch verschleiert). Ein Verstoß gegen die GwG-Pflichten könnte spiegelbildlich ein Indiz für eine Garantenstellung sein. Dafür ist jedoch die Herrschaft über die zu beaufsichtigende oder zu schützende Person erforderlich. Anders als bei der Quasi-Garantenstellung begründet mithin bloß die Zuwiderhandlung gegen lege professionis noch keine Garantenpflicht im Sinne von § 13 Abs. 1 StGB.

2. Überwachungsgarantenstellung

Die erforderliche garantiebegründende Herrschaft hat zwischen Überwachungs- und Beschützergarantenstellung jeweils unterschiedlichen Inhalt. Bei der Überwachungsgarantenstellung erweist sich als problematisch die Tatsache, dass es sich bei den Mandanten von Beratern in der Regel um vollverantwortliche Personen handelt. Grundsätzlich bestehen keine Aufsichtspflichten gegenüber Vollverantwortlichen, sondern nur in Bezug auf solche Personen, die ein Defizit in ihrer rechtlichen Haftungsmöglichkeit besitzen; das ist z.B. beim Eltern-Kind-Verhältnis der Fall. In solchen Fällen ergibt sich die Herrschaft des Unterlassenden aus der *Hilfslosigkeit* des zu Überwachenden.

---

[792] So auch *Altenhain*, in: NK-StGB, § 261 Rn. 93; für eine Garantenstellung aus den GwG-Pflichten jedoch *Neuheuser*, in: MüKoStGB, § 261 Rn. 93; *Ruhmannseder*, in: BeckOK-StGB, § 261 Rn. 50; *Kraatz*, Jura 2015, 699, 706.

Eine Ausnahme von der grundsätzlichen Nicht-Verantwortlichkeit für Dritte kann jedoch dann eintreten, wenn der Unterlassende in einem besonderen Herrschafts- oder Autoritätsverhältnis zu der zu betreuenden Person steht, wodurch diese Person rechtlich hilflos wird. [793] Das ist beispielsweise das Verhältnis zwischen Gefängniswärter und Inhaftierten oder zwischen Vorgesetzen und Untergebenen im Amt. Es ist seit jeher umstritten, ob ein solches garantiebegründetes Herrschaftsverhältnis auch in Wirtschaftsverhältnissen bestehen kann, wie im Verhältnis zwischen Berater und Mandant.

a) Garantenstellung aus der Geschäftsherrenhaftung

Die Lehre und die Rechtsprechung haben sich mit dieser Frage hauptsächlich im Rahmen der sog. *Geschäftsherrenhaftung* befasst. Die Geschäftsherrenhaftung gehört zu der allgemeinen Problematik der strafrechtlichen Verantwortlichkeit des Unternehmensleiters – als solche gelten sowohl der Unternehmensbesitzer als auch die Vorstandsmitglieder und Geschäftsführer[794] – wegen Straftaten, die vom Unternehmen ausgehen. Zunächst einmal kann der Unternehmensleiter in zweierlei Hinsicht zur rechtlichen Verantwortung gezogen werden: für sachliche Gefahren (d.h., Gefahren aus Sachen im Gewahrsam des Unternehmens)[795] oder persönliche Gefahren (also wegen Verhaltens der Betriebsmitarbeiter).

Als Geschäftsherrenhaftung ist die Garantenstellung des Leiters eines Unternehmens für Straftaten seiner nachgeordneten Mitarbeiter zu verstehen. Die h.M. im Schrifttum sowie die höchstrichterliche Rechtsprechung erkennen eine solche Garantenstellung prinzipiell an. [796] Die Diskussion um die Unterlassungshaftung des Betriebsleiters oder anderer Unternehmensvorgesetzter für Straftaten der Unternehmensangehörigen ist zunächst nicht neu: Bereits das RG hat eine Garantenstellung des Betriebsinhabers bestätigt, ohne dies jedoch eingehend zu begründen.[797] Lebhafter ist die Diskussion in den 2010er Jahren unter dem Einfluss von zwei Entscheidungen des BGH geworden: 2009 hat der 5. Strafsenat des BGH die Garantenpflicht eines Betriebsvorgesetzen wegen seiner Stelle

[793] Statt vielen nur *Schünemann*, Grund und Grenzen der unechten Unterlassungsdelikte, S. 324 ff. (insb. S. 328: „partielle Unmündigkeit“); *Otto/Brammsen*, Jura 1985, 592, 599; *Jescheck/Weigend*, AT, S. 567.
[794] *Bülte*, NZWiSt 2012, 176, 180; *Burchard*, in: NK-WSS, § 13 Rn. 16.
[795] BGHSt 37, 106 (*Lederspray*); *Hassemer*, Produktverantwortung, S. 52; *Bock*, Criminal Compliance, S. 312; *Roxin*, AT II, § 32 Rn. 201.
[796] BGHSt 54, 44; BGHSt 57, 42; BGH NStZ 2018, 648; *Dannecker*, NZWiSt 2012, 441 ff.; *Dannecker/Dannecker*, JZ 2010, 981 ff.; *Rogall*, ZStW 1986, 573 ff.; *Berndts*, StV 2009, 689 ff.; *Bülte*, NZWiSt 2012, 176, 177; umfassend *Spring*, Geschäftsherrenhaftung, passim.
[797] Siehe exemplarisch RGSt 19, 104; RGSt 58, 132 ff.

als Leiter der Rechtsabteilung und der Innenrevision eines öffentlich-rechtlichen Unternehmens bestätigt, Außenstehende gegen Straftaten seiner nachgeordneten Mitarbeiter zu schützen.[798] Zugleich betonte der Senat obiter dictu, dass Vorgesetzte grundsätzlich eine Garantenpflicht zur Verhinderung von Straftaten nachgeordneter Unternehmensmitarbeiter haben. Diese implizite Anerkennung der Geschäftsherrenhaftung – die freilich nicht über jeden Zweifel erhoben war – wurde ausdrücklich mit der Grundsatzentscheidung des BGH aus dem Jahr 2011 bestätigt.[799] Diese Entscheidung die erstmalige Anerkennung der Unterlassungshaftung des Betriebsleiters, wenn er es unterlassen hat, Straftaten nachgeordneter Mitarbeiter des Unternehmens zu verhindern.[800] Der BGH hat entscheiden, dass der Unternehmensleiter in der Tat die Garantenpflicht innehat, Straftaten von Unternehmensangehörigen zu verhindern. Diese Überwachungspflicht sei allerdings auf *betriebsbezogene* Straftaten begrenzt. Von einer solchen Betriebsbezogenheit ist nach dem Senat dann auszugehen, wenn die Straftat einen inneren Zusammenhang zum Betrieb aufweist, also die Verwirklichung einer dem Unternehmen innewohnenden Gefahr darstellt.[801]

b) Mögliche Begründungen der Geschäftsherrenhaftung

Allerdings hat der BGH nicht hinreichend genau dargelegt, warum der Betriebsleiter für das Fehlverhalten seiner Untergebenen geradestehen muss. Die wichtigsten in der Wissenschaft geäußerten Meinungen zu dieser Entscheidung lassen sich in zwei Gruppen einteilen. Es lohnt sich, beide Ansätze kurz zu skizzieren, um anschließend zu prüfen, ob sie auf die Geldwäsche durch Mandanten von Beratern anwendbar sind.

Einerseits wird bei der Überwachungspflicht des Betriebsleiters davon ausgegangen, dass der Betrieb bzw. die Betriebsangehörigen eine Gefahrenquelle (parallel zu den sachbezogenen Verkehrssicherungspflichten) darstellen. Den Unternehmensleiter treffe also die Pflicht den Betrieb zu überwachen und alle möglichen Gefahren her zu

[798] BGHSt 54, 44.
[799] BGHSt 57, 42.
[800] BGHSt 57, 42 ff.
[801] Die Leitsätze dieser Entscheidung wurden durch eine Entscheidung aus dem Jahr 2018 unverändert wiederholt, namentlich: BGH NStZ 2018, 648. Als bemerkenswert erwies jedenfalls eine nachfolgende Entscheidung des 6. Zivilsenats der BGH vom 10.07.2012, welche die Garantenstellung des Geschäftsherrn als Grundlage für einen zivilrechtlichen Schadensersatzanspruch verneinte und dadurch von der strafrechtlichen Judikatur abgewichen ist (BGHZ 194, 26, 38); dazu siehe Kommentierung von *Dannecker*, NZWiSt 2012, 441 ff.

beseitigen, genauso wie jeden Sachbesitzer.[802] Unterlässt er diese Aufsicht, sei er strafrechtlich verantwortlich.[803]

Andererseits wird argumentiert, dass eine Garantenstellung durch die Herrschaft begründet wird, die der Leiter durch seine Weisungsbefugnis gegenüber seinen Untergebenen ausübt. Diese Argumentation berücksichtigt, dass der Grundsatz der Eigenverantwortung die Einführung von Aufsichtspflichten für vollverantwortliche Personen verbietet. Eine Ausnahme hiervon besteht jedoch bei einem Herrschaftsverhältnis,[804] wie es in § 357 Abs. 1 Alt. 3 StGB und § 41 WStG festgelegt.[805] Ein ähnliches Herrschaftsverhältnis bestehe laut dieser Argumentation in privaten Unternehmen aufgrund der Weisungsbefugnis des Leiters.[806]

Es ist hier nicht der Ort, auf diese Argumente einzugehen oder gar die Richtigkeit der Geschäftsherrenhaftung allgemein zu diskutieren. Erwähnt sei jedoch, dass man an beiden Argumentationssträngen Kritik üben kann. Zum einen mag das Herrschaftsverhältnis im legalen Unternehmensbereich nicht stark genug sein, um eine Garantenstellung zu begründen, da die Einwirkungsmöglichkeiten des Unternehmensleiters gering sind. Dies gilt umso mehr in stark arbeitsteiligen und dezentralisierten Unternehmen.[807] Aus diesem Grund darf auch die mittelbare Täterschaft kraft Organisationsherrschaft nicht auf Unternehmen ausgedehnt werden[808] – obwohl der BGH oft in diese Richtung judiziert hat.[809] Nach richtiger Auffassung bestehen zudem Überwachungsgarantenstellung nur bei besonderen Gefahrenquellen; zu diesen zählen sicherheitsbedürftige Gegenstände, sowie schutzbedürftige Personen,[810] jedoch nicht jedes Unternehmen.[811]

---

[802] Dazu *Roxin*, AT II, § 32 Rn. 108.
[803] *Bock*, Criminal Compliance, S. 313; *Dannecker*, NZWiSt 2012, 441, 448; *Kuhlen*, NZWiSt 2015, 161, 162; *Kuhn*, wistra 2012, 297, 298; *Mansdörfer/Trug*, StV 2012, 432, 433; *Selbmann*, HRRS 2014, 235, 238.
[804] *Roxin*, AT II, § 32 Rn. 125; *Schünemann*, Grund und Grenzen der unechten Unterlassungsdelikte, S. 356; *Stein*, in: SK-StGB, § 13 Rn. 39.
[805] Vgl. *Rogall*, ZStW 1986, 573, 615.
[806] Statt vieler *Frisch*, FS Rogall, S. 132 ff.; *Rogall*, ZStW 1986, 573, 616; *Schünemann*, Unternehmenskriminalität, S. 104; *Tiedemann*, Wirtschaftsstrafrecht, Rn. 352; *Kuhn*, wistra 2012, 297, 298.
[807] Näher *Hassemer*, Produktverantwortung, S. 64.
[808] Vor allem *Roxin*, AT II § 2 Rn. 129 ff.; *ders*, BGH-FS, Bd. IV, 177, 192 f.; siehe ferner *Isfen*, JA 2016, 1, 5; *Schünemann*, FS BGH, Bd. IV, 629 ff.
[809] BGHSt 35, 347; BGHSt 40, 218; BGHSt 48, 77, 89 ff.; BGH NJW 1998, 767 ff.; BGH NStZ 2004, 457 ff. BGH NStZ 2008, 89 ff.
[810] *Stein*, in: SK-StGB, § 13 Rn. 42.
[811] Siehe Argumentation des *Verfassers* gegen beide Gesichtspunkte in HRRS 2020, 350, 352 f.

Festzuhalten ist, dass nach der hier zugrunde gelegten Herrschaftstheorie keine wesentlichen Unterschiede zwischen beiden Ansichten bestehen: Sowohl der Rekurs auf die Weisungsbefugnis des Geschäftsführers als auch das Abstellen auf die jedem Sachbesitzer innewohnenden Überwachungspflichten setzen die Herrschaft über die zu beaufsichtigende Person voraus. Selbst der Sachbesitzer gilt nur aufgrund seiner Herrschaft über die Sache als Garant.

c) Übertragung auf die Geldwäsche durch Rechts- und Wirtschaftsberater

Die entscheidende Frage ist, ob sich die Prämissen der Geschäftsherrenhaftung auf das Verhältnis zwischen Beratern und Mandanten übertragen lassen. Zunächst einmal ist es unerheblich, ob der Berater Eigentümer eines Unternehmens ist. Denn für die Geschäftsherrenhaftung ist nicht die Unternehmensinhaberschaft konstitutiv, sondern die Herrschaft über andere Personen. In Fällen, in denen mehrere Berater an einer Organisation eingebunden sind (z. B. in einer Anwaltskanzlei), besteht ohnehin eine Überwachungsgarantenstellung der Leitungspersonen hinsichtlich der von den Mitarbeitern begangenen Straftaten, wenn man die Grundsätze der Geschäftsherrenhaftung übernimmt. Wenn also ein angestellter Rechtsanwalt durch seine berufliche Tätigkeit zu Geldwäschehandlungen beiträgt, könnten die Gesellschafter dieser Kanzlei als Garant für die Verhinderung von Geldwäsche angesehen werden.[812] Denn den Personen, die mit der Unternehmensgestaltung betraut sind, können gemäß der Geschäftsherrenhaftung Rechtsverstöße innerhalb des Unternehmens zugerechnet werden, da sie eine gewisse Herrschaft über das Unternehmen ausüben.

Gleichwohl bestehen Zweifel, ob dies auch für das Verhältnis zwischen Beratern und Mandanten gilt. Die Geschäftsherrenhaftung betrifft nämlich lediglich die Haftung des Unternehmensinhabers für Handlungen seiner Untergebenen mit Außenwirkung. Dieses Modell ist nicht ohne Weiteres auf die Begründung einer Garantenstellung für Berater anwendbar, wenn die Rechtsgutsverletzung nicht von den Mitarbeitern, sondern vom Mandanten ausgeht. Letztere sind nicht der Weisungsbefugnis des Beraters unterworfen. Folglich besteht kein Herrschaftsverhältnis zwischen Mandanten und Berater. Genauer gesagt ist dieses Verhältnis gewissermaßen umgekehrt, da es der Mandant ist, der als Herr

[812] Ob dies tatsächlich der Fall ist, mag hier offenbleiben, weil es von der Kritik an der Geschäftsherrenhaftung abhängt.

der Sache gilt.[813] Eine Herrschaft des Beraters kann außerdem auch nicht aufgrund seines überlegenen Fachwissens begründet werden.[814]

Da eine Herrschaft des Beraters über die Gefahrenquelle fehlt, greift das Prinzip der Eigenverantwortung: Eine Überwachungsgarantenstellung bezüglich vollverantwortlicher Personen ist nicht gegeben. Daraus folgt, dass eine Überwachungsgarantenstellung von Rechts- und Wirtschaftsberatern gegenüber ihren Mandanten nicht möglich ist.

3. Beschützergarantenstellung aufgrund der Privatisierung hoheitlicher Aufgaben

Des Weiteren könnten Rechts- und Wirtschaftsberater als Beschützergaranten in Betracht kommen, da sie hoheitliche Aufgaben übernehmen und somit bestimmte Pflichten zur Bekämpfung der Geldwäsche ex officio wahrnehmen. Das GwG ist, wie bereits erwähnt, eine Erscheinungsform der aufgabenbezogenen Privatisierung im Strafrecht. Durch die Pflichten des GwG werden hoheitliche Aufgaben an Privatpersonen delegiert.[815] Im Fall der Geldwäschebekämpfung werden die Pflichten der Strafverfolgung nunmehr von Beratern wahrgenommen. Träger hoheitlicher Pflichten im Rahmen der Strafverfolgung, wie Polizei-, Steuerfahndungs- und Justizbeamte, haben nach der herrschenden Ansicht aufgrund des Legalitätsprinzips die strafbewehrte Pflicht inne, Straftaten zu verhindern bzw. zu verfolgen, um die Rechtspflege zu schützen.[816] Sie unterliegen mit anderen Worten einer Beschützergarantenstellung.

Das Vorliegen dieser Garantenstellung erklärt sich daraus, dass Organe des Staates dazu verpflichtet sind, dessen Rechtsgüter zu schützen. Beamte der Strafverfolgung tragen deshalb die Pflicht, solche Straftaten zu verhindern, die sich gegen Rechtsgüter der Allgemeinheit bzw. des Staates richten, wie durchaus die Geldwäsche oder die Steuerhinterziehung.[817] Außerdem sind Beamte der Strafverfolgung deshalb Beschützergaranten, weil sie die Aufgabe übernommen haben, individuelle Rechtsgütern zu schützen: Wenn ein Polizeibeamter im Dienst achtlos zusieht, wie zwei Verbrecher einen Bürger ausrauben, macht er sich wegen Beihilfe zum Raub durch Unterlassen

[813] Vgl. *Hillenkamp*, Symposion für Beulke, S. 74 zur zivilrechtlichen Stellung des Rechtsanwalts gegenüber seinem Mandanten.
[814] *Neuheuser*, NZWiSt 2015, 241, 243.
[815] Vgl. *Sieber/Vogel*, Terrorismusfinanzierung, S. 52.
[816] Zur Geldwäsche siehe *Altenhain*, in: NK-StGB, § 261 Rn. 93.
[817] *Kühl*, AT, § 18 Rn. 78.

strafbar.[818] Dies gilt auch für die Geldwäsche: Wenn Strafverfolgungsbeamte aufgedeckte Geldwäschetransaktionen nicht unterbinden und somit illegal erworbene Vermögensgegenstände in den legalen Wirtschaftskreislauf gelangen lassen, machen sie sich wegen Geldwäsche durch Unterlassen strafbar.[819] Ob sie als Täter oder lediglich Gehilfe zu bestrafen ist, bezieht sich auf die allgemeine Problematik der Abgrenzung zwischen Beteiligungsformen am unechten Unterlassungsdelikt. Hierzu werden in der Wissenschaft die verschiedensten Lösungen vertreten.[820] Auf diese Diskussion soll hier indes nicht eingegangen werden, da – wie im Folgenden gezeigt wird – die hier interessierenden Rechts- und Wirtschaftsberater letztlich keine Garantenstellung für die Geldwäsche haben.

Es stellt sich aber die Frage, ob private Träger von hoheitlichen Pflichten die gleiche Beschützergarantenstellung haben. Ein solcher Ähnlichkeitsschluss ließe sich entweder aus den Organisationspflichten der §§ 4 ff. GwG – die einen risikofreien Betrieb vorschreiben – oder aus den Sorgfalts- und Meldepflichten der §§ 11 ff. und 43 ff. GwG – die zur Mitwirkung mit den Strafverfolgungsbehörden verpflichten – ableiten.

Dies ist jedoch aus folgenden Gründen zu verneinen: Bei der Privatisierung hoheitlicher Aufgaben ist zu differenzieren, ob eine *Übertragung von Hoheitsmacht* an Private erfolgt oder nicht.[821] Eine Übertragung von Hoheitsmacht findet bei der Inpflichtnahme von Beratern durch das GwG nicht statt.[822] Denn eine Garantenstellung kann sich nur aus der Ausübung einer Herrschaft ergeben.[823] Diese Herrschaft beruht auf rechtlichen oder tatsächlichen Mitteln der Kontrolle über eine Person, ein Schutzgut oder eine Institution. Den Strafverfolgungs- oder Steuerfahndungsbehörden stehen eine Reihe normativ definierter Mittel zur Verfügung, um den Schutz von Rechtsgütern zu gewährleisten. Sie können beispielsweise Ermittlungen einleiten, Unterlagen beschlagnahmen oder Zeugenbefragungen anordnen. Die Inpflichtnahme von Privaten im Rahmen des GwG

[818] Exemplarisch BGHSt 38, 388, 390; *Roxin*, AT II, § 31 Rn. 87 m.w.N.

[819] *Werner*, Bekämpfung der Geldwäsche, S. 236.

[820] Siehe Überblick in *Roxin*, AT II, § 31 Rn. 140 ff.; *ders.*, Täterschaft und Tatherrschaft, S. 458 ff.; *Ranft*, ZStW 1982, 828 ff.; *Krüger*, ZIS 2011, 1 ff..

[821] *Saliger*, in: Begegnungen im Recht, S. 218 f.

[822] *Saliger*, in: Begegnungen im Recht, S. 220; *Schröder/Textor,* in: Fülbier/Aepflebach/Langweg, GwG, § 261 Rn. 66; *Werner*, Bekämpfung der Geldwäsche, S. 236; a. A. aber (und für eine Beschützergarantenstellung) *Bülte*, in: Criminal Compliance, § 29 Rn. 38; *Eschelbach*, in: Graf/Jäger/Wittig, § 261 Rn. 58; *Neuheuser*, NZWiSt 2015, 241, 244 (zum Geldwäschebeauftragten); vgl. auch *Vogel*, in: Assmann/Scheider, WpHG, § 33 Rn. 84, in Bezug auf die Anzeigeplicht nach § 10 WpHG a.F., welche identisch mit der Meldepflicht des § 43 GwG ist (siehe dazu Rn. 7).

[823] *Schünemann*, Grund und Grenzen der unechten Unterlassungsdelikte, S. 363.

geht jedoch nicht mit solchen Mitteln zum Schutz der von § 261 StGB abgedeckten Rechtsgüter einher.[824] Privaten Freiberuflern fehlt daher die Herrschaft über den Rechtsgüterschutz. Eine Beschützergarantenstellung von Rechts- und Wirtschaftsberatern im Hinblick auf die Geldwäsche durch ihren Mandanten liegt aus diesem Grund fern.[825]

Das Fehlen einer Garantenstellung von Rechts- und Wirtschaftsberatern kann mit der – äußerst kontroversen – Frage nach der Garantenstellung von *Bankmitarbeitern* zur Geldwäschebekämpfung verglichen werden: Nach einhelliger Ansicht haben „einfache" Bankangestellte keine Garantenstellung zur Verhinderung der Geldwäsche im Kreditinstitut inne.[826] Dies liegt an der fehlenden Herrschaft über die Organisation des Instituts bzw. die Bankkunden. Aus demselben Grund muss nun eine Garantenstellung von Rechts- und Wirtschaftsberatern verneint werden. Etwas anderes gilt zwar für den Bankdirektor, da dieser in der Dogmatik gemeinhin als Garant für die Geldwäsche angesehen wird. Dies liegt jedoch an seiner Geschäftsherrenhaftung:[827] Er übt die Herrschaft über seine Untergebenen aus, was sich durch die Zuständigkeit über eine besondere Gefahrenquelle erklärt. Dies gilt jedoch nicht für Freiberufler in Bezug auf ihre Mandanten.

Schließlich sei auf Folgendes hingewiesen: Es wurde bereits die Auffassung geäußert, dass Rechts- und Wirtschaftsberater aus den GwG-Pflichten eine Quasi-Garantenstellung ableiten können, die unter Umständen zu einer Risikomissbilligung gemäß § 261 StGB führen kann. Dies ändert jedoch nichts an der hier vertretenen Ablehnung einer „echten" Garantenstellung. Denn die Quasi-Garantenstellung begründet sich lediglich durch den Verstoß gegen außerstrafrechtliche Pflichten, was ausreicht, um die Qualität der berufstypischen Handlung auszuschließen. Eine Garantenstellung im Sinne von § 13 Abs. 1 StGB verlangt jedoch zusätzliche materielle Voraussetzungen, da die strafrechtliche Verantwortlichkeit wegen eines unechten Unterlassungsdelikts für den Täter schwerer wiegt als diejenige wegen eines Begehungsdelikts. Daher ist es nicht widersprüchlich, dass Berater zwar Quasi-Garanten sind, aber keiner „echten" Garantenpflicht unterliegen.

---

[824] Gerade deshalb liegt eine Garantenstellung des Geldwäschebeauftragten für Geldwäschehandlungen im Betrieb eher näher, dazu *Neuheuser*, NZWiSt 2015, 241, 244 f.: Der Geldwäschebeauftragte übe eine Herrschaft über den Betriebt betreffs die Geldwäsche aus.

[825] *Vogel*, in: Assmann/Schneider, WpHG, § 10 Rn. 7; *ders.*, FS Jakobs, S. 743.

[826] So *Altenhain*, in: NK-StGB, § 261 Rn. 93; *Saliger*, in: Jenseits des rechtsstaatlichen Strafrechts, S. 467; *Schröder/Textor*, in: Fülbier/Aepflebach/Langweg, § 261 StGB Rn. 61.

[827] Vgl. *Altenhain*, in: NK-StGB, § 261 Rn. 93; *Werner*, Bekämpfung der Geldwäsche, S. 235 f.

V. Fazit zu B.

Die Geldwäsche durch Unterlassen ist eine weitere besondere Erscheinungsform der Handlungsneutralität: Rechts- und Wirtschaftsberater können sich auch dann der Geldwäsche schuldig machen, wenn sie das „Waschen" von illegal erworbenen Vermögenswerten durch Unterlassen fördern. Das Hauptproblem bei der Beurteilung der Strafbarkeit von Beratern wegen Geldwäsche durch Unterlassen liegt im Vorliegen einer Garantenstellung. Die herrschende Meinung in Wissenschaft und Rechtsprechung begründet die Garantenstellung nicht mehr aus dem Verstoß gegen außerstrafrechtliche Pflichten (wie es die alte formelle Rechtspflichttheorie tat), sondern funktional angesichts der sozialen Rolle des Unterlassenden zum geschützten Rechtsgut. Auf dieser Basis ist zwischen Beschützter- und Überwachungsgarantenstellung zu unterscheiden. Diese Auffassung ist zwar brauchbar, es bedarf jedoch der Sättigung durch materiell-normative Anhaltspunkte. Der materielle Grund der Garantenstellung ist die Herrschaft über den Rechtsgüterschutz. Auf dieser Grundlage sind Rechts- und Wirtschaftsberater weder Überwachungs- noch Beschützergaranten für die Geldwäsche ihrer Mandanten. Denn zum einen fehlt es ihnen an einer Befehlsgewalt gegenüber ihren Mandanten, die laut herrschender Meinung eine Garantenstellung von Unternehmensleitern begründet (sog. Geschäftsherrenhaftung). Zum anderen liegt auch eine Beschützergarantenstellung fern. Im Gegensatz zu Strafverfolgungsbeamten verfügen Berater über keine rechtlichen oder tatsächlichen Kontrollmöglichkeiten gegenüber ihren Klienten. Daher sind Rechtsanwälte, Steuerberater, Wirtschaftsprüfer und Notare keine Garanten für die Geldwäschehandlungen ihrer Mandanten.

Schlussteil

N. Pavlakos, *Strafbarkeitsrisiken für Berater und ihre Grenzen*,
Juridicum – Schriften zum Wirtschaftsstrafrecht 13,
https://doi.org/10.1007/978-3-658-51535-5_5

Im letzten Teil der Arbeit gilt es, einerseits eine Zusammenfassung der Untersuchung zu bieten, andererseits ihre wesentlichen Ergebnisse punktartig darzustellen.

A. Zusammenfassung der Untersuchung

In der Einleitung zu der vorliegenden Untersuchung wurde die Frage aufgeworfen, ob eine allgemeine Theorie der neutralen Beihilfe dazu beitragen kann, die strafrechtliche Verantwortung von Beratern, insbesondere Rechtsanwälten, Steuerberatern, Notaren und Wirtschaftsprüfern, im Zusammenhang mit Geldwäsche zu begrenzen. Der Begriff von neutralen Handlungen wird gemeinhin im Rahmen der Beihilfe gemäß § 27 Abs. 1 StGB als Einschränkung von deren Tatbestand verwendet und liegt seit mehr als zwei Jahrzehnten einer gefestigten Rechtsprechung des BGH zugrunde. Zugleich hat das BVerfG 2004 befunden, dass § 261 StGB hinsichtlich Strafverteidiger nicht uneingeschränkt gilt, sondern in Bezug auf die Annahme von Honorar, das aus Straftaten herrührt, eine Einschränkung erfordert – ohne jedoch auf die Handlungsneutralität Bezug zu nehmen. Das Ziel der hiesigen Arbeit bestand so darin, beide Gesichtspunkte miteinander zu verbinden, um die Geldwäscherisiken von Rechts- und Wirtschaftsberatern, jenseits des Strafverteidigers, einzuschränken. Die Untersuchung konzentrierte sich auf die Analyse der Handlungsneutralität und die Formulierung einer Theorie, aus der sich spezifische Kriterien für die strafrechtliche Behandlung neutraler Handlungen ableiten lassen.[828]

Im Einzelnen: Die Arbeit begann mit der strafrechtlichen Bewertung des berufstypischen Verhaltens von Rechtsanwälten, Steuerberatern, Notaren und Wirtschaftsprüfern unter dem Gesichtspunkt der Geldwäsche und der Einordnung jenes Verhaltens in die verschiedenen Tathandlungen des Geldwäschetatbestands. Dies war erforderlich, weil die Einschränkung von Strafbarkeitsrisiken mit der Feststellung jener Risiken anzufangen hat. Diesbezüglich wurden drei Tätigkeitsbereiche im Hinblick auf die Dienstleistungen von Beratern erkannt, die jeweils in unterschiedlicher Weise unter den Geldwäschetatbestand subsumiert werden: die Vertretung in Rechts- oder Wirtschaftsangelegenheiten, die Beratung, also die Erteilung von Rat oder Auskunft, und die Entgegennahme von Honorar, das aus Straftaten herrührt. Auf dieser Basis wurde aufgezeigt, dass die Vertretungstätigkeit, insbesondere wenn sie die

[828] Diese Kriterien werden im Anhang stichpunktartig dargestellt.

Vermögensverwaltung einschließt, grundsätzlich den § 261 Abs. 1 S. 1 Nr. 3 und 4 StGB erfüllt, also die Tathandlungen des (Dritt-)Verschaffens, Verwahrens oder Verwendens von Vermögensgegenständen.[829] Zwar wurde dargetan, dass auch die Tathandlungen von § 261 Abs. 1 Satz 1 Nr. 1-2 und Abs. 2 StGB in Betracht kommen. Diese sind gleichwohl grundsätzlich als irrelevant für berufstypisches Beraterverhalten bewertet worden, da sie eine „manipulative Tendenz“ erfordern, welche nach einer praxisnahen Betrachtung in berufstypischen Handlungen von Beratern fehlen sollte.[830] Die Beratung wurde des Weiteren als prinzipielle Teilnahme an der Geldwäsche eingestuft, soweit es sich um die bloße Erteilung von Rechts- oder Wirtschaftsrat handelt.[831] Zudem wurde festgestellt, dass auch die Honorierung mittels „inkriminierter“ Vermögensgegenstände beträchtliche Geldwäscherisiken birgt. Allerdings hat das BVerfG spezifisch für den Strafverteidiger das Verteidigerprivileg entwickelt: Der Verteidiger macht sich nur bei sicherem Wissen von der Herkunft des Honorars strafbar – der Gesetzgeber hat im Jahre 2021 das Verteidigerprivileg inzwischen positiviert (§ 261 Abs. 1 S. 3 StGB). Daraufhin wurde die Abgrenzung zwischen Täterschaft und Beihilfe bei der Geldwäsche erläutert. Diese wurde als besonders anspruchsvoll qualifiziert, weil § 261 StGB ein sog. „Teilnahmedelikt“ darstellt, d. h.: Als Tathandlungen kommen strukturell Beihilfehandlungen vor. Es wurde angemerkt, dass die Abgrenzung zwischen Täterschaft und Beihilfe auf der Tatherrschaft beruht: Weisungsgebundene Handlungen stellen nur Beihilfe zur Geldwäsche dar.[832] Schließlich ist ein Kapitel der Problematik der Beihilfe zur leichtfertigen Geldwäsche gewidmet: Diese wurde de lege lata für unmöglich gehalten, weil § 11 Abs. 2 StGB nicht auf § 261 Abs. 6 StGB anwendbar ist. Die leichtfertige Geldwäsche bildet ein Fahrlässigkeitsdelikt.[833]

Um eine detaillierte Darstellung der Geldwäscherisiken zu bieten, wurden auch die Pflichten vorgestellt, denen Angehörige rechts- und wirtschaftsberatender Berufe nach dem GwG unterliegen. Dazu gehören vor allem Sorgfaltspflichten zur Kundenidentifizierung, interne Organisationspflichten und Meldepflichten. Sodann wurde erläutert, dass Rechtsberater diese Pflichten nur dann treffen, wenn sie an bestimmten enumerativ aufgezählten Transaktionen beteiligt sind, wozu hauptsächlich

[829] Teil 1 A.II.1.a) aa).
[830] Teil 1 A.II.1.a) bb).
[831] Teil 1 A.II.1.b).
[832] Teil 1 A.III.1.
[833] Teil 1 A.III.2.

die Vermögensberatung und -verwaltung gehören. Demgegenüber fallen Wirtschaftsberater in allen Tätigkeitsbereichen in den Anwendungsbereich des GwG.[834]

Da aus dem ersten Teil der vorliegenden Studie die Folgerung gezogen wurde, dass Berater erheblichen strafrechtlichen Risiken aus dem § 261 StGB ausgesetzt sind, baute der zweite Teil auf diesem Resultat auf und nahm seine Anfänge mit der Behauptung, dass eine Theorie der Handlungsneutralität diese Geldwäscherisiken einschränken sollte. Will man jedoch die Eignung neutraler Handlungen als Grund für eine Beschränkung der strafrechtlichen Verantwortlichkeit untersuchen, so sollen zuerst neutrale Handlungen definiert werden. Das erste Kapitel des zweiten Teils war daher der Definition der neutralen Handlungen gewidmet. Diesbezüglich wurde festgestellt, dass es im allgemeinen Sprachgebrauch viele verschiedene Begriffe der Neutralität gibt, aber der für die Rechtsordnung interessante Begriff die Unabhängigkeit in Bezug auf eine Rechtsgutsverletzung ist.[835] Daraufhin wurde argumentiert, dass der Begriff der neutralen Handlungen als unabhängig von kriminellem Verhalten in einem sozial-normativen Sinne konkretisierungsbedürftig ist: Als deliktsunabhängig gelten solche Handlungen, die im Kontext bestimmter sozialer Systeme als adäquat bewertet werden. So wurden als berufsneutrale Handlungen sozialadäquate Verhaltensweisen innerhalb des Berufs betrachtet, wie solche, die dem Zweck des Berufs dienen.[836]

Im nächsten Kapitel wurde der Frage nachgegangen, ob neutrale Handlungen eine besondere strafrechtliche Behandlung verdienen. Zu diesem Zweck wurde auf die Verfassung Bezug genommen, im Einzelnen auf die Berufsfreiheit nach Art. 12 Abs. 1 GG. Hiervon ausgehend war die unbeschränkte Strafbarkeit von Beratern wegen Geldwäsche auf ihre Vereinbarkeit mit Art. 12 Abs. 1 GG zu prüfen. Zu Beginn der Verfassungsmäßigkeitsprüfung war zu zwei Einwänden gegen die Verwendung von Grundrechtsargumenten im Strafrecht Stellung zu nehmen: Einerseits, dass der Rückgriff auf die Berufsfreiheit eine Privilegierung beruflich tätiger Straftäter nach sich zieht, und andererseits, dass Straftaten, die in der Volksgenossenschaft als sozialschädliche Verhaltensweisen gelten, eine immanente Schranke des Schutzbereichs von Grundrechten bilden. Beide Einwände haben sich als unzutreffend erwiesen.[837]

[834] Teil 1 B.
[835] Teil 2 B.II.1.
[836] Teil 2 B.II.5.
[837] Teil 2 C.II.

Es konnte somit festgestellt werden, dass die pauschale Strafbarkeit wegen Geldwäsche einen Eingriff in die Berufsausübungsfreiheit von Beratern nach Art. 12 Abs. 1 GG darstellt. Dieser Eingriff musste auf seine Verhältnismäßigkeit geprüft werden.[838] Dabei wurde festgestellt, dass der Gesetzgeber in Hinblick auf den Rechtsgüterschutz einen weiten Ermessens- und Entscheidungsspielraum hat, der sich vor allem in der Auswahl des geschützten Zwecks sowie der diesem Zwecke dienenden Mittel manifestiert. Im Rahmen der Angemessenheitsprüfung kann man jedoch praktische Argumente für oder gegen die Verfassungsmäßigkeit einer Gesetzesnorm anführen. Als Bezugspunkt für die Angemessenheitsprüfung wurde die Gewichtsformel von *Alexy* herangezogen: Ein Gesetz gilt dann als unangemessen, wenn das Gewicht des ihm zugrunde liegenden Prinzips geringer ist als das Gewicht des von ihm berührten Verfassungsgrundsatzes.[839] Es wurde dann darauf hingewiesen, dass dieser Vergleich, soweit es um die Geldwäschestrafbarkeit von Beratern geht, bereits durch das BVerfG in der Honorarentscheidung aus 2004 vorgenommen wurde.

Die Arbeit konzentrierte sich aufgrund dessen auf die Prüfung, ob sich die Argumente des Gerichts persönlich und sachlich verallgemeinern lassen, d. h. einerseits auf andere Personengruppen als Strafverteidiger und andererseits auf sachlich andere Tätigkeiten abseits der Entgegennahme von Honorar übertragen werden können. Es wurde festgestellt, dass die Entscheidung des BVerfG bei näherer Betrachtung nicht auf der besonderen Stellung des Verteidigers, sondern auf seiner Doppeltrolle als Interessensvertreter des Mandanten und Organ der Rechtspflege beruht hat. Sodann kam die Untersuchung zum Ergebnis, dass diese Doppelstellung nicht nur für Strafverteidiger, sondern gleichermaßen für jeden Rechtsanwalt sowie für Steuerberater, Notare und Wirtschaftsprüfer gilt. So wurde das Bedürfnis auf Erweiterung des persönlichen Anwendungsbereichs des Verteidigerprivilegs begründet. Gleichzeitig hat sich erwiesen, dass auch der sachliche Anwendungsbereich erweitert werden muss.[840] Nachdem sich die unbeschränkte Strafbarkeit von Rechts- und Wirtschaftsberatern als verfassungswidrig erwiesen hat, wurde gefolgert, dass der Geldwäschetatbestand der verfassungskonformen Auslegung bedarf.[841] Im Einzelnen muss eine verfassungskonforme Rechtsfortbildung vorgenommen werden. Es wurde anschließend festgestellt, dass der Wortlaut von § 261

[838] Teil 2 C.IV.
[839] Teil 2 C.III.5.d).
[840] Teil 2 C.IV.4.
[841] Teil 2 C.V.4.

StGB bzw. § 27 Abs. 1 StGB einer solcher Rechtsfortbildung nicht entgegensteht, da der Gesetzgeber die Einschränkung des Unrechts der Lehre und Rechtsprechung überlassen hat.[842]

Nachdem das Bedürfnis nach einer Einschränkung der Strafbarkeit von Beratern auf Art. 12 Abs. 1 GG gestützt wurde, galt es diese Einschränkung strafrechtsautonom durchzuführen, d. h. zu der strafrechtlichen Beurteilung neutraler Handlungen Stellung zu nehmen. Die h. M. zur neutralen Beihilfe (BGH-Formel) sieht vor, dass eine neutrale Handlung nur dann als Beihilfe strafbar ist, wenn das Handeln des Haupttäters ausschließlich auf die Begehung einer strafbaren Handlung gerichtet ist und der Hilfeleistende dies weiß oder wenn der Gehilfe einem erkennbar tatgeneigten Haupttäter Hilfe leistet. Diese Formel wurde als ungeeignet beurteilt.[843] Als Gründe dafür wurde zunächst die Tatsache angeführt, dass sich der Rekurs auf den ausschließlichen Zweck des Haupttäters, eine strafbare Handlung zu begehen (der sog. deliktische Sinnbezug), als zu streng erweist; zugleich wird von der Rechtsprechung nicht rational begründet, warum sich das strafbare Unrecht nur auf einen ausschließlich deliktischen Sinnbezug beschränken soll. Ferner wurde hervorgehoben, dass es nicht angeht, lediglich dem subjektiven Tatbestand eine eingrenzende Wirkung zu verleihen, andernfalls wird der *cogitationis poenam nemo patitur* Grundsatz verletzt. Schließlich wurde der BGH-Formel entgegengehalten, dass sie zu Verschleifungen zwischen direktem und bedingtem Vorsatz führen kann.

Da die BGH-Formel sich als ungeeignet erwiesen hat und eine Abweichung von ihr gerechtfertigt wurde, galt es in einem nächsten Schritt, die eigene Auffassung zu entwerfen. Dabei wurde von der Tatbestandslehre ausgegangen, weil die Handlungsneutralität als ein Problem des objektiven Tatbestands eingestuft wurde. Nach einer Darstellung der verschiedenen Tatbestandslehren, die im Strafrechtssystem gegolten haben, wurde aufgezeigt, dass heutzutage die Lehre von der objektiven Zurechnung diejenige Tatbestandslehre ist, die die Problematik der Einschränkung des strafrechtlichen Unrechts schlechthin aufgreift.[844] In diesem Rahmen wurde allerdings eine Modifizierung der objektiven Zurechnungslehre vorgeschlagen: Im Anschluss an der Lehre *Frischs* wurde postuliert, dass die Grundformel der objektiven Zurechnung (d. i.

[842] Teil 2 C.V.5.
[843] Teil 2 D. I.4.c)
[844] Teil 2 D. II.1

die Schaffung eines missbilligten Risikos) nicht nur die Erfolgszurechnung, sondern vielmehr das tatbestandsmäßige Verhalten schlechthin betrifft. Die Förderung von Straftaten Dritter durch berufsneutrales Verhalten wurde mithin als Problem des missbilligten Risikos angesehen.

Die Risikomissbilligung wurde angesichts des Kriminalisierungs*grundes* der Förderung fremder Straftaten („Strafgrund der Teilnahme") analysiert. Der Strafgrund der Teilnahme wurde mit einer neuen Dimension verhaftet: dem Eigenverantwortungsprinzip. Die strafrechtliche Verantwortlichkeit jeder Person ist also zunächst auf die eigenen Handlungen beschränkt. Eine mittelbare Rechtsgutsverletzung kann dem Handelnden nur dann zugerechnet werden, wenn er für diese zuständig ist. Es wurde auf dieser Basis gefolgert, dass sich die Zuständigkeit für fremdes Verhalten hauptsächlich durch Normen jenseits der verletzten Strafnorm ergibt. Eine zulässige Ausnahme vom Grundsatz der Eigenverantwortung liegt somit dann vor, wenn Berater besondere Pflichten zur Überwachung ihrer Kunden tragen. Diese Pflichten wurden in diesem Rahmen als „Quasi-Garantenstellung" bezeichnet.[845] Den wichtigsten Fall dieser Quasi-Garantenstellungen stellen die Teilnahmeregeln der §§ 26 ff. StGB dar, indem sie per definitionem die strafrechtliche Verantwortlichkeit auf fremde Handlungen ausdehnen. Der Strafgrund der Teilnahme liegt also darin, dass der Gesetzgeber durch §§ 26 ff. StGB den Zuständigkeitsbereich des Täters auf mittelbare vorsätzliche Rechtsgutsverletzungen ausgeweitet hat. Dem Gehilfen fällt stets eine Pflichtverletzung zu Last, scil. eine Verletzung der Verhaltensnorm „Leiste keine Hilfe zu Straftaten" – die sich aus § 27 Abs. 1 StGB ergibt.[846]

Wenn jedoch der Gehilfe durch ein (berufs-)neutrales Handeln agiert, dann erhält das Eigenverantwortungsprinzip eine eigenständige normative Bedeutung. Denn die Berufsfreiheit wäre bei einer pauschalen Ausnahme vom Eigenverantwortungsprinzip durch §§ 26 ff. StGB übermäßig eingeschränkt. Dazu hat die hiesige Arbeit weitere Quellen der Quasi-Garantenstellung genannt. Als solche Quellen wurden einerseits strafrechtliche, andererseits außerstrafrechtliche Normen genannt, insbesondere sog. lege professionis.[847] Im Zusammenhang mit der Geldwäsche wurde so dargetan, dass die Bestimmungen des GwG von besonderem Interesse sind: Ihre Verletzung hat den Sinn,

[845] Teil 2 D. III.
[846] Teil 2 D. III.5.
[847] Teil 2 D. III.7.

dass das Verhalten nicht mehr neutral ist, d. h.: außerhalb des sozial bzw. professional Adäquaten liegt. Allerdings wurde hierzu eine Differenzierung vorgenommen: Lege professionis ohne Rechtssatzqualität hat die vorliegende Arbeit lediglich als Indizien der Missbilligung betrachtet. Jene außerstrafrechtlichen Normen hingegen, die Rechtsqualität innehaben, wurden als logische Bedingungen der Risikomissbilligung bezeichnet. Freilich wurde dieses Resultat an gewisse Bedingungen geknüpft, um dem Verhältnis des Strafrechts zur außerstrafrechtlichen Rechtsordnung gerecht zu werden, scil. der Subsidiarität des Strafrechts. So wurde davon ausgegangen, dass zuerst nur solche außerstrafrechtlichen Regeln für die strafrechtliche Risikomissbilligung bedeutsam sein können, die dem Schutz von Rechtsgütern dienen (also einen Schutzzweckzusammenhang mit der verletzten Strafnorm aufweisen). Zweitens sind außerstrafrechtliche Regeln nicht strafrechtlich relevant, wenn ihre Geltung unter dem Vorbehalt der Rechtsgutsverletzung steht. Wenn also die Pflichten des GwG dem Schutz von Rechtsgütern dienen, negiert ihre Einhaltung den objektiven Tatbestand der Geldwäsche, während ihre Verletzung die Neutralität ausschließt. Die Strafbarkeit bestimmt sich in letzterem Fall nach den allgemeinen Regeln, namentlich nach den Tatbestandsvoraussetzungen von § 261 StGB bzw. den Beihilfevoraussetzungen gemäß §§ 261, 27 Abs. 1 StGB. Über außerstrafrechtliche Regeln hinaus wurde das Vorliegen einer Quasi-Garantenstellung auch von einer Ingerenzlage abhängig gemacht, scil. einem vorangegangenen gefährlichen Tun. Hierzu wurde ausgeführt, dass die Schaffung eines neuen Risikos für das Rechtsgut durch eine Vorhandlung in der Regel im Missbrauch des berufstypischen Verhaltens oder in der Unrechtsvereinbarung mit dem Vortäter liegt.[848]

An letzter Stelle galt es zwei Sonderthemen zu behandeln, die im Rahmen der Risikomissbilligung Besonderheiten aufweisen. Zunächst war die Frage zu beantworten, inwieweit die GwG-Pflichten den für die Leichtfertigkeit nach § 261 Abs. 6 StGB maßgeblichen Sorgfaltsmaßstab angeben.[849] Als Leichtfertigkeit wird von der Dogmatik die grobe Fahrlässigkeit definiert. So handelt jemand im Rahmen der Geldwäsche leichtfertig, wenn er die sich aufdrängende kriminelle Herkunft des Tatgegenstandes nicht erkennt. Der h. M. zufolge ist Kernelement der fahrlässigen Tat die Verletzung einer Sorgfaltspflicht. Allerdings hat sich das Kriterium der objektiven Sorgfaltswidrigkeit hier als unbrauchbar erwiesen, weil tatsächlich als Sorgfaltswidrigkeit nur die Schaffung einer

[848] Teil 2 D. III.7.c).
[849] Teil 3 A.

rechtlich relevanten Gefahr für das geschützte Rechtsgut gilt. Es wurde also von einer Gleichstellung zwischen Vorsatz- und Fahrlässigkeitsdelikten ausgegangen. Mithin gilt für Fahrlässigkeit das gleiche wie bei Vorsatz: Neutrale Handlungen sind nur bei Vorliegen einer Quasi-Garantenstellung strafbar.

Das letzte Problem, das untersucht wurde, betraf die Risikomissbilligung bei der Unterlassungsstrafbarkeit.[850] Allgemeine Voraussetzung für die Annahme eines unechten Unterlassungsdelikts gemäß § 13 Abs. 1 StGB ist das Vorliegen einer Garantenstellung. Es wurde festgestellt, dass die Pflichten des GwG angesichts der Ablehnung der alten formellen Rechtspflichttheorie (nach der eine Garantenstellung schlicht aus Gesetz, Vertrag und Ingerenz begründet wird) nicht ohne Weiteres als Garantenpflichten angesehen werden können. Die heute herrschende funktionale Lehre unterteilt die Garantenpflichten in Beschützer- und Überwachungsgarantenstellungen. Nach hier vertretener Ansicht sind gleichwohl außerstrafrechtliche Normen nicht ohne Bedeutung für die Garantenstellungen: Das Vorliegen einer rechtlichen Pflicht wurde als notwendige, aber nicht hinreichende Bedingung für die Garantenstellung qualifiziert – genauso wie bei allen Pflichtdelikten. Erforderlich ist ein zusätzlicher, strafrechtsautonomer Grund. Dieser fand sich in der Garantenlehre *Schünemanns*, der die Herrschaft über den Grund des Erfolges als Grund und Grenze der Garantenstellung ansieht.

Hinsichtlich der Überwachungsgarantenstellung wurde auf dieser Basis ausgemacht, dass die Auftraggeber von Rechts- und Wirtschaftsberater in der Regel vollverantwortliche Personen sind. Grundsätzlich bestehen keine strafbewehrten Überwachungspflichten gegenüber Vollverantwortlichen, es sei denn, der Unterlassende steht in einem besonderen Herrschafts- bzw. Autoritätsverhältnis zu der zu überwachenden Person. Ein Herrschaftsverhältnis zwischen Mandanten und Beratern wurde verneint, zumal Letztere keine Befehlsgewalt besitzen. Aber auch eine Beschützergarantenstellung liegt fern: Zwar sind die Pflichten des GwG Teil der Privatisierung im Strafrecht und Träger hoheitlicher Aufgaben – wie Strafverfolgungsbeamte – werden traditionell als Beschützergaranten betrachtet. Im GwG hat aber keine Übertragung von Hoheitsmacht auf Private stattgefunden, denn Berater können die inländische Rechtspflege, die das zentrale Rechtsgut des § 261 StGB darstellt, nicht schützen.

---

[850] Teil 3 B.

B. Wesentliche Ergebnisse der Untersuchung

1. Rechts- und Wirtschaftsberater – also insbesondere Rechtsanwälte, Steuerberater, Wirtschaftsprüfer und Notare – können bloß durch berufstypische Handlungen die Tathandlungen des (Dritt-)Verschaffens, Verwahrens oder Verwendens (also des sog. Isolierungstatbestands) gemäß § 261 Abs. 1 Nr. 3 und 4 StGB erfüllen. Die außerordentliche Weite des Isolierungstatbestands, bei dem es sich um ein sog. Teilnahmedelikt handelt, und die Tatsache, dass § 261 StGB auch die bloße Leichtfertigkeit pönalisiert, führen zu einer übermäßigen Ausdehnung der Strafbarkeit.

2. Eine Theorie der Handlungsneutralität (also der Handhabung berufsneutraler Handlungen im Strafrecht) könnte diese erhöhte Strafbarkeit für Rechts- und Wirtschaftsberater einschränken. Als neutral gilt eine solche Handlung, welche im Rahmen spezifischer soziale Subsysteme durch eine objektive Betrachtungsweise als adäquat bewertet wird. Berufsneutrale Handlungen sind daher professional adäquate Handlungen, die eine legitime Berufsausübung fördern.

3. Ob berufsneutrale Handlungen tatsächlich eine besondere strafrechtliche Behandlung verdienen, kann sich nur aus der Berufsfreiheit nach Art. 12 Abs. 1 GG ergeben. Denn die unbeschränkte Strafbarkeit von Beratern wegen Geldwäsche stellt einen Eingriff in ihre Berufsausübungsfreiheit dar.

4. Der Eingriff in die Berufsausübungsfreiheit durch den § 261 StGB erweist sich tatsächlich als unverhältnismäßig. Dies ergibt sich aus dem persönlichen und sachlichen Vergleich der Geldwäscherisiken von Rechts- und Wirtschaftsberatern mit dem vom BVerfG zur Geldwäsche durch den Strafverteidiger entwickelten Verteidigerprivileg: Sowohl der Verteidiger als auch übliche Rechts- und Wirtschaftsberater sind Organe der Rechtspflege und verfügen über ein Vertrauensverhältnis zu ihren Mandanten. Ferner besteht das Strafrisiko für Berater nicht nur bei der Honorarannahme, sondern auch und gerade bei den Dienstleistungen gegenüber den Mandanten, hauptsächlich der Vermögensverwaltung. Daher bedarf es nicht nur beim Strafverteidiger, sondern auch bei zivilrechtlich tätigen Rechtsanwälten, Steuerberatern, Notaren und Wirtschaftsprüfern der Einschränkung des § 261 StGB.

5. Da die uneingeschränkte Strafbarkeit von Rechts- und Wirtschaftsberatern verfassungswidrig ist, ist eine verfassungskonforme Auslegung des § 261 StGB dahingehend notwendig, dass neutrales Verhalten nicht uneingeschränkt bestraft wird.

Die Einschränkung der Geldwäsche hat den Charakter einer verfassungskonformen teleologischen Reduktion.

6. Wie die Strafbarkeitseinschränkung bei neutralen Handlungen durchgeführt werden kann, hat jedenfalls strafrechtsautonom zu erfolgen. Die h. M. in der Rechtsprechung verwendet zwar eine gemischt objektiv-subjektive Lösung zur neutralen Beihilfe, die zwischen direktem und bedingtem Vorsatz bezüglich der Haupttat differenziert. Dieser Auffassung ist aber nicht zu folgen. Denn sie führt zur Versubjektivierung des Tatbestands und zur Irrationalisierung der Abgrenzung zwischen erlaubtem und unerlaubtem Verhalten.

7. Die Handhabung neutralen Verhaltens im Strafrecht soll stattdessen von der herrschenden Tatbestandslehre ausgehen, nämlich der objektiven Zurechnungslehre. Denn die Grundformel der objektiven Zurechnung ist eine allgemeine Voraussetzung für jeden tatbestandmäßigen Verhaltens schlechthin: Jede tatbestandsmäßige Handlung setzt die Schaffung eines rechtlich missbilligten Risikos voraus.

8. Die Risikomissbilligung bei unmittelbaren Rechtsgutsverletzungen liegt in der tatherrschaftlichen Verursachung einer Gefahr, die dem Täter objektiv zurechenbar ist. Die Risikomissbilligung bei mittelbaren Rechtsgutsverletzungen bemisst sich hingegen anhand des Strafgrunds der Teilnahme. Dieser liegt aufgrund des Eigenverantwortungsprinzip in der Ausweitung der rechtlichen Zuständigkeit des Täters auf Handlungen Dritter. Jene Zuständigkeit wird anhand konkreter Pflichten zum Umgang mit fremdem Verhalten bestimmt und kann als Quasi-Garantenstellung bezeichnet werden. Die Teilnahmeregeln reichen grundsätzlich für die Quasi-Garantenstellungen aus; spezifisch bei neutralen Handlungen ist dies jedoch nicht der Fall: § 27 Abs. 1 StGB vermag angesichts seines weiten Wortlauts nicht die verfassungsrechtlich gebotene Differenzierung erlaubter von unerlaubten berufsüblichen Handlungen anzubieten.

9. Weitere Gründe einer Quasi-Garantenstellung stellen gesetzliche außerstrafrechtliche Pflichten dar, wie die lege professionis des GwG: Ihre Einhaltung schließt die Strafbarkeit aus, ihre Verletzung scheidet die Qualität des „Neutralen" aus. Ferner können auch außerrechtliche Normen ein Indiz für die Missbilligung darstellen. Zudem kann sich eine Quasi-Garantenstellung aus der Schaffung einer Gefahr für das Rechtsgut durch eine Vorhandlung ergeben, wie z. B. die Unrechtsvereinbarung mit dem Haupttäter.

10. Das Erfordernis einer Quasi-Garantenstellung gilt gleichermaßen für das vorsätzliche sowie das fahrlässige Delikt. Denn die bei der Fahrlässigkeit gemeinhin verlangte Sorgfaltspflichtverletzung beinhaltet nichts anderes als die Schaffung missbilligter Risiken.

11. Eine „echte“ Garantenstellung nach § 13 Abs. 1 StGB scheidet aber aus, weil eine solche die Herrschaft über den Grund des Erfolges voraussetzt. Rechts- und Wirtschaftsberater üben keine solche Herrschaft aus – weder auf ihre Mandanten noch auf die Rechtspflege, welche durch § 261 StGB geschützt wird.

Anhang

Tafel der erarbeiteten Kriterien für die strafrechtliche Risikomissbilligung

(I.) Unmittelbare Rechtsgutsangriffe[851]

(I.1) Die Missbilligung ergibt sich bloß aus der Rechtsgutsverletzung

(I.2) Ausnahme werden durch die Fallgruppen der objektiven Zurechnung erfasst

(II.) Mittelbare Rechtsgutsangriffe[852]

(II.1) Die Missbilligung ergibt sich aus der Quasi-Garantenstellung

(II.2.) Quellen der Quasi-Garantenstellung:

(II.2.1) Strafrechtliche Normen (grundsätzlich §§ 26 ff. StGB oder Normen der fahrlässigen Delikte)

(II.2.2) Außerstrafrechtliche Normen (wenn §§ 26 ff. StGB nicht ausreichen)[853]

(II.2.2.1) Normen ohne Rechtssatzqualität: Grundsätzlich nur indizielle Bedeutung für das strafbare Unrecht

(II.2.2.2) Normen mit Rechtssatzqualität: Hinreichende Bedingung des strafbaren Unrechts[854]

(II.2.3) Ingerenz: Pflichtwidrige Vorhandlung

(II.2.3.1) Missbrauch einer berufstypischen Handlung

(II.2.3.2) Unrechtsvereinbarung zwischen Täter und Gehilfen

---

[851] Unmittelbare Täterschaft, Mittäterschaft und mittelbare Täterschaft.
[852] Teilnahmedelikte, Teilnahme und Fahrlässigkeit.
[853] Wenn neutrales Verhalten vorliegt.
[854] Beim Vorliegen von Schutzweckzusammenhang und beim Fehlen von Strafrechtsvorbehalt.

N. Pavlakos, *Strafbarkeitsrisiken für Berater und ihre Grenzen*,
Juridicum – Schriften zum Wirtschaftsstrafrecht 13,
https://doi.org/10.1007/978-3-658-51535-5

Literaturverzeichnis

Achenbach, Hans/Ransiek, Andreas/Rönnau, Thomas (Hrsg.), Handbuch Wirtschaftsstrafrecht, 5. Aufl. 2019 (zit. *Bearbeiter*, in: Achenbach/Ransiek/Rönnau, Wirtschaftsstrafrecht)

Alexy, *Robert*, Begriff und Geltung des Rechts, Neuaufl. 2020 (zit. Begriff und Geltung des Rechts)

Ders., Constitutional Rights and Proportionality, Revus 22 (2014), Journal for Constitutional Theory and Philosophie of Law, S. 51-65

Ders., Die Gewichtsformel, in: Gedächtnisschrift für Jürgen Sonnenschein, hrsg. v. Joachim Jickeli/Peter Kreutz/Dieter Reuter, 2003, S. 771-792 (zit. GS Sonnenschein)

Ders., Erster Beratungsgegenstand: Verfassungsrecht und einfaches Recht – Verfassungsgerichtsbarkeit und Fachgerichtsbarkeit, in: Verfassungsrecht und einfaches Recht – Verfassungsgerichtsbarkeit und Fachgerichtsbarkeit. Primär- und Sekundärrechtsschutz im Öffentlichen Recht. Berichte und Diskussionen auf der Tagung der Vereinigung der Deutschen Staatsrechtslehrer in Würzburg vom 3. bis 6. Oktober 2001, hrsg. v. Robert Alexy/Philip Kunig/Werner Heun, S. 7-30, 2002 (zit. *Alexy*, VVDStRL 61 (2002), 7 ff.)

Ders., On Balancing and Subsumption. A Structural Comparison, Ratio Juris 16 (2003), S. 433-449

Ders., Recht, Vernunft, Diskurs – Studien zur Rechtsphilosophie, 2. Aufl. 2016 (zit. Recht, Vernunft, Diskurs)

Ders., Theorie der Grundrechte, 7. Aufl. 2015 (zit. Theorie der Grundrechte)

Ders., Theorie der juristischen Argumentation, 8. Aufl. 2015 (zit. Theorie der juristischen Argumentation)

Altenhain, Karsten/Fleckenstein, Lennart, Der Gesetzentwurf zur Neufassung des § 261 StGB, JZ 2020, S. 1045-1051

N. Pavlakos, *Strafbarkeitsrisiken für Berater und ihre Grenzen*,
Juridicum – Schriften zum Wirtschaftsstrafrecht 13,
https://doi.org/10.1007/978-3-658-51535-5

Ambos, Kai, Annahme „bemakelten“ Verteidigerhonorars als Geldwäsche? Einschränkungsversuche im Lichte des Völker- und ausländischen Rechts, JZ 2002, S. 70-82

Ders., Beihilfe zu Kriegsverbrechen durch (legale) Waffenlieferungen? Zugleich ein Beitrag zu Zurechnungsproblemen in der Lieferkette, StV 2020, S. 788-794

Amelung, Knut, Der frühe Luhmann und das Gesellschaftsbild bundesrepublikanischer Juristen. Ein Beitrag zur deutschen Rechtsgeschichte im 20. Jahrhundert, in: Festschrift für Klaus Lüderssen: Zum 70. Geburtstag am 2. Mai 2002, hrsg. v. Cornelius Prittwitz/Michael Baurmann/Klaus Günther/Lothar Kuhlen/Reinhard Merkel/Cornelius Nestler/Lorenz Schulz, 2002, S. 7-16 (zit. FS Lüderssen)

Ders., Die „Neutralisierung" geschäftsmäßiger Beiträge zu fremden Straftaten im Rahmen des Beihilfetatbestands, in: Festschrift für Gerald Grünwald zum siebzigsten Geburtstag, hrsg. v. Erich Samson/Friedrich Dencker/Peter Frisch/Helmut Frister/Wölfram Reiß, 1999, S. 9-30 (zit. FS Grünwald)

Androulakis, Nikolaos, Studien zur Problematik der unechten Unterlassungsdelikte, München 1963 (zit. Studien zur Problematik der unechten Unterlassungsdelikte)

Arzt, Gunther, Fremdnützige Hehlerei – Zum Verhältnis der Strafrechtsdogmatik zum Beweisrecht, JA 1979, S. 574-579

Ders., Geldwäsche und rechtsstaatlicher Verfall, JZ 1993, S. 913-917

Ders., Geldwäscherei – Eine neue Masche zwischen Hehlerei, Strafvereitelung und Begünstigung, NStZ 1990, S. 1-6

Assmann, Heinz-Dieter/Schneider, Uwe H (Hrsg.), WphG, Wertpapierhandelsrecht Kommentar – WpHG MAR PRIIP MiFIR Leerverkaufs-VO EMIR, 6. Aufl. 2012 (zit.: *Verfasser*, in: Assmann/Scheider, WphG)

Badura, Peter, Grenzen und Möglichkeiten des Richterrechts – Verfassungsrechtliche Überlegungen, in: Rechtsfortbildung durch die sozialgerichtliche Rechtsprechung: Verhandlungen des Deutschen Sozialgerichtsverbandes – 1. Deutscher Sozialgerichtstag Kassel, 30. und 31. Mai 1972, 1973, S. 40-57

Barton, Stephan, Das Tatobjekt der Geldwäsche: Wann rührt ein Gegenstand aus einer der im Katalog des § 261 I Nr. 1-3 StGB bezeichneten Straftaten her?, NStZ 1993, S. 159-165

Ders., Sozial übliche Geschäftstätigkeit und Geldwäsche (§ 261 StGB), StV 1993, S. 156-163

Baun, Lisa, Beihilfe zu NS-Gewaltverbrechen – Zugleich eine Untersuchung zu den abstrakten Kriterien der Beihilfe durch neutrales Verhalten, 2019 (zit.: *Baun*, Beihilfe zu NS-Gewaltverbrechen)

Beck, Susanne, Standardisiertes Outsourcing – Zur Bedeutung nichtstaatlicher Normen für die Fahrlässigkeitsstrafbarkeit, ZStW 131 (2019), S. 967-984

Beck'scher Online Kommentar StGB, hrsg. v. Bernd von Heintschel-Heinegg, 55. Edition, Stand: 01.11.2022 (zit. *Bearbeiter*, in: BeckOK StGB)

Beckemper, Katharina, Strafbare Beihilfe durch alltägliche Geschäftsvorgänge, Jura 2001, S. 163-169

Bernales, Juan Carlos Jimenez, Die Auswirkungen der Compliance-Richtlinien auf das Wirtschaftsstrafrecht. Dargestellt am Beispiel der Geldwäsche und der Untreue, 2019 (zit. Die Auswirkungen der Compliance-Richtlinien)

Berndt, Markus, Anmerkung zu BGH, Urteil vom 17.7.2009 – 5 StR 394/08, StV 2009, S. 689-691

Beulke Werner/Swoboda, Sabine, Strafprozessrecht, 16. Aufl. 2022 (zit. Strafprozessrecht)

Beyer, Dirk, Neuer Geldwäsche-Tatbestand birgt hohes Strafbarkeitsrisiko für Berater, NWB 2020, S. 3918-3927

Bock, Dennis, Criminal Compliance, 2. Aufl. 2013 (zit. Criminal Compliance)

Bode, Thomas, Das Providerprivileg aus §§ 7, 10 TMG als gesetzliche Regelung der Beihilfe durch „neutrale" Handlungen, ZStW 127 (2015), S. 937-990

Böhme, Frank/Busch, Markus; Das Gesetz zur Verbesserung der strafrechtlichen Bekämpfung der Geldwäsche: Richtlinienumsetzung und Neuausrichtung von § 261 StGB, wistra 2021, S. 169-174

Bohnert, Joachim, Fahrlässigkeitsvorwurf und Sondernorm, JR 1982, S. 6-11

Böllinger, Lorenz, Strafrecht, Drogenpolitik und Verfassung, KJ 1991, S. 393-408

Borgmann, Brigitte/Jungk, Antje/Schaiger, Michael, Anwaltshaftung. Systematische Darstellung der Rechtsgrundlagen für die anwaltliche Berufstätigkeit, 6. Aufl. 2020 (zit. Anwaltshaftung)

Bosch, Nikolaus, Organisationsverschulden in Unternehmen, 2002 (zit. Organisationsverschulden)

Brüning, Janique, Die Strafbarkeit des Insolvenzverwalters wegen Geldwäsche gem. § 261 StGB, wistra 2006, S. 241-245

Bülte, Jens, Die Beschränkung der strafrechtlichen Geschäftsherrenhaftung auf die Verhinderung betriebsbezogener Straftaten – Zugleich eine Besprechung von BGH, Urt. v. 20.10.2011 – 4 StR 71/11, NZWiSt 2012, 176-182

Ders., Geldwäsche: Beteiligung an der leichtfertigen Tat und leichtfertige Beteiligung, in: Festschrift für Rudolf Rengier zum 70. Geburtstag, hrsg. v. Bernd Hecker/Bettina Weißer/Christian Brand, 2018, S. 181-192 (zit. FS Rengier)

Ders., Grundlagen der Geldwäschestrafbarkeit und Geldwäschecompliance für Notare, notar 2019, S. 75-85

Ders., Stellungnahme als Einzelsachverständiger für die öffentliche Anhörung in der 117. Sitzung des Ausschusses für Recht und Verbraucherschutz des Deutschen Bundestages am 9.12.2020 zum Entwurf eines Gesetzes zur Verbesserung der strafrechtlichen Bekämpfung der Geldwäsche BT-Drucksache 19/24180 (zit. Stellungnahme)

Ders./Marinitsch, Julia, Meldepflicht für Notare nach § 43 Abs. 6 GwG und der Geldwäschegesetzmeldeverordnung, DNotZ 2021, S. 804-812

Burr, Christian, Geldwäsche: eine Untersuchung zu § 261 StGB, 1995 (zit. Geldwäsche)

Canaris, Claus-Wilhelm, Gemeinsamkeiten zwischen verfassungs- und richtlinienkonformer Auslegung, in: Wirtschaft im offenen Verfassungsstaat. Festschrift für Reiner Schmidt zum 70. Geburtstag, hrsg. v. Hartmut Bauer/Detlef Czybulka/Wolfgang Kahl/Andreas Voßkuhle, 2006, S. 41-60 (zit. FS Schmidt)

Ders., Das Rangverhältnis der „klassischen" Auslegungskriterien, demonstriert an Standardproblemen aus dem Zivilrecht, in: Festschrift für Dieter Medicus zum 70. Geburtstag, hrsg. v. Volker Beuthien et al., 1999, S. 25-61 (zit. FS Medicus)

Ders., Die Feststellung von Lücken im Gesetz. Eine methodologische Studie über Voraussetzungen und Grenzen der richterlichen Rechtefortbildung praeter legem, 2. Aufl. 1983 (zit. Die Feststellung von Lücken im Gesetz)

Ders., Die verfassungskonforme Auslegung und Rechtsfortbildung im System der juristischen Methodenlehre, in: Privatrecht und Methode: Festschrift für Ernst A. Kramer, hrsg. v. Heinrich Honsell, 2004, S. 141-159 (zit. FS Kramer)

Ders., Funktion, Struktur und Falsifikation juristischer Theorien, JZ 1993, S. 377-391

Ders., Richtigkeit und Eigenwertung in der richterlichen Rechtsfindung, Grazer Universitätsreden Nr. 50, 1993, S. 23-41

Ders., Systemdenken und Systembegriff in der Jurisprudenz, entwickelt am Beispiel des deutschen Privatrechts, 4. Aufl. 2008 (Zit. Systemdenken und Systembegriff)

Ders., Theorienrezeption und Theorienstruktur, in: Wege zum japanischen Recht: Festschrift für Zentaro Kitagawa zum 60. Geburtstag am 5. April 1992, hrsg. v. Hans G. Leser, 1992, S. 59-95 (zit. FS Kitagawa)

Collin, Peter, Privatisierung und Etatisierung als komplementäre Gestaltungsprozesse: Ein historischer Rückblick auf »regulierte Selbstregulierung«, JZ 2011, S. 274-282

Dahns, Christian, Anwaltliche Pflichten nach dem Geldwäschegesetz, NJW-Spezial 2018, S. 126-127

Dannecker, Christoph, Die Folgen der strafrechtlichen Geschäftsherrenhaftung der Unternehmensleitung für die Haftungsverfassung juristischer Personen. Zugleich: Besprechung von BGH, Urt. v. 10.7.2012 – VI ZR 341/10, NZWiSt 2012, S. 441-451

Dannecker, Gerhard/ders., Die »Verteilung« der strafrechtlichen Geschäftsherrenhaftung im Unternehmen, JZ 2010, S. 981-992

Dencker, Friedrich, Ingerenz: Die defizitäre Tathandlung, in: Beiträge zur Rechtswissenschaft - Festschrift für Walter Stree und Johannes Wessels zum 70. Geburtstag, hrsg. v. Wilfried Küper/Jürgen Welp, 1993, S. 159-182 (zit. FS Stree/Wessels)

Diergarten, Achim/Barreto da Rosa, Steffen (Hrsg.), Praxiswissen Geldwäscheprävention – Aktuelle Anforderungen und Umsetzung in der Praxis, 2. Aufl. 2021 (zitiert als: *Bearbeiter*, in: Diergarten/Barreto da Rosa Praxiswissen Geldwäscheprävention)

Dionyssopoulou, Athanassia, Der Tatbestand der Geldwäsche. Eine Analyse der dogmatischen Grundlagen des § 261 StGB 1999 (zit. Geldwäsche)

Dölling, Dieter/Duttge, Gunnar/König, Stefan/Rössner, Dieter (Hrsg.), Gesamtes Strafrecht, StGB/StPO/Nebengesetze. Handkommentar, 5. Aufl. 2022 (zit. *Bearbeiter*, in: Gesamtes Strafrecht)

Donath, Annekatrin/Mehle, Bastian, Anwaltliche Pflichten nach dem Geldwäschebekämpfungsergänzungsgesetz, NJW 2009, 650-651

Ehmke, Horst, Prinzipien der Verfassungsinterpretation, in: Prinzipien der Verfassungsinterpretation. Gefährdungshaftung im öffentlichen Recht. Aussprache zu den Berichten in den Verhandlungen der Tagung der Vereinigung der Deutschen Staatsrechtslehrer zu Freiburg vom 4. bis 7. Oktober 1961, 1963, S. 53-102 (zit. VVDStRL Bd. 20 (1963))

El-Ghazi, Mohamad/Laustetter, Christian, Das Gesetz zur Verbesserung der strafrechtlichen Bekämpfung der Geldwäsche – Ein Überblick über die wichtigsten Änderungen beim Straftatbestand des § 261 StGB und bei der selbständigen Einziehung nach § 76 a Abs. 4 StGB, NZWiSt 2021, S. 209-216

Engisch, Karl, Der Begriff der Rechtslücke. Eine analytische Studie zu Wilhelm Sauers Methodenlehre, in: Festschrift für Wilhelm Sauer zu seinem 70. Geburtstag am 24. Juni 1949, hrsg. v. Wilhelm Sauer, 1949, S. 85-103 (zit. FS Sauer)

Ders., Die Einheit der Rechtsordnung mit einem Geleitwort zum Neudruck von Arthur Kaufmann, 1987 (zit. Einheit der Rechtsordnung)

Ders., Die Kausalität als Merkmal der strafrechtlichen Tatbestände, 1931 (zit. Kausalität)

Ders., Einführung in das juristische Denken, 11. Aufl. 2010 (zit. Einführung in das juristische Denken)

Ders., Logische Studien zur Gesetzesanwendung, 3. Aufl. 1963 (zit. Logische Studien zur Gesetzesanwendung)

Ders., Tun und Unterlassen, in: Festschrift für Wilhelm Gallas zum 70. Geburtstag am 22. Juli 1973, hrsg. v. Karl Lackner/Heinz/Leferenz/Eberhard Schmidt/Jürgen Welp/Ernst A. Wolff, 1973, S. 163-196 (zit. FS Gallas)

Ders., Untersuchungen über Vorsatz und Fahrlässigkeit im Strafrecht, Neudruck 1964 (zit. Untersuchungen)

Ders., Wahrheit und Richtigkeit im juristischen Denken, 1963 (zit. Wahrheit und Richtigkeit)

Ernst, Guido P., Blankettstrafgesetze und ihre verfassungsrechtlichen Grenzen, 2018 (zit. Blankettstrafgesetze)

Eser, Albin, „Sozialadäquanz“: eine überflüssige oder unverzichtbare Rechtsfigur? - Überlegungen anhand sozialüblicher Vorteilsgewährungen -, in: Festschrift für Claus Roxin zum 70. Geburtstag am 15. Mai 2001, hrsg. v. Bernd Schünemann/Hans Achenbach/Wilfried Bottke/Bernhard Haffke/Hans-Joachim Rudolphi, 2001, S. 199-212 (zit. FS Roxin, 2001)

Esser, Robert/Keuten, Nils Christian, Strafrechtliche Risiken am Bau – Überlegungen zum Tatbestand der Baugefährdung (§ 319 StGB) und seinem Verhältnis zu §§ 222, 229 StGB –, NStZ 2011, S. 314-322

Esser, Robert/Rübenstahl, Markus/Saliger, Frank/Tsambikakis, Michael (Hrsg), Wirtschaftsstrafrecht. Kommentar mit Steuerstrafrecht und Verfahrensrecht, 2017, (zit. *Verfasser*, in: Esser/Rübenstahl/Saliger/Tsambikakis, Wirtschaftsstrafrecht)

Fahl, Christian, Die Strafbarkeit des Notars wegen Geldwäsche (§ 261 StGB) zwischen Urkundsgewährungs- (§ 15 BNotO), Verschwiegenheits- (§ 18 BNotO) und Meldepflicht (§ 43 GwG), DNotZ 2019, S. 580-596

Feix, Stefan, Grundlegende Untersuchung anhand der gesellschaftsrechtlichen Rechtsprechung zum Delisting, 2020 (zit. Maßstäbe für eine gelungene richterliche Rechtsfortbildung)

Feuerbach, Paul Johann Anselm, Ritter von, Lehrbuch des gemeinen in Deutschland gültigen Peinlichen Rechts, 14. Aufl. 1847 (zit. Lehrbuch des gemeinen in Deutschland gültigen Peinlichen Rechts)

Fischer, Eva Susanne, Die Strafbarkeit von Mitarbeitern der Kreditinstitute wegen Geldwäsche, 2011 (zit. Die Strafbarkeit von Mitarbeitern der Kreditinstitute wegen Geldwäsche)

Fischer, Thomas, Ersatzhehlerei als Beruf und rechtsstaatliche Verteidigung - Bemerkungen zu BVerfG, Urteil vom 30. 3. 2004 - 2 BvR 1520/01, 2 BvR 1521/01, NStZ 2004, S. 473-478

Ders., Strafgesetzbuch mit Nebengesetzen, 69. Aufl. 2022 (zit. *Fischer*-StGB)

Flatten, Thomas Strafbarkeit von Bankangestellten bei der Geldwäsche, 1996 (zit. Strafbarkeit von Bankangestellten bei der Geldwäsche)

Fleischer, Holger, Aktienrechtliche Compliance-Pflichten im Praxistest: Das Siemens/Neubürger-Urteil des LG München I, NZG 2014, S. 321-329

Fraenkel, Michael, Tatbestand und Zurechnung bei § 823 Abs. 1 BGB, 1979 (zit. Tatbestand und Zurechnung)

Frisch, Wolfgang, Beihilfe durch neutrale Handlungen. Bemerkungen zum Strafgrund (der Unrechtskonstitution) der Beihilfe, in: Festschrift für Klaus Lüderssen zum 70.

Geburtstag am 2. Mai 2002, hrsg. v. Cornelius Prittwitz /Michael Baurmann/Klaus Günther/Lothar Kuhlen/Reinhard Merkel/Cornelius Nestler/Lorenz Schulz, 2002, S. 539–557 (zit. FS. Lüderssen)

Ders., Erfolgsgeschichte und Kritik der objektiven Zurechnungslehre – zugleich ein Beitrag zur Revisionsbedürftigkeit des Straftatsystems –, GA 2018, S. 553-572

Ders., Faszinierendes, Berechtigtes und Problematisches der Lehre von der objektiven Zurechnung des Erfolgs, in: Festschrift für Claus Roxin zum 70. Geburtstag am 15. Mai 2001, hrsg. v. Bernd Schünemann/Hans Achenbach/Wilfried Bottke/Bernhard Haffke/Hans-Joachim Rudolphi, 2001, S. 213–237 (zit. FS Roxin, 2001)

Ders., Tatbestandsmäßiges Verhalten und Zurechnung des Erfolgs. Neudruck 2013 (zit. Tatbestandsmäßiges Verhalten)

Ders., Voraussetzungen und Grenzen staatlichen Strafens, NStZ 2016, S. 16-25

Ders., Zur Verantwortlichkeit von Unternehmern und Unternehmensorganen für Straftaten ihrer Mitarbeiter. Zugleich ein Beitrag zur Lehre von der Täterschaft, in: Systematik in Strafrechtswissenschaft und Gesetzgebung, Festschrift für Klaus Rogall zum 70. Geburtstag am 10. August 2018, hrsg. v. Ulrich Stein/Luís Greco/Christian Jäger/Jürgen Wolter, 2018, S. 121-147 (zit. FS Rogall)

Fülbier, Andreas/Aepflebach, Rolf R./Langweg, Peter, GwG – Kommentar zum Geldwäschegesetz, 5. Aufl. 2006 (zit. *Bearbeiter*, in: Fülbier/Aepflebach/Langweg, GwG)

Gazeas, Nikolaos, Das neue Geldwäsche-Strafrecht: Weitreichende Folgen für die Praxis, NJW 2021, S. 1041-1046

Geis, Max-Emanuel, Die "Eilversammlung" als Bewährungsprobe verfassungskonformer Auslegung. Verfassungsrechtsprechung im Dilemma zwischen Auslegung und Rechtsschöpfung, NVwZ 1992, S. 1025-1031

Ders., Die pragmatische Sanktion der "verfassungskonformen Analogie": Kritische Anmerkung zur neuesten "Lebenslänglich-Entscheidung" des BVerfG, NJW 1992, S. 2938-2940

Gerlach, Carina Sophie, Sanktionierung von Bankmitarbeitern nach dem Geldwäschegesetz-Entwurf, CCZ 2017, S. 176-179

Gimbernat, Enrique/Schünemann, Berndt/Wolter, Jürgen (Hrsg.), Internationale Dogmatik der objektiven Zurechnung und der Unterlassungsdelikte. Ein spanisch-deutsches Symposium zu Ehren von Claus Roxin, 1995 (zit.: *Bearbeiter*, in: Internationale Dogmatik der objektiven Zurechnung und der Unterlassungsdelikte)

Glaser, Reinhard, Geldwäsche (§ 261 StGB) durch Rechtsanwälte und Steuerberater bei der Honorarannahme, 2009 (zit. Geldwäsche durch Rechtsanwälte und Steuerberater)

Göldner, Detlef, Verfassung, Rechtsfortbildung und Lücke in: Festschrift für Karl Larenz zum 80. Geburtstag am 23. April 1983, hrsg. v. Claus-Wilhelm Canaris/Uwe Diederichsen, 1983, S. 199-210 (zit. FS Larenz)

Gössel, Karl Heinz, Dogmatische Überlegungen zur Teilnahme am erfolgsqualifizierten Delikt nach § 18 StGB, in: Festschrift für Richard Lange zum 70. Geburtstag, hrsg. v. Günter Warda/Heribert Waider/Reinhard von Hippel/Dieter Meurer, 1976, S. 219-240 (zit. FS Lange)

Ders., Zur Lehre vom Unterlassungsdelikt (betreffend die Gruppen II, III und IV der allgemeinen Leitlinien), ZStW 96 (1984), S. 321-335

Graf, Jürgen Peter/Jäger, Markus/Wittig, Petra (Hrsg.), Wirtschafts- und Steuerstrafrecht, 2. Aufl. 2017, (zit. *Bearbeiter*, in: Graf/Jäger/Wittig, Wirtschaftsstrafrecht)

Greco, Luís, Das Subjektive an der objektiven Zurechnung: Zum „Problem" des Sonderwissens, ZStW 117 (2005), S. 519-554

Ders., Organisationsherrschaft und Selbstverantwortungsprinzip, ZIS 2011, S. 9-13

Ders., Strafbarkeit der berufsbedingten bzw. neutralen Beihilfe erst bei hoher Wahrscheinlichkeit der Haupttat? – Überlegungen aus Anlass von BGH 5 StR 468/12, wistra 2015, S. 1-7

Häberle, *Peter*, Die Wesensgehaltsgarantie des Art. 19 Abs. 2 Grundgesetz – Zugleich ein Beitrag zum institutionellen Verständnis der Grundrechte und zur Lehre des Gesetzesvorbehalts. 3. Aufl. 1983 (zit. Die Wesensgehaltgarantie)

Habermas, *Jürgen*, Faktizität und Geltung. Beiträge zur Diskurstheorie des Rechts und des demokratischen Rechtsstaats, 1998 (zit. Faktizität und Geltung)

Hamacher, *Rolfjosef*, Das anwaltliche Berufsgeheimnis und die Geldwäsche, wistra 2012, S 136-141

Hartmann, *Arthur*, Sonderregeln für die Beihilfe durch „neutrales“ Verhalten?, ZStW 116 (2004), S. 585-603

Hartung, *Wolfgang*/*Scharmer*, *Hartmut*, Berufs- und Fachanwaltsordnung: BORA/FAO. Bundesrechtsanwaltsordnung (§§ 43-59q BRAO), 8. Aufl. 2022 (zit. *Bearbeiter*, in: Hartung/Scharmer, BORA)

Hassemer, *Winfried*, Die Freiwilligkeit beim Rücktritt vom Versuch. Zu Alltagstheorien und Dispositionsbegriffen in der Strafrechtsdogmatik, in: Vom Nutzen und Nachteil der Sozialwissenschaften für das Strafrecht. Prinzipien der strafrechtlichen Zurechnung und Sanktionsprobleme – Strafe im Übergang. Erster Teilband, hrsg. v. Klaus Lüderssen/Fritz Sack, 1982, S. 229-258 (zit. Vom Nutzen und Nachteil der Sozialwissenschaften für das Strafrecht)

Ders., Einführung in die Grundlagen des Strafrechts, 2. Aufl. 1990 (zit. Einführung in die Grundlagen des Strafrechts)

Ders., Kennzeichen des Vorsatzes, in: Gedächtnisschrift für Armin Kaufmann, hrsg. v. Gerhard Dornseifer/Eckhard Horn, 1989, S. 289-310 (zit. GS Armin Kaufmann)

Ders., Produktverantwortung im modernen Strafrecht, 2. Aufl. 1996 (zit. Produktverantwortung)

Ders., Professionelle Adäquanz, wistra 1995, Teil 1: S. 41-46, Teil 2: S. 81-85

Ders., Symbolisches Strafrecht und Rechtsgüterschutz, NStZ 1989, S. 553-559

Ders./Neumann, Ulfrid/Saliger, Frank (Hrsg.), Einführung in die Rechtsphilosophie und Rechtstheorie der Gegenwart, 9. Aufl. 2016 (zit. *Bearbeiter*, in: Hassemer/Neumann/Saliger, Rechtsphilosophie)

Hassold, Gerhard, Strukturen der Gesetzesauslegung, in: Festschrift für Karl Larenz zum 80. Geburtstag am 23. April 1983, hrsg. v. Claus-Wilhelm Canaris/Uwe Diederichsen, 1983, S. 211-240 (zit. FS Larenz)

Hefendehl, Roland, Kann und soll der Allgemeine Teil bzw. das Verfassungsrecht mißglückte Regelungen des Besonderen Teils retten? – Die „Geldwäsche" durch den Strafverteidiger –, in: Festschrift für Claus Roxin zum 70. Geburtstag am 15. Mai 2001, hrsg. v. Bernd Schünemann/Hans Achenbach/Wilfried Bottke/Bernhard Haffke/Hans-Joachim Rudolphi, 2001, S. 145-172 (zit. FS Roxin, 2001)

Hein, Jan von, Neutrale Beihilfe im Zivilrecht, AcP 204 (2004), S. 761-803

Helmrich, Jan, Handelsunternehmen und Geldwäsche, NJW 2009, S. 3686-3689

Herberger, Maximilian/Simon, Dieter, Wissenschaftstheorie für Juristen, 1980

Herzog, Felix/Achtelik, Olaf Christoph (Hrsg.), Geldwäschegesetz (GwG) Kommentar, 4. Aufl. 2020 (zit. *Bearbeiter*, in: Herzog, GwG)

Hillenkamp, Thomas, Die strafrechtliche Haftung des Geschäftsherren – Ein Stolperstein für die Verteidigung?, in: Strafverteidigung – Grundlagen und Stolpersteine, Symposion für Werner Beulke, hrsg. v. Armin Engländer/Christian Fahl/Helmut Satzger/Sabine Swoboda, 2012, S. 73-84 (zit. Symposion für Beulke)

Ders./Cornelius, Kai, 32 Probleme aus dem Strafrecht Allgemeiner Teil, 16. Aufl. 2023 (zit. 32 Probleme aus dem Strafrecht)

Hirsch, Hans Joachim, Handlungs-, Sachverhalts- und Erfolgsunwert, in: Gedächtnisschrift für Dieter Meurer, hrsg. v. Eva Graul/Gerhard Wolf, 2002, S. 3-22 (zit. GS Meuer)

Ders., Untauglicher Versuch und Tatstrafrecht, in: Festschrift für Claus Roxin zum 70. Geburtstag am 15. Mai 2001, hrsg. v. Bernd Schünemann/Hans Achenbach/Wilfried Bottke/Bernhard Haffke/Hans-Joachim Rudolphi, 2001, S. 711-728 (zit. FS Roxin, 2001)

Hoffmann, Andreas C./Schiefer, Anita, Pflichten des Vorstands bei der Ausgestaltung einer ordnungsgemäßen Compliance-Organisation, NZG 2017, S. 401-407

Hohmann, Olaf, Gedanken zur Akzessorietät des Strafrechts, ZIS 2007, S. 38-48

Honig, Richard, Kausalität und objektive Zurechnung, in: Festgabe für Reinhard von Frank, zum 70. Geburtstag 16. August, Bd. II, hrsg. v. August Hegler, 1930, S. 174-201 (zit. FG Frank)

Höpfner, Clemens, Gesetzesbindung und verfassungskonforme Auslegung im Arbeits- und Verfassungsrecht, RdA 2018, S. 321-337

Hüls, Silke, Grenzen des Wirtschaftsstrafrechts. Die Ausdehnung strafrechtlicher Normen und die Schwierigkeiten ihrer Begrenzung, 2019 (zit. Grenzen des Wirtschaftsstrafrechts)

Isfen, Osfan, Mehr Schein als Sein – die VW-Abgasaffäre aus strafrechtlicher Sicht, JA 2016, S. 1-6

Jahn, Matthias, Schriftliche Stellungnahme für die öffentliche Anhörung im Rechtsausschuss des Deutschen Bundestages am 9.12.2020 (zit. Stellungnahme)

Ders./Ziemann, Sacha, „Untreuestrafrecht 2.0“. Theoretische und systematische Grundlagen der Dogmatik des § 266 StGB im Rechtsstaat, ZIS 2016, S. 552-563

Jakobs, Günther, Akzessorietät. Zu den Voraussetzungen gemeinsamer Organisation, GA 1996, 253-258

Ders., Die Ingerenz in der Rechtsprechung des Bundesgerichtshofs, in: 50 Jahre Bundesgerichtshof: Festgabe aus der Wissenschaft, Bd. 4: Strafrecht, Strafprozeßrecht, hrsg. v. Karsten Schmidt/Andreas Heldrich /Claus Roxin/Claus Wilhelm Canaris, 2000, S. 29-50 (zit. FG 50 Jahre BGH)

Ders., Kriminalisierung im Vorfeld einer Rechtsgutsverletzung, ZStW 97 (1985), S. 751-785

Ders., Regreßverbot beim Erfolgsdelikt. Zugleich eine Untersuchung zum Grund der strafrechtlichen Haftung für Begehung, ZStW 89 (1977), S. 1-35

Ders., Strafrecht, Allgemeiner Teil, 2. Aufl. 1991 (zit: AT)

Ders., Tätervorstellung und objektive Zurechnung, in: Gedächtnisschrift für Armin Kaufmann, hrsg. v. Gerhard Dornseifer/Eckhard Horn, 1989, S. 271-288 (zit. GS Armin Kaufmann)

Jarass, Hans D., Charta der Grundrechte der Europäischen Union unter Einbeziehung der sonstigen Grundrechtsregelungen des Primärrechts und der EMRK, 4. Aufl. 2021, (zit.: EU-Grundrechte-Charta)

Jellinek, Walter, Gesetz, Gesetzesanwendung und Zweckmäßigkeitserwägung. Eine staats- und verwaltungsrechtliche Untersuchung; zugleich ein System der Ungültigkeitsgründe von Polizeiverordnungen und -verfügungen, 1913, (zit. Gesetz, Gesetzesanwendung und Zweckmäßigkeitserwägung)

Jescheck, Hans-Heinrich/Weigend, Thomas, Lehrbuch des Strafrechts, Allgemeiner Teil, 1996 (zit. AT)

Jestaedt, Matthias/Suzuki, Hidemi (Hrsg.), Verfassungsentwicklung II. Verfassungsentwicklung durch Verfassungsgerichte. Deutsch-Japanisches Verfassungsgespräch 2017, 2019 (zit. *Bearbeiter*, in: Verfassungsentwicklung II)

Kämmerer, Jörn Axel, Verschwiegenheit von Steuerberatern – ein grundrechtlich geschütztes Gut, DStR 2020, S. 2890-2896

Katholnigg, Oskar, Kann die Honorarannahme des Strafverteidigers als Geldwäsche strafbar sein? NJW 2001, S. 2041-2045

Kaufmann, Armin, „Objektive Zurechnung" beim Vorsatzdelikt?, in: Festschrift für Hans-Heinrich Jescheck zum 70. Geburtstag, hrsg. v. Theo Vogler/Joachim Herrmann/Justus Krümpelmann/Reinhard Moos/Otto Triffterer/Rudolf Leibinger/Dieter

Schaffmeister/Jürgen Meyer/Peter Hünerfeld/ Hans-Joachim Behrendt, 1. Halbband, 1985, S. 251-272 (zit. FS Jescheck)

Ders., Die Dogmatik der Unterlassungsdelikte, 1959

Kaufmann, *Arthur*, Das Verfahren der Rechtsgewinnung. Eine rationale Analyse: Deduktion, Induktion, Abduktion, Analogie, Erkenntnis, Dezision, Macht, 1999 (zit. Das Verfahren der Rechtsgewinnung)

Ders., Subsidiaritätsprinzip und Strafrecht, in: Grundfragen der Gesamten Strafrechtswissenschaft, Festschrift für Heinrich Henkel zum 70. Geburtstag am 12. September 1973, hrsg. v., Claus Roxin/Hans-Jürgen Bruns/Herbert Jäger, 1974, S. 89-108 (zit. FS Henkel)

Kazakov, *Ralica*, Die Aufsichtstätigkeit der Berufskammern nach dem Geldwäschegesetz Erste Erfahrungen in der Praxis, NVwZ 2022, S. 617-621

Keller, *Rainer*, Der Verlust von orientierungskräftiger Gegenständlichkeit im Strafrecht und der Normativismus. Zum Einfluß von Wissenschaft, Technik und Zweckrationalität auf das Strafrecht, ZStW 107 (1995), S. 457-497

Kindhäuser, *Urs*, Zur Funktion von Sorgfaltsnormen, in: Streitbare Strafrechtswissenschaft, Festschrift für Bernd Schünemann zum 70. Geburtstag am 1. November 2014, hrsg. v. Roland Hefendehl/Tatjana Hörnle/Luís Greco, 2015, S. 143-157 (zit. FS Schünemann)

Ders./Hilgendorf, *Eric* (Hrsg.), Strafgesetzbuch. Lehr- und Praxiskommentar, 9. Aufl. 2022 (zit. LPK-StGB)

Ders./Neumann, *Ulfrid/Paeffgen*, *Hans-Ullrich* (Hrsg.), Strafgesetzbuch Nomos Kommentar, Bd. 3, 5. Aufl. 2017 (zit. *Bearbeiter*, in: NK-StGB)

Kitka, *Joseph*, Über das Zusammentreffen mehrerer Schuldigen bey einem Verbrechen und deren Strafbarkeit, 1840

Klatt, *Matthias/Meister*, *Moritz*, Verhältnismäßigkeit als universelles Verfassungsprinzip, Der Staat, 51 (2012), S. 159-188

Klein, Eckart, Grundrechtliche Schutzpflicht des Staates, NJW 1989, S. 1633-1640

Kloepfer, Michael, Verfassungsrecht Bd. II, Grundechte, 2010 (zit. Verfassungsrecht II)

Klug, Ulrich, Rechtslücke und Rechtsgeltung, in: Festschrift für Hans Carl Nipperdey zum 70. Geburtstag, 21. Januar 1965, Bd. 1, hrsg. v. Rolf Dietz/Heinz Hübner, 1965, S. 71-94 (zit. FS Nipperdey)

Klugmann, Marcel, Das Gesetz zur Optimierung der Geldwäscheprävention und seine Auswirkungen auf die anwaltliche Praxis, NJW 2012, S. 641-645

Ders., Das neue Geldwäschegesetz – was ändert sich für Rechtsanwälte? NJW 2017, S. 2888-2889

Knauer, Florian, Zur Wiederkehr der Sozialadäquanz im Strafrecht – Renaissance einer überholten Rechtsfigur oder dogmatische Kategorie der Zukunft, ZStW 126 (2014), S. 844-865

Kölbel, Ralf, Criminal Compliance – ein Missverständnis des Strafrechts, ZStW 125 (2013), S. 499-535

Ders., Unternehmenskriminalität und (Selbst-)Regulierung, MschrKrimm 100 Jahrgang – Heft 6/2017, S. 430-452

Kraatz, Erik, Die Geldwäsche (§ 261 StGB), Jura 2015, S. 699-709

Ders., Geldwäscherisiken für Anwälte, NJ 2015, 149-157

Krais, Jürgen, Geldwäsche-Verdachtsmeldepflichten rechtsberatender Berufe im Immobiliensektor, CCZ 2020, S. 311-322

Krey, Volker, Zur Problematik richterlichen Rechtsfortbildung contra legem (I), JZ 1978, S. 361-368

Kriele, Martin, Theorie der Rechtsgewinnung entwickelt am Problem der Verfassungsinterpretation, 2. Aufl. 1976 (zit. Theorie der Rechtsgewinnung)

Krüger, Matthias, Beteiligung durch Unterlassen an fremden Straftaten. Überlegungen aus Anlass des Urteils zum Compliance Officer ZIS 2011, S. 1-8

Kruse, Frauke, Die verfassungsrechtlichen Grenzen richterlicher Rechtsfortbildung. Zur Gesetzmäßigkeit der Rechtsprechung unter dem Grundgesetz, 2019 (zit. Die verfassungsrechtlichen Grenzen richterlicher Rechtsfortbildung)

Kubiciel, Michael, Gesellschaftsrechtliche Pflichtwidrigkeit und Untreuestrafbarkeit, NStZ 2005, S. 353-361

Kudlich, Hans, Berufsbedingtes Vorschubleisten?, in: Strafrecht als Scientia Universalis. Festschrift für Claus Roxin zum 80. Geburtstag am 15. Mai 2011, hrsg. v. Manfred Heinrich/Christian Jäger/Hans Achenbach/Knut Amelung/Winfried Bottke/Bernard Haffke/Bernd Schünemann/Jürgen Wolter, 2011, S. 881-890 (zit. FS Roxin, 2011)

Ders., Die Unterstützung fremder Straftaten durch berufsbedingtes Verhalten, 2004

Ders., Grundrechtsorientierte Auslegung im Strafrecht, JZ 2003, S. 127-133

Ders., Jenseits des Schraubendreher-Handels – neutrale Beihilfe in Fällen des „richtigen Lebens", in: Festschrift für Urs Kindhäuser zum 70. Geburtstag, hrsg. v. Martin Böse/Kay H. Schumann/Friedrich Toepel, 2019, S. 231-244 (zit. FS Kindhäuser)

Ders., Praxiskommentar zu BGH, Beschl. v. 21.12.2016 – 1 StR 112/16, NStZ 2017, S. 339-340

Ders., Tiroler Gastfreundschaft auch für deutsches Geld - Anstiftung zur Steuerhinterziehung durch berufsbedingtes Verhalten?, in: Strafrecht und Wirtschaftsstrafrecht: Dogmatik, Rechtsvergleich, Rechtstatsachen. Festschrift für Klaus Tiedemann zum 70. Geburtstag, hrsg. v. Ulrich Sieber/ Gerhard Dannecker/Urs Kindhäuser/Joachim Vogel/Tonio Walter, 2008, S. 221-236 (zit. FS Tiedemann)

Kühl, Kristian, Strafrecht Allgemeiner Teil, 8. Aufl. 2017 (zit. AT)

Kuhlen, Lothar, Strafrecht und freiwillige Selbstkontrolle der Wirtschaft: das Beispiel der Pharmaindustrie, in: Festschrift für Winfried Hassemer zum 70. Geburtstag am 17.

Februar 2010, hrsg. v. Felix Herzog/Peter-Alexis Albrecht, 2010, S. 875-890 (zit. FS Hassemer)

Ders., Zum Verhältnis von strafrechtlicher und zivilrechtlicher Haftung für Compliance-Mängel, Teil 2, NZWiSt 2015, S. 161-168

Kuhn, Bernd, Die Garantenstellung des Vorgesetzten, wistra 2012, S. 297-299

Küper, Georg, Grenzen der normativierenden Strafrechtsdogmatik, 1990

Küper, Wilfried, Die Absatzhilfe des Hehlers zwischen Täterschaft und Beihilfe: Grundfragen einer irregulären Beteiligungsform, JZ 2015, S. 1032-1042

Ders., Überlegungen zum sog. Pflichtwidrigkeitszusammenhang beim Fahrlässigkeitsdelikt, in: Festschrift für Karl Lackner zum 70. Geburtstag am 18. Februar 1987, hrsg. von Wilfried Küper/Ingeborg Puppe/Jörg Tenckhoff, 1987, S. 247-288 (zit. FS Lackner)

Lagodny, Otto, Strafrecht vor den Schranken der Grundrechte: die Ermächtigung zum strafrechtlichen Vorwurf im Lichte der Grundrechtsdogmatik dargestellt am Beispiel der Vorfeldkriminalisierung, 1996 (zit. Strafrecht vor den Schranken der Grundrechte)

Lampe, Ernst-Joachim, Der neue Tatbestand der Geldwäsche (§ 261 StGB), JZ 1994, S. 123-132

Larenz, Karl, Der Richter als Gesetzgeber?, in: Grundfragen der gesamten Strafrechtswissenschaft. Festschrift für Heinrich Henkel zum 70. Geburtstag am 12. September 1973, hrsg. v. Claus Roxin/Hans-Jürgen Bruns/Herbert Jäger, 1973, S. 31-46 (zit. FS Henkel)

Ders., Hegels Zurechnungslehre und der Begriff der objektiven Zurechnung. Ein Beitrag zur Rechtsphilosophie des kritischen Idealismus und zur Lehre von der „juristischen Kausalität“, 1927 (zit. Hegels Zurechnungslehre und der Begriff der objektiven Zurechnung)

Ders., Methodenlehre der Rechtswissenschaft, 6. Aufl. 1991 (zit. Methodenlehre)

Leipziger Kommentar zum Strafgesetzbuch: StGB, Bd. 1: Einleitung; §§ 1 bis 31, hrsg. v. Burkhard Jähnke/Heinrich-Wilhelm Laufhütte/Walter Odersky, 11. Aufl. 1993 (zit. Bearbeiter, in: LK-StGB, 11. Aufl.)

Leipziger Kommentar zum Strafgesetzbuch: StGB, Bd. 1: Einleitung; §§ 1 bis 31, hrsg. v. Heinrich-Wilhelm Laufhütte/Ruth Rissing-van Saan/Klaus Tiedemann, 12. Aufl. 2007 (zit. Bearbeiter, in: LK-StGB, 12. Aufl.)

Leitner, Werner/Rosenau, Henning (Hrsg.), Wirtschafts- und Steuerstrafrecht, 2. Aufl. 2022 (zit. *Bearbeiter*, in: Leitner/Rosenau, Wirtschafts- und Steuerstrafrecht)

Lenckner, Theodor, Technische Normen und Fahrlässigkeit, in: Festschrift für Karl Engisch zum 70. Geburtstag, hrsg. v. Paul Bockelmann et al., 1969, S. 490-508 (zit. FS Engisch)

Lesch, Heiko, Beihilfe durch „rollenadäquates" Verhalten?, in: Festschrift für Wolf Schiller zum 65. Geburtstag am 12. Januar 2014, hrsg. v. Klaus Lüderssen/Klaus Volk/Eberhard Wahle, 2014, S. 448-473 (zit. FS Schiller)

Ders., Strafbare Beteiligung durch „berufstypisches" Verhalten, JA 2001, S. 986-991

Leuering, Dieter/Rubner, Daniel, Lieferkettensorgfaltspflichtengesetz, NJW-Spezial 2021, S. 399-400

Lewinski, Kai von, Grundriss des Anwaltlichen Berufsrechts, 3. Aufl. 2015 (zit. Grundriss des anwaltlichen Berufsrechts)

Link, Felix, Die Regelungen zum wirtschaftlich Berechtigten nach der geplanten EU-Geldwäscheverordnung, NZG 2022, S. 893-898

Löwe Krahl, Oliver, Die Verantwortung von Bankangestellten bei illegalen Kundengeschäften, 1990 (zit. Die Verantwortung von Bankangestellten)

Lüdemann, Jörn, Die verfassungskonforme Auslegung von Gesetzen, JuS 2004, S. 27-30

Lüderssen, Klaus, Beihilfe, Strafvereitelung und objektive Zurechnung, in: Festschrift für Gerald Grünwald zum siebzigsten Geburtstag, hrsg. v. Erich Samson/Friedrich Dencker/Peter Frisch/Helmut Frister/Wölfram Reiß, 1999, S. 329-350 (zit. FS Grünwald)

Ders., Die Krise des öffentlichen Strafanspruchs. Vortrag gehalten am 5. Februar 1987, 1989 (zit. Die Krise des öffentlichen Strafanspruchs)

Ders., Die Wiederkehr der „Befreiung des Strafrechts vom zivilistischen Denken" – eine Warnung, in: Festschrift für Ernst-Walter Hanack zum 70. Geburtstag am 30. August 1999, hrsg. v. Herausgegeben von: Udo Ebert/Peter Rieß/Claus Roxin/Eberhard Wahle, 1999, S. 487-500 (zit. FS Hanack)

Ders., Gesellschaftsrechtliche Grenzen der strafrechtlichen Haftung des Aufsichtsrats, in: Jus humanum. Grundlagen des Rechts und Strafrecht. Festschrift für Ernst-Joachim Lampe zum 70. Geburtstag, hrsg. v. Dieter Dolling et al., 2003, S. 727-742 (zit. FS Lampe)

Ders., Primäre oder sekundäre Zuständigkeit des Strafrechts?, in: Menschengerechtes Strafrecht. Festschrift für Albin Eser zum 70. Geburtstag, hrsg. v., Jörg Arnold/Björn Burkhardt/Walter Gropp/Günter Heine/Hans-Georg Koch/Otto Lagodny/Walter Perron/Susanne Walther, 2005, S. 163-180 (zit. FS Eser)

Ders., Zum Strafgrund der Teilnahme, 1967

Luhmann, Niklas, Das Recht der Gesellschaft, 8. Aufl. 2020 (zit. Das Recht der Gesellschaft)

Maiwald, Manfred, Auslegungsprobleme im Tatbestand der Geldwäsche, in: Festschrift für Hans Joachim Hirsch zum 70.Geburtstag am 11. April 1999, hrsg. v. Thomas Weigend/Georg Küpper, 1999, S. 631-650 (zit. FS Hirsch)

Ders., Grundlagenproblem der Unterlassungsdelikte, JuS 1981, S. 473-483

Mallison, Jochen, Rechtsauskunft als strafbare Teilnahme, 1979

Mangoldt, Hermann von/*Klein, Friedrich*/*Starck, Christian*/*Huber, Peter M.*/*Voßkuhle, Andreas* (Hrsg.), Kommentar zum Grundgesetz, Bd. 1: Präambel, Art. 1-19, 7. Aufl. 2018 (zit. *Bearbeiter*, in: v. Mangoldt/Klein/Starck, GG)

Mansdörfer, Marco/*Trug, Gerson*, Umfang und Grenzen der strafrechtlichen Geschäftsherrenhaftung, StV 2012, S. 432-436

Manssen, Gerrit, Staatsrecht II, Grundrechte, 19. Aufl. 2022 (zit. Staatsrecht II)

Maunz, Theodor/*Dürig, Günter*, Grundgesetz. Sonderdruck. Kommentierung der Artikel 1 und 2 Grundgesetz, 1958 (zit. Grundgesetz Sonderdruck Kommentierung der Artikel 1 und 2 GG)

Mayer, Marco, Leichtfertige Geldwäsche durch sogenannte "Finanzagenten". Zugleich Anmerkung zu BGH, Beschluss vom 11. September 2014 – 4 StR 312/14 = HRRS 2014 Nr. 1005, HRRS 2015, S. 500-505

Merten, Detlef/*Papier, Hans Jürgen* (Hrsg.), Handbuch der Grundrechte in Deutschland und Europa. Band III: Grundrechte in Deutschland – Allgemeine Lehren II, 2009 (zit. *Bearbeiter*, in: Merten/Papier, Handbuch der Grundrechte)

Dies. (Hrsg.), Handbuch der Grundrechte in Deutschland und Europa. Band V: Grundrechte in Deutschland – Einzelgrundrechte II, 2013 (zit. *Bearbeiter*, in: Merten/Papier, Handbuch der Grundrechte)

Meyer-Arndt, Lüder, Beihilfe durch neutrale Handlungen, wistra 1989, S. 281–287

Mezger, Edmund, Strafrecht. Ein Lehrbuch, 1931 (zit. Strafrecht)

Miehe, Olaf, Die Schutzfunktion der Strafdrohungen gegen Begünstigung und Hehlerei, in: Festschrift für Richard M. Honig zum 80. Geburtstag, 3. Januar 1970; dargebracht von Freunden und Kollegen, hrsg. v. Eberhard Barth et al., 1970, S. 91-132 (zit. FS Honig)

Momsen, Carsten, Standardisierung im Fahrlässigkeitsrecht und im Verfahrensrecht – Von der generellen Norm zum individuellen Standard bei der Verfolgung von Wirtschaftsstraftaten, ZStW 131 (2019), S. 1009-1035

Münch, Ingo von/Kunig, Philip (Hrsg.), Grundgesetz Kommentar, Bd. 1: Präambel bis Art. 69, 7. Aufl. 2021 (zit. *Bearbeiter*, in: v. Münch/Kunig-GG)

Münchener Kommentar zum Bürgerlichen Gesetzbuch: BGB, Bd. 7: Schuldrecht - Besonderer Teil IV §§ 705-853, Partnerschaftsgesellschaftsgesetz, Produkthaftungsgesetz, hrsg. v. Franz Jürgen Säcker/Roland Rixecker/Hartmut Oetker/Bettina Limperg, 8. Aufl. 2020 (zit. *Bearbeiter*, in: MüKo-BGB)

Münchener Kommentar zum Strafgesetzbuch: StGB, Bd. 1: §§ 1-37, hrsg. v. Volker Erb/Jürgen Schäfer, 4. Aufl. 2020 (zit. *Bearbeiter*, in: MüKo-StGB)

Münchener Kommentar zum Strafgesetzbuch: StGB, Bd. 4: §§ 185-262, hrsg. v. Volker Erb/Jürgen Schäfer, 4. Aufl. 2021 (zit. *Bearbeiter*, in: MüKo-StGB)

Münchener Kommentar zum Strafgesetzbuch: StGB, Bd. 5: §§ 263-297, hrsg. v. Volker Erb/Jürgen Schäfer, 4. Aufl. 2022 (zit. *Bearbeiter*, in: MüKo-StGB)

Mylonopoulos, Christos, Komparative und Dispositionsbegriffe im Strafrecht, 1998

Naintos, Vasileios, Der Missbrauch als immanente Grenze der Freiheitsrechte, 2021 (zit. Missbrauch)

Neuheuser, Stephan, Die Strafbarkeit des Geldwäschebeauftragten wegen Geldwäsche durch Unterlassen bei Nichtmelden eines Verdachtsfalles gemäß § 11 Abs. 1 GwG, NZWiSt 2015, S. 241-245

Neumann, Christian, Reform der Anschlußdelikte. Begünstigung, Strafvereitelung und Hehlerei (§§ 257 ff. StGB). Reformdiskussion und Gesetzgebung seit 1870, 1970 (zit. Reform der Anschlußdelikte)

Neumann, Ulfrid, Beiträge zum Rechtsdenken Gustav Radbruchs (1878–1949), hrsg. v. Stanley L. Paulson, 2021 (zit. Rechtsphilosophie im Spiegel der Zeit)

Ders., Juristische Argumentationstheorie, 2023 (zit. Argumentationstheorie)

Ders., Neue Entwicklungen im Bereich der Argumentationsmuster zur Begründung oder zum Ausschluss strafrechtlicher Verantwortlichkeit, ZStW 99 (1987), S. 567-594

Ders., Wahrheit im Recht. Zu Problematik und Legitimität einer fragwürdigen Denkform, 2004 (zit. Wahrheit im Recht)

Niedermair, Harald, Straflose Beihilfe durch neutrale Handlungen?, ZStW 1995, S. 507-544

Noak, Torsten, Teilfahrlässige Teilnahme an Vorsatz-Fahrlässigkeits-Kombinationen, JuS 2005, S. 312-315

Oberloskamp, Klaus, Geldwäsche durch Angehörige der rechts- und steuerberatenden Berufe (§ 261 Abs. 1 S. 3 StGB) in verfassungsrechtlicher Sicht, StV 2002, S. 611-617

Ott, Nicolas/Lüneborg, Cäcilie, Internal Investigations in der Praxis – Umfang und Grenzen der Aufklärungspflicht, Mindestaufgriffsschwelle und Verdachtsmanagement, CCZ 2019, S. 71-80

Otto, Harro, „Vorgeleistete Strafvereitelung" durch berufstypische oder alltägliche Verhaltensweisen als Beihilfe, in: Festschrift für Theodor Lenckner zum 70. Geburtstag, hrsg. v. Albin Eser/Ulrike Schittenhelm/Heribert Schumann, 1998, S. 193-228 (zit. FS Lenckner)

Ders., Straflose Teilnahme?, in: Festschrift für Richard Lange zum 70. Geburtstag, hrsg. v. Günter Warda/Heribert Waider/Reinhard von Hippel/Dieter Meurer, 1976, S. 197-218 (zit. FS Lange)

Ders., Untreue durch Übernahme der mit einem Strafverfahren verbundenen Aufwendungen für Unternehmensangehörige durch ein Unternehmen, in: Strafrecht und Wirtschaftsstrafrecht: Dogmatik, Rechtsvergleich, Rechtstatsachen. Festschrift für Klaus Tiedemann zum 70. Geburtstag, hrsg. v. Ulrich Sieber/ Gerhard Dannecker/Urs Kindhäuser/Joachim Vogel/Tonio Walter, 2008, S. 693-712 (zit. FS Tiedemann)

Ders./Brammsen, Jörg, Die Grundlagen der strafrechtlichen Haftung des Garanten wegen Unterlassens, Jura 1985, S. 530-646

Paefgen, Walter G., Haftung für die Verletzung von Pflichten nach dem neuen Lieferkettensorgfaltspflichtengesetz, ZIP 2021, S. 2006-2016

Papathanasiou, Konstantina/Schumann, Kay H/Schneider, Anne/Fernandes Godinho, Inês (Hrsg.), Kollektivierung als Herausforderung für das Strafrecht. Normtheoretische Betrachtungen, 2021 (zit. *Bearbeiter*, in: Kollektivierung als Herausforderung für das Strafrecht)

Pavlakos, Nikolaos, § 89 c II StGB als Gesinnungsstrafrecht. Zugleich Besprechung von BGH, Beschluss vom 20.5.2021, GA 2021, S. 683-689

Ders., Die Unterlassungsstrafbarkeit von Bankmitarbeitern wegen Geldwäsche. Zugleich ein Beitrag zur Begründung einer gefahrenerhöhten Geschäftsherrenhaftung, HRRS 2020, S. 350-356

Ders., Die Zuwiderhandlung gegen Compliance-Regeln als Pflichtverletzung bei der Untreue, NZWiSt 2021, S. 376-381

Pawlik, Michael, „Das dunkelste Kapitel in der Dogmatik des Allgemeinen Teils" – Bemerkungen zur Lehre von den Garantenpflichten, in: Strafrecht als Scientia Universalis. Festschrift für Claus Roxin zum 80. Geburtstag am 15. Mai 2011, hrsg. v. Manfred Heinrich/Christian Jäger/Hans Achenbach/Knut Amelung/Winfried Bottke/Bernard Haffke/Bernd Schünemann/Jürgen Wolter, 2011, S. 931-948 (zit. FS Roxin, 2011)

Peters, Karl, Sozialadäquanz und Legalitätsprinzip, in: Festschrift für Hans Welzel zum 70. Geburtstag am 25. März 1974, hrsg. v. Günter Stratenwerth/Armin Kaufmann/Gerd Geilen/Hans J. Hirsch/Hans-Ludwig Schreiber/Günther Jakobs/Fritz Loos, 1974, S. 415-430 (zit. FS Welzel)

Phillips, Lothar, An der Grenze von Vorsatz und Fahrlässigkeit - Ein Modell multikriterieller computergestützter Entscheidungen -, in: Festschrift für Claus Roxin zum 70. Geburtstag am 15. Mai 2001, hrsg. v. Bernd Schünemann/Hans Achenbach/Wilfried Bottke/Bernhard Haffke/Hans-Joachim Rudolphi, S. 365-378 (zit. FS Roxin, 2001)

Pieth, Mark, Selbstregulierung zum Schutz vor strafrechtlicher Organisationshaftung: die Bank und das Geldwäscherisiko, in: Festschrift für Heike Jung zum 65. Geburtstag am

23. April 2007, hrsg. v. Heinz Müller-Dietz/Egon Müller/Karl-Ludwig Kunz/Henning Radtke/Guido Britz/Carsten Momsen/Heinz Koriath, 2007, S. 717-728 (zit. FS Jung)

Puppe, Ingeborg, Das System der objektiven Zurechnung, GA 2015, S. 203-218

Dies., Die Erfolgszurechnung im Strafrecht dargestellt an Beispielfällen aus der höchstrichterlichen Rechtsprechung (Strafrechtswissenschaft und Strafrechtspolitik), 2000 (zitiert: Puppe, Erfolgszurechnung) (zit. Erfolgszurechnung)

Dies., Kleine Schule des juristischen Denkens, 4. Aufl. 2019 (zit. Kleine Schule des juristischen Denkens)

Dies., Vom Naturalismus zum Normativismus, von der Systematik zur Topik. Der Niedergang der deutschen Strafrechtswissenschaft vom Allgemeinen Teil, ZIS 2020, S. 143-150

Dies., Vom Umgang mit Definitionen in der Jurisprudenz, Kreative Definitionen oder warum sich Juristen über Begriffe streiten, in: Gedächtnisschrift für Armin Kaufmann, hrsg. v. Gerhard Dornseifer/Eckhard Horn, 1989, S. 15-34 (zit. GS Armin Kaufmann)

Rabe von Kühlewein, Malte, Strafrechtliche Haftung bei vorsätzlichen Straftaten anderer, JZ 2002, S. 1139-1146

Rackow, Peter, Neutrale Handlungen als Problem des Strafrechts, 2007

Radbruch, Gustav, Rechtsphilosophie, hrsg. v. Erik Wolf/Hans-Peter Schneider, 8. Aufl. 1973 (zit. Rechtsphilosophie)

Ranft, Otfried, Garantiepflichtwidriges Unterlassen der Deliktshinderung, ZStW 94 (1982), S. 815-863

Ranker, Clemens, Geldwäscheprävention in der Steuerberaterpraxis nach dem neuen Geldwäschegesetz: Die Risikoanalyse, DStR 2018, S. 699-704

Raschke, Andreas, Strafverteidigung als „privilegiertes" Berufsbild – „privilegium" oder „a minore ad maius"?, NStZ 2012, S. 606-611

Rath, Jürgen, Gesinnungsstrafrecht – Zur Kritik der Destruktion des Kriminalunrechtsbegriffs in der Rechtsprechung des Bundesverfassungsgerichts, 2002 (zit. Gesinnungsstrafrecht)

Rautenberg, Florian, Rechtsstaatswidriges Feindstrafrecht oder notwendige Maßnahmen zur Terrorismusbekämpfung? Zur Verfassungsmäßigkeit der §§ 89a, 89b und 91 StGB, 2014 (zit. Rechtsstaatswidriges Feindstrafrecht)

Reichling, Tilman, Anmerkung zu AG Cloppenburg, Urt. v. 13.2.2021 - 3 Cs 132/20, wistra 2021, 495-496

Reithner, Dominik, Die Indienstnahme von Rechtsanwälten durch die Zweite Geldwäscherichtlinie und das Geldwäschegesetz – Neue strafrechtliche Risiken für Rechtsanwälte? (zit. Die Indienstnahme von Rechtsanwälten)

Rogall, Klaus, Dogmatische und kriminalpolitische Probleme der Aufsichtspflichtverletzung in Betrieben und Unternehmen (§ 130 OWiG), ZStW 98 (1986), S. 573-623

Rönnau, Thomas/Wagner, Kilian, Grundwissen – Strafrecht: Beihilfe und „neutrales" Verhalten, JuS 2019, S. 527-531

Rotsch, Thomas (Hrsg.), Criminal Compliance Handbuch, 2015 (zit. Bearbeiter, in, Criminal Compliance)

Ders., »Einheitstäterschaft« statt Tatherrschaft – zur Abkehr von einem differenzierenden Beteiligungsformensystem in einer normativ-funktionalen Straftatlehre (zit. Einheitstäterschaft statt Tatherrschaft)

Roxin, Claus, Bemerkungen zum Regreßverbot, in: Festschrift für Herbert Tröndle zum 70. Geburtstag am 24. August 1989, hrsg. v. Hans-Heinrich Jescheck/Theo Vogler, 1989, S. 177-200 (zit. FS Tröndle)

Ders., Das strafrechtliche Unrecht im Spannungsfeld von Rechtsgüterschutz und individueller Freiheit, ZStW 116 (2004), S. 929-944

Ders., Die Abgrenzung von Täterschaft und Teilnahme in der höchstrichterlichen Rechtsprechung, in: 50 Jahre Bundesgerichtshof: Festgabe aus der Wissenschaft, Bd. 4: Strafrecht, Strafprozessrecht, hrsg. v. Claus Roxin/Gunter Widmaier, 2000, S. 177-198 (Zit. FS BGH)

Ders., Finalität und objektive Zurechnung, in: Gedächtnisschrift für Armin Kaufmann, hrsg. von Gerhard Dornseifer/Eckard Horn/Georg Schilling/Wolfgang Schöne/Eberhard Struensee/Diethart Zielinski, 1989, S. 237-251 (zit. GS Armin Kaufmann)

Ders., Gedanken zur Problematik der Zurechnung im Strafrecht, in: Festschrift für Richard Honig zum 80. Geburtstag, hrsg. v. Eberhard Barth, 1970, S. 133-150 (zit. FS Honig)

Ders., Kriminalpolitik und Strafrechtssystem, 2. Aufl. 1973 (zit. Kriminalpolitik und Strafrechtssystem)

Ders., Pflichtdelikte und Tatherrschaft, in: Streitbare Strafrechtswissenschaft. Festschrift für Bernd Schünemann zum 70. Geburtstag am 1. November 2014, hrsg. v. Roland Hefendehl/Tatjana Hörnle/Luís Greco, 2014, S. 509-532 (zit. FS Schünemann)

Ders., Pflichtwidrigkeit und Erfolg bei fahrlässigen Delikten, ZStW 74 (1962), S. 411-444

Ders., Strafbarkeitsprobleme beim Masseninkasso für betrügerische Gewinnspieleintragungsdienste StV 2015, S. 447-452

Ders., Strafrecht, Allgemeiner Teil, Bd. 2: Besondere Erscheinungsformen der Straftat, 2003 (zitiert: AT II)

Ders., Täterschaft und Tatherrschaft, 10. Aufl. 2019 (zit. Täterschaft und Tatherrschaft)

Ders., Zum Schutzzweck der Norm bei fahrlässigen Delikten, in: Festschrift für Wilhelm Gallas zum 70. Geburtstag, hrsg. v. Karl Lackner/Heinz Leferenz/Eberhard Schmidt/Jürgen Welp/Ernst Wolff, 1973, S. 241-259 (zit. FS Gallas)

Ders., Zum Strafgrund der Teilnahme, in: Beiträge zur Rechtswissenschaft, Festschrift für Walter Stree und Johannes Wessels zum 70. Geburtstag, hrsg. v. Wilfried Küper/Jürgen Welp, 1993, S. 365-382 (zit. FS Stree/Wessels)

Ders./Greco, Luís, Strafrecht, Allgemeiner Teil, Bd. I: Grundlagen. Der Aufbau der Verbrechenslehre, 5. Aufl. 2020 (zit. AT I)

Ders., Was ist Beihilfe? in: Festschrift für Koichi Miyazawa, Dem Wegbereiter des japanisch-deutschen Strafrechtsdiskurses, hrsg. v. Hans-Heiner Kühne, 1995, S. 501-517 (zit. FS Miyazawa)

Rübenstahl, Markus/Stapelberg, Franziska, Anwaltliche Forderungsbeitreibung in bemakeltes Vermögen – grundsätzlich keine Geldwäsche!, NJW 2010, S. 3692-3695

Rudolphi, Hans-Joachim, Die Gleichstellungsproblematik der unechten Unterlassungsdelikte und der Gedanke der Ingerenz, 1966 (zit. Die Gleichstellungsproblematik)

Ders., Verteidigerhandeln als Unterstützung einer kriminellen oder terroristischen Vereinigung i. S. der §§ 129 und 129 a StGB, in: Festschrift für Hans-Jürgen Bruns zum 70. Geburtstag, hrsg. v. Werner Schmid, 1978, S. 315-338 (zit. FS Bruns)

Sachs, Michael, Grundgesetz: GG, 9. Aufl. 2021 (zit. *Bearbeiter*, in: Sachs, GG)

Salditt, Franz, Der Tatbestand der Geldwäsche, StraFo 1992, S. 121-136

Saliger, Frank, Geldwäsche als „crime in progress": Der Fall Commerzbank, Strafbarkeitsrisiken für Bankmitarbeiter und die Grenzen des Präventionsstrafrechts, in: Jenseits des rechtsstaatlichen Strafrechts. Institut für Kriminal-wissenschaften und Rechtsphilosophie Frankfurt am Main (Hrsg.), Das nach-präventive Strafrecht: Abschied vom Recht, 100. Band der Frankfurter Kriminalwissenschaftlichen Studien, 2006, S. 451-473 (zit. Jenseits des rechtsstaatlichen Strafrechts)

Ders., Zum Verbot der Verschleifung von Tatbestandsmerkmalen, in: Festschrift für Thomas Fischer, hrsg. v. Stephan Barton/Ralf Eschelbach/Michael Hettinger/Eberhard Kempf/Christoph Krehl/Franz Salditt 2018, S. 523-541. (zit. Fischer FS)

Ders., Das Untreuestrafrecht auf dem Prüfstand der Verfassung, NJW 2010, S. 3195-3198

Ders., Die Bedeutung der Rechtsgutstheorie für ein modernes rechtsstaatliches Strafrecht in Deutschland, in: Henning Rosenau/Philip Kunig/Ali Kemal Yildiz (Hrsg.), Rechtsstaat und Strafrecht. Anforderungen und Anfechtungen, Deutsch-Japanisches-Türkisches Rechtssymposium vom 11.-13. Oktober 2018 in Halle, 2021, S. 95-109 (zit. Rechtsstaat und Strafrecht)

Ders., Die Normativierung des Schadensbegriffs in der neueren Rechtsprechung zu Betrug und Untreue, in: Festschrift für Erich Samson zum 70. Geburtstag, hrsg. v. Wolfgang Joecks, 2010, S. 455-482 (zit. FS Samson)

Ders., Gibt es eine Untreuemode? Die neuere Untreuedebatte und Möglichkeiten einer restrik-tiven Auslegung, HRRS 2006, S. 10-23

Ders., Grenzen normativer Auslegung im Strafrecht, JZ 2012, S. 723-728

Ders., Grundfragen von Criminal Compliance, in: Rechtswissenschaft (Zeitschrift für rechtswissenschaftliche Forschung) 2013, S. 263-291

Ders., Positives und symbolisches Strafrecht. Von guter und schlechter Kriminalpolitik. ZfiStW 2022, S. 276-288

Ders., Privatisierung im Strafrecht, in: Professorinnen und Professoren der Bucerius Law School (Hrsg.), Begegnungen im Recht. Ringvorlesung zu Ehren von Karsten Schmidt anlässlich seines 70. Geburtstages, Tübingen 2011, S. 215-235 (zit. Begegnungen im Recht)

Ders., Radbruchsche Formel und Rechtsstaat, 1995 (zit. Radbruchsche Formel)

Ders., Rechtsphilosophische Probleme des Verbotsirrtums, in: Festschrift für Urs Kindhäuser, hrsg. von Friedrich Toepel/Martin Böse/Kay H. Schumann, 2019, S. 425-439 (zit. FS Kindhäuser)

Ders., Rechtsprobleme des Untreuetatbestandes, JA 2007, S. 326-334

Ders., Strafrechtliche Risiken unternehmerischer Entscheidungen aus dem Untreuetatbestand, in: Michael Nietsch (Hrsg.), Compliance und soziale Verantwortung im Unternehmen, 2019, S. 85 – S. 110. (zit. Compliance und soziale Verantwortung im Unternehmen)

Ders., Was schützt der liberale Rechtsstaat? in: Ludwig Siep/Thomas Gutmann/Bernhard Jakl/Michael Städtler (Hrsg.), Von der religiösen zur säkularen Begründung staatlicher Normen. Zum Verhältnis von Religion und Politik in der Philosophie der Neuzeit und in rechtssystematischen Fragen der Gegenwart, 2012, S. 183-216. (zit. Von der religiösen zur säkularen Begründung staatlicher Normen)

Savigny, *Eike von*, Grundkurs im wissenschaftlichen Definieren, 2. Aufl. 1971 (zit. Grundkurs im wissenschaftlichen Definieren)

Schaffstein, *Friedrich*, Soziale Adäquanz und Tatbestandslehre, ZStW 1960, S. 369-396.

Schild-Trappe, *Grace M.*, Harmlose Gehilfenschaft? Eine Studie über Grund und Grenzen der Gehilfenschaft, 1995 (zit. Harmlose Gehilfenschaft)

Schladitz, *Pepe*, Normtheoretische Grundlagen der Lehre von der objektiven Zurechnung – Sicheres Fundament oder Achillesferse?, 2021 (zit. Normtheoretische Grundlagen)

Schlink, *Bernard*, Abwägung im Verfassungsrecht, 1976 (zit. Abwägung im Verfassungsrecht)

Schmidt, *Heiner Christian*, Grundrechte als verfassungsunmittelbare Strafbefreiungsgründe. Zu Methode und Praxis der Verfassungseinwirkung auf das materielle Strafrecht, 2008 (zit. Grundrechte als verfassungsunmittelbare Strafbefreiungsgründe)

Schmidt-Bleibtreu, *Brunno*/*Hofmann*, *Hans*/*Henneke*, *Hans-Günther* (Hrsg.), Grundgesetz Kommentar 15. Aufl. 2021 (zit. *Bearbeiter*, in: Schmidt-Bleibtreu/Hofmann/Henneke, GG)

Schmorl, *Anja*, Die Grenzen der Beihilfestrafbarkeit in der Rechtsprechung des Bundesgerichtshofs, 2022 (zit. Die Grenzen der Beihilfestrafbarkeit)

Schneider, Hendrik, Neutrale Handlungen: Ein Oxymoron im Strafrecht? - Zu den Grenzlinien der Beihilfe -, NStZ 2004, S. 312-317

Schneider, Susanne, Die gewerbs- und bandenmäßige Steuerhinterziehung (§ 370a AO) - ein Schreckensinstrument des Gesetzgebers?, 2006 (zit. Die gewerbs- und bandenmäßige Steuerhinterziehung)

Schönke, Adolf/Schroeder, Horst (Hrsg.), Strafgesetzbuch Kommentar, 30. Aufl. 2019, München 2014 (zitiert: *Bearbeiter*, in: S/S-StGB)

Schörner, Christian/Bockemühl, Jan, Beihilfe durch berufstypische Handlungen, StV 2018, S. 20-22

Schroeder, Friedrich Christian, Die Fahrlässigkeit als Erkennbarkeit der Tatbestandsverwirklichung, JZ 1989, S. 776-780

Ders., Die normative Auslegung, JZ 2011, S. 187-194

Schubert, Peter, Das neue Geldwäschegesetz – Versuch einer ersten Annäherung aus Sicht des rechtlichen Beraters und Kautelarjuristen – Teil 1, NJOZ 2018, S. 41-50

Schulz, Lorenz, Neues zum Bestimmtheitsgrundsatz – Zur Entscheidung des BVerfG vom 23. Juni 2010, in: Strafrecht als Scientia Universalis. Festschrift für Claus Roxin zum 80. Geburtstag am 15. Mai 2011, hrsg. v. Manfred Heinrich/Christian Jäger/Hans Achenbach/Knut Amelung/Winfried Bottke/Bernard Haffke/Bernd Schünemann/Jürgen Wolter, 2011, S. 305-330 (zit. FS Roxin, 2011)

Schumann, Heribert, Strafrechtliches Handlungsunrecht und das Prinzip der Selbstverantwortung der Anderen, 1986 (zit. Selbstverantwortung)

Schünemann, Bernd (Hrsg.), Grundfragen des modernen Strafrechts, 1984 (zit. *Bearbeiter*, in: Grundfragen des modernen Strafrechts)

Ders., Die „gravierende Pflichtverletzung" bei der Untreue: dogmatischer Zauberhut oder taube Nuss?, NStZ 2005, S. 473-476

Ders., Die Regeln der Technik im Strafrecht, in: Festschrift für Karl Lackner zum 70. Geburtstag am 18. Februar 1987, hrsg. von Wilfried Küper/Ingeborg Puppe/Jörg Tenckhoff, 1987, S. 367-398 (zit. FS Lackner)

Ders., Die Unterlassungsdelikte und die strafrechtliche Verantwortlichkeit für Unterlassungen, ZStW 96 (1984), S. 287-320

Ders., Grund und Grenzen der unechten Unterlassungsdelikte. Zugleich ein Beitrag zur strafrechtlichen Methodenlehre, 1971 (zit. Grund und Grenzen der unechten Unterlassungsdelikte)

Ders., Methodologische Prolegomena zur Rechtsfindung im Besonderen Teil des Strafrechts, in: Festschrift für Paul Bockelmann zum 70. Geburtstag am 7. Dezember 1978, hrsg. v. Arthur Kaufmann et. al, 1979, S. 117-132 (zit. FS Bockelmann)

Ders., Über die objektive Zurechnung, GA 1999, S. 207-229

Ders., Unternehmenskriminalität und Strafrecht. Eine Untersuchung der Verantwortlichkeit der Unternehmen und ihrer Führungskräfte nach geltendem und geplantem Straf- und Ordnungswidrigkeitenrecht, 1979 (zit. Unternehmenskriminalität)

Ders., Unternehmenskriminalität, in: 50 Jahre Bundesgerichtshof: Festgabe aus der Wissenschaft, Bd. 4: Strafrecht, Strafprozessrecht, hrsg. v. Claus Roxin/Gunter Widmaier, 2000, S. 621-646 (Zit. FS BGH)

Ders., Wider verbreitete Irrlehren zum Untreuetatbestand, ZIS 2012, S. 183-194

Ders., Zur Garantenstellung beim unechten Unterlassungsdelikt. Dogmenhistorische, rechtsvergleichende und sachlogische Auswegweiser aus einem Chaos, in: Grundlagen des Straf- und Strafverfahrensrechts Festschrift für Knut Amelung zum 70. Geburtstag, hrsg. v. Martin Böse/Detlev Sternberg-Lieben, 2009, S. 303-324 (zit. FS Amelung)

Seebode, Manfred, Wortlautgrenze und Strafbedürfnis. Die Bedeutung des Wortlauts der Strafgesetze am Beispiel eigennütziger Strafvereitelung, JZ 1998, S. 781-783

Selbmann, Marten, Einordnung des BGH Urteils vom 20. Oktober 2011 – 4 StR 71/11= HRRS 2012 Nr. 74 in die Dogmatik zur Geschäftsherrenhaftung, HRRS 2014, S. 235-249

Sieber, Ulrich, Compliance-Programme im Unternehmensstrafrecht - Ein neues Konzept zur Kontrolle von Wirtschaftskriminalität, in: Strafrecht und Wirtschaftsstrafrecht: Dogmatik, Rechtsvergleich, Rechtstatsachen. Festschrift für Klaus Tiedemann zum 70. Geburtstag, hrsg. v. Ulrich Sieber/ Gerhard Dannecker/Urs Kindhäuser/Joachim Vogel/Tonio Walter, 2008, S. 449-484 (zit. FS Tiedemann)

Ders., Legitimation und Grenzen von Gefährdungsdelikte im Vorfeld von terroristischer Gewalt – Eine Analyse der Vorfeldtatbestände im "Entwurf eines Gesetzes zur Verfolgung der Vorbereitung von schweren staatsgefährdenden Gewalttaten", NStZ 2009, S. 353-364

Ders./Vogel, Benjamin, Terrorismusfinanzierung – Prävention im Spannungsfeld von internationalen Vorgaben und nationalem Tatstrafrecht, 2015 (zit. Terrorismusfinanzierung)

Skouris, Wassilios, Teilnichtigkeit von Gesetzen, 1973 (zit. Teilnichtigkeit)

Sodan, Helge, Grundgesetz, 4. Aufl. 2018 (zit. *Bearbeiter*, in: Sodan, GG)

Spanner, Hans, Die verfassungskonforme Auslegung in der Rechtsprechung des Bundesverfassungsgerichts, AöR 91 (1966), S. 503-535

Spitzer, Albert, Bekämpfung von Geldwäsche – auf dem bestmöglichen Weg?, ZRP 2020, S. 216-218

Spring, Patrick, Die strafrechtliche Geschäftsherrenhaftung, Unterlassungshaftung betrieblich Vorgesetzter für Straftaten Untergebener, 2009 (zit. Geschäftsherrenhaftung)

Staffler, Lukas, Strafgesetzlichkeit im Dialog zwischen Verfassungs- und Unionsrecht, ZStW 130 (2018), S. 1147-1180

Steinberg, Georg, Lässt sich „Leichtfertigkeit" als Straftatbestandsmerkmal sinnvoll handhaben?, ZStW 131 (2019), S. 888-966

Stöbener de Mora, Patricia Sarah/Noll, Paul, Grenzenlose Sorgfalt? – Das Lieferkettensorgfaltspflichtengesetz. Teil 1, NZG 2021, S. 1237-1244

Stree, Walter, Garantenstellung kraft Übernahme, in: Festschrift für Hellmuth Mayer zum 70. Geburtstag, hrsg. v. Friedrich Geerds/Wolfgang Naucke, 1966, S. 145-164 (zit. FS Mayer)

Streng, Franz, Wie "objektiv" ist der objektive Versuchstatbestand?, in: Gedächtnisschrift für Heinz Zipf, hrsg. v. Karl-Heinz Gössel/Otto Triffterer, 1999, S. 325-350 (zit. GS Zipf)

Stützle, Rudolf, Die Barauszahlung von Schecks durch Kreditinstitute. Nochmals: Zum Zugriff der Strafverfolgungsbehörden auf CpD-Konten, ZIP 1990, S. 1316-1319

Systematischer Kommentar zum Strafgesetzbuch, Gesamtwerk in 6 Bänden, hrsg. v. Jürgen Wolter et al., 9. Aufl. 2016 (zitiert: *Bearbeiter*, in: SK-StGB)

Szerkus, Oscar/Ferrazini, David, Grundzüge des Anwaltlichen Berufsrechts, ZJS 2017, S. 265-276

Tag, Brigitte, Beihilfe durch neutrales Verhalten, JR 1997, S. 49-57

Tettinger, Peter J., Das Grundrecht der Berufsfreiheit in der Rechtsprechung des Bundesverfassungsgerichts, AöR 108 (1983), S. 92-118

Theile, Hans, Compliance und Strafrecht, JuS 2017, S. 913-916

Tiedemann, Klaus/Engelhard, Marc, Wirtschaftsstrafrecht, 5. Aufl. 2017 (zit. Wirtschaftsstrafrecht)

Travers, Daniel/Michaelis, Marcel, Der neue § 261 StGB – die deutsche Umsetzung der EU-Richtlinie über die strafrechtliche Bekämpfung der Geldwäsche, NZWiSt 2021, S. 125-132

Trechsel, Stefan, Der Strafgrund der Teilnahme, 1967

Tsakalis, Ioannis, Die Verflechtung zwischen Geldwäsche und Steuerhinterziehung. Zugleich eine Darstellung der historischen Entwicklung des strafrechtlichen

Geldwäschebegriffs im internationalen und europäischen Raum, 2022 (zit. Die Verflechtung zwischen Geldwäsche und Steuerhinterziehung)

Tsakyrakis, Spyros, Proportionality: An assault on human rights?, International Journal of Constitutional Law Volume 7, Issue 3, July 2009, S. 468-493

Viehweg, Theodor, Topik und Jurisprudenz, 1974

Vogel, Joachim, Geldwäsche - ein europaweit harmonisierter Straftatbestand?, ZStW 109 (1997), S. 335-356

Ders., Juristische Methodik, 1998

Ders., Norm und Pflicht bei den unechten Unterlassungsdelikten, 1993 (zit. Norm und Pflicht)

Ders., Strafrechtsgüter und Rechtsgüterschutz durch Strafrecht im Spiegel der Rechtsprechung des Bundesverfassungsgerichts, StV 1996, S. 110-115

Ders., Wertpapierhandelsstrafrecht - Vorschein eines neuen Strafrechtsmodells?, in: Festschrift für Günther Jakobs zum 70. Geburtstag am 26. Juli 2007, hrsg. v. Michael Pawlik/Rainer Zaczyk, 2007, S. 731-746 (zit. FS Jakobs)

Voßkuhle, Andreas, Theorie und Praxis der verfassungskonformen Auslegung von Gesetzen durch Fachgerichte – Kritische Bestandsaufnahme und Versuch einer Neubestimmung –, AöR 2000, S. 177-194

Wagner, Carsten, Das Geldwäschebekämpfungsgesetz – Neue Pflichten für rechtsberatende Berufe und verfahrensrechtliche Besonderheiten, NJW 2002, S. 2276-2278

Wagner, Eric/Ruttloff, Marc, Das Lieferkettensorgfaltspflichtengesetz – Eine erste Einordnung, NJW 2021, S. 2145-2152

Wagner, Jens, „Internal Investigations" und ihre Verankerung im Recht der AG, CCZ 2009, S. 8-17

Wank, Rolf, Richterliche Rechtsfortbildung und Verfassungsrecht, ZGR 1988, S. 314-380

Wegner, Carsten, Das Geldwäschebekämpfungsgesetz - Neue Pflichten für rechtsberatende Berufe und verfahrensrechtliche Besonderheiten, NJW 2002, S. 2276-2278

Wegscheider, Herbert, Zum Begriff der Leichtfertigkeit, ZStW 98 (1986), S. 624-657

Weigell, Jörg/Görlich, Michael, (Selbst-)Geldwäsche: Strafbarkeitsrisiko für steuerliche Berater?, DStR 2016, S. 2178-2184

Weigend, Thomas, Der Grundsatz der Verhältnismäßigkeit als Grenze staatlicher Strafgewalt, in: Festschrift für Hans Joachim Hirsch zum 70.Geburtstag am 11.April 1999, hrsg. v. Thomas Weigend/Georg Küpper, 1999, S. 917-940 (zit. FS Hirsch)

Ders., Grenzen strafbarer Beihilfe, in: Festschrift fur Haruo Nishihara zum 70. Geburtstag, hrsg. v. Albin Eser, 1998, S. 197-214 (zit. FS Nishihara)

Welp, Jürgen, Vorangeganges Tun als Grundlage einer Handlungsäquivalent der Unterlassung, 1968

Welzel, Hans, Abhandlungen zum Strafrecht und Rechtsphilosophie, 1975

Ders., Das Deutsche Strafrecht, eine systematische Darstellung, 11. Aufl. 1969 (zit. Das Deutsche Strafrecht)

Ders., Fahrlässigkeit und Verkehrsdelikte: zur Dogmatik der fahrlässigen Delikte; Vortrag gehalten vor der Juristischen Studiengesellschaft in Karlsruhe am 23. Juni 1960, 1961 (zit. Fahrlässigkeit und Verkehrsdelikte)

Ders., Naturalismus und Wertphilosophie, 1935

Ders., Studien zum System des Strafrechts, ZStW 58 (1939), S. 491-566.

Wendt, Rudolf, Der Garantiegehalt der Grundrechte und das Übermaßverbot. Zur Maßstabsetzenden Kraft der Grundrechte in der Übermaßprüfung, AöR 104 (1979), S. 414-474

Werner, Gerhard, Bekämpfung der Geldwäsche in der Kreditwirtschaft, 1996 (zit. Bekämpfung der Geldwäsche)

Wessing, Jürgen, Strafbarkeitsgefährdungen für Berater, NJW 2003, S. 2265-2271

Wind, Katherina, Der Rechtsanwalt als Arbeitnehmer. Auswirkungen der anwaltlichen Rechtsstellung als unabhängiges Organ der Rechtspflege auf Anstellungsverhältnis und Anstellungsvertrag, 2018 (zit. Der Rechtsanwalt als Arbeitnehmer)

Wohlers, Wolfgang, Hilfeleistung und erlaubtes Risiko – zur Einschränkung der Strafbarkeit gemäß § 27 StGB, NStZ 2000, S. 169-174

Wohlleben, Marcus, Beihilfe durch äußerlich neutrale Handlungen, 1996 (zit. Beihilfe)

Zentes, Uta/Glaab, Sebastian (Hrsg.), GwG – Geldwäschegesetz, GeldtransferVO, relevante Vorgaben aus AO, KWG, StGB, VAG, ZAG sowie Exkurs zu Finanzsanktionen, 3. Aufl. 2022 (zit. *Bearbeiter*, in: Zentes/Glaab, GwG)

Zimmermann, Susanne Annette, Strafbarkeitsrisiken durch Compliance. Auswirkungen von Compliance-Regelungen auf das Wirtschaftsstrafrecht, 2014 (zit. Strafbarkeitsrisiken durch Compliance)

Zipf, Heinz, Rechtskonformes und sozialadäquates Verhalten im Strafrecht, ZStW 82 (1970), S. 633-654

Kolibri 360 GmbH
Ferdinand-Jühlke-Straße 7
99095 Erfurt, Deutschland
produktsicherheit@kolibri360.de